Manfred Lütz | Paulus van Husen

Als der Wagen nicht kam

Manfred Lütz | Paulus van Husen

Als der Wagen nicht kam

Eine wahre Geschichte aus dem Widerstand

HERDER
FREIBURG · BASEL · WIEN

MIX
Papier aus verantwortungsvollen Quellen
FSC® C083411

www.herder.de

Alle Abbildungen im Innenteil: © Manfred Lütz
Satz: Carsten Klein, Torgau

Herstellung: CPI books GmbH, Leck
Printed in Germany

ISBN Print: 978-3-451-38421-9
ISBN E-Book: 978-3-451-81621-5

Inhalt

Mein Großonkel Paulus van Husen

Manfred Lütz

Paulus van Husen war mein Großonkel. Ich habe ihn, den in der Familie immer eine geheimnisvolle Aura umgab, nie persönlich kennengelernt. Aber dann wurde ich ganz unerwartet durch schicksalhafte Fügung sein Erbe. In einem Schrank fand ich tief unten einen verschnürten Papierstapel mit der Notiz, das hier Niedergeschriebene erst zu veröffentlichen, wenn es niemandem mehr schaden könne. Es waren seine Memoiren, die Ernte seines abenteuerlichen Lebens, die nun diesem Buch zugrunde liegt. Es waren die Lebenserinnerungen eines Mannes, der als einer der wenigen Mitverschwörer des Attentats auf Hitler am 20. Juli 1944 überlebt hat, der nicht nur Claus Schenk Graf von Stauffenberg, Peter Graf Yorck von Wartenburg und Helmuth James Graf von Moltke kannte, sondern der auch mit dem obersten Nazipropagandisten Joseph Goebbels, dem SS-Führer Reinhard Heydrich und Feldmarschall Wilhelm Keitel persönlich gesprochen oder gar verhandelt hatte, der von Bundeskanzler Konrad Adenauer ein spektakuläres Angebot bekam, das man eigentlich nicht ablehnen konnte, und am Ende der erste Verfassungsgerichtspräsident Nordrhein-Westfalens wurde.

Es war ein unheimliches Haus, das ich im Jahre 1996 zum ersten Mal in meinem Leben betrat. Die Fenster waren mit alten schweren Vorhängen zugehangen, die Lampe beleuchtete trübe eine Szene, die jedem Hitchcock-Film alle Ehre gemacht hätte. Alte, dunkle, massige Möbel starrten mich im Wohnzimmer an. Da waren Bücherregale, düstere Gemälde mit mir unbekannten Gestalten, alte Fotos in Bilderrahmen auf den wuchtigen Kommoden und Tischen. Und überall lagen Stapel von Papieren und Büchern. Man hätte sich nicht gewundert, wenn zwischen all dem Zeug, das da offenbar schon seit Jahren seinen Platz hatte, der Blick mit der Zeit im Dämmerlicht auf eine vergessene Leiche gefallen wäre.

Hans-Norbert van Husen hatte mir geöffnet, der unverheiratete Neffe und Erbe meines Großonkels. Er war nur zehn Jahre älter als ich, hatte Medizin studiert, war Professor geworden, einer der führenden deutschen Gastroenterologen, am Ende hochangesehener Chefarzt der Raffaelsklinik in Münster. Ich war ihm nur selten begegnet, aber schätzte ihn außerordentlich mit seiner feinen, liebenswürdigen, aber etwas scheu-zurückhaltenden Art. Wir schrieben uns ab und zu. Zuletzt hatte ich ihn auf meiner Hochzeit 1995 gesehen, da war er noch froh und zuversichtlich gewesen. Aber der mir da jetzt die Tür öffnete, war ein gezeichneter Mann. Vor einem Jahr hatte er bei sich selber Darmkrebs diagnostiziert und kurz danach ganz unerwartet einen Schlaganfall erlitten. Hans-Norbert, der nur der Wissenschaft gelebt, Bücher und Aufsätze publiziert und deswegen kaum ein Privatleben gehabt hatte, konnte nun weder lesen noch schreiben und man verstand ihn nur schwer. Er lächelte, als er mir öffnete, und humpelte mir voraus ins Wohnzimmer.

Ich erinnere mich, dass wir mit unserer ganzen Familie Ende der 1960er Jahre nach Münster gefahren waren, um Onkel Leo und Tante Marli, die Eltern von Hans-Norbert, zu besuchen. Leo van Husen war der zwölf Jahre jüngere Bruder von Paulus van Husen. Und dann gab es da noch die Schwestern, meine Großmutter Maria und Luise, die alle Tante Ite nannten, und die unverheiratet mit dem ebenso unverheirateten Paul zusammenlebte. Er legte übrigens wert darauf, Paulus genannt zu werden – was die Familie nicht daran hinderte, immer nur von »Onkel Paul« zu reden. Merkwürdigerweise besuchten wir ihn damals nicht, fuhren mit dem Auto nur an seinem Haus am Aasee vorbei. In diesem Moment machte oben jemand die Fensterläden zu. Meine Mutter zuckte zusammen: »Das war Tante Ite«, flüsterte sie.

Tante Ite, die ich ebenso nie persönlich erlebt habe, hatte in der Familie einen Ruf wie Donnerhall. Das kam daher, dass meine ganz jung verwitwete Großmutter Maria 1935 bei Onkel Paul und Tante Ite in Berlin-Grunewald eingezogen war – mitsamt ihren sechs Kindern zwischen neun und 18 Jahren. Maria war mit ihrer Situation offenbar heillos überfordert und deswegen nahm ihr Bruder sie auf. Doch Paulus van Husen und noch mehr seine Schwester Ite waren von dieser Invasion offenbar genauso überfordert, denn das unverheiratete Geschwisterpaar wusste mit Kindern nichts anzufangen. Das führte vor allem zu endlosen Spannungen mit Tante Ite, die bei Einzug der Großfamilie gerade mal 29 Jahre alt war. In seinen Memoiren spricht Paulus van Husen immer in den höchsten Tönen von seiner »tapferen Schwester«. In Wahrheit war sie wohl, wie alle, die mit ihr zu tun hatten, übereinstimmend berichten, ziemlich schwierig, jedenfalls äußerst launisch und unberechenbar. Onkel Leo sagte mir mal auf meine penetranten Nachfragen zu Tante Ite, seiner jüngeren Schwester, in seinem unnachahmlichen schwarzen westfälischen Humor liebevoll schmunzelnd: »Se is wohl nich ganz gar geworden«. Man erzählte sich, dass Paulus seinem Vater auf dem Sterbebett versprochen habe, für »das Itekind« zu sorgen. Er muss wohl dieserhalb eine Verlobung gelöst haben, hat sich dann aber sein Leben lang wirklich rührend um seine Schwester gekümmert. Und stand natürlich bei Auseinandersetzungen immer auf ihrer Seite. Aber auch sie setzte sich leidenschaftlich für ihren Bruder ein. Dabei nutzte sie offensichtlich auch ihre in der Familie gefürchteten Eigenheiten, als sie zum Beispiel, wie in den Memoiren beschrieben, einen gestandenen Senatspräsidenten am Reichsgericht mit der Androhung, sofort das ganze Gericht zusammenzuschreien, dazu brachte, bei der Gestapo anrufen zu lassen, um nähere Informationen über ihren soeben verhafteten Bruder zu erhalten.

Jedenfalls entstanden offenbar erhebliche Spannungen zwischen der vaterlosen Großfamilie und dem kinderlosen Geschwisterpaar. Meine Mutter berichtete mir, dass auch Onkel Paul wohl für Kinder kein rechtes Verständnis hatte. Als umfassend gebildeter Europäer war er entsetzt, dass sie zum Beispiel Isabella von Kastilien und Ferdinand von Aragon nicht kannte. Von den Treffen der Verschwörer im Haus von Onkel Paul hat sie, die zum Zeitpunkt des Attentats immerhin 22 Jahre alt war, nicht das Geringste mitbekommen. Das Einzige, was ihr auffiel, war, dass öfter ein Kaffeewärmer über das Telefon gestülpt wurde und dass einmal Pater König in einem Schrank verschwand, als es an der Tür schellte. Immerhin fand das letzte Treffen Stauffenbergs mit den Mitgliedern des Kreisauer Kreises am 14. Juli 1944 in dem Haus statt, in dem meine Mutter damals wohnte, dennoch hat sie überhaupt nichts davon bemerkt. Mit dieser strengen Geheimhaltung wollte Paulus van Husen natürlich seine Angehörigen schützen. Übrigens hat es bei meiner Mutter einen bleibenden Eindruck hinterlassen, dass er einmal bei irgendeinem Anlass laut durchs Haus rief: »Wie kann man ein Kind nur Horst nennen!« Horst war für ihn ein heidnischer Name, da es keinen heiligen Horst gab, und vor allem war er bei Nazis beliebt, die ja schmetternd das Horst-Wessel-Lied sangen. Onkel Paul war tief katholisch. Ich habe in seinem Haus mehr Madonnendarstellungen pro Quadratmeter gefunden als an jedem anderen Ort, Kirchen eingeschlossen.

Meiner Mutter verübelte es Onkel Paul wohl vor allem, dass sie 1945, festgeklammert auf dem Kühler eines Botschaftsautos, in letzter Minute Berlin verlassen hatte, da sie mit ihren 23 Jahren damals nicht den Russen in die Hände fallen wollte, die sich gerade anschickten, den Ring um die Hauptstadt zu schließen. Daher war Tante Ite im Haus im Grunewald alleine zurückgeblieben.

Aus all diesen Gründen war das Verhältnis meiner Mutter und ihrer Geschwister zu Onkel Paul nicht unkompliziert. Dennoch sieht man Onkel Paul auf den Bildern der Hochzeit meiner Eltern 1953 zusammen mit seiner Schwester, meiner Großmutter Maria, sozusagen als Vaterersatz. Man schrieb sich auch bisweilen, aber der Kontakt war jedenfalls distanziert und so habe ich weder Onkel Paul noch Tante Ite jemals persönlich kennengelernt, was ich natürlich im Nachhinein sehr bedaure. Als Paul am 1. September 1971 starb, erbte alles seine Schwester Ite, nach deren Tod 1974, wie bereits von Paul verfügt, der Sohn von Onkel Leo, Hans-Norbert. Allerdings gab es noch ein kleines juristisches Geplänkel, weil Onkel Paul das Erbe für Hans-Norbert an die Bedingung geknüpft hatte, dass er dermaleinst eine gut katholische wohlbeleumundete Frau heiraten müsse. Das sei sittenwidrig, meinten einige Juristen in der Familie, aber sie ließen das Ganze dann doch auf sich beruhen, zumal Hans-Norbert sich allseitiger Beliebtheit erfreute.

Im Jahre 1997 starb Hans-Norbert mit nur 53 Jahren. Er hatte sehr unter seiner Hilflosigkeit gelitten. Ich hatte ihn einige Male besucht und vor allem Freunde vor Ort hatten sich rührend um ihn gekümmert. Zu meiner völligen Überraschung teilte mir seine Mutter, Tante Marli, mit, dass Hans-Norbert mich immer schon als Erben genannt habe, so dass ich nach ihrem Tod tatsächlich das Erbe von Onkel Paul antrat. Tante Marli konnte mir noch viel von Onkel Paul erzählen. Sie selber war als Tochter eines deutschen Kolonisten in Deutsch-Ostafrika geboren. Zum offensichtlichen Kummer von Onkel Paul war seine Schwägerin evangelisch. In Münster kam hinzu, wie sie mir erzählte, dass sie eben »keine Geborene« sei, keine Münsteranerin also. Onkel Leo, der blitzgescheit, humorvoll, aber völlig ohne Ehrgeiz war, so dass er sein Leben lang Amtsrichter blieb und damit auch zufrieden war, lebte in einer winzigen Wohnung mit seiner Frau und ihrem einzigen Kind, Hans-Norbert. Er war genauso grundsolide wie Paul, nahm aber das Leben wohl etwas leichter. Tante Marli litt unter der westfälischen, etwas ritualisierten Biederkeit der Familie. Regelmäßig gab es ziemlich steife Treffen von Leo und Hans-Norbert bei Paul und Ite, zu denen sie oft nicht dazugebeten wurde. Am Ende ihres Lebens lebte sie geradezu auf, da sie endlich keine Rücksichten mehr nehmen musste.

Bei unseren Besuchen in Münster nach dem Tod von Hans-Norbert bat Tante Marli meine Frau und mich, das Haus am Aasee auszuräumen, und das wurde zu einem monatelangen Abenteuer. Wir fanden das Gedicht, das die Kinder meiner Ururgroßeltern anno 1865 zur Silberhochzeit ihrer Eltern verfasst hatten, die Poesiealben meiner Urgroßmutter von anno 1870, ebenso von meiner Großmutter und manch andere Memorabilien. Aber wir fanden auch historisch spannende Dokumente zu Paulus van Husen, so den Original-Haftbefehl, die vom Chef der Reichskanzlei unterzeichnete Ausstoßung aus dem Beamtenstatus, die Original-Landkarte von Pater Lothar König mit den darin eingezeichneten Grenzen der Länder, in die das Deutsche Reich aus Sicht der Kreisauer nach dem Ende des Grauens eingeteilt werden sollte, auch ein Telegramm von Staatssekretär Hans Globke, in dem er Paulus van Husen zum Gespräch mit Adenauer bittet, und Briefe von seinem Freund, dem ehemaligen Reichskanzler Heinrich Brüning, der ihn in der Nachkriegszeit mit Care-Paketen aus Amerika unterstützte. Es gab auch eine schmale Akte, die von einer Angelegenheit handelte, die er nirgends erwähnt, die ihn aber hinter seinem kantigen Äußeren ganz menschlich erscheinen lässt. Er hat jahrelang einen Strafgefangenen betreut, ihn regelmäßig besucht und ihm auch sonst vielfach geholfen. Noch am 9. Januar 1971, also kurz vor seinem Tod, schreibt er an einen Pfarrer, er möge sich doch bitte um die vereinsamte Witwe eines Freundes kümmern. Das und vieles andere mehr fanden wir bedeckt vom Staub der Zeit.

Das Haus wirkte ohnehin wie ein verwunschenes Dornröschen-Schloss, in dem seit über 25 Jahren nichts geändert worden war. Hans-Norbert schlief im Bett seines Onkels, überall standen noch Erinnerungsbilder von Onkel Paul, insbesondere Fotos seines besten Freundes, des letzten Oberpräsidenten von Oberschlesien und ersten Vertriebenenministers der Bundesrepublik Hans Lukaschek. An den Wänden hingen Fotos und Bilder meiner Vorfahren, von denen ich bis dahin überhaupt nicht wusste, wie die ausgesehen hatten. Da war eine Daguerreotypie meiner Ururgroßeltern, also ein Foto aus dem Jahre 1848, Fotos meiner Urgroßeltern, es gab große Ölgemälde meines Urgroßvaters, der wie ich Arzt gewesen war und dem ich etwas ähnlich sehe, und seiner Frau, der Mutter von Onkel Paul, die ja noch bis zu ihrem Tod im Jahre 1942 in Berlin in seinem Haus gewohnt hatte. Es gab ein Familienbild mit meinen Urgroßeltern und all ihren vier Kindern, Paul, meiner Großmutter Maria, Leo und Ite. Und dann gab es da noch ein Gemälde, von dem auch in den Memoiren die Rede ist, das in seiner ersten Version eine etwas zu nackte Waldgöttin zeigte und das dann vom Maler zu einer angezogeneren Muttergottesdarstellung im Wald umgeschaffen wurde. Der Garten, in dem Onkel Paul Rosen, aber auch Essbares angepflanzt hatte, war total verwildert und das Haus im Grunde auch. Tante Ite hatte nach dem Tod ihres verehrten Bruders nichts geändert und das Haus wie ein Museum gehalten. Und genauso hatte es Hans-Norbert nicht gewagt, das Haus für sich selber einzurichten. Auch er wohnte in diesem Anwesen offenbar wie ein Museumswärter, der die alten Stücke bewacht. Freunde hat er in sein Haus, wie ich erfuhr, nie eingeladen. Über allem schwebte der Geist von Onkel Paul.

Und dann fand ich die Memoiren. Sofort war klar, dass das, was ich da las, von außerordentlicher historischer Bedeutung war, denn es gab ja nur wenige überlebende Mitverschwörer vom 20. Juli und außerdem hatte Paulus van Husen als Mitbegründer der CDU in den ersten Jahren der Bundesrepublik Deutschland eine nicht unerhebliche Rolle gespielt. Aber auch seine Erlebnisse bei der Stabilisierung der chaotischen Zustände in Berlin nach dem Ersten Weltkrieg, sein Amt als deutscher Vertreter in der dem Völkerbund verantwortlichen Gemischten Kommission für Oberschlesien und seine Tätigkeit beim Oberkommando der Wehrmacht im Zweiten Weltkrieg mussten für Historiker von großem Interesse sein. Deswegen gab ich den ganzen Packen der Memoiren an Professor Karl-Joseph Hummel von der Bonner Kommission für Zeitgeschichte, der gemeinsam mit seinen Mitarbeitern nach gründlicher Recherche im Jahre 2010 eine sorgfältig kommentierte Auswahl unter dem Titel »Paulus van Husen (1891–1971)« im Schöningh-Verlag herausgab. Dort waren vor allem all die über eintausend Personen, die in den Memoiren genannt werden, mit interessanten kurzen biografischen Bemerkungen bedacht. Dem Ganzen wurde eine ausführliche Einleitung von Professor Hummel vorangestellt, die Paulus van Husen aus der Sicht der Geschichtswissenschaft würdigte.

Allerdings hat das natürlich nicht dazu geführt, dass Onkel Paul einer breiteren Öffentlichkeit bekannt geworden wäre. Die Auswahl eines Historikers konzentriert sich nämlich auf historisch relevante Informationen, die bei Paulus van Husen reichlich fließen, aber nicht unbedingt auf die packend geschriebenen erzählenden Teile. Doch das ist das eigentlich Spannende an diesen Lebenserinnerungen. Viktor Klemperer hat seine Erlebnisse in der Nazizeit in Dresden mit beklemmender Eindringlichkeit beschrieben und dem Leser damit einen Einblick in die Denk- und Gefühlswelt eines Juden in dieser entsetzlichen Situation gegeben. Paulus van Husen beschreibt in glänzendem, zuweilen auch höchst unterhaltsamem Stil, wie er als Jurist und treuer Staatsbürger des Kaiserreichs die Weimarer Zeit erlebt und dann von vorneherein als bekennender katholischer Christ in Opposition zum Nationalsozialismus gerät. Welche Konsequenzen er daraus von der ersten Stunde des Dritten Reichs an zieht, wie er auf verschiedene, auch witzige Weise die Nazis austrickst und lustvoll »dem Löwen auf den Schwanz« tritt, wie sich sein Widerstand langsam immer mehr steigert, bis er schließlich vor dem Tyrannenmord nicht mehr zurückschreckt, das kann man in seinen Memoiren sozusagen live miterleben.

In eine großbürgerliche Familie wurde er hineingeboren und diese Ursprünge hat er sein Leben lang nie verleugnet. Obwohl er am Ende »die parlamentarische Demokratie für die derzeit beste Möglichkeit« hielt, »um einigermaßen erträglich unter der Macht zu leben«, war für ihn die Monarchie sozusagen die natürliche Staatsform. Das sagte er auch so freimütig, dass es mitunter zu leichten Irritationen kommen konnte. Als er als erster Präsident des Verfassungsgerichts des Landes Nordrhein-Westfalen anlässlich eines Freundschaftsbesuchs in den Niederlanden eine Tischrede halten musste, geriet ihm der diplomatisch wohlmeinende Lobpreis der dortigen Monarchie wohl so enthusiastisch, dass weniger wohlmeinende deutsche Zuhörer versuchten, daraus eine Staatsaffäre zu machen, was aber zu seinem Glück misslang. Dabei war für ihn das Urbild der Monarchie die Habsburger-Herrschaft: »Der Kaiser sitzt in Wien«. Dennoch hat er sich an den Spötteleien über Kaiser Wilhelm II. nicht beteiligt, denn dieser Hohenzoller war für ihn damals selbstverständlich das legitime Staatsoberhaupt. Aber genauso selbstverständlich war Paulus van Husen dann ein treuer Diener der Weimarer Republik.

Insofern könnte man versucht sein, ihn einfach als Konservativen einzuordnen. Doch das wäre ganz falsch. Denn er war zugleich in einem speziellen Sinne liberal. Sein tief katholischer Vater, der jeden Morgen die Heilige Messe besuchte und der ihn sehr geprägt hatte, war immer stolz darauf gewesen, im Revolutionsjahr 1848 geboren zu sein, und hatte im Kulturkampf gegen die preußische Obrigkeit immer eindeutig die Freiheit der Kirche vertreten. Der Großvater hatte sogar persönlich den Bischof von Münster 1875 ins preußische Kreisgefängnis nach Warendorf begleitet, wo Paulus später als Regierungsreferendar tätig sein sollte. Da der Katholizismus im 19. Jahrhundert durchaus nicht staatsfromm auftrat, in Belgien 1830 mit den Liberalen zusammen die Revolution organisiert hatte und auch in Deutschland unter Bismarck in Opposition stand, taugte die vergleichsweise seltene Spezies des katholischen Großbürgers keineswegs zum »Untertan«, wie Heinrich Mann ihn eindrücklich beschrieb, sondern war ein kritischer Staatsbürger mit eigenem Kopf.

Diese besondere Art der katholischen Prägung aus einem tiefen Glauben heraus war ganz offensichtlich bei Paulus van Husen, wie sich später immer wieder zeigte, der Glutkern seiner starken und kantigen Persönlichkeit. Aber auch da war er nicht einfach hierarchiegläubig. Heftig kritisiert er das Reichskonkordat, das der Papst mit Hitler geschlossen hatte, heftig empört er sich in einem persönlichen Gespräch mit dem Bischof von Osnabrück, Berning, über dessen laue Haltung dem Nationalsozialismus gegenüber, heftig kritisiert er auch nach dem Zweiten Weltkrieg den Bischof von Münster. Ein einfacher Untertan war er nie. Treu war er seinen Freunden, wahrhaftig war er gegen jedermann, wenn er etwas nicht einsah, dann sagte er das freimütig. Dennoch war er auch den schönen Dingen des Lebens zugetan, wusste charmante Frauen zu schätzen, liebte einen guten Tropfen und führte überhaupt ein gastfreies Haus. Mit Paulus van Husen wurde es nie langweilig.

In Windeseile studiert er, nicht ohne in Oxford und Genf ein paar Auslandssemester zu genießen. Er beginnt eine aussichtsreiche Karriere in der preußischen Verwaltung, da gerät ihm der Erste Weltkrieg dazwischen. Er kommt irgendwie durch und am Ende gelingt ihm noch ein Husarenstück, als er in voller Uniform mit der Straßenbahn ins revolutionäre Berliner Zentrum fährt, um seinem Garderegiment, das die Regierung Ebert unterstützen soll, das Quartier zu sichern. Alles, was dann passiert, ist unerwartet. Wieder preußischer Beamter, gerät er mitten in den heftigen Kampf um die vom Völkerbund abgehaltene Abstimmung in Oberschlesien, die zur Teilung des Landes zwischen Deutschland und Polen führt, wird dann Generalbevollmächtigter des Prinzen Hohenlohe in Koschentin und lernt die ganze große oberschlesische Gesellschaft kennen. Sein Freund Hans Lukaschek empfiehlt ihn als seinen Nachfolger in der dem Völkerbund verantwortlichen Gemischten Kommission für Oberschlesien, die unter Leitung des ehemaligen Schweizer Bundespräsidenten Calonder insbesondere die Minderheitenrechte der Polen und Deutschen wahren soll. Er engagiert sich leidenschaftlich für dieses Anliegen – im Übrigen das entscheidende Thema auch der heutigen internationalen Politik – und erlebt entsprechende Sitzungen beim Völkerbund in Genf. In seiner Funktion hat er dann auch mal einen kurzen humorvollen Wortwechsel mit Reichspräsident von Hindenburg. Als die Nazis kommen, kann er noch geschickt die Judenverfolgung in Oberschlesien hemmen, indem er mit internationalen Verwicklungen droht. Seine Unbotmäßigkeit führt dann aber schnell zur Abberufung. Da er über verbindliche Zusagen auf Weiterbeschäftigung im Staatsdienst verfügt, muss er als Richter am Berliner Oberverwaltungsgericht angestellt werden. Anschaulich schildert er die abenteuerlichen Situationen, in die er dabei in der immer brauner werdenden Umgebung gerät.

Der Kern des hier abgedruckten Auszugs betrifft dann seine Tätigkeit im Oberkommando der Wehrmacht nach Ausbruch des Krieges und natürlich seine Verschwörertätigkeit im Kreisauer Kreis, seine Verhaftung, seinen KZ-Aufenthalt und seine Befreiung. Man wird Zeuge, wie er im Kreisauer Kreis mit den anderen um eine gerechte Nachkriegsordnung ringt, die moralische Voraussetzung für ein Attentat. Denn einen Tyrannen zu töten, ohne daran zu denken, was danach kommt, hat auch in unseren Tagen zu schlimmen Konsequenzen geführt. Er befasst sich dabei vor allem mit der Behandlung der »Rechtsschänder« und seinem Thema, dem Minderheitenschutz. Manche dieser Gedanken sind später in die neue staatliche

Ordnung der Bundesrepublik Deutschland eingegangen. Er hält auch den Kontakt mit Bischof Clemens August Graf von Galen in Münster, der ihm beim letzten Gespräch nachruft: »Ich bete auch, dass der Kopf draufbleibt«. Wie er dann mit Stauffenberg im Zug fährt und Zeuge eines erschütternden Gesprächs wird, wie er unter höchster Anspannung nach dem Attentat auf den Wagen wartet, der ihn zum Bendlerblock bringen soll, oder wenigstens auf den vereinbarten Anruf von Yorck, das ist spannend wie ein Krimi. Aber auch die erschütternden Erlebnisse danach machen klar, warum er am Ende sagt, das sei »die hohe Zeit meines Lebens gewesen«. Zwar ist er in Berlin Mitbegründer der CDU, gerät aber schon bald in Konflikt mit den allzu wendigen Parteifreunden. Bis auf die interessante Affäre mit Bundeskanzler Adenauer ist die Nachkriegszeit dann eher von seinen mühsamen Auseinandersetzungen als Präsident des nordrhein-westfälischen Verfassungsgerichtshofs mit den jeweiligen Ministerpräsidenten geprägt, die ihn immer mehr resignieren lassen. Der erste nordrheinwestfälische Ministerpräsident Rudolf Amelunxen vom Zentrum hatte Paulus van Husen dem zweiten Ministerpräsidenten Karl Arnold (CDU) mit politischem Druck aufgenötigt, was van Husen wegen der Unabhängigkeit der richterlichen Gewalt, auf die er großen Wert legte, eigentlich auch gut fand. Er ist dann aber in den folgenden Jahren immer wieder überrascht bis empört, dass Arnold ihn mit seinen unverdrossenen Eingaben stets kühl abblitzen lässt. Davon ist hier nur Weniges aufgenommen. Ganz am Ende ereilen ihn noch die Reformen seiner katholischen Kirche nach dem II. Vatikanischen Konzil, die ihn eher ratlos zurücklassen.

Paulus van Husen hat seine Memoiren, die übrigens einen durchaus humorvollen Menschen zeigen, mit Sinn für Ironie bis hin zum Sarkasmus, offensichtlich in den 1960er Jahren bis kurz vor seinem Tod 1971 verfasst, wobei er am Ende wohl vor allem durch eine starke Sehbehinderung sehr eingeschränkt war. Von den 977 Seiten des Originaltextes sind hier ungefähr 280 Seiten wiedergegeben. Sie folgen, wie schon gesagt, einem ganz anderen Auswahlprinzip als die verdienstvolle Publikation von Karl-Joseph Hummel. Vor allem die vielen Urteile über Personen und Zeitläufe sind weggelassen, aber auch manch Dokumentarisches zum Beispiel zur Münsteraner Stadtgeschichte und ebenso die zahlreichen historischen und kunsthistorischen Exkurse. Es wird also vor allem das wiedergegeben, was auf persönlichen Erlebnissen beruht. Der Lesbarkeit halber sind die Auslassungen nicht kenntlich gemacht und nur an ganz wenigen Stellen kurze Informationen zu einigen Personen eingefügt. Außerdem sind sprachliche Altertümlichkeiten dem modernen Sprachgebrauch angepasst. Die Kapitel-Überschriften sind ebenfalls neu.

Für den Historiker wird die zusätzliche Lektüre des Hummel-Werkes unabdingbar sein, zum Beispiel was die verwickelten Verhältnisse und die unzähligen handelnden Personen in Oberschlesien nach dem Ersten Weltkrieg oder die endlosen Auseinandersetzungen mit den nordrhein-westfälischen Ministerpräsidenten nach dem Zweiten Weltkrieg betrifft.

Natürlich können übrigens auch die Originalmemoiren konsultiert werden, denn sie stehen der Forschung in der Kommission für Zeitgeschichte in Bonn zur Verfügung.

Für das hier vorliegende Buch ist also nur das ausgewählt worden, was für den heutigen Leser von Interesse ist, der wissen will, was einem Mann zustieß, dessen eigentlich so wohlbehütet begonnenes Leben ganz unerwartet durch zwei Weltkriege und eine brutale Diktatur aus den Fugen geriet. Dadurch aber wuchs er zu einer persönlichen Größe, die ihn zum Vorbild in Zeiten macht, die wieder Charakter verlangen, damit die Welle der Barbarei nicht erneut alle Menschlichkeit hinwegschwemmt. Aber auch persönlich ist dieses Leben eindrucksvoll. Kein Wort verliert Paulus van Husen darüber, dass er aus Pflichtgefühl auf eine eigene Familie verzichtete und sich ganz selbstverständlich für seine hilfsbedürftige, wohl auch etwas mühsame Schwester Ite aufopferte, deren finanzielle Sicherstellung ihn bis an sein Lebensende übermäßig umtreibt. Und dann nahm er auch noch seine zweite Schwester Maria samt anstrengenden Kindern klaglos auf. So etwas wirkt heute fast provozierend.

Gibt es Gewissenspflichten, auch wenn alle ringsumher die Moral zu verspotten scheinen? Wann muss man Widerstand leisten, persönlich und öffentlich? Gibt es etwas, für das man bereit wäre, sein Leben einzusetzen? Das waren Fragen, die mir in den Sinn kamen, als ich zum ersten Mal in diesen Memoiren blätterte, und das wird sich wohl jeder fragen, der das Lebenszeugnis dieses Mannes liest.

Nicht ohne Stolz druckt er in seinen Memoiren die »politische Beurteilung« ab, die dazu führte, dass er nicht zum Reichsrichter befördert wurde und die ihm nach dem Krieg zugespielt wurde: »Van Husen ist aus weltanschaulichen Gründen abzulehnen, da er katholisch bis zur fixen Idee gebunden ist und von ihm in dieser Hinsicht eine Einsicht und damit eine nationalsozialistische Überzeugung nicht erwartet werden kann. Was den sogenannten rückhaltlosen Einsatz betrifft, so kann er bei van Husen höchstens für den Katholizismus in Frage kommen; der bedingungslose Einsatz für den Nationalsozialismus muss ihm aus seiner katholischen Gebundenheit heraus stets unmöglich bleiben.« Manches an Paulus van Husen erscheint für den heutigen Menschen etwas merkwürdig. Seine kämpferische Art, seine Penetranz in Auseinandersetzungen, seine tiefe katholische Frömmigkeit. Doch möglicherweise sind es gerade diese Merkwürdigkeiten, die diesen Menschen wirklich bemerkenswert machen. In Zeiten, wo jeder instinktiv weiß, was er zu sagen hat, um nicht anzuecken, wirkt eine solche Persönlichkeit etwas fremd. Aber vielleicht muss man den Mut haben, befremdend zu wirken, wenn man nicht Gefahr laufen will, als unauffälliger Mitläufer mit der irregeleiteten Masse wieder mal in einen Abgrund zu stürzen. Die Geschichtswissenschaft sieht seine Lebensleistung übrigens erheblich positiver als er selbst, der am Ende seines Lebens enttäuscht war, nicht das erreicht zu haben, was er sich vorgenommen hatte. Was mich betrifft, so finde ich seine Charakterfestigkeit in schwierigsten Lagen tatsächlich bewundernswert, sein Einstehen für Überzeugungen und für Menschen, auch für Menschen anderer Überzeugung. Mir ist mein Großonkel Paul, dem ich nie begegnet bin, durch seine Memoiren ein wenig ans Herz gewachsen und ich glaube, ich hätte den tapferen alten Mann, der seine hohe Sensibilität wohl mit einer gewissen Kränkbarkeit bezahlen musste, wirklich gerne gehabt.

75 Jahre nach der Befreiungstat vom 20. Juli 1944 wird in diesen Texten eine Zeit wieder lebendig, in der auf der einen Seite hemmungsloser Hass und Menschenverachtung die Macht ergriff, aber andererseits Menschen, die sonst unscheinbar ihrem Beruf nachgegangen wären, sich vor ihrem Gewissen aufgerufen fühlten, Widerstand zu leisten – unter Einsatz ihres Lebens. Wir hatten alle gedacht, dass gerade wir Deutschen die Lehren aus dieser schrecklichen Geschichte gezogen haben. Doch das scheint ein Irrtum. Daher ist es heute nötiger als je zuvor, die Erinnerung an die Gefahren menschenverachtender Überzeugungen wach zu halten, denn wie schnell werden solche unmenschlichen Überzeugungen zu unmenschlichen Taten! Und andererseits ist es heilsam, an die Kräfte zu erinnern, die damals dafür gesorgt haben, dass Deutschland und die Deutschen international nicht völlig ihr Gesicht verloren und deswegen auch so erstaunlich bald wieder in der Völkergemeinschaft aufgenommen wurden. Das lag eben nicht nur an der Weltkonstellation des Kalten Krieges, in der die Bundesrepublik Deutschland im Spiel der Mächte gebraucht wurde, das lag auch am 20. Juli. Wir Deutschen verdanken den Männern des Widerstands viel mehr, als die meisten heute ahnen. Und daher ist es auch nicht richtig, das Attentat vom 20. Juli 1944 nur als Misserfolg darzustellen. Das unmittelbare Ziel wurde gewiss nicht erreicht und so mussten in den zehn Monaten nach dem

20. Juli bis zum Ende des Krieges noch genauso viele Menschen ihr Leben lassen wie in den fünf Jahren vorher zusammen. Aber die moralische Wirkung war enorm. Deswegen haben Männer wie Henning von Tresckow, die Zweifel am unmittelbaren Erfolg hatten, gesagt: Das Attentat muss erfolgen, koste es, was es wolle. Dafür haben auch wir heute noch zu danken.

Paulus van Husen zitiert Churchill, der in einer Unterhaussitzung gesagt haben soll: »In Deutschland lebte eine Opposition, die quantitativ durch ihre Opfer und eine entnervende internationale Politik immer schwächer wurde, aber zu dem Edelsten und Größten gehört, das in der politischen Geschichte aller Völker hervorgebracht wurde. Diese Männer kämpften ohne Hilfe von innen oder von außen, einzig getrieben von der Unruhe ihres Gewissens. Solange sie lebten, waren sie für uns unerkennbar, da sie sich tarnen mussten. Aber an den Toten ist der Widerstand sichtbar geworden. Diese Toten vermögen nicht alles zu rechtfertigen, was in Deutschland geschah. Aber ihre Taten und Opfer sind das unzerstörbare Fundament des neuen Aufbaus. Wir hoffen auf die Zeit, in der erst das heroische Kapitel der inneren deutschen Geschichte seine gerechte Würdigung findet.«

Bornheim, den 18. März 2019
Manfred Lütz

Als der Wagen nicht kam

Paulus van Husen

I. Das pralle Leben

1. Eine herrliche Kindheit in der »guten alten Zeit« – Kriegsspiele, der Kaiser in Münster, Absurditäten am Badestrand

Es war ein wohlwattiertes, schön ausfestoniertes, gutbürgerliches Bettkörbchen, in das ich am 26. Februar 1891 hineingelegt wurde unter Vorhängen und Pompondraperien aus Cretonne mit großen, rosaroten Rosen auf hellblauem Grund. Heute ist ein solches Bettchen schneeweiß lackiert aus Stahlrohr und Plastik, und meine Wiege würde als unwissenschaftlicher und unhygienischer Missbrauch sehr getadelt werden. Mir hat sie nicht geschadet, wohl nach der Regel: praesente medico nihil nocet (In Gegenwart des Arztes schadet nichts). Mein Vater war nämlich Arzt. Obwohl er auf Robert Koch und die damals neumodischen Bakterien schwor, nahm er diese doch wohl wiederum nicht so ernst, dass er an der bakterienfördernden Schmuckhaftigkeit meines Bettchens Anstoß genommen hätte. Diese sollte offenbar Ausdruck der großen Freude der Eltern darüber sein, dass nach elfjähriger Ehe endlich ein Kindchen geboren wurde, ein Ereignis, für dessen Eintreten ein Jahrzehnt lang ungezählte Hl. Messen, Novenen zum Hl. Josef und Wallfahrten nach Kevelaer abgehalten worden waren. Ein großer, neugotischer Schnitzaltar für die Krankenhauskapelle wurde dafür gestiftet. Hoffentlich sehen die Eltern im Himmel das alles jetzt nicht als Fehlinvestition an. Getauft wurde ich auf den Namen des Diözesanpatrons Paulus. Der Standesbeamte machte aber »Paul« daraus, und dabei ist es dann leider formell verblieben.

Meine Wiege stand in Horst-Emscher. Als mein Vater sich dort Ende der siebziger Jahre niedergelassen hatte, war es ein friedliches, ländliches Dörfchen, wo es außer Pastor, Vikar und dem Rentmeister des Hauses Horst keine Honoratioren, nicht einmal eine Apotheke gab. Das Haus Horst, eine dem Baron Fürstenberg-Hugenpoet gehörige Wasserburg, war ursprünglich eines der großartigsten Renaissanceschlösser Westfalens, aber bis auf ein Wohngebäude für den Rentmeister abgebrochen. Das elterliche Haus lag etwas außerhalb des Dorfes nach Gladbeck zu im Freien. Der große Garten wurde von einem Bach durchflossen, auf dem Enten und Gänse gehalten wurden. Neben dem Haus, das an ein weites Fürstenbergsches Weidegelände grenzte, lagen unter Kastanienbäumen Stall und Remise.

Alle meine Vorfahren väterlicherseits stammen von schönen Höfen am Niederrhein, ursprünglich wohl von dem auf den Messtischblättern noch als solchen bezeichneten Husenhof bei Rheinberg. Einer der ersten Träger unseres Namens, der urkundlich auftritt, beschwört 1265 vor dem Bischöflichen Gericht in Rheinberg in einer im Staatsarchiv Düsseldorf befindlichen Urkunde anlässlich eines Streits mit dem Grafen von Moers um Zinspflicht: quod nonnulli hominum, sed soli Deo attinemus (Nicht auf Menschen, sondern allein auf Gott verlassen wir uns). Das ist ein im rechtlosen Interregnum gegebener, schöner Ausdruck eines ausgeprägten Gefühls für Recht und Freiheit, das am Niederrhein den jeweiligen staatlichen Machthabern immer zu schaffen gemacht hat. Mein Vater pflegte häufig darauf hinzuweisen, dass er im Freiheitsjahr 1848 geboren sei, obschon er sonst die Jakobinermütze gar nicht liebte, und auch ich habe immer in der oben gekennzeichneten Haltung zu leben versucht.

Alle meine Vorfahren sind immer katholisch geblieben. Der Niederrhein ist katholisch geblieben, und der Gegensatz zu dem neuen, protestantischen Fürstenhaus hat die religiösen Kräfte des von Natur tief gläubigen Volkes nur vertieft. Besonders ist das durch den verhängnisvollen Bismarck'schen Kulturkampf geschehen, der das Volk in einer Weise aufgewühlt und erregt hat, die kaum noch vorstellbar ist. Mein Großvater war mit dem Wagen nach Münster gefahren zur Begleitung des Bischofs Johann Bernhard auf seiner Gefängnisfahrt und wurde noch mit neunzig Jahren erregt, wenn er von diesen Zeiten sprach. Ein lebendes Mahnmal für die damalige Gewaltherrschaft war die Schwester meines Vaters, die mit 18 Jahren bei den Kreuzschwestern in Aspel eingetreten, bei der Konfiskation dieses Klosters nach Lüttich fliehen musste und dort bis zu ihrem Tode mit 86 Jahren verblieben ist. Auch die Nonnen, bei denen meine Mutter zur Schule gegangen ist, waren vertrieben worden. Dazu mahnten überall im Lande die zweckentfremdeten Klostergebäude neben den in der sogenannten Säkularisation geraubten Kirchen und Klöstern das Volk zur Anhänglichkeit an die Kirche und machte diese zum Mittelpunkt allen Geschehens, den Staat aber zu einer fremden und misstrauisch angesehenen Einrichtung.

Mein Vater stammte also aus einer tief religiösen, treu kirchlichen Umwelt, hat seinen katholischen Glauben stets bewahrt und vorbildlich nach ihm gelebt und gehandelt. Die Eltern hatten Horst zum Wohnsitz gewählt, weil es so nahe bei Essen, dem Heimatort meiner Mutter, und trotzdem angenehm ländlich lag. Der Vater legte allen Stolz in drei gute Kutschpferde. Das Haus war so geräumig, dass es fünf Gästezimmer hatte, die stark frequentiert wurden. Besonders die Jesuitenpatres, die sich ja nur geheim von ihren holländischen Klöstern aus einschleichen konnten, hatten dort einen guten Unterschlupf und einen bequemen Ausgangspunkt für ihre versteckte Tätigkeit im Lande. Dazu kam ein ständiges Hin und Her mit Verwandten und Freunden aus Essen, Theaterbesuch dort und Verkehr mit den Ärzten und Geistlichen der Nachbarschaft. Die sorglose Behaglichkeit eines solchen damaligen bürgerlichen Haushalts ist heute nur noch schwer vorstellbar. Nach Tisch spielte die Mutter Klavier, und dann sang man gemeinsame Lieder, wobei der Weinkeller in weit höherem Maße zu seinem Recht kam, als es heute üblich ist. Mein Vater hat mir als feste Regel wohl aus dieser Zeit beigebracht, dass man bei größerem Weinkonsum abends die leeren Flaschen selbst in den Keller tragen müsse, da es das Personal nichts angehe, wie viel Flaschen

Wein mit den geistlichen Herren am Abend geleert worden seien. Auf guten Wein wurde großer Wert gelegt und unter Nichtachtung von Bier und Schnaps die Annehmlichkeit eines Landes nach seiner Weinproduktion bemessen. Wein galt als treffliche Medizin, als Kinder bekamen wir bei Erkältung einen Teelöffel Tokaier, und es freut mich, dass ich meinem Vater zehn Minuten vor seinem Tode noch ein großes Glas Moët-Chandon geben konnte.

Nach meiner Geburt hatte sich das Interesse von der Gastlichkeit auf mich verlagert, und man schaute bereits nach besseren Schulmöglichkeiten aus. Schließlich wurde unter Verkauf der Besitzung in Horst ein Haus in Münster auf der Warendorfer Straße gekauft. Damals war dieser Vorort St. Mauritz die hübscheste Wohngegend von Münster, mit ländlichem Charakter.

In dem großen Garten durften in einer Ecke Höhlen gegraben und Indianerhütten gebaut werden. Das weite, grüne Hintergelände mit seinen versteckten Gartenstiegen bot Gelegenheit für ausgedehnte Kriegszüge, die sich bis zur jetzigen Piusallee erstreckten, damals ein verlassener Bahndamm, der zum Spielen besonders geeignet war und wo mit Kinderbanden der dortigen Gegend regelrecht Krieg gespielt wurde. Nach dem Burenkrieg – niemand wollte Engländer sein – gab es dort sogar Schützengräben mit Dornen als Drahtverhau. An die Ereignisse des Burenkriegs und an Ohm Krüger erinnere ich mich lebhafter und mit intensiverer Parteinahme als an die Schlachten des Weltkrieges, während der spätere russisch-japanische Krieg uns nicht sehr beeindruckt hat. Er war wohl schon zu mechanisch für die Nachgestaltung in der kindlichen Phantasie.

In dieser harmlosen, sicher gegründeten Umwelt drehte sich für die Eltern alles nur um die Kinder, auf deren körperliche und geistige Pflege der ganze Tagesablauf abgestellt war. Der Vater ging jeden Morgen um 6 Uhr in das Franziskanerklösterchen zur Kirche, wenn er nicht um 10 Uhr im Dom die Hl. Messe hörte, und oft tat er beides an einem Tag. Dadurch erhielt das ganze Familienleben ohne jede Mahnung und nur durch ein sich als selbstverständlich darstellendes Beispiel die richtige Ordnung und Sinngebung. Aus der Kirche brachte er auch seinen inneren Frohsinn mit und die unerschütterliche Geduld für die Schwierigkeiten des Alltags, die es natürlich auch damals gab, wenn sie uns heute auch weniger gewichtig erscheinen als unsere eigenen Sorgen. Meine Mutter war entsprechend ihrem fragil zierlichen Körperbau – Schuhnummer 36 und kleinste Handschuhnummer – sehr feinnervig, gefühlsbetont, empfindsam und impulsiv, peinlichst bedacht auf gute Formen, äußeres Dekorum, tadelloses Schreiten, tadelloses Sitzen und gepflegte Kleidung. Ich habe sie nie in einem Morgenrock oder gar unfrisiert gesehen.

Ostern 1900 wurde ich in die Sexta des humanistischen Gymnasiums Paulinum aufgenommen, das sich rühmen kann, das älteste deutsche Gymnasium zu sein, entstanden aus der Domschule und dann von den Jesuiten neu geformt. Das Gymnasium wurde ganz von katholischem Geist getragen. Der Geschichtsunterricht allerdings war preußisch ausgerichtet. Brandenburgische Markgrafen und Kurfürsten standen im Vordergrund, und der Sinn der Geschichte schien hauptsächlich auf das Zusammenbringen eines möglichst großen preußischen Länderbesitzes gerichtet zu sein. In Münster ließ sich die Territorialgeschichte nicht ganz verbergen, schon weil die Steine sie zu laut kündeten in den zahlreichen schönen Bauten aus der fürstbischöflichen Zeit. Zu viele weinende Kirchen und entweihte Klöster mahnten im Münsterland daran, dass das ideale preußische Geschichtsbild doch recht trübe Flecken aufwies. Entsprechend dem örtlichen Milieu lag unsere Klasse auf der Linie der Zentrumspolitik.

Revolutionäre politische Meinungen gab es in Münster nicht, wo man ja zwei Mal bereits mit den Wiedertäufern und bei der Auflehnung der Stadt gegen den Fürstbischof Christoph Bernhard so schlechte Erfahrungen mit Revolutionen gemacht hatte. Deshalb wollte auch niemand etwas von den Sozialdemokraten wissen, und wenn diese in einem kleinen Trupp mit einer roten Fahne am 1. Mai zur Maifeier in das Restaurant an der Schleuse zogen, so nahmen das nur die Kinder ernst, die johlend hinterherliefen, und die Erwachsenen zogen nur die Folgerung, dass man eine so anrüchige Wirtschaft nicht mehr besuchen dürfe. Großen Auftrieb hatte das monarchische Gefühl, das damals mit der Bejahung des staatlichen Gefüges identisch war, in Münster durch den etwas späten Besuch des Kaisers im Jahre 1906 erhalten, bei dem die Kaiserin nicht anwesend war, was das Volk unliebsam vermerkte. Der Schmuck der Stadt war überaus prunkvoll und hätte dem Geschmack des Kaisers entsprechen müssen; ebenso groß war der Jubel der Bevölkerung. Es hat uns Sekundanern daher missfallen, als wir in Spalierstellung auf dem Domplatz sahen, wie der Kaiser ohne einen Blick nach rechts oder links mit eiserner Imperatorenmiene vorbeiritt. Der Kronprinz hatte dagegen mit seiner lächelnden Eleganz alle Herzen für sich.

Von meinem dritten Lebensjahr ab wurde ich jeden Sommer mit nach Borkum genommen, das früher noch ein schöner, ländlicher Ort mit einem herrlichen Strand war, der sicher viel zu meinem gedeihlichen Aufwachsen beigetragen hat. Früh morgens ging es an den Strand in das Zelt zum Burgenbau und Baden an den noch streng getrennten und durch Strandwärter abgeschirmten Badestränden. Die Herren trugen unbekümmert ihre dunklen Straßenanzüge, aufgelockert nur durch eine scheußliche, weiße Strandmütze. Das gebotene Strandkleid der Damen war aus Rohseide oder blauem Foulard mit einer nur leicht angedeuteten Schleppe, aber immer noch so lang, dass der Rock mit der Hand gehalten werden musste, wenn er nicht durch den nassen Sand schleppen sollte. Ein Sonnenschirm – ein en tout cas auch für Regen – gehörte unbedingt dazu, denn Damen mussten damals noch selbst an der See ihren blassen Teint hüten. Im Badeanzug den Strand außerhalb des eigentlichen Badestrands zu betreten, wäre undenkbar gewesen, obschon die Badeanzüge der Damen sehr viel »angezogener« waren als heute ein dickes, winterliches Straßenkleid. Der noch vorhandene Badeanzug meiner Mutter bestand aus dickem, flanellartigem Stoff mit mehreren Schulterkragen und Hüftüberwürfen, die mit gelben, schweren Litzen paspeliert waren; im Vergleich zum Bikini waren es Ritterrüstungen. Der viktorianische Geist war so vorsichtig, dass man von Badekarren aus baden musste. Diese wurden von einem Pferd bis ins Wasser gezogen, und erst dann durfte man hinausklettern; auf Klopfen hin wurde nach dem Bade der Karren dann wieder aufs Trockene zum Aussteigen gebracht. Dieses System vorbeugenden Sittenschutzes konnte recht lästige Folgen haben. Eines Tages hatte die Badefrau vergessen, bei steigender Flut den Badekarren meiner Mutter zeitig wieder an Land zu fahren zum trocknen Aussteigen, und ihr Rufen und Klopfen verhallte im Seewind, so dass sie in höchste Not geriet, bis sie schließlich doch bemerkt und zurückgefahren wurde. Ich glaube, das Wasser hätte schon sehr hoch steigen müssen, ehe sie der Konvention so weit zuwider gehandelt hätte, den Badekarren selbsttätig zu verlassen.

Höchlichst interessiert hat uns natürlich die erste große Automobilfernfahrt Berlin-Paris, ich glaube, es war 1903; die Etappenstation in Münster am Gertrudenhof lockte Jung und Alt her, um diese erstaunlichen Gefährte zu bewundern, die übrigens bis 1914 nur in ganz geringer Zahl in Münster bodenständig wurden. Noch größer waren Staunen und ergriffene Bewunderung, als einige Jahre später ein Zeppelinluftschiff in erhabener Größe seine Schleifen über dem Münsterland zog.

Unter Führung des guten Professor Iwan Baeumer bestand ich dann in den ersten Märztagen 1909 das Abitur. Das mündliche Examen wurde mir erlassen, und das Abiturzeugnis enthielt keine anderen Prädikate als gut und sehr gut. Die Welt stand mir offen.

2. Die große weite Welt: Oxford, London, Genf – ein abenteuerliches Studentenleben

Die Eltern waren großmütig, und so durfte ich das erste Semester in Oxford verbringen. Reisen in das Ausland waren vor 1914 einfach. Pässe oder gar Visa brauchte man nicht in Europa außer für Russland; man besaß keinerlei Ausweis, abgesehen von der Visitenkarte, deren erstmaliger Besitz mein Selbstbewusstsein sehr anhob. Die Zollkontrollen waren bei der Einreise in Freihandelsländer wie England und Holland eine reine Formalität, während die Rückkehr in das schutzzollgepanzerte Deutschland infolge der berüchtigten Tüchtigkeit der deutschen Beamten jedes Mal ein Abenteuer darstellte, das den Reiz des Reisens sehr verstärkte.

Ich wohnte in einem kleinen »boarding-house« nahe bei St. Giles, bei Mr. Rothwell, einem Ingenieur, der in den Kolonien nicht prosperiert hatte und deshalb auf »paying guests« verfallen war. Außer zwei charmanten Töchtern gab es ein halbes Dutzend Gäste, alles Engländer, und dann und wann auch Amerikaner, die Mr. Rothwell, wie alle Engländer es früher gewohnt waren, etwas von oben herab behandelte. Sie waren damals noch selten und hatten alle dasselbe Ziel: »to do the cathedrals«, womit der Besuch der Kathedralen in Salisbury, Gloucester, Exeter, Ely, Wells, Lincoln, Durham und York gemeint war. Die gebildeten Engländer legten großen Wert auf eine saubere Aussprache von »the Kings English«. Schon bei Dickens galt ja das Auslassen des Buchstabens »H« beim Sprechen als schlimmer Vorwurf, und nun gar in Oxford, wo die Studenten mit ihrem nonchalanten, schleppenden Tonfall, dem »Oxford drawl«, es fertig bekamen, eine gesellschaftliche Sprachgrenze durch die ganze englischsprechende Welt zu ziehen. Ich habe diesen »drawl« nie voll herausbekommen – so etwas wird nur ererbt –, kann ihn aber sofort heraushören, was später oft sehr nützlich war. Die Amerikaner mit ihrer nasalierenden, aus dem Londoner East-end und »broad Scotch«

stammenden Sprachweise standen tief unter dieser sprachlichen Scheidegrenze und wurden deshalb von den Engländern tiefer einklassiert als europäische Ausländer. Außerdem hielten sie sich nicht an das ihnen unbekannte, in allen Lebenslagen gebotene viktorianische Decorum und erregten so immer Anstoß und Missbilligung; Die Königin Viktoria war doch erst acht Jahre tot. Ein ganz schlimmer Fall ergab sich, als eine recht hübsche, relativ junge Amerikanerin auftauchte mit dem damaligen amerikanischen »dernier cri«, nämlich einem Brillanten, der in eines ihrer perligen Vorderzähnchen eingesetzt war.

Das Leben der Universität bewegte sich in den Formen des Mittelalters. Die Vorlesungen wurden in den schönen, mit kostbaren Bildern ausgestatteten Räumen der Colleges abgehalten, und nach Beendigung eines Collegs musste man mit dem Rad zur nächsten Vorlesung in eins der anderen Colleges fahren, was bei der weiten Streuung der Colleges mit ihren Parks und Höfen Eile erforderte. Niederschriften in der Vorlesung durften nur vermittels Gänsekiel, von denen mehrere wohl zurechtgeschnitten auf den Pulten lagen, und Streusand gemacht werden.

Auch 1909 war einer der Hauptdiskussionsgegenstände ein kriegerischer, nämlich die Frage des Dreadnoughtbaus. Der Bau dieser kostspieligen Superschlachtschiffe, als Abwehr gegen das deutsche Flottenbauprogramm, hatte die öffentliche Meinung in England zur Siedehitze gebracht, und auch die Stimmung war scharf antideutsch und für eine starke Aufrüstung. Man hatte das Gefühl, dass etwas Neues, Unbekanntes in der Luft lag, eine erregende Spannung und dunkle Ahnung schrecklicher Möglichkeiten, die dieser köstlichen Welt bevorstehen könnten. Dass zu diesen Möglichkeiten der konkrete Fall des wirklichen Schießens von Deutschen auf diese netten, gutangezogenen, jungen Engländer und dieser umgekehrt auf die von den Ausländern doch immer noch passabelsten deutschen Studenten gehören könnte, ist wohl niemandem ernstlich bewusst geworden.

Auf Grund der insularen Lage, der Europa abgewandten, auf die große koloniale Welt hin gerichteten, historischen Entwicklung und des unerhört hohen Macht- und Wirtschaftsstandards Englands war eine merkwürdige Überheblichkeit der Engländer gegenüber allen Ausländern entstanden, die ihre in England immer erforderliche sittliche Rechtfertigung erhielt durch den Gedanken der Abwehr irriger und unsittlicher Ideen vom Kontinent. Man war sehr höflich und freundlich zu Ausländern, wenn man aber besonders liebenswürdig sein wollte, so sagte man »Sie sehen aus und betragen sich wie ein Engländer«, ohne dabei zu spüren, welche beleidigende Arroganz in diesem gut gemeinten Kompliment lag. Franzosen standen tief in der Wertung wegen revolutionärer und leichtfertiger Ideen und ihrer geschniegelten, unsportlichen Kleidung.

Italiener wurden nicht ernst genommen, Russen warfen Bomben und Polen und andere Slawen waren »dirty«. Deutsche, besonders aber Österreicher, standen noch am besten im Kurs, und dann Skandinavier und Holländer. Schwarze, braune und gelbe Hautfarbe war natürlich »impossible«. Inder rangierten hierbei noch am höchsten und galten zur Entschuldigung immer als Söhne von Maharadschas. Auch vereinzelte Neger waren in Oxford, natürlich nur Söhne von Sultanen oder Häuptlingen, mit denen aber niemand etwa Tennis spielen wollte.

Es gab in Oxford ein bescheidenes Saaltheater, das kleine Unterhaltungs- und Spektakelstücke spielte, von denen mir unvergesslich geblieben ist »Under the Tsar«, in dem ein Anarchist mit feinster, realistischer Kleinarbeit am Galgen zu Tode gebracht wurde. Es ging dort rau her wie zu Shakespeares Zeiten; Studenten sprangen auf die Bühne und spielten mit oder überreichten den Schauspielern nicht nur Blumen, sondern auch Whisky und Esswaren. Applaus und Missfallen fanden gleicherweise stürmische Äußerung, kurz: Es war ein Fest, aber doch Theater. In London habe ich dann noch mancherlei Theater aller Art gesehen, so die große Destinn in Madame

Butterfly in Covent Garden; ich habe nie im Leben wieder eine solche Häufung kostbaren Schmucks erblickt, dessen Funkeln aus dem Parkett in die Logen des ehrwürdigen, alten Saals emporbrandete, wie an diesem Abend. Man war reich und konnte es sorglos und neidlos zeigen, und wenn eine besonders gut aussehende und wohlgeschmückte Dame vor dem Theater aus dem Wagen stieg, klatschten die Zuschauer fröhlich Beifall.

Für das zweite Semester fiel die Wahl auf München. Der Vater verlangte eine Universität mit süddeutscher, katholischer Umwelt. Eigentlich war Wien oder Innsbruck geplant, aber da ich mit meinem Freund Felix Jungeblodt zusammen fahren sollte, weil davon die Väter eine gegenseitige moralische Stützung erwarteten, einigten sich diese schließlich auf München. Wir fanden dort ein Quartier, bestehend aus einem gemeinsamen Wohnzimmer und zwei angrenzenden Schlafzimmern auf der Türkenstraße bei sehr netten Leuten. An der Haustür hatten sie ein großes, ovales Porzellanschild mit der Aufschrift »Josef Lidl emeritierter Fürstlich Thurn und Taxischer Kammerdiener«. Dementsprechend war dort für unser leibliches Wohl gut gesorgt, und auch für unser im damaligen Faschingsmünchen nicht ungefährdetes Seelenheil waren sie mehr bemüht, als uns lieb war.

Wir belegten unsere üblichen Vorlesungen in dem prächtigen Neubau der nahen Universität und waren auch gewillt, von diesen so viel wie möglich zu profitieren, weil wir beide Oxford als großes wissenschaftliches Loch empfanden. Der Profit war dann aber auch hier mäßig, weil wir zu oft eine Zeiteinteilung hatten, die mit den Kollegstunden kollidierte. Es waren bedeutende Professoren da: Professor Seuffert bot Zivilprozess an, v. Amira deutsches Recht, Brentano im Auditorium Maximum geistreiche, antiklerikale Nationalökonomie und Schneider scholastische Philosophie. Trotz oder wegen des hohen Grades von Wissenschaftlichkeit ging das alles aber über unsern, wohl in Oxford nicht hinreichend aufpolierten Horizont, besonders die »Vorlesungen« von Seuffert, was sich bald negativ auf die Zahl der Stunden auswirkte, die wir bereit waren, der Universität zu widmen. Bei Amira, von dessen geistvollen Konstruktionen wir meinten, er erfinde überhaupt erst das deutsche Recht, gab es wenigstens oft Spaß. Er war empört, wenn jemand unter Missbrauch der akademischen Freiheit zu spät in die Vorlesung kam. Dann unterbrach er seinen Vortrag und machte böse Bemerkungen. Als er eine solche einmal etwas länger ausdehnte, rief der Spätling: »Ich dachte, hier sei Vorlesung«, sprachs und verschwand unter lautem Trampeln. Einmal hatte Amira sogar versucht, die Tür durch den Pedell nach Beginn des Kollegs schließen zu lassen. Was aber zu einem solchen Aufruhr führte, dass er grimmig sein langbärtiges Germanenhaupt beugte und nachgab, was ihm dann durch späteres, besseres Betragen auch honoriert wurde. Besonders anregend war es, wenn ein junger, bayerischer Prinz in Begleitung eines Mentors zur Vorlesung erschien. Jeder wartete dann gespannt auf das, was kommen musste. Amira war nämlich innerlich so von altgermanischen Freiheitsgefühlen erfüllt, dass er es dann immer irgendwie fertigbrachte, einen Lobpreis der republikanischen Staatsform in sehr sachlichen Worten in sein Thema einzuflechten. Das Auditorium scharrte oder trampelte dann, und Prinz und Mentor saßen unbekümmert da. Man lebte eben in Bayern in einem freien Land.

Zur Abrundung wurde noch ein weiteres Auslandssemester in Genf verstattet. An der Genfer Universität, wo ziemlich viele Deutsche studierten, wurde im Vorlesungsplan auf die deutsche Ausbildungsordnung Rücksicht genommen, und es gab z. B. regelrecht Kollegs über deutsches, bürgerliches Recht. Die Genfer Universität war ein Gemisch aller Nationalitäten, und von eigentlichem studentischen Leben und einem Zusammenhang der Studenten habe ich wenig gemerkt. Höchst misstrauisch wurden die vielen Russen betrachtet, von denen man meist annahm, dass sie zur Anlernung in der Fabrikation von Bomben, jedenfalls zu subversiven Zwecken oder mindestens aus verdächtigen Gründen sich dort aufhielten.

Auch zu gesellschaftlichem Verkehr in der Stadt kam es nicht, da die eingesessenen Genfer sich abgesondert hielten entsprechend dem puritanischen Sinn dieser Stadt. Der Geist Calvins wehte fühlbar durch die düstern Gassen der alten Stadt, deren dunkel drohende, mit unguter Geschichte beladene Mauern keinen Frohsinn aufkommen lassen wollten. Es war besser, sich an den neuen, internationalen Teil Genfs am See und dessen lachende Umgebung zu halten. Selbst dort gab es die böse Stelle, wo vor zwölf Jahren bei dem Hotel Beaurivage die Kaiserin Elisabeth ermordet worden war, und der Mörder Lucheni saß noch in dem unheimlichen, alten Gefängnis der Stadt.

Ich war also angewiesen auf den Umgang mit Leuten, die in meiner Pension, meist als Dauergäste, wohnten. Die Pension der Madame Hornung lag auf dem Boulevard George-Favon, nahe bei der katholischen Herz-Jesu-Kirche, die wie ein griechischer Tempel aussieht und früher Freimaurerloge war, bis die Jesuiten sie durch einen Mittelsmann erworben hatten – ein seltener Vorgang, der sich sonst meist umgekehrt abwickelt. Mme Hornung war eine gebildete Frau aus guter Familie, die es verstand, der seltsamen Mischung, die bei ihr wohnte, eine Art von familiärem Zusammenhang zu geben. Der Ehrengast war Mrs. Skeene, eine liebenswerte, alte Engländerin. Ihr Mann war englischer Generalkonsul in Aleppo gewesen, auf einer Reise vor vierzig Jahren in Genf verstorben, und sie war dort aus Pietät sitzen geblieben als schönes Beispiel der leider hingeschwundenen Geisteshaltung, die man als »spleen« zu bezeichnen pflegte. Ferner gab es ein nettes, baltisches Ehepaar, das die studierende Tochter überwachte, einen griechischen Levantiner, der sich byzantinischer Kaiserabstammung rühmte, was Mrs. Skeene vorsichtig bezweifelte, eine bildhübsche, blonde Signorina englischer Abkunft aus Süditalien, den Österreicher Baron Mahlschedl und einige andere. Die Tischunterhaltung war entsprechend der bunten Zusammensetzung amüsant und nicht nur sprachlich lehrreich. Man ging zusammen in das Casino zum Tanzen, ruderte und machte Ausflüge auf dem See und in die geschichts- und literaturträchtige Umgebung. Ein besonderes Ereignis war ein Gastspiel von Sarah Bernhardt. Hinreißend war sie in der Cameliendame, besonders zum Schluss in ihrer hauchdünnen Zerbrechlichkeit.

Die anderthalb Jahre unbekümmerten Umherziehens hatten mir sicher nicht viel juristischen Lernertrag gebracht. Dementsprechend stand für mich fest, dass die restlichen drei Semester als reine Arbeitssemester zu Hause an der Universität Münster zu absolvieren seien, und zwar ohne Überschreitung der normalen Studiendauer von sechs Semestern. Ich kam zu diesem Entschluss aus dem natürlichen Ehrgeiz jedes jungen Menschen zu einer Leistung und aus der Dankespflicht gegenüber den Eltern, die so viel Geld, Mühe und Liebe auf mich verschwendet hatten.

Die Professoren gingen dem positivistischen Zuge der Zeit entsprechend davon aus, dass nur vom Staat gesetzte oder wenigstens staatlich anerkannte Normen Recht seien, so dass gerade noch für Kirchen- und Völkerrecht die rechtliche Eigenschaft gerettet war, während alle überstaatlichen Normen aus dem Rechtsbereich ausschieden. Damit aber nicht genug wurde sogar das Wesen des Rechts umgekehrt durch den Satz: »Recht ist Macht«, den ich so wörtlich in seiner markigen Sprache von Krückmann wiederholt gehört habe. Wenn das ein so tüchtiger und anständiger Mann wie Krückmann in voller Überzeugung lehrte, so braucht man sich nicht darüber zu wundern, wie leicht es später dem Hitlerregime wurde, das Recht zu schänden, eine Möglichkeit, die Krückmann nicht erkenntlich wurde, da er im liberalen Fortschrittsglauben und in der sicheren Gegründetheit der friedlichen Zeit des 19. Jahrhunderts lebte.

Die Bewältigung des Lernstoffes in drei Semestern konnte nur gelingen mit Hilfe des Repetitors. Da war einmal Herr Kleene, der es sicher in der Ewigkeit nicht böse vermerkt, wenn ich ihn entsprechend der herrschenden Meinung der Studenten als verkrachtes Genie bezeichne. Genial war er sicher in der souveränen Beherrschung des Stoffes, messerscharfer Logik und glanzvoller Darstellungsgabe. Seine Beispiele saßen und hafteten. Seinem sprühenden Geist konnte man sich nicht entziehen, und sein beißender Spott eiferte an, sich keine Blößen zu geben. Auf Professoren und die Prüfer beim Oberlandesgericht war er ebenso schlecht zu sprechen wie diese auf ihn. Bei der Darlegung der unterschiedlichen Lehrmeinungen hieß es nicht selten: »Dies ist die überwiegende Meinung, jenes die richtige, Professor X vertritt folgende dritte Ansicht: Hüten Sie sich also im Examen bei ihm, die richtige Erkenntnis zu äußern.« Das war sehr wenig liebevoll, die Thesen saßen dann aber. So weit, so gut. Die Sache hatte aber einen Haken, Kleene hatte nämlich einen Hang zu alkoholischen Getränken und sonstigem lockeren Lebenswandel, der ihn öfter unversehens nach auswärts und mit Vorliebe nach Dortmund entführte. Durch die Universität aber hallte dann der Schreckensruf: »Kleene bremst!« Aus der Kenntnis dieser unbestrittenen Eskapaden heraus verwalteten die Studenten seine Einkünfte und maßen ihm in bar nur beschränkte Mittel zu. Das nützte aber auch nichts, denn er fuhr dann eben ohne Geld los und machte in Dortmund so lange Schulden, bis einer der treuhänderischen Studenten ihn dort aufgespürt und ausgelöst hatte. Es war daher nützlich für diese Intervalle, einen zweiten Rückhalt zu haben, nämlich Herrn Schaefer, der sehr tüchtig und zuverlässig war, dem aber die bewegliche geistige Spritzigkeit des dann früh verstorbenen Kleene fehlte, während Schaefer als Lohn seiner Tugend noch bis 1957 Repetitorium gehalten hat.

Zum frühesten Termin habe ich mich dann zum Referendar-Examen in Hamm gemeldet und es im Juni 1912 mit dem Prädikat gut bestanden im Alter von 21 Jahren und drei Monaten, worauf ich stolz war, denn ich hatte in Münster eisern gearbeitet.

3. Die Ruhe vor dem Sturm – ein Traumjob, ein Traumregiment, eine Traumhochzeit

Zur Ausbildung wurde ich dem Amtsgericht in Warendorf überwiesen. Beleidigungsklagen stellten in der Kleinstadt einen amüsanten Prozessgegenstand dar. In diesem Zusammenhang war die kleine, unpolitische, örtliche Zeitung des Redakteurs Klostermann von Bedeutung. Dieser war früher einmal wegen Majestätsbeleidigung mit den Behörden in Konflikt geraten und lebte seitdem in einem für die Zeitung nicht uneinträglichen Kampf gegen alle Träger öffentlicher Autorität, besonders natürlich gegen den Landrat. Dieser wohnte auf seinem Gut vor der Stadt und fuhr täglich mit seinem Kutschwagen zum Büro, wo in dem kleinen, friedlichen Kreis nicht allzu viel Arbeit anfiel. Klostermann schrieb dann in seine Lokalnachrichten nur den Satz: »Gestern traf das bekannte schöne Schimmelgespann um 11 Uhr in den Mauern unserer Stadt ein und verließ diese nach getaner Arbeit um 11:42 Uhr.« Ob und unter welchen Straftatbestand das nun fällt, ist sicher eine knifflige Frage, die schmunzelnd abends im Klub besprochen wurde, der seine für die kleine Stadt sehr schöne Unterkunft in dem früheren Kasino des Kürassierregiments 4 hatte, von dem eine Eskadron in Warendorf stationiert gewesen war.

Das Amtsgericht, ein würdiges Biedermeierhaus, war bescheidenst mit schlichten, ungestrichenen Tannenholzmöbeln eingerichtet. Gelöscht wurde mit Streusand aus der nahen Heide. Im Hof war das meist nur im Winter von Landstreichern bewohnte Gerichtsgefängnis, das gut dreißig Jahre vorher dem Bischof Johann Bernhard als Aufenthalt hatte dienen müssen. Es war ein stilles, behagliches Leben an diesem Amtsgericht ohne Ereignisse und Aufregungen. Mittags um 12 Uhr rief Professor Brinkhaus von unten nach meinem oben gelegenen Zimmer laut das Wort: »Wasserklub«. Auf dies Zeichen gingen wir zur Ems zum Schwimmen. Nachmittags wurde im Kaffeehaus »Herrlichkeit« Tennis gespielt, und der Abend wurde mit Lesen oder Klub verbracht. In Warendorf habe ich einen guten Freund fürs Leben gefunden, den Grafen Michael Matuschka aus Schlesien, der ein Jahr älter als ich und Regierungsreferendar beim Landratsamt war. Die Gleichheit der Anschauungen führte uns zusammen, und so ist es geblieben, bis er am 14. September 1944 den Hitlerhenkern zum Opfer fiel, nachdem er die Worte gesprochen hatte: »Es ist eine hohe Ehre, zu Kreuzerhöhung gehängt zu werden«.

Man kann den Preußen manches zu Recht vorwerfen. Die Kunst nicht nur klugen, sondern weisen, nicht nur erfolgreichen, sondern auch gerechten Regierens haben sie aber verstanden. So war es auch gar nicht unklug, dass man den Dienst in der Kavallerie und die Offiziersqualifikation in dieser als wünschenswerte Voraussetzung für den Eintritt in den höheren Regierungsdienst ansah. Jedenfalls galt es 1912 als nützlich und heilsam, den Wehrdienst bei der Kavallerie zu leisten. Jeder junge Bursche wollte zudem damals lieber hoch zu Ross sitzen, als zu Fuß im Staube laufen. Ich hatte mein Auge auf das Husarenregiment Kaiser Nikolaus II. von Russland (1. Westfälisches) Nr. 8 in Paderborn-Neuhaus geworfen. Meine Annahme ging nach einer persönlichen Vorstellung beim Kommandeur und einer recht summarischen ärztlichen Untersuchung glatt vonstatten. Das Regiment stand in der kavalleristischen Wertskala hoch.

Am Vortage des 1. Oktober 1912 traf ich in Neuhaus ein, denn ich war der dort liegenden 3. Eskadron zugeteilt worden. Wohnung hatte ich in dem behaglichen Dorfgasthaus am Schlosstor bei Helmuth Lutter gefunden, bei dem sich, obwohl er selbst nie Soldat gewesen war, eine jahrzehntelange Erfahrung gesammelt hatte über den Umgang mit Militärpersonen, deren Psychologie und das geziemende Verhalten von Einjährigen. Davon erhielt ich alsbald eine Kostprobe. Bereits am nächsten Tage übergab er mir einen Dauererlaubnisschein nach Paderborn, den er von sich aus beim Wachtmeister besorgt habe mit der Auflage, er müsse mir vorher das militärische Grüßen beibringen. Er kleidete mich also in meine militärische

Montur, setzte mir die Grußformen auseinander und übte diese dann im großen Gastzimmer mit mir so lange durch, bis er erklärte, die Verantwortung für tadelloses Grüßen übernehmen zu können. Am anderen Morgen begann dann der Ernst des militärischen Lebens. Es wurde mir zunächst ein Pferd verpasst. Die Auswahl war nicht sehr groß, weil meine Länge von 1,90 m nicht recht den kleinen Husarenpferden entsprach. Mein Gewicht war aber gering, da ich schlank wie eine Latte war, so dass mir der knappe Attila gut stand, der für dicke Leute ein grotesker Anzug ist. Die Manschetten waren alle klein ausgewählt, bei den Offizieren war aber der hohe Wuchs nicht selten, und es gab auch einige dickliche Karikaturen. Es wurde mir mit offenkundig großem Wohlwollen ein großer, gut gängiger Brauner zugewiesen, eine Wahl, von der mein ganzes militärisches Schicksal nunmehr abhing. Dann erhielt ich einen »Putzkameraden« zur Pflege und Instandhaltung meiner Uniformsachen und einen weiteren Putzkameraden für das Pferd. Die ersten sechs Wochen musste ich aber das Pferd selber pflegen und den Stalldienst mitmachen. Die Einjährigen brauchten nicht in der Kaserne zu wohnen und waren vom Arbeitsdienst befreit.

Der Einjährige trug ja auch die Kosten seines Dienstes selbst. Er verpflegte sich selbst, bezahlte seine Wohnung, beschaffte sich auf eigene Kosten die Dienstkleidung und die Ausgehuniformen, bezahlte natürlich die »Putzkameraden« und musste zudem noch einen Pauschalbetrag von rund tausend Mark für die Gestellung von Pferd und Sattel zahlen. Ich habe in Erinnerung, dass dieses Dienstjahr weit über zehntausend Mark gekostet hat – also zwei Jahresgehälter eines Amtsrichters –, aber dafür war es auch herrlich.

Der schwierigste Teil des Dienstes für den neuen Rekruten war der Reitunterricht, wo es »stobig« zuging, wie es für die Erlernung der schweren Kunst des Reitens nötig ist. Persönlich ist es mir nicht sehr schwer geworden, weil ich ja aus Warendorf und Münster einige Übung sowie ererbten Pferdeverstand mitbrachte. Das musste aber sorgsam verheimlicht werden. Sonst hätte nämlich der Reitunteroffizier mir erst einmal zu beweisen versucht, dass ich absolut nichts könnte, während er so in freudigem Stolz feststellte, dass sein guter Reitunterricht so bald schon zu Erfolgen führte. Fußdienst wurde nur ganz nebenher betrieben und Turnen nur in Hinsicht auf Gelenkigkeit. Reiten besteht in weichem Mitgehen, federndem Schwung, lockeren Gelenken und wendigen Hüften. Angeturnte Muskelpakete sind ein Hindernis für das Reiten. Meine langen Beine bei kurzem Oberkörper gaben eine gute Voraussetzung, und gelenkig war ich auch. Noch vor einigen Jahren konnte ich im Stehen mit der Fußspitze hinter das Ohr gelangen, was mir beim Wetten manche Flasche Sekt eingetragen hat.

Nach dem Dienstjahr nahm ich am 1. Oktober 1913 meine Tätigkeit beim Amtsgericht Warendorf wieder auf, die sich aber zumindest nachts meist nach Münster verlagerte. Junge Leute gingen damals in Münster fast jeden Abend tanzen. Für mich war das geradezu eine Pflicht, weil meine Schwester Maria in diesem Winter zum ersten Mal ausging. Um dem Geheimrat Zuhorn gegenüber in etwa das Gesicht zu wahren, bin ich nicht selten mangels anderer Verbindung nachts vom Tanzen in Münster im Frack die dreißig Kilometer nach Warendorf auf dem Fahrrad gefahren in wahrhaft heroischer Pflichterfüllung gegenüber Familie und Staat. Vielleicht war das gesellschaftliche Leben in diesem Winter auch deshalb besonders intensiv, weil die Jugend irgendwie ahnte, dass es ihr letzter Winter sein werde. Es gab große Bälle, am reizvollsten waren aber die Hausbälle.

Inzwischen hatte ich mich entschlossen, nicht in der richterlichen Ausbildung zum Gerichtsassessor zu bleiben, sondern in den höheren Verwaltungsdienst einzutreten, also zunächst Regierungsreferendar zu werden. Es erscheint verwunderlich, dass ich auf den Gedanken kam, in die preußische Verwaltung eintreten zu wollen, obschon die Ansichten in meinem Elternhause so wenig preußisch waren, dass mein Vater schon ergrimmte, wenn er eine preußische Flagge sah.

Zehn Jahre früher hätte er es auch sicher nicht geduldet. Die Verhältnisse hatten sich aber langsam geändert. Infolge der staatstragenden Mitwirkung des Zentrums am politischen Geschehen entstand endlich hundert Jahre nach der preußischen Besitzergreifung bei den westdeutschen Katholiken das Gefühl, dass man auf den Staat, dem man die Steuern zahlte, auch Einfluss erhalten müsse.

So wurde ich also Ende März 1914 zum Regierungsreferendar ernannt. Ich war hierauf – nach damaligen Begriffen zu Recht – stolz, denn man kann heute kaum noch ermessen, welchen Höhepunkt das für einen smarten jungen Mann von 23 Jahren bedeutete, zumal in Verbindung mit der bevorstehenden Qualifikation zum Reserveoffizier beim Husarenregiment 8. Über das Verhältnis des Regierungsreferendars zur richterlichen Laufbahn – innerhalb derer wieder die Staatsanwaltschaft als »Gerichtskavallerie« bezeichnet wurde – erzählte man sich spaßhaft folgendes Geschichtchen: »Der schlecht gelaunte Landgerichtspräsident wird morgens beim Frühstück von seiner Frau gefragt, ob er etwa schlecht geschlafen habe, und antwortet, er habe bestens geschlafen, aber geträumt, er sei Regierungsreferendar und zu seiner Bestürzung sei er dann als Landgerichtspräsident aufgewacht.« O vanitas vanitatum! (Oh Eitelkeit der Welt!)

Ich absolvierte also noch wohlgemut meine Übungen bei den müden, stolzen Achten und erschien dann Ende Juni in Lüdinghausen, ohne zu ahnen, dass in wenigen Wochen die Zeit der stolzen Regierungsreferendare, die Zeit kunstvollen Regierens und die ganze große bürgerliche Zeit überhaupt zum Ende gekommen sein würde. Da man aber nicht wissen konnte, dass das Einschreiten gegen den scheußlichen Mord an einem hochgesinnten Fürstenpaar als notwendig angesehen werden würde, ging beim Landratsamt Lüdinghausen alles im gewohnten Geschäftsgang weiter. Zu diesem gehörte vornehmlich die Akte »Besuch Sr. Majestät des Kaisers und Königs bei Sr. Durchlaucht dem Herzog von Arenberg anlässlich des Kaisermanövers im Herbst 1914«. Der Herzog von Arenberg residierte auf dem von ihm erworbenen Schloss Nordkirchen im Kreise Lüdinghausen, das der Fürstbischof Friedrich Christian Graf v. Plettenberg zu Beginn des 18. Jahrhunderts als münsterländisches Versailles gebaut hatte.

Dem Landrat oblag es nun, die Sicherung der kaiserlichen Autofahrt von Münster nach Nordkirchen vorzubereiten. Es war geplant, dass Gendarmen in Augenfühlung den Weg entlang aufgestellt wurden. Um die hierfür nötige große Zahl von Gendarmen zu erreichen, wurden die Positionen in ein Messtischblatt je nach den Wegekrümmungen eingetragen, und dann durfte ich mitfahren, um im Gelände die Sichtmöglichkeiten von Gendarm zu Gendarm zu prüfen. Und als alles schön fertig und durchprobiert war, musste das Kaisermanöver sehr viel weiter westlich und mit scharfen Patronen stattfinden. Man soll übrigens nicht etwa glauben, dass für den Kaiser übertriebene Sicherheitsmaßnahmen üblich gewesen wären, die ja zudem völlig überflüssig waren. In Berlin bewegte er sich ohne jede erkenntliche Überwachung, und den Kaiser Franz Joseph habe ich in Wien ebenso den Graben entlanggehen sehen. Knatternde Polizeieskorten, die heute die Aufmerksamkeit auf sonst ganz harmlose Minister lenken, wären früher unmöglich gewesen, weil sie abgesehen vom Gelächter zu kostspielig waren.

Im Juli hielt Graf Merveldt in Tecklenburg im Hotel Burggraf eine Landratskonferenz ab. Die Regierungsreferendare an den Landratsämtern durften die Landräte begleiten und dabei sein, eine großzügige und förderliche Ausbildungsmaßnahme. Die Stimmung war ahnungsvoll, aber dass wirklich ein Krieg bevorstand, hat wohl keiner der Beteiligten geglaubt.

Für mich war die Zeit besonders spannungsvoll, denn für Anfang August war die Hochzeit meiner neunzehnjährigen Schwester Maria mit meinem Freunde Benno Quernheim geplant. Wir kannten ihn von Jugend auf, da er mein Klassenkamerad auf dem Gymnasium war. Als meine Schwester nun aus der Erziehung im Sacré-Coeur-Kloster

Blumenthal nach Hause gekommen war, entbrannte eine stürmische gegenseitige Liebe. Mein Vater schätzte alle Offiziere als windig und unsolide ein und würde bei keinem anderen Offizier sein Einverständnis zu einer Heirat gegeben haben. Hier bestand aber eine offenkundige Ausnahme, denn mein Schwager war kindlich fromm, von heiligmäßiger sittlicher Reinheit, und die politischen Anschauungen waren die gleichen, da Vater Quernheim Bismarck noch mehr hasste und Windthorst noch mehr lobte als mein Vater. Als nun Ende Juli die politische Atmosphäre immer knisternder wurde, trat die Frage auf, was aus der für Anfang August festgelegten Hochzeit werden würde. Da traf plötzlich am 30. Juli nachmittags mein Schwager aus Paderborn ein mit der Erklärung, es müsse wegen der von Russland angedrohten Mobilmachung noch am selben Tage geheiratet werden. Das Standesamt wurde außerhalb seiner Dienststunden in Bewegung gebracht, und abends um 10 Uhr traute der Pfarrer in St. Mauritz das junge Paar. Es war die erste Kriegstrauung in Münster, und zur Vermeidung von Aufsehen hatten wir gebeten, die Kirche verschlossen zu halten. Die Kunde von dem Ereignis hatte sich aber verbreitet, und es standen Hunderte von Leuten auf dem Kirchhof, die in dieser nächtlichen Trauung den Beginn des Krieges erkannten. Als der schmucke Husar und seine schöne, junge Braut aus der Kirche traten, kam es zu einer lauten Ovation. Ein Tag war den beiden vergönnt, bis mein Schwager mit dem Husarenregiment 8 ins Feld rücken musste. Ich fuhr am 31. Juli, dem Tage der Verkündung des Zustands drohender Kriegsgefahr, nach Lüdinghausen zurück.

Am Samstag, dem 1. August, hatte ich mich zur Dämpfung der Spannung am späten Nachmittag auf dem Landratsamt an die Bearbeitung einer Sozialversicherungssache gesetzt, die bei Regierungsreferendaren nicht sehr beliebt waren. Als ich gerade einige Seiten des Entscheidungsentwurfs zu Papier gebracht hatte, stürzte der Kreissekretär ins Zimmer mit dem Telegramm, das die Mobilmachung anordnete. Infolgedessen musste ich nach meiner Mobilmachungsbestimmung sofort nach Paderborn fahren. Die angefangene Sache gab ich dem Kreissekretär, und ich sollte sie im Januar 1919 wieder vorfinden mit dem Vermerk: »Wiedervorlegen nach Rückkehr des Herrn Regierungsreferendars«, was nichts mehr nützen konnte, da der Interessent inzwischen verstorben war.

4. Das Ende aller Träume: Krieg – mit Glück durch das Grauen und am Ende noch ein echtes Husarenstück

Meine Sachen standen bereits fertig gepackt. Graf Westphalen gab mir sein Auto zur Fahrt nach Paderborn über Münster, wo ich erst meine kriegerische Ausrüstung holen musste. Begleitet von allen guten Wünschen fuhr ich in den sinkenden, köstlichen Sommerabend hinaus. Das Münsterland ist nie so schön wie in den Abendstunden, weil die Schatten dann aus den Wallhecken und Büschen geheimnisvolle Raumwirkungen hervorzaubern, die das ebene Land bei Tage entbehrt. Ruhe und Frieden liegen dann über der Landschaft, die im leichten Abendduft von einem Hauch süßer Melancholie berührt wird. Dieser traf auch mich, denn es kam mir plötzlich das Gefühl, dass es mit der »douceur de vivre« (dem schönen Leben) nun doch vielleicht zu Ende sein könnte, als ich an den Brücken des Dortmund-Ems-Kanals bereits Wachen aufgestellt sah, die das Kürassierregiment 4 dorthin beordert hatte. In später Nacht – Autos fuhren damals mit den Karbidscheinwerfern nachts sehr langsam – kam ich in Neuhaus an, das von den Aufregungen der Mobilmachung brodelte.

Ich war durch den Mobilmachungsplan als Vizewachtmeister in eine Offiziersstelle beim Regimentsstab als Führer der großen Bagage eingewiesen und wurde sofort zum »Offizierstellvertreter« ernannt, bis ich Anfang September Leutnant wurde. Diese Bagageführung entsprach zwar nicht meinem kavalleristischen Ehrgeiz. Aber es war immerhin für den Vizewachtmeister eine Offiziersstelle beim Regimentsstabe, und es wurde nach Eintritt des Stellungskrieges die Tätigkeit eines Ordonnanzoffiziers daraus. Zunächst war es schwierig genug, die Wagen und ihre Bespannung in Ordnung zu bekommen. Ich hatte von diesen Dingen nicht die geringste Ahnung. Für einen Regierungsreferendar galt aber der Grundsatz, dass er jede ihm übertragene Aufgabe erfüllen müsse und könne, und so begab ich mich mit Gottvertrauen an die Arbeit. Zunächst studierte ich einen Abend lang sämtliche militärischen Vorschriften über die Führung von Kolonnen, und bei der knappen Klarheit der Reglements hatte ich schnell einen Überblick über die Schwierigkeiten und ihre Bewältigung. Nach einigen Tagen bereits war das Regiment so weit geformt, dass der Kommandeur einen kriegsmäßigen Übungsmarsch in die Senne veranstaltete. Es ging alles erstaunlich gut mit den Reservisten und Ackerpferden, und auch die Bagagewagen rumpelten mit sauberen Abständen hinterher über die sandigen Sennewege. Beim Rückmarsch gab mir der Kommandeur, der vom Wagenfahren noch weniger verstand als ich, den Befehl, die Wagen kurz kehrtwenden zu lassen. Ich hatte aber wenigstens so viel schon aus den Vorschriften gelernt, dass ich wusste, dies sei unmöglich, ohne die Deichseln zu zerbrechen. Ich erklärte das mit kühler Sicherheit im Vollbesitz meiner neuen Kenntnisse mit dem Hinweis, ich müsse mir selbständig einen anderen Rückweg suchen und brauche hierfür eine Patrouille. Normalerweise hätte ein Regimentskommandeur jetzt angefangen zu toben. Da wir aber bei der Kavallerie waren, erhielt ich ein betontes Lob für meinen Widerstand und besonders für den positiven anderen Vorschlag.

Ein ähnliches Lob für selbständiges Handeln ohne Rücksicht auf etwaige Lästigkeiten erhielt ich einige Wochen später in Belgien. Der Kommandeur hatte mich beauftragt, als Spitze vor dem Regiment nach der Karte den Weg zu erkunden mit der ausdrücklichen Vermahnung, der Marsch des Regiments dürfe nicht zum Stocken kommen. An einer Wegegabelung war nach der Karte nicht ersichtlich, welcher der Wege nun mit Sicherheit der richtige sei. Ich gab daher das Zeichen zum Halten für das Regiment, galoppierte zu einem naheliegenden Haus und erkundigte mich bei den Bewohnern. Der Kommandeur ritt recht ungehalten nach vorn, erkannte aber die Schwierigkeit sofort an, und als ich gar noch die Ziffer der Felddienstordnung zitieren konnte, nach der es geboten war, im Zweifel zuverlässige Landeseinwohner über Wege zu befragen, war mein Ruf für verantwortliches Handeln der Unterführung gesichert.

Noch eine andere lustige Sache war kennzeichnend für die lockere Form, in der man bei der Kavallerie lebte. Ein Reserveoffizier vom Kürassierregiment 4, Schlubeck, ein bekannter, mondäner Portraitmaler aus Berlin, der sehr wohlhabend, ästhetisierend und entsprechend verwöhnt war, rückte mit absoluter Selbstverständlichkeit mit einem eigenen, bespannten Gepäckwagen nebst Kutscher und Diener an. Er brachte es fertig, beide trotz vorgerückten Alters als »Kriegsfreiwillige« einkleiden zu lassen und den Wagen mit ins Feld zu nehmen, wo dann bei seiner schweren Verwundung nach wenigen Wochen die größten Schwierigkeiten für den Rücktransport der beiden freiwilligen Helden und all der unnützen Sachen entstanden.

Infolge der freudigen Selbstverantwortung aller, vom jüngsten Husaren bis zum Kommandeur, konnte das Regiment schon am 11. August zur Westfront verladen werden. Wir wurden im Raume Eupen ausgeladen, übernachteten in dem verwunschenen Schloss Merode und rückten am 15. August im besten Glauben an eine gute Sache über die belgische Grenze in Richtung Lüttich. Obschon die Belagerungsarmee für Lüttich bereits vor uns war – die letzten Forts fielen am 16. August –, marschierte die 13. Reservedivision, zu der wir als Divisionskavallerie gehörten, aber kriegsmäßig wegen der Gefahr der Franktireurs (Heckenschützen), auf die die Truppe sehr hellhörig gemacht worden war. Die wallonische Bevölkerung war feindselig, und die Ortschaften mit den dunklen Ziegelhäusern wirkten düster und unheimlich. Mir war jedenfalls gar nicht wohl zu Mute, als ich nachts zu dem zehn Kilometer entfernten Divisionsstab zum Befehlsempfang reiten musste durch die menschenleeren, toten Häuserzeilen, aus deren Kellerluken es schießen sollte. Geschossen hat es nicht, aber die Ortslagen habe ich doch im Galopp durchquert, dass die Funken auf dem Pflaster stoben. Der Vorteil des Kavalleristen ist es eben, dass er vorwärts wie rückwärts schneller ist.

In Lüttich aber, das wir dann als Ersatz für die weiterrückenden Eroberer besetzten, kam es zum Schießen. Wir feierten abends in einem der köstlichen, kleinen belgischen Restaurants in einem engen Gässchen bei Kerzenlicht, da Gas und Elektrizität ausgefallen waren, den Geburtstag von Schlubeck. Plötzlich knallten draußen Gewehrschüsse, wir stürzten durch die dunkle Gasse zum Platz vor dem Justizpalast, wo der Divisionsstab seinen Sitz hatte, und inzwischen schoss es von allen Seiten in rollenden Salven und zuckendem Einzelfeuer. Auf dem Platz und später an Straßenecken hatte man aus Möbeln Scheiterhaufen geschichtet und zur Beleuchtung des Pandämoniums angezündet. Die Straßen wimmelten von Soldaten, die wild nach oben gegen die Häuser schossen. Es herrschte äußerste Nervosität, ja Panik. Ich war zusammen mit Graf Ferdinand Merveldt, der kühl und freundlich einzelne Soldaten und Offiziere fragte, worauf sie eigentlich schössen. Keiner wusste eine konkrete Antwort. Man schoss eben zur Beruhigung der Nerven, weil man glaubte, aus den Fenstern beschossen zu werden, obwohl wir kein geöffnetes Fenster entdecken konnten. Man hatte einzelne Türen von Häusern eingeschlagen, aus denen angeblich Schüsse gefallen waren, und Zivilisten aus diesen Häusern geholt, die geschossen haben sollten und die man dieserhalb standrechtlich sofort erschießen wollte, obschon keine Waffen bei ihnen gefunden worden waren und keinerlei sonstiger Beweis vorlag. Eine größere Gruppe solcher Zivilisten hatte man in der Umgitterung eines Denkmals zusammengetrieben, und ein aufgeregter Infanteriemajor war gerade dabei, sie erschießen zu lassen, als wir dort hinkamen. Graf Merveldt – damals noch Oberleutnant d. R. – trat mit all seiner lockeren Grandezza sehr förmlich an den Major heran und wies auf die mangelnden Beweise hin. Der Major tobte, worauf Graf Merveldt seinen Namen nannte mit dem Zusatz, er werde die Sache dienstlich melden. Der Major wurde sichtlich klein, und die Zivilisten wurden freigelassen. Gegen Morgen schoss eine Batterie eine Lage über die Stadt hin, und mit einem Schlage war der Hexensabbat zu Ende. Wie die Schießerei begonnen hat, ist nicht feststellbar. Ihr großes Ausmaß hat sie sicher durch die Nervosität der Truppe erhalten. Bei dem wilden, ungezielten Geschieße wurde der Rittmeister v. Böddin Hus. 8 schwer verwundet, zweifelsfrei durch ein deutsches Infanteriegeschoss. Am folgenden Tage bin ich mit Graf Merveldt unseren nächtlichen Weg nochmals gegangen. Wir haben dabei an einzelnen Stellen in den herabgelassenen Rollläden Einschüsse von gehacktem Blei und Eisenstücken festgestellt. Es ist also sicher auch von Zivilisten geschossen worden, was bei der Art der Lütticher Wallonischen Bevölkerung, die zahlreich in den Waffenfabriken von Herstal arbeitete, nicht verwunderlich ist.

In einem Gewaltmarsch – zu Pferde rund hundert Kilometer hintereinander – erreichten wir unter strömenden Regenfluten, vorbei an der hoch in den dunklen Wolken geisternden Kathedrale von Laon, in der Morgendämmerung des 13. September den Kamm des Chemin des Dames, und es gelang, sich dort einzugraben. Mitte September war ich Leutnant und Besitzer des Eisernen Kreuzes II. Klasse. Wir verblieben dort bis Oktober 1915 inmitten der lieblichen Hügellandschaft in einer ganz ruhig gewordenen Stellung. Nach kurzem Aufenthalt in der Etappe bei Valenciennes kamen wir Ende Dezember 1915 in den Raum Verdun und erlebten dort bis Oktober 1916 das Grauen dieses Verzweiflungskampfes. Eine schwere Typhuserkrankung brachte mich im Sommer für fast 3 Monate in das Lazarett in Stenay. Von Verdun ab wussten übrigens die Leutnants, dass es mit dem Endsieg doch wohl eine recht problematische Sache sei.

Im Herbst 1916 war die Frage der Schaffung eines Königsreichs Polen zwischen Wien und Berlin aktuell, die uns Leutnants wohl zu Recht nicht sehr seriös erschien. Ich vertrat gerade den Regimentsadjutanten und schrieb in den »auf Befehl« unterzeichneten Regimentsbefehl zwischen die anderen, normalen Anordnungen den Satz: »Die Eskadrons melden binnen 3 Tagen einen zum König von Polen durchaus geeigneten Husaren; polnische Sprachkenntnisse erwünscht.« Die Eskadronsführer machten den Spaß sofort mit und erstatteten entsprechende Meldungen. Darauf setzte ich wiederum in den Regimentsbefehl: »Die 2. Eskadron setzt unverzüglich den Husaren X nach Warschau in Marsch. Meldung bei der Kommandantur. Für Entlausung, gute Montur und Marschverpflegung ist besondere Sorge zu tragen.« Diese Regimentsbefehle gerieten einem diensteifrigen Menschen in die Hand, und ich wurde im Dienstanzug zur Division bestellt und erwartete ein schlimmes Ungewitter. Excellenz Kühne hielt mir eine längere, ernsthafte Rede über die Nichtswürdigkeit meines Tuns und schloss diese lachend mit dem Satz: »Militärisch sehr tadelnswert, kavalleristisch aber hübsch, und jetzt kommen Sie mit mir zum Essen«.

Die Tätigkeit der Divisionskavallerie war so wenig erfreulich geworden, dass ich auf eine Anforderung des aktiven Husarenregiments 8 hin mich gern zu diesem versetzen ließ. Dieses lag immer noch im Verbande der 9. Kavalleriedivision in Russland in Stochod bei Derewek in Stellung, sollte aber zum Westen kommen. So gelangte ich Anfang Januar 1918 zum ersten Mal an die Ostfront, die aber schon in voller Friedensverbrüderung mit den Russen stand. Die jüdischen Kaufleute trieben bereits über die Schützengräben hinweg Handel und besorgten Schweinebraten und Krimsekt. Es war die Zeit der Verhandlungen über den Friedensvertrag von Brest-Litowsk. Da die Front praktisch nicht mehr existierte, konnte ich ohne Schwierigkeiten nach Brest-Litowsk fahren, um den Bruder meines Schwagers, Felix Quernheim, zu besuchen, der dort persönlicher Adjutant des Oberkommandierenden der Ostfront, Prinz Leopold von

Bayern, war. Der Prinz war überaus schlicht, wirkte mit seinem weißen Bart ganz unmilitärisch, besaß aber gute militärische Eigenschaften und eine große persönliche Würde. Er war so königlich höflich, dass er bei Fahrten zu Besichtigungen und Besprechungen durch den Adjutanten die Ankunft mit der Uhr genau regulieren und bei vorzeitigem Eintreffen vorher halten ließ, um auf die Sekunde genau zur festgesetzten Zeit vorzufahren. Für einen jugendlichen Leutnant war dies Zusammentreffen mit dem Bruder des bayerischen Königs eine aufregende Angelegenheit. Die Stimmung im Osten war noch zuversichtlicher als an der Westfront. Man rechnete damit, dass Prinz Leopold König von Litauen werden würde. Felix Quernheim beschrieb mit allen Einzelheiten die große, russische Staatsdomäne bei Wilna, deren Erwerb der Prinz ihm versprochen habe, und war recht erstaunt, als ich weniger Vertrauen in die Kunststücke der großen Akteure hatte, die ich abends im Kasino bestaunen durfte.

Das Husarenregiment 8 wurde dann bald nach dem Truppenübungsplatz Wunsdorf bei Berlin transportiert, um auf den so ganz andersartig schwierigen und mörderischen Krieg an der Westfront umgeschult zu werden. Es wurde eingegliedert in die neue Gardekavallerieschützendivision. Infolge der guten Besetzung mit altgedienten Leuten und Offizieren war die Gardekavallerieschützendivision die beste Division der ganzen Armee, der es vorbehalten bleib, an den bösesten Stellen der Westfront eingesetzt zu werden. Es war Mathäi am Letzten. Ich wurde Führer der Nachrichteneskadron und hatte hierfür einen vierwöchigen Kursus über Nachrichtenmittel mitgemacht, und obschon ich dabei natürlich nicht allzu viel gelernt hatte, lief die Sache tadellos, da ein Regierungsreferendar eben nach vier Wochen in der Lage sein musste, jeden Platz zu erfüllen, auf den man ihn stellte. Die Eskadron hatte 180 Mann mit Fernsprecher, Blinklampen, Erdtelegraph, Hunden und Brieftauben. Bei schwerem Feuer funktionierten nur die Tauben, die braven Hunde und die Meldegänger.

Gegen Ende Oktober wurde ich zusammen mit drei anderen Offizieren entsandt, um die sogenannte Antwerpen-Maas-Stellung zum Einrücken für die Division vorzubereiten. Nach Meldung bei der Heeresgruppe in Charleville erhielten wir dort wunderschöne Kartenblätter, auf denen mit bunten Farben eine Stellung mit Gefechtsständen, Artilleriestellungen, Divisions- und Regimentsabschnitten eingezeichnet war. Außerdem wurde uns eine Kompagnie eines Arbeitsbattaillons in Nouzon zur Verfügung gestellt. Froh über diese gute Vorbereitung ritten wir nach Nouzon. Dort stellte sich heraus, dass das Arbeitsbattaillon schon vor einigen Tagen Richtung Heimat verschwunden war. Am anderen Morgen wollten wir die so schön eingezeichneten Stellungen besichtigen, in die wir die Division dann einweisen sollten. Nach langem Suchen im Gelände stellten wir fest, dass diese gesamten Stellungen nur auf der Karte vorhanden waren, und selbst wenn sie vorhanden gewesen wären, so wären sie so nicht beziehbar gewesen, da sie ohne Rücksicht auf die wirklichen Geländeverhältnisse eingezeichnet waren. Zudem hätte der Felsboden es nie erlaubt, ohne große Sprengarbeiten dort überhaupt Deckungen zu schaffen. Nach ergebnisloser Auseinandersetzung mit der abziehenden Heeresgruppe wurde der Division Meldung über die trügerische Angelegenheit erstattet.

Wir warteten nun in Nouzon der kommenden Dinge. Das Proviantamt wurde von marodierenden Soldaten geplündert, Truppen waren nicht vorhanden. Wir folgten dem Hilferuf des verzweifelten Zahlmeisters, gingen mit unseren Burschen hin und feuerten eine Salve über die Köpfe der Plünderer, die wie die Ratten verschwanden. Dann sammelten wir eine kleine Wache und konnten so das Lager für die nachrückende Division retten. Am Hubertustag, dem 3. November 1918, haben wir uns verzweifelt in einer letzten reiterlichen Aufwallung auf unsere vom dankbaren Zahlmeister gut gefütterten Pferde gesetzt, eine wilde, trauervolle Jagd über Stock und Stein geritten und dann unseren Gram mit den letzten auftreibbaren

Flaschen zu ertränken versucht. Das Halali ward geblasen von den amerikanischen Trompetern.

Die deutsche Westfront war zerbrochen. Die Tumulte vom 9. November waren eine Folge des militärischen Zusammenbruchs und nicht der Anstoß zu diesen. Unser neuer Kommandeur, Oberst Deetjen, nahm an der Besprechung der Kommandeure teil, die dem Kaiser die Abdankung empfahlen. Als er zurückkam, waren Bestürzung und Empörung über die Planlosigkeit und Entschlussunfähigkeit an höchster Stelle größer als die Trauer über den Zusammenbruch. Dass es zu diesem völligen militärischen Zusammenbruch kam, ist die Schuld Ludendorffs – Hindenburg war ja nur die Fassade –, der die militärischen Machtmittel verkannt und mit dem Kriegsglück nicht wie ein Feldherr, sondern als Hasardeur gespielt hat, der zudem noch die Nerven verlor, als es ernst wurde.

Wir waren mit der auf dem Rückzug befindlichen Division irgendwo in Belgien, als am 11. November die Nachricht vom Waffenstillstand durchkam. Es lag lastender Nebel über dem Lande, der die bestmögliche Kulisse für das Ereignis abgab. Wie auf Befehl fingen plötzlich alle Truppen an, die Reste ihrer Leuchtmunition in das milchige Dämmern zu schießen. Mit diesem dämonischen Feuerwerk wurde die Freude über das Ende des Sterbens ausgedrückt, viel mehr aber noch die Verzweiflung über den nutzlosen Tod von Millionen, über das Ende der bisherigen Ordnung sowie die Angst vor der Zukunft. Kinder im dunklen Wald lärmen, um sich Mut zu machen, und in Ostasien vertreibt man die Dämonen mit Feuerwerk.

Während unseres Rückzugs durch Belgien und Luxemburg, der uns in die Gegend von Siegen geführt hatte, waren die roten Matrosen inzwischen nach Berlin gezogen und machten dort der neuen Regierung Ebert-Scheidemann das Leben schwer. Als Ebert, in der Reichskanzlei belagert, sich keinen Rat mehr wusste, rief er auf einer geheim gehaltenen Leitung Hindenburg an und forderte Truppen zur Besetzung von Berlin. Die Gardekavallerieschützendivision war trotz der großen Verluste immer noch die beste der verbliebenen Divisionen und besaß noch eine intakte Disziplin. Da zudem der in Berlin beliebte Begriff der »Garde« zweckdienlich schien, fiel das Los auf uns. Anfang Dezember wurden wir Richtung Berlin verladen. Kurz vor Berlin weigerte sich das Bahnpersonal, den Militärzug weiterzuleiten, und wir wurden auf dem Bahnhof Nowawes ausgeladen. Wir fanden Quartier in der luxuriösen Villa des Kommerzienrats Steinthal in Babelsberg, der über unsere Ankunft sehr froh war und uns gastlichst aufnahm. Für die elende Ernährungslage war typisch, dass in diesem reichen Hause in einem Badezimmer – streng geheim – ein Schwein herangefüttert wurde, das zu Weihnachten schwarz geschlachtet werden sollte.

In den nächsten Tagen sollte dann der Einmarsch in Berlin stattfinden, und niemand wusste, ob dabei Gewalt angewandt werden müsste. Ich wurde vorausgeschickt, um die Einquartierung mit dem Bezirksamt in Charlottenburg vorzubereiten. Da es nach umlaufenden Gerüchten untunlich war, in Uniform mit Offizierachselstücken die öffentlichen Verkehrsmittel zu benutzen, beschloss ich, den Weg zu Pferde zu machen. Mit einem Pferdehalter hinter mir ritt ich also wie im besten Mittelalter gen Charlottenburg. Ich merkte bald, dass von feindseliger Einstellung nichts zu merken war, im Gegenteil: Die beiden seltsamen Reiter wurden allenthalben freudig begrüßt. Das hielt auch in dem dicht bebauten Kern von Charlottenburg an, und ich kam stolz und ohne Fährnis zum Bezirksamt. Der Bezirksbürgermeister bekam einen heillosen Schrecken, als er hörte, dass er Truppen einquartieren sollte. Er wisse nichts von einem Befehl der Regierung Ebert und er brauche eine schriftliche Anordnung des neuen sozialdemokratischen Stadtkommandanten Wels. Seine Furcht war so groß, dass mir nichts übrig blieb, als selbst einen Vorstoß zu diesem Stadtkommandanten zu unternehmen, der in der Kommandantur in der Nähe des Schlosses, des Hauptquartiers der roten Matrosen, saß. Ein weiteres Reiten dorthin schien mir nun doch etwas riskant, und ich stieg also im vollen Schmuck der Waffen in die Straßenbahn. Meine Achselstücke nebst Revolver erregten größtes Erstaunen, zugleich aber helle Begeisterung, die sich in kessen Zurufen äußerte. So kam ich ungehindert zur Kommandantur, vor der ein Matrose Posten stand, das Gewehr mit Lauf nach unten umgehangen als Zeichen des Umsturzes. Mir war etwas flau wegen meines kriegerischen Schmucks, der dem Matrosen offenbar missfiel. Ich straffte mich aber als Regierungsreferendar und Achter Husar und forderte in bestimmtem Ton, er solle den Ordonnanzoffizier der soeben in Berlin eingetroffenen Gardekavalleriedivision dem Kommandanten melden. Der Bluff gelang, und nach einigem Hin und Her stand ich vor Herrn Wels, der eher einen unsicheren als revolutionären Eindruck machte. Erst wollte er sich auf nichts einlassen, dann telefonierte er mit der Reichskanzlei, und schließlich bekam ich ein Schreiben an den Bezirksbürgermeister in Charlottenburg mit der verlangten Anordnung, das durch einen roten Stempel mit zwei verschlungenen Händen sehr überzeugend wirkte. Diese Hände bedeuteten damals dasselbe wie vierzig Jahre später die Friedenstaube von Picasso. Der Bezirksbürgermeister war recht erstaunt, als er mich ungerupft wiedersah, und gedeckt durch das schöne Papier veranlasste er alles Erforderliche.

In den nächsten Tagen – ich glaube, es war der 10. Dezember – zog die Division dann durch das Brandenburger Tor in die Innenstadt ein. Die Karabiner waren geladen, und die Geschütze hatten Munition. Es kam aber nicht zum geringsten Zwischenfall, die Bevölkerung jubelte uns vielmehr einhellig zu, weil sie in uns die Wiederkehr von Schutz und Ordnung erblickte. Trotzdem war es ein bedrückendes Gefühl, durch das mit roten Girlanden geschmückte Brandenburger Tor zu reiten durch ein Spalier roter Matrosen. Auf dem Pariser Platz war rechter Hand vor dem Adlon zur Abnahme der Parade der Divisionskommandeur mit dem General Lequis als Oberbefehlshaber in den Marken und dem neuen Kriegsminister Noske aufgebaut, der damals mit Mut und Verantwortungsbewusstsein die Lage gerettet hat. Ich sollte ihn 1944 im Gefängnis in der Lehrterstraße wiedersehen. Wie wenig revolutionär die Matrosen tatsächlich waren, zeigte sich, als sie den Husaren, die zu Fuß nicht über die Menschenmenge wegsehen konnten, zuriefen: »Augen rechts nehmen, da steht Excellenz.«

Die nächsten Wochen verliefen trotz kleiner Zwischenfälle ruhig. Die Lage spannte sich aber zusehends an, besonders infolge der Agitation von Liebknecht und Rosa Luxemburg. Der Generalstabsoffizier der Division, Hauptmann Pabst, der bei dem politischen Wirrwarr ganz in seinem Element war, hatte die seltsame Idee, die beiden vor der Truppe sprechen zu lassen. Liebknecht wirkte persönlich auf die Leute nicht, weil er rein intellektuell war. Rosa Luxemburg strahlte aber bei all ihrer krummen Hässlichkeit eine so überzeugte, faszinierende Leidenschaft aus, dass die Truppe davon erfasst wurde. Man ließ das Experiment deshalb bald fallen, und dass sie dann später durch den Husaren Runge vom Husarenregiment 8 umgebracht wurde, hat sicher seinen Urgrund in den ersten Erfahrungen über ihre starke persönliche Wirkung. Ich stand im Widerstreit zwischen dem Interesse auf Fortsetzung meiner Referendarausbildung und dem Gefühl, die Ordnungstruppe in Berlin nicht in der kritischen Lage verlassen zu sollen. Da aber hinreichend Offiziere vorhanden waren, entschloss ich mich zur Rückkehr in den Beruf, und am 23. Dezember fuhr ich nach Hause, so dass ich die dann folgenden ernsten Kämpfe um Schloss und Marstall nicht mehr erlebte. Die Kavallerie hat dabei ihren Mann gestanden, und Kavalleriegeist hat mit den zahlenmäßig minimalen Kräften die Millionenstadt wieder zur Ordnung gebracht und die neue Regierung gerettet, so unbeliebt diese auch bei der Truppe war.

Ein schwerwiegendes Blatt in der deutschen Geschichte war gewendet, als ich am Weihnachtsabend 1918 wieder in Münster eintraf. Der Bahnhof war ein brodelnder Haufen rückkehrender Soldaten. Keiner grüßte, aber keiner hat auch an den Achselstücken oder der Pistole Anstoß genommen. Ich fühlte einigen Stolz, dass ich sie durch allen Aufruhr durchgerettet hatte, obschon ich wusste, dass die Zeit der Achselstücke und Pelzmützen zu Ende sei. Zu Hause überwogen Freude und Dank, dass ich heil und gesund aus dem Zusammenbruch wieder auftauchte. Aber die Sorge, was nun für das deutsche Volk und aus meinem persönlichen Leben werden sollte, lastete doch schwer auf diesem Weihnachtstag. Was vier Jahre vorher beneidete Höhepunkte gewesen waren – Regierungsreferendar und Leutnant beim Husarenregiment 8 –, bedeutete jetzt eine lästige Diskriminierung. Außerdem waren Wirtschaft und Preisgefüge bedrohlich erschüttert und die außen- und innenpolitische Lage völlig undurchsichtig. Wenn auch das Ausmaß der Inflation noch nicht zu erkennen war, so war doch das Hinschwinden des elterlichen Vermögens bereits abzusehen.

II. Plötzlich mitten in der großen Politik

1. Wie man eine Republik verteidigt – mit Mut und Geschick gegen revolutionäre Westfalen

So kehrte ich denn Anfang Januar 1919 an das Landratsamt Lüdinghausen zurück. Am Bahnhof bereits trat der Wechsel der Dinge deutlich in Erscheinung. Ich hatte meine Jagdflinte auf der Schulter, mit der ich in Frankreich so oft und fröhlich gejagt hatte. An der Sperre stand ein lumpiger, bewaffneter Posten, der erklärte: »Kamerad, Waffentragen ist verboten. Das Gewehr ist beschlagnahmt.« Da bei dem folgenden Wortwechsel sich anderes Gelichter ihm zugesellte, blieb mir nichts übrig, als ihm die Flinte zu geben. Als ich jedoch dem Kreissekretär auf dem Landratsamt dann schimpfend die Sache erzählte, merkte ich, dass in Lüdinghausen der Schein doch röter war als die Wirklichkeit. Er telefonierte mit dem Bahnhof, und nach einer Viertelstunde brachte der Posten selbst das Gewehr auf das Landratsamt. Ich merkte auch sonst, dass die Revolution in Lüdinghausen nicht sehr nachhaltig gewirkt hatte. Als ich den Erbdrosten auf der Burg Vischering besuchte, hing auf der Spitze des Burgturms eine rote Fahne. Auf meine Verwunderung darüber erwiderte Graf Droste: »Den Lappen hat das Gesindel im November dort aufgehängt, und der bleibt hängen, damit sie sich schämen.« Was sie auch wirklich taten, denn dem gütigen, allseits beliebten Grafen wollte niemand Ärger antun.

Der Landrat Graf Westphalen litt schwer unter den Verhältnissen. Er versuchte, vornehm und sauber, mit der großen Familie nur von den Kartenrationen zu leben. Für mich bedeutete es kein Problem, da ich in der ländlichen Gastwirtschaft König wohnte, die selbst Landwirtschaft hatten und – wie damals doch noch recht viele Bauern – nicht auf Wucher bedacht waren. Abgesehen von dem

Zusammenbruch seiner ganzen bisherigen Welt und der täglichen Sorge um die Nachkriegsschwierigkeiten im Kreise bedeuteten für Westphalen einen ständigen und erniedrigenden Kummer die beiden »Arbeiterräte«, die sich auf dem Landratsamt eingenistet hatten und sich in alle Geschäfte einzumischen versuchten. Es waren zwar an sich harmlose Leute ohne eigentlichen politischen Ehrgeiz, sie wollten vielmehr nur ihre Bezüge verdienen und hofften auf eine dauernde Unterbringung im Rätesystem, von dem man damals noch nicht wissen konnte, ob es sich zu einer dauernden Einrichtung auswachsen würde. Um ihre Existenzberechtigung zu erweisen und ihre Bezüge zu sichern, versuchten sie aber, sich zu betätigen. Graf Westphalen hatte gegenüber den Kreistagsmitgliedern, die ganz überwiegend dem Zentrum angehörten, aus seinem Kummer mit den Räten keinen Hehl gemacht. Nach einer Weile wunderten wir uns, dass der Eifer der beiden Räte merklich nachließ und sie sich um die Geschäfte nicht mehr kümmerten. Das Rätsel sollte sich bald lösen. Bei einem Besuch des Gutsbesitzers Schulte-Pellengahr erkundigte sich dieser nach dem Verhalten der beiden Räte, und als deren neuerliche Zurückhaltung lobend vermerkt wurde, gab er schmunzelnd die Erklärung. Er hatte jedem ein Ferkelchen gegeben und ihnen bei Wohlverhalten laufend das Futter zum Mästen versprochen. Schulte-Pellengahr hatte den Sinn der neuen Politik verstanden, und er ist sicher nicht wegen Rätebestechung ins Fegefeuer gekommen, sondern im Himmel eine Wolke höher wegen seines liebevollen Verhaltens.

Im Industrierevier brodelte ein Aufstand los als Reaktion gegen Kapp und das Militär, das mit Kapp identifiziert wurde (Kapp-Putsch 13.–18. März 1920). Anfangs waren das überwiegend regierungstreue Sozialdemokraten. Die Bewegung ging dann aber unbemerkt in linksradikale Hände über (Ruhraufstand). Waffen gab es überall noch in Menge, und das ganze Land stand plötzlich im Bürgerkrieg. Es bildete sich eine rote Kriegsfront, die vom Industriebezirk her gegen Münster zu sich vorarbeitete. In Lüdinghausen hatten sich linksgerichtete Gruppen aufgetan, die Graf Westphalen aus dem Landratsamt verjagten. Da ich in Lüdinghausen Bescheid wusste, schickte Graf Merveldt mich nach Lüdinghausen zur Vertretung des Landrats, was für einen Referendar wohl ein einmaliger Fall gewesen ist. Ich wurde im Auto hingebracht und konnte mich auch ohne Schwierigkeit im Amtszimmer des Landrats niederlassen, da die rote Welle etwas zurückgeebbt war. Ich setzte mich sofort mit der örtlichen Zentrumsleitung in Verbindung und bat um Einberufung einer großen, öffentlichen Versammlung zur Erörterung der Lage. Dem wurde auch bereitwillig zugestimmt. Es wollte aber kein Lüdinghauser Bürger dort ein Referat halten, weil man fürchtete, dass die Roten jeden Tag eindringen und dann Rache nehmen könnten. Es blieb mir also nichts übrig, als selbst zu sprechen. So wenig mir öffentliche, politische Versammlungen – zumal solche turbulenter Art – liegen, so gelang es mir doch ganz gut, die Kosten des Abends zu bestreiten, weil ich von der Güte meines Anliegens innerlich überzeugt war, und solche Predigten kommen immer an. Ich schilderte die Lage im Sinne Merveldts und betonte, dass das Militär hinter der Regierung Ebert stehe, was zutraf. Ich kündigte baldiges Eintreffen von Truppen aus Münster an, forderte zur Einrichtung einer Bürgerwehr auf, warnte aber gleichzeitig vor bewaffnetem Widerstand, wenn die rote Armee geschlossen gegen die Stadt rücken sollte. Außerdem forderte ich zur Abgabe aller noch versteckten Waffen auf. Es gab eine kleine Gruppe junger Reserveoffiziere, die sich zwei versteckte Maschinengewehre beschafft hatten und jetzt damit gegen die rote Armee vermittels der Bürgerwehr Krieg führen wollten. Das wäre heller Wahnsinn gewesen, denn es handelte sich bei der roten Armee um eine militärtechnisch gut geführte Bewegung. Bewaffneter Widerstand biederer Bürger hiergegen wäre nutzlos gewesen und hätte nur zum Morden und Plündern geführt. Das sah die Volksversammlung auch bereitwillig ein, und es gelang mir, die Maschinengewehre zu kassieren und abzutransportieren.

Kurz darauf kamen sie dann auch. Ein Führer nebst Adjutant erschien ganz manierlich auf dem Landratsamt und eröffnete mir, die rote Armee habe Lüdinghausen besetzt, und die vollziehende Gewalt sei auf diese übergegangen. Ich habe daher die Anordnungen der roten Armee zu befolgen, und im Übrigen ersuche man mich, weiter zu regieren. Ich deutete freundlich an, dass ich Anordnungen nur vom Regierungspräsidenten in Münster entgegennehmen könne, und zum Regieren hätte ich wenig Gelegenheit, solange Post und Telefon nicht funktionierten. Sie wollten dann das Kreisauto requirieren, das ich aber in seine einzelnen Bestandteile so kunstgerecht hatte zerlegen lassen, dass sie davon abließen. Abgesehen von dieser Missstimmung schieden wir in Frieden, und ich habe sie nicht wiedergesehen.

Eines Tages erschien auf dem Landratsamt ein Motorradfahrer des roten Hauptquartiers in Lünen und brachte Abschrift einer Anordnung des von der preußischen Regierung inzwischen zur Liquidierung der Sache eingesetzten Staatskommissars Severing. In dieser Anordnung wurden alle Landräte und Oberbürgermeister ersucht, am übernächsten Tag in Bielefeld zu einer Besprechung zu erscheinen, zu der auch die roten Führer eingeladen waren. Unter der Anordnung stand ein Zusatz der roten Armeeleitung, dass ein Kraftwagen mich zu der bestimmten Stunde zu der Fahrt abholen werde. Es kam dann auch pünktlich eine schöne, requirierte Limousine mit einem Fahrer und einem weiteren Begleiter, der sich dann als kommunistischer Lehrer erwies, zu den führenden Leuten gehörte und dessen Namen ich inzwischen vergessen habe. Auf dem Wagen wehte eine rote Flagge, und als ich mit deutlichem Blick auf die Fahne stehen blieb, verstand der Lehrer das sofort und zog sie freundlich lächelnd ein. Wir fuhren zunächst nach Lünen zum Hauptquartier, wo noch ein roter Führer zusteigen sollte. Als dieser noch nicht da war, lud der Lehrer mich ein, drinnen zu warten. So kam ich in den großen Sitzungssaal, an dessen Wand ein riesiger Messtischblattplan hing – wie Ludendorff ihn nicht besser gehabt hat –, auf dem die

Stellungen mit Divisionsabschnitten in Blau und Rot eingezeichnet waren. Es war sauberste Arbeit und ich habe keinen Zweifel, dass deutsche Generalstabsoffiziere dort in Lünen geführt haben.

Wir fuhren dann bald weiter. Unser dritter Mann war offenbar ein einfacher Arbeiter. Er zog ein Paket mit Heringen heraus, das sie dann fröhlich verzehrten, nachdem ich unter Hinweis auf Magenverstimmung freundlich gedankt hatte. In allen Orten, die wir durchfuhren, standen Posten. Der Lehrer zeigte ein Papier mit dem beliebten roten Stempel mit gekreuzten Händen vor, und die Fahrt ging weiter. Auch das ließ die Ordnung des Systems erkennen. Nach einer Weile erklärte der Lehrer, wir seien jetzt außerhalb der roten Front, und jetzt müsse ich mich um die Weiterfahrt kümmern. Alsbald tauchte quer über die Chaussee eine Barrikade auf. Ich ließ halten und ging mit dem Taschentuch winkend vorsichtig am Grabenrand entlang auf die Barrikade zu, denn man kann nie wissen, auf welche Gedanken Soldaten kommen können, wenn sie um die Ordnung im Staat besorgt sind. Als ich näher herankam, merkte ich, dass es bayerische Chevaulegers waren, die zur Dämpfung des preußischen Aufstandes herbeigeeilt waren. Ich versuchte vergeblich, dem postenführenden Vizewachtmeister klarzumachen, worum es sich handelte und dass ich mit dem Wagen durchfahren müsse. Er war hingestellt, um die Front zu halten, aber nicht, um Leute durchzulassen. Als ich ihm nun die Einladung zu der Sitzung zeigte, war es völlig aus, als er den anrüchigen roten Stempel sah. Schließlich war er aber bereit, einen Mann zu dem Bauernhof zu schicken, in dem der Rittmeister einquartiert war. Als dieser kam, konnte ich mich mit ihm bald nach Feststellung gemeinsamer Bekannter auf kavalleristischer Ebene einigen. Die Barrikade wurde so weit abgeräumt, dass der Wagen passieren konnte. Von einer Bedingung jedoch ließ er nicht ab. Ein Leutnant müsse mitfahren nach Bielefeld, um die beiden Roten zu bewachen und zu sichern, dass sie abends wieder in das feindliche Gebiet zurückkehrten.

In Bielefeld wickelten sich dann regelrechte Friedensverhandlungen zwischen der roten Armeeleitung einerseits und Severing andererseits ab. Über die grundlegende Vereinbarung, dass die böse Sache beendet werden müsse, bestand bereits Einigkeit, da die Truppe die Lage gemeistert hatte. Es wurden aber stundenlang genauestens alle Modalitäten des Abbruchs der Feindseligkeiten, Zeitpunkt, Waffenniederlegung, Rückgabe der zivilen Gewalt, Amnestierung usw. festgelegt und dann unterschrieben. Ich war froh, dass ich Otto Westphalen, der inzwischen mit seiner Familie zurückgekehrt war, nach sechs Wochen die Geschäfte wieder übergeben konnte und dass Merveldt mir bei der Rückkehr in seiner schlichten, gütigen Art sagte: »Das haben Sie gut gemacht.«

2. Auf in die nächste Krise – an entscheidender Stelle inmitten internationaler Verwicklungen in Oberschlesien

Im Oktober 1920 kam ich dann endlich zum Assessorexamen, das ich in dem damals noch so altmodisch ehrwürdigen preußischen Innenministerium mit dem Prädikat »gut« bestand.

Oberschlesien war früher verwaltungsrechtlich kein Begriff, sondern nur eine Bezeichnung für den zur Provinz Schlesien gehörenden Regierungsbezirk Oppeln. Im Versailler Vertrag war das Hultschiner Ländchen an die Tschechei abgetreten worden. Ferner war im ursprünglichen Entwurf des Vertrags die Abtretung des größten Teils des Bezirks an Polen vorgesehen. Dagegen erhob sich aber ein so eindringlicher Aufschrei, dass das liberale Gewissen des britischen Premierministers Lloyd-George getroffen wurde und er eine vorherige Volksabstimmung durchsetzte. Zu deren Vorbereitung wurde das Gebiet seit Januar 1920 von einer interalliierten Regierungs- und Plebiszitkommission verwaltet. Im Hinblick auf die Abstimmung hatte Preußen im Dezember 1919 aus dem Bezirk Oppeln die Provinz

Oberschlesien gebildet und das Reich durch Gesetz vom 27. November 1920 eine Abstimmung über die Schaffung eines selbständigen Landes Oberschlesien angeordnet.

Sofort beim Examen wurde mir eröffnet, dass ich der Regierung in Oppeln überwiesen werde. Ich hatte nur sehr dunkle und wenig erfreuliche Vorstellungen von dieser Gegend, wie leider die meisten Westdeutschen. Auch die Alliierten hatten ähnlich vage Ansichten, denn die Franzosen schickten nach Haute-Silésie Alpenjäger, die Italiener nach Alta Silesia Bersaglieri mit Hahnenfedern und die Engländer nach Upper-Silesia schottische Truppen in Kilts, die dann sehr erstaunt waren, dass die höchste Erhebung von rund 400 m, der Annaberg mit seinem Franziskanerkloster, in dem leicht gewellten Land kaum wie ein Berg wirkte.

Meine Entsendung nach Oberschlesien ergab sich aus der für die Abstimmung befolgten neuen Politik. Einer der hauptsächlichen Klagepunkte der Oberschlesier gegenüber dem früheren preußischen System war die Benachteiligung der Katholiken bei der Besetzung der öffentlichen Ämter und das darüber hinausreichende Bestreben, auch in der Wirtschaft und den freien Berufen möglichst Protestanten zu begünstigen, was zu grotesken Ergebnissen geführt hatte in dem zu 90 % katholischen Lande.

Man hatte nun in Berlin inzwischen erkannt, welche Gefahr für die bevorstehende Volksabstimmung die frühere preußische Polenpolitik bedeutete. Die neue preußische Regierung wandte sich deshalb von dieser ab und versuchte, dies in der Personalpolitik deutlich zu machen. Katholische Regierungsassessoren, zumal solche, die nach der damals aufkommenden Bezeichnung dem Zentrum wenigstens »nahestanden«, waren nun aber in Preußen ausgesprochene Mangelware. Im Wege dieser »Katholikenverfolgung«, wie wir das damals spaßhaft nannten, kam ich also in das unbeliebte Oppeln und konnte nicht ahnen, dass sich daran eine vierzehnjährige schöne und interessante Tätigkeit in Oberschlesien knüpfen würde.

Das Innenministerium holte zunächst die Zustimmung der Interalliierten Kommission zu meiner Versetzung nach Oppeln ein, die bald erteilt wurde. Dann musste ich mir in der französischen Botschaft auf dem Pariser Platz in Berlin ein Einreisevisum nach Oberschlesien geben lassen. Schon diese Umstände waren weniger erhebend. Die Ankunft abends auf dem hässlichen Oppelner Bahnhof wirkte noch bedrückender. Der Bahnsteig war mit Stacheldraht eingezäunt. Französische Soldaten mit aufgepflanztem Bajonett standen Posten, und Franzosen kontrollierten wenig höflich die Pässe.

Mir wurde das Gewerbedezernat übertragen. Ich verstand von Wirtschaft und Gewerbe praktisch gar nichts. Und so war ich froh, dass ich das Dezernat ohne Bruch und Reibung im Februar 1921 wieder abgeben konnte, weil ich zum stellvertretenden Landrat in Rybnik bestellt wurde. Der Kreis Rybnik war mit 160 000 Einwohnern und 850 qkm Fläche einer der größten preußischen Kreise, in dem sich die Landwirtschaft und die Industrie mit fünf modernen Zechenanlagen die Waage hielten. Die Bevölkerung war abgesehen von den drei kleinen Städten Rybnik, Loslau und Sohrau weit überwiegend polnischsprechend. Mit dem angrenzenden Kreis Pleß war er bei der bevorstehenden Abstimmung am meisten gefährdet. Landrat des Kreises war 1919 der bisherige Rybniker Bürgermeister Dr. Hans Lukaschek geworden, der aus dem Kreise stammte. Die Ernennung dieses nach Tüchtigkeit, Charakter und Bildung vortrefflichen, katholischen Mannes war die erste Bekundung der neuen preußischen Personalpolitik gewesen. Er war mitten in die turbulenten Nachkriegswirren des Kreises hineingestellt worden, wo nationale und soziale Gegensätze scharf in vollem Aufruhr aufeinanderprallten. Mit Geschick und Mut war es ihm als Landeseingesessenem von einer stürmischen Versammlung zur anderen eilend gelungen, wieder Ruhe und Ordnung herzustellen. Er war damit in die vorderste politische Linie in dem infolge der preußischen Politik an Persönlichkeiten armen Lande gerückt. Infolgedessen übertrug die Reichs-

und Staatsregierung ihm die Führung der deutschen Propaganda im Abstimmungskampf. Als Lukaschek die Abstimmungspropaganda übernahm, verlangte die Plebiszitkommission, dass er das Amt des Landrats niederlegte, weil nach ihren Regeln die Beamten auf den Verlauf der Abstimmung keinen Einfluss nehmen durften, eine an sich verständige Regel, die aber nur den Polen zugutekam, weil es keine polnisch gesinnten Beamten gab. Ich persönlich kann die Vorschrift jedenfalls nur loben, denn auf Grund ihrer habe ich den besten und treuesten Freund gefunden, mit dem ich mein ganzes Leben lang eng verbunden war.

Bei jedem Landratsamt befand sich ein Kreiskontrolleur, der von je einem Adjutanten aus den beiden anderen Besatzungsmächten unterstützt und wiederum kontrolliert wurde. In Rybnik war Kreiskontrolleur der italienische Oberst Marchese Desiderio Asinari di Bernezzo. Der französische Adjutant war der Capitaine Lalanne und der englische der Captain Whiting.

Der Engländer Whiting war unpolitisch und nur literarisch interessiert. Da er mit seiner Frau im Landratsamt wohnte, kamen wir auf Oxfordbasis schnell in ein gutes Verhältnis, was besonders anfangs sehr nützlich war zur Erkundung der Zusammenhänge zwischen den Alliierten. Ich trank täglich mit ihm zusammen Tee, wo auch Bernezzo öfter erschien. Nachher wurde Whiting durch einen anderen Engländer ersetzt, dessen Name mir entfallen ist. Mit ihm entwickelte sich ebenfalls ein guter Zusammenhang. Auch er kam mit Frau angereist und war vorher in Köln stationiert gewesen. Die Frau sprach kein Wort Englisch, sondern unverfälschten Kölner Dialekt. Ich zog in Köln Erkundigungen ein, und es ergab sich, dass »Lenchen« aus einer Kölner Leihbibliothek kam und von Heirat keine Rede war, obwohl er sie in Rybnik als seine Frau ausgab und sich mit ihr zusammen einladen ließ. Nach einer Weile kam er und beichtete mir gezwungenermaßen: Lenchens Pass war nämlich abgelaufen, und in Köln wollte man ihn mangels Wohnsitz nicht erneuern. Ich habe Lenchen dann sehr zum Ärger des Kreissekretärs einen neuen Pass ausgestellt, und infolgedessen waren die deutsch-britischen Beziehungen in Rybnik bestens fundiert. Der französische Capitaine Lalanne, dessen arrogante Manieren Bernezzo persönlich ärgerten, war daher isoliert und wurde von den Italienern und dem Engländer aus allen Geschäften herausgehalten. Ich erhielt so manche nützliche Information über das Geschehen in der Interalliierten Kommission sowie manches Lob hierüber, weil nirgendwo sonst sich ein solch persönlicher Verkehr mit der Besatzung angebahnt hatte.

Einzelne Male ist es mir auch gelungen, den Kreiskontrolleur zum Einsatz von italienischer Truppe zu bringen. Ich entsinne mich eines Falles in der ersten Zeit meiner Tätigkeit in Rybnik. Spät abends kam ein Hilferuf zu mir, dass eine deutsche Versammlung in Chwallowitz gewaltsam von den Polen gesprengt sei und dass diese die Leute in den Häusern drangsalierten und prügelten. In Orten mit Kohlengruben wie Chwallowitz konnten solche deutschen Versammlungen noch eher gewagt werden als in den rein ländlichen Dörfern, weil der Zusammenhalt unter den Arbeitern Ausschreitungen leichter hinderte. Der Kreiskontrolleur, der in einer kleinen Villa gegenüber dem Landratsamt wohnte, meldete sich nicht auf meinen telefonischen Anruf. Da ich aber Licht in seinem Zimmer sah, ging ich hinüber und schellte. Er öffnete selber und sagte etwas verlegen, ich möge doch hereinkommen, obschon er Besuch habe. Der Besuch war seine polnische Freundin, die ich auf diese Weise kennenlernte. Ich äußerte ohne Hemmungen meine Empörung über die Vorgänge in Chwallowitz und forderte ihn auf, italienische Soldaten dorthin zu senden. Die Dame mischte sich in das Gespräch ein, und zu meinem Erstaunen unterstützte sie meine Bitte. Bernezzo rief darauf den Oberst Sa1vioni in Ratibor an, und ein Zug Italiener wurde sofort nach Chwallowitz auf Lastautos in Marsch gesetzt, die einige Polen verhafteten und mitbrachten. Die Sache sprach sich herum, und für eine Weile wurde es friedlicher. Eine häufigere Wiederholung solcher

Maßnahmen war jedoch unmöglich, da die Italiener strikte Befehle aus Rom hatten, nur bei äußerster Not einzuschreiten. Die Regierung fürchtete sich vor Angriffen im Parlament bei etwa eintretenden italienischen Verlusten.

Selbst in der Stadt Rybnik kam es zu bösen Gewalttaten. So erschlugen die Polen einen Primaner namens Hase, der mit anderen Gymnasiasten deutsches Propagandamaterial verteilt hatte. Hase entstammte einer alteingesessenen, jüdischen Fabrikantenfamilie in Rybnik. Die Juden standen nämlich eindeutig auf der deutschen Seite, so auch der später mit seiner Frau dem Naziterror anheimgefallene Brauereidirektor Mandowski in Rybnik. Dieses Eintreten beruhte zum Teil auf der kulturellen Verbundenheit, zum Teil auch auf der Befürchtung, dass es den Juden in dem pogromfreudigen Polen schlecht ergehen werde. Die Beerdigung wurde unter besonderen militärischen Schutzmaßnahmen zu einer großen deutschen Demonstration. Es war die erste jüdische Beerdigung, an der ich teilnahm, und die Zeremonien mit der skandierten Rezitation von Psalmen waren sehr beeindruckend. Die Grabrede des Rabbi war allerdings wenig orthodox und erschöpfte sich in liberaler Schöngeisterei.

Die Juden waren in Oberschlesien weit zahlreicher vertreten als im Westen, spielten eine bedeutsame wirtschaftliche Rolle und befanden sich zum Teil in führenden wirtschaftlichen Stellungen. So war der Direktor des Berg- und Hütten-Vereins, Geisenheimer, jüdischer Abkunft und ebenso der Generaldirektor Wachsmann der Rybniker Steinkohlengewerkschaft, die der Witwe und Tochter des im Kriege verstorbenen bekannten jüdischen Industriellen Friedländer-Fuld nebst dem eleganten Schlossbesitz Gorschütz gehörte. Dort war der Kaiser zur Jagd gekommen, und die Förster haben mir schmunzelnd erzählt, wie sie Karnickel und Fasanen zu Hunderten aus Kästen vor dem Stand des Kaisers losgelassen hatten.

Die Damen Friedländer, die in ihrem Berliner Palais am Pariser Platz residierten, waren meine wohlhabendsten Kreiseingesessenen, und die Tochter war trotz der riesigen Kohlenforschungsstiftungen des Vaters sicher die beste Partie in ganz Deutschland und der Wunschtraum mancher Gardekavallerieoffiziere gewesen. Sie hatte aber kurz vor dem Krieg einen etwas dubiosen Engländer namens Mitford geheiratet, den sie bereits auf der Hochzeitsreise verlassen hatte. Als sie nach dem Kriege die Scheidung erreicht hatte, heiratete sie den ebenfalls recht wohlhabenden, ältlichen Staatssekretär Kühlmann, um alsbald eine dritte Ehe mit einem Herrn v. Goldschmidt-Rothschild einzugehen und dann nach Paris zu emigrieren. Ihr Geschick in der Nazizeit ist mir unbekannt. Jedenfalls ist von dem riesigen Vermögen, das der Vater in drei Jahrzehnten aus dem Nichts erworben hatte, nichts übrig geblieben.

Der Friedländersche Generaldirektor Wachsmann, evangelisch getaufter Jude, war Mitglied des Kreisausschusses und dessen tüchtigstes Mitglied. Er war preußischer Bergassessor – wohl der einzige jüdische –, und ihm war der gesamte modernste technische Ausbau der Gruben Friedländers zu danken, der selber ein Kaufmann und kein industrieller Gestalter gewesen war. Mit hoher Intelligenz verband er charakterliche Zuverlässigkeit. Er gab sein Wort nicht leicht. Wenn er es aber gab, stand er zu ihm. Er war damals schon der Überzeugung, der Kreis Rybnik werde an Polen fallen, aber er hat trotzdem eine untadelig deutsche Haltung eingenommen und diese auch später in Polen, wenn auch mit kluger Vorsicht, aber zuverlässig fortgesetzt.

Die Juden in Oberschlesien, soweit sie nicht getauft waren, lebten meist nicht sehr orthodox. Es gab aber auch noch eine Anzahl strenggläubiger Juden, die Thorarollen an der Tür hatten und den Sabbat einhielten, so z. B. in Rybnik die Familie Mandowski. Kulturell waren sie sonst ganz im Deutschtum aufgegangen im Gegensatz zu den früheren russischen und galizischen Juden, die abgesondert und orthodox lebten und sich untereinander wieder dadurch unterschieden, dass die russischen Juden sehr ärmlich und sozial tiefstehend, die österreichischen aber durchweg recht wohlhabend waren. Sie hielten beide zäh auch an den äußeren Unterscheidungen wie Kaftan, Peieslocken und langen Bärten fest. Sie siedelten seit alters her besonders dicht an der Grenze, die Handel und Wandel bot, und es gab Orte wie das österreichische Auschwitz oder die russische Stadt Bendzin, die fast ganz jüdisch waren. Aus Galizien ist damals infolge der unsicheren Grenzverhältnisse eine große Zahl von Juden ins Reich gezogen, während die russischen Juden dafür meist zu arm waren. Die eingesessenen oberschlesischen Juden waren darüber ungehalten, weil sie fürchteten, dass ihnen wegen dieser so ganz andersartigen Einwanderer Nachteile erwachsen würden.

Erbaulich war die Glaubenstreue und sicher gegründete Frömmigkeit dieser galizischen Juden. Ich habe es mehrfach im D-Zug nach Berlin in einem Abteil I. Klasse erlebt, dass ein solcher Jude mit völliger Selbstverständlichkeit einen Gebetsmantel auspackte und umhing, einen Gebetsriemen um den Arm wickelte, ein Kästchen mit Thorarollen vor die Stirn band und dann stehend, immer nach Osten gerichtet, leise zu beten begann. Als einmal ein unerfreulicher deutscher Volksgenosse hierüber laut zu spotten anfing, habe ich ihn so scharf zurechtgewiesen, dass er bis Berlin kein Wort mehr gesprochen hat, und als der Jude mit dem Beten fertig war, sagte er zu mir: »Gott soll den Herrn schützen.« Die Juden waren in ganz Osteuropa mit ihrer deutsch-jiddischen Sprache ein verbindendes Element, das die deutsche Sprache bis weit auf den Balkan zur Hilfssprache machte. Wenn ich in Warschau oder irgendwo im tiefsten Polen mit meinen dürftigen polnischen Sprachkenntnissen am Ende war, so half der nächste Jude als Dolmetscher aus, und wenn keiner sichtbar war, so bestand die feste Übung, dass von selbst ein solch freundschaftlicher Helfer herbeigeholt wurde. Abgesehen von der Vernichtung des Auslandsvolkstums durch Hitler ist der Fortfall dieser Wirkkraft der deutschen Sprache in Osteuropa ein besonders beklagenswerter Umstand, dessen Ausmaß für die heutige Generation nicht mehr vorstellbar ist.

Gerade weil ich so wenig wirkliche Macht hatte, suchte ich den Rest von staatlicher Autorität dadurch zu bewahren, dass ich mich möglichst viel auf dem Lande zeigte. Gemeindevorsteher oder einfachere Leute konnte ich nicht aufsuchen, da sie dann polnischen Repressalien ausgesetzt gewesen wären; ich musste abwarten, dass sie zu mir aufs Landratsamt kamen, soweit sie sich nicht auch davor fürchteten. Ohne Belastung konnte ich die Pfarrer besuchen, weil deren Stellung im Volk absolut gesichert war, auch wenn sie offenkundig deutsch waren. Auch für die soziale Oberschicht, in deren Hand die praktisch ruhenden Amtsvorstehergeschäfte lagen, bedeutete ein Besuch meinerseits kaum besondere Belastung, da sie sowieso als rein deutsch beschrieben waren. Im Gegenteil waren Gutsbesitzer, Domänenpächter, Oberförster und Grubendirektoren froh, wenn mein unbekümmertes Erscheinen bei ihnen wenigstens noch einen Schein staatlicher Macht zu gewährleisten schien. Bei Tage bedeuteten solche Fahrten für mich selber im Allgemeinen keine Gefährdung. Meist blieb ich dann aber zum Abendessen – was in Oberschlesien bis spät in die Nacht bedeutete –, und dann war die Rückfahrt doch recht ungemütlich.

Der Chauffeur bat mich immer wieder unter Hinweis auf Frau und neun unmündige Kinder, zum Schutze einen Revolver mitzunehmen. Schon im Kriege hatte ich es sehr bald als nützlicher erkannt, in der Pistolentasche Schokolade mitzunehmen anstatt eines Revolvers. Zeigt man einen Revolver, ohne schießen zu wollen, so reizt man den Gegner nur. Hätte ich hier aber wirklich geschossen, so wäre es erstens gegenüber der Übermacht böse ausgegangen, und zweitens wäre unheilbarer politischer Schaden entstanden, wenn der deutsche Landrat einen armen Polen angeschossen oder gar umgebracht hätte. Es gibt nach außen, was der Gegner merkt, viel bessere Haltung, wann man sich statt auf einen Revolver auf den Schutzengel verlässt.

Endlich war nun die Abstimmung auf den 20. März 1921 festgesetzt worden. Abstimmungsberechtigt waren alle im Abstimmungsgebiet Geborenen, auch wenn sie von dort fortgezogen waren. Es setzte daher ein Zustrom der Oberschlesier aus dem Reich ein, dessen Ordnung und Versorgung eine große und gut gelöste Aufgabe wurde. Es waren Stunden einer von unsagbarer Begeisterung und Hoffnung getragenen Spannung, als in der Nacht auf dem Landratsamt die Ergebnisse einliefen. Die drei Städte des Kreises und einige Landgemeinden hatten eine deutsche Mehrheit, insgesamt überwogen aber im Kreise die polnischen Stimmen (52 332 : 27 924). Auch in den Kreisen Pleß und Tarnowitz ergab sich eine polnische Mehrheit. Insgesamt hatten aber über 60 % für den Verbleib bei Deutschland gestimmt.

Am 12. Oktober fasste der Völkerbundsrat den Beschluss, die dann zur Grenze gewordene Linie vorzuschlagen, welche in Einzelheiten von einer besonderen Grenzkommission festgelegt wurde. Damit erhielt Polen 33 % des Gebiets und 42 % der Bevölkerung, so dass hinsichtlich dieser dem Abstimmungsergebnis zum Schein in etwa Rechnung getragen war.

Vor der Übergabe des Kreises habe ich noch einen Kreistag abgehalten als formelle Abschiedssitzung. Außer dem in Corvey wohnenden alten Herzog von Ratibor haben alle Kreistagsmitglieder den Mut gehabt, teilzunehmen, obschon sie wussten, dass die Übergabe an Polen bevorstand. Der einzige sachliche Punkt der Tagesordnung war die Schaffung einer Beamtenstelle für den Kreischauffeur, der jahrzehntelang ursprünglich als Kutscher in Diensten des Kreises gestanden hatte. Der Beschluss ging einstimmig durch, obschon dadurch sicher wohl die einzige beamtete Kreischauffeurstelle entstand, die aber die einzige Möglichkeit darstellte, den alten Mann wirtschaftlich zu sichern. Mir persönlich wurde eine ehrende Dankadresse übermittelt mit einem wertvollen Geschenk.

Zeitpunkt für den Übergang der Staatshoheit an Polen war der 15. Juni 1922. Die Interalliierte Kommission hatte angeordnet, dass die Übergabe der polnisch werdenden Gebiete an die Polen und die Rückgabe der Staatshoheit durch die Kreiskontrolleure an die Landräte in einem zeremoniellen Akt mit Flaggenhissung vorgenommen werden sollte. Es fiel mir nicht schwer, Bernezzo dazu zu bewegen, diesen Akt im deutsch bleibenden Rauden vorzunehmen, weil das für mich die Peinlichkeit der Situation wenigstens etwas milderte. Bernezzo schickte also eine italienische Kompagnie nach Rauden, die vor dem Büro des Amtsvorstehers, des herzoglichen Oberförsters Rimmele, aufgebaut wurde. In diesem unterzeichnete ich dann das Übergabeprotokoll gemeinsam mit Bernezzo und dem künftigen Starosten Dr. Bialy. Dann zogen die Italiener die drei interalliierten Flaggen auf den eigens hierfür aufgestellten Masten ein, und auf einem vierten Mast wurde die schwarz-rot-goldene Flagge gehisst. Eine Anzahl von Raudenern hatte vorher an mich das törichte Ansinnen gestellt, die schwarz-weiß-rote Flagge aufzuziehen. Den Federhalter, mit dem ich das Protokoll unterzeichnet hatte, habe ich ebenso wie das landrätliche Siegel mitgenommen und behalten in der Hoffnung, beides eines Tages für eine Rückübereignung des Kreises an Deutschland wieder zur Verfügung stellen zu können. Als Hitler 1939 Rybnik wieder besetzte, habe ich das nicht durch Übersendung der beiden Dinge honoriert. Der Federhalter ist bei den Russenplünderungen 1945 in Berlin verlorengegangen. Das landrätliche Siegel habe ich der Stadt Dorsten, der Patenstadt Rybniks, geschickt, damit es zu gegebener Zeit greifbar ist. Sperare contra spera! (Hoffen gegen alle Hoffnung!)

3. Eine Traumkarriere – als Generalbevollmächtigter des Prinzen Hohenlohe mit eigenem Schloss, Chauffeur und reichlich Personal

Ich war der Ansicht, dass ich Anspruch auf ein Landratsamt im Westen habe, zumal allenthalben junge Gerichtsassessoren Landratsämter auf Grund politischer Beziehungen erhielten. Ich war zudem gezwungen, auf ein Landratsamt hinzustreben, denn infolge der fortschreitenden Inflation zerfiel das elterliche Vermögen zusehends.

Ich kam häufig nach Berlin anlässlich von Besprechungen im Innenministerium. Bei einer solchen Gelegenheit ging ich zu dem Leiter der Personalabteilung, um meine Wünsche anzubringen. Es war dies ein Herr Brand, nur wenig älter als ich, der in kürzester Zeit vom Gerichtsassessor zum Ministerialdirektor aufrückte, um die Personalpolitik im neuen Sinne zu gestalten, was dann allerdings zu einem wenig guten Ergebnis geführt hat.

Herr Brand hörte sich meine Wünsche ganz freundlich an und erklärte mir dann leutselig und herablassend lächelnd, das ginge leider nicht, ich müsse mir erst in Oberschlesien die Sporen verdienen. Ich verbiss mir die Antwort, wo er sie denn verdient habe, und sagte nur, ich habe geglaubt, das bereits im Kapp-Putsch in Lüdinghausen und bei der Abstimmung in Rybnik mehr getan zu haben als manche andere gleichaltrige Herren, die Landräte geworden seien. Nach diesem Gespräch stand mein Entschluss fest, den Staatsdienst zu verlassen, wenn sich mir eine geeignete Möglichkeit dazu bieten sollte.

Sie bot sich alsbald. Mein Freund Michel Matuschka war von seiner Tätigkeit als stellvertretender Landrat in Lublinitz mit dem in diesem Kreise ansässigen Prinzen Karl Gottfried Hohenlohe-Ingelfingen in Koschentin befreundet, den ich durch Matuschka kennengelernt hatte. Der Prinz suchte einen Generalbevollmächtigten, ließ mich durch Matuschka fragen, ob ich dazu bereit sei, und verhandelte dann mit mir über die Bedingungen. Wir wurden in einem notariellen Vertrag einig über eine lebenslängliche Anstellung mit einem Gehalt, das 150 % der jeweiligen Regierungspräsidentenbezüge betrug, dazu als Wohnung das Schloss in Tworog im Kreise Gleiwitz nebst Beheizung und ein Auto samt Chauffeur. Für einen 31-jährigen Regierungsassessor schien mir das ganz hübsch. Ich hätte nun einfach schriftlich um meine Entlassung aus dem Staatsdienst bitten können. Ich wollte aber gern das Gesicht von Herrn Brand bei Erhalt dieser Nachricht sehen. Man schickte mich also auf Dienstreise nach Berlin, und ich ging mit meinem Vertrag in der Tasche zu Herrn Brand. Dieser erklärte zunächst sehr großartig, ich sei doch erst kürzlich bei ihm gewesen und es sei zwecklos, die Frage meiner Verwendung neu zu erörtern. Ich erwiderte ihm, eine solche Taktlosigkeit und Torheit liege mir fern, nach den mir gemachten Eröffnungen habe ich mich vielmehr zum Ausscheiden aus dem Staatsdienst entschlossen. Ich erzählte ihm dann den Plan Hohenlohe mit allen Einzelheiten. Nachdem er gemerkt hatte, dass es sich nicht um Bluff handelte, fiel alle Großartigkeit von ihm ab, und er bot mir plötzlich mehrere Landratsämter in Westfalen zur Auswahl an. Ich habe heute noch Freude, wenn ich an das verblüffte Gesicht denke, als ich ihm sagte, das sei nun zu spät, der Vertrag Hohenlohe sei perfekt. Es war eine genussreiche Stunde, in der ich meinen Staatsdienst beendete.

Am Abend des Neujahrstages 1923 traf ich auf dem Bahnhof in Tworog ein, wo mich der Diener Cebulski empfing und in einem Schlitten in schöne Fuchsdecken und einen Fußsack mit einem heißen Wärmstein verpackte. Der Schlitten war dort noch ein notwendiges Beförderungsmittel, denn bei tiefem Schnee war das Auto auf den kaum befahrenen, ungebahnten Straßen wenig zuverlässig. Die Fahrt ging durch den tief verschneiten, einsamen Märchenwald nach dem 17 Kilometer entfernten Schloss in Koschentin, wo ich zunächst wohnen musste bis zur Herrichtung des lange unbewohnt gewesenen Schlosses in Tworog. Diese Fahrt in dem sanft gleitenden Schlitten mit den klingelnden Schellen am Neujahrsabend hatte für mich einen Beigeschmack von Märchen und Abenteuer, fuhr ich doch in einen ganz andersartigen neuen Lebensabschnitt hinein, den ich mir in den turbulenten Verhältnissen nach der Grenzziehung erst neu gestalten musste.

Im Schloss brachte mich der Haushofmeister Bandelow in das für mich bestimmte, hübsche Gästeappartement, alte, gewölbte Räume, die aus der Zeit der Türkenkriege mit Draperien, Volants und Kordeln ausgemalt waren, so dass man glaubte, sich im Zelt eines Vezirs zu befinden. Dort sollte ich die nächsten Monate wohnen. Dann lud mich der Prinz zu einem Neujahrs- und Begrüßungsessen, während ich sonst mit ihm zusammen nur dann aß, wenn Gäste anwesend waren, und im Übrigen die Mahlzeiten in meinem Appartement einnahm.

Prinz Hohenlohe war damals 43 Jahre alt und unverheiratet geblieben, weil sich bei seiner Mutter im Alter Zeichen einer geistigen Erkrankung bemerkbar gemacht hatten. Der Besitz des Prinzen war gut hunderttausend Morgen groß, die abgesehen von zwei Gütern im Kreise Rosenberg eine zusammenhängende Fläche in den Kreisen Lublinitz, Tarnowitz und Gleiwitz bildeten. Vier landwirtschaftliche Güter waren verpachtet, drei Güter wurden selbst bewirtschaftet, und der Rest, etwa 3/4 des Besitzes, bestand aus Forst. Außerdem war noch ein beträchtliches Vermögen in Wertpapieren vorhanden. Es war der viertgrößte oberschlesische Grundbesitz.

Die größte Schwierigkeit bestand zunächst darin, in der rasend fortschreitenden Inflation die Konten und Geldeingänge in etwa wertbeständig zu erhalten. Diese Transaktionen allein nahmen meine Arbeitskraft überwiegend in Anspruch. Daneben musste ich den Ausbau meiner Wohnung in Tworog eilig betreiben, gerade weil die Inflation so unaufhaltsam fortschritt und die finanzielle Lage bei uns zu Hause in Münster unhaltbar machte. Bis auf das Haus war das ganze große Vermögen, das in Hypotheken und patriotischer Kriegsanleihe bestanden hatte, nachdem der Vater den Grundbesitz veräußert hatte, verschwunden. Großindustrie und Öffentliche Hand hatten das gleiche Interesse, ihre großen Schulden loszuwerden, und trieben die Geldentwertung rücksichtslos weiter, bis der Ruin des früheren Bürgertums vollendet war. Mit meinem Einkommen hätte man zwei einfache Haushaltungen führen können. Um aber den Eltern ihre bisherige großzügige Haushaltsführung zu sichern, war ein einziger Haushalt besser, zumal das Studium meines zwanzigjährigen Bruders und die Ausbildung meiner siebzehnjährigen Schwester noch bestritten werden mussten. Für die Eltern war es ein großer Entschluss, den sie aber freudig fassten, schon weil sie allein mit den Schwierigkeiten der neuen Lage nicht gut fertig wurden. Das geräumige Schloss in Tworog bot reichlich Platz für uns alle. Die Mutter hatte wieder ihren gut geführten Haushalt mit reichlichem Personal, das damals in Oberschlesien kein Problem darstellte. Der Vater beaufsichtigte den großen Gemüsegarten, die Hühnerschar und dressierte den neuangeschafften Boxer Bulli. Außerdem betreute er in gewohnter karitativer Weise die kleinen Leute ärztlich und führte einen Kampf gegen den »Schnuller«, ein Leinenbeutelchen mit Zucker und Schnaps, das die Mütter den Kindern unhygienisch in den Mund stopften, wenn sie schrien.

Ein besonderes und liebenswertes Original unter den Patronatspfarrern war der Pfarrer Urban in Sodow. Er hatte auf dem Kirchhof ein Kriegerdenkmal aus Findlingsblöcken errichtet. Deren Antransport aus den umliegenden Feldern bewerkstelligte er dadurch, dass er den Bauern in der Beichte als Buße jeweils ein Stück der Anfuhr aufgab. Er trug eine schwarze Sammetweste mit eingestickten roten Herzen, die ihm die Jungfrauenkongregation gefertigt hatte. Das ganze Jahr hindurch hatte er im Knopfloch eine rote Nelke, die er selbst in unzähligen Kästen im Hause züchtete. Im Hausflur hing eine gusseiserne Plakette mit dem Kopf Bismarcks und darunter in polnisch und deutsch eine Aufschrift: »Dies ist nicht etwa Bismarck, sondern mein Vater, der Rektor Urban.« Im Nachbardorf Cieschowa befand sich eine uralte, in Schrotholz gebaute Synagoge. Dort war früher dicht an der alten russischen Grenze eine große Judengemeinde gewesen, zu deren Gottesdiensten die Juden aus Russland hinkamen. Infolge der neuen Grenzziehung waren alle Juden abgewandert, da mit Fortfall der Grenze auch der mit dieser zusammenhängende Geschäftsverkehr entfallen war. Wenig pietätvoll verkauften die Juden die Synagoge meistbietend, und Ersteigerer des ehrwürdigen

Bauwerks war der Pfarrer Urban, der es vor dem Abbruch retten wollte. Seitdem hatte er sich Kopfbogen drucken lassen: »Urban, katholischer Pfarrer und jüdischer Synagogenbesitzer«. Bei all diesen Narrheiten war er ein frommer und beliebter Priester, bei dessen polnischen Predigten die Leute sehr bald zu weinen anfingen, was in Oberschlesien als Gradmesser für eine gute Predigt galt. Diese Wirkung konnte man auch im nahegelegenen Czenstochau beobachten, wo die Paulanermönche in ihrem Kloster auf der Jasna Góra, dem hellen Berg, den berühmten Wallfahrtsort der Schwarzen Muttergottes, eines altersgeschwärzten, byzantinischen Bildes, betreuen.

Nachbarbesitzer im Kreise Lublinitz war u. a. Graf Ludwig Carl Ballestrem. Er war der jüngere Sohn des bekannten Zentrumsparlamentariers und Reichstagspräsidenten. Ballestrem war Junggeselle und hatte sich in Kochschütz ein Barockschloss mit einem großartig entworfenen Park angelegt. Bei aller Güte besaß er eine geistreich angespitzte Zunge. In kindlicher Frömmigkeit diente er in seiner Schlosskapelle die Messe, war aber allen guten Dingen des Lebens dankbar zugetan. Er konnte mit innigem Vergnügen lustige Geschichten erzählen, von denen mir die mit der Badewanne unvergesslich ist. Er war bei seinem Bruder zu Besuch in einem kleineren Landhaus, in dem das einzige Bad mit dem W.C. kombiniert war. Eines Morgens sitzt er stillvergnügt in der Badewanne und hat vergessen, die Tür zu verschließen. Plötzlich öffnet sich diese, und es tritt die zur Pflege des plötzlich erkrankten Bruders im Hause anwesende Ordensschwester herein, offenbar entschlossen, das W.C. zu benutzen. Was tut ein ebenso nackter wie frommer Graf unter solch prekären Umständen? Er räuspert sich nicht etwa diskret, er nimmt der Lage vielmehr jede Peinlichkeit, indem er die Schwester laut und deutlich mit dem dieser gebührenden katholischen Gruß »Gelobt sei Jesus Christus!« auf sein Dasein in der Badewanne aufmerksam macht.

Dem König von Sachsen in Sybillenort gehörte der an Koschentin angrenzende Waldbesitz Guttentag. Es bestand aber keine Verbindung mit ihm. Als ich eines Tages mit der Bahn von Breslau nach Lublinitz fuhr, sah ich, wie er bepackt mit einem Rucksack in ein Abteil der damals noch vorhandenen vierten Klasse stieg, um von Sybillenort nach Guttentag zu fahren. Ich kannte ihn vom Kriege her und beobachtete auf der weiteren Fahrt, wie wohl und gut unterhalten er sich dort bei den einfachen Leuten fühlte.

Ich fühlte mich in der vielfältigen und interessanten Arbeit recht wohl, obschon auf die Dauer mit fortschreitendem Alter die Abhängigkeit der Tätigkeit sicher lästig geworden wäre. Es ist immer schwierig, wenn Entscheidungen nach außen ergehen, die nicht selbständig getroffen werden, sondern im Innenverhältnis von dem Willen einer anderen Person abhängen. Diese interne Abstimmung mit dem Prinzen war zudem schwierig, weil er alle Entschlüsse nur mit dem Verstand treffen wollte. Das führte bei seinem Verantwortungsbewusstsein zu endlosen und mühseligen Erörterungen über das Für und Wider einer Sache. Bei der Abwägung der Gründe konnte er sich dann nicht entschließen, was ihm unangenehm war, und die Entscheidung musste ich dann doch meist treffen. Man kann eben nicht nur aus dem Verstande leben, die letzte Entscheidung bleibt vielmehr dem Instinkt und dem Glück überlassen.

4. Auf internationalem Parkett – deutsches Mitglied der Gemischten Kommission

Mein Freund Hans Lukaschek war deutsches Mitglied der Gemischten Kommission für Oberschlesien in Kattowitz. Kurz vor Weihnachten 1926 war zu diesem ein geheimnisvoller Mann gekommen, der ihm Nachrichten über polnische militärische Dinge angeboten hatte. Bei dem ihm bekannten Hunger der deutschen militärischen Abwehr auf solche Nachrichtenverbindungen hatte er ohne näheres Eingehen auf das Angebot dem Mann eine hinhaltende Antwort gegeben, um inzwischen festzustellen, ob die Abwehr Interesse an der Verbindung habe. Es war ihm bewusst, dass eine jegliche, auch nur hinhaltende Einlassung mit einem solchen Agenten sich nicht mit seiner Stellung und deren diplomatischen Vorrechten vertrug. Er kannte auch aus der Abstimmungszeit hinreichend die Unsolidität solcher meist für beide Seiten arbeitenden Agenten. Da der Mann aber einen seriösen Eindruck machte, entschloss er sich zu dem Risiko einer hinhaltenden Antwort. Natürlich war es ein übler agent provocateur gewesen, den die Polen vorgeschickt hatten, um den wegen seiner Volkstumsarbeit ihnen sehr lästigen Lukaschek in seiner Stellung zu diskreditieren. Am Vorabend vor Weihnachten ließen sie die Bombe platzen, und in der gesamten polnischen Presse erschien in großen Schlagzeilen die Nachricht, das deutsche Mitglied der Gemischten Kommission treibe unter Missbrauch seiner diplomatischen Vorrechte Spionage gegen Polen. Es wäre leicht gewesen, einfach zu erklären, der Mann sei zwar zu ihm gekommen, aber sofort vor die Tür gesetzt worden. Auf jeden Fall hielt er nun seine zukünftige Arbeit in der Gemischten Kommission für gefährdet durch diesen Vorfall, und im Einvernehmen mit dem Auswärtigen Amt legte er daher sein Amt nieder.

Lukaschek schlug mich als seinen Nachfolger vor, weil er glaubte, dass ich seine Arbeit in seinem Sinne fortsetzen werde. Es bestand nämlich zwischen uns in allen religiösen, geistigen und politischen Grundkategorien eine Übereinstimmung, wie sie selten vorkommt, die selbst in nebensächlichen und geschmacklichen Fragen fast immer zum selben Ergebnis führte. In einem geschmacklichen Punkte differierten wir. Er pflegte häufig zu sagen: Der Kaffee und die Zigarren müssen ebenso schwarz sein wie die politische Gesinnung, ich aber rauchte viele Zigaretten statt vieler schwarzer Brasil-Zigarren.

Ich nahm den Vorschlag Lukascheks, sein Nachfolger zu werden, aus den dargelegten Gründen gern an, obschon ich naturgemäß die Stellung in Koschentin nicht ohne Bedauern aufgab. Dass ich hierbei die richtige Führung hatte, erwies die spätere politische Entwicklung, die damals niemand auch nur ahnen konnte.

Der Prinz war über den Plan traurig, denn er wusste, dass er kaum einen geeigneten Nachfolger für mich finden würde, ohne auf einen Polen zurückzugreifen. Wir fanden hierfür jedoch eine Lösung. Ich erklärte mich bereit, ihn gegen eine laufende Entschädigung weiter intern zu beraten und dieserhalb ein Mal in der Woche nach Koschentin zu fahren, wo dann die Dinge mit ihm und dem Oberforstmeister Mehner erörtert und von letzterem nach außen weiterbehandelt werden sollten. Die Tätigkeit in der Gemischten Kommission war nicht so umfassend, dass sie diese Nebenbeschäftigung nicht erlaubt hätte; sie war sogar förderlich, weil sie den ständigen praktischen Kontakt mit den Nöten der deutschen Minderheit vermittelte. Der Präsident Calonder, den ich gesellschaftlich bereits gut kannte, erklärte sich mit der Lösung sofort einverstanden.

Das Auswärtige Amt und das Preußische Innenministerium widersetzten sich energisch meiner Anstellung. Sie begründeten ihren Widerstand mit meinem jugendlichen Alter von 36 Jahren und dem Umstand, dass dann in Koschentin ein Pole mein Nachfolger werden müsse. Dem letzteren Einwand wurde jedoch die Grundlage entzogen durch die Abrede weiterer interner Beratung des Prinzen. Das jugendliche Alter war in den damaligen Zeiten ein offenkundiger Vorwand. Lukaschek und Hans-Adolf Moltke waren bei Übernahme dieses Amtes auch nicht älter gewesen. In Wirklichkeit wollte man mich nicht wegen meiner eindeutig katholischen Gesinnung und meiner Zugehörigkeit zum Zentrum und sodann, weil man aus meiner Tätigkeit in Koschentin ersehen hatte, dass ich energisch für eine eigenständige Haltung der deutschen Minderheit in Polen eintrat und eine Einmischung der Berliner Stellen in deren innere Fragen ablehnte. Man wollte lieber einen im altpreußischen Sinne zuverlässigen Beamten, von dem keine Schwierigkeiten zu erwarten waren. Die Art meines Ausscheidens aus dem preußischen Staatsdienst war noch in frischer Erinnerung und ließ Böses ahnen. Vom Standpunkt der Berliner Bürokratie aus gesehen war die ablehnende Haltung durchaus verständlich, nur deckte sie sich nicht mit den sachlichen deutschen Interessen. Die Berliner Stellen wollten einen evangelischen Herrn ernennen, der früher Landrat in Oberschlesien gewesen war. Hiergegen wehrte sich der oberschlesische Zentrumsführer Prälat Ulitzka aus naheliegenden Gründen und verlangte meine Ernennung, die dann im April 1927 von der Reichsregierung vorgenommen wurde, nachdem man erkannt hatte, dass Prälat Ulitzka auf der Erfüllung seines Wunsches bestand. Die Zentralstellen wussten, dass in Oberschlesien nicht gegen Ulitzka regiert werden konnte.

Die Gemischte Kommission mit Sitz in Kattowitz hatte außer dem vom Völkerbundsrat ernannten Präsidenten Calonder zwei deutsche, von der Reichsregierung ernannte, und zwei polnische, von der polnischen Regierung ernannte Mitglieder. Diese waren keine Beamten und ausdrücklich von Weisungen ihrer Regierungen freigestellt, von denen sie andererseits jederzeit ihres Amtes enthoben werden konnten. Die ursprünglichen deutschen Mitglieder Hans-Adolf Moltke und Lukaschek waren durch eine Zusage gesichert worden, dass sie beim Ausscheiden aus dem Amt im preußischen oder Reichsdienst mindestens als Ministerialrat wieder einzustellen seien. Dieselbe Zusage erhielt ich mit Brief und Siegel vom Auswärtigen Amt und vom preußischen Innenministerium. Ende 1924 war Moltke ausgeschieden und Dirigent und dann Direktor in der Ostabteilung im Auswärtigen Amt geworden. An seine Stelle trat, weil der Arbeitsanfall nicht groß war, als ehrenamtliches Mitglied Graf Praschma, der Eigentümer der Herrschaft Falkenberg in Deutsch-Oberschlesien und Zentrumsabgeordneter im Reichstag. Er war dort der letzte Repräsentant des katholischen Adels aus der Zeit vor 1914, in der dieser zu einflussreicher politischer Arbeit im Zentrum gelangt war. Graf Praschma konnte infolge seiner Inanspruchnahme durch die Verwaltung seines zudem notleidenden Besitzes und wegen seiner umfassenden ehrenamtlichen Tätigkeit nur wenig Anteil an der Arbeit der Gemischten Kommission nehmen und erschien nur selten zu einer Sitzung. Er war ein großer Herr, der nicht an Arbeitseifer oder gar Betriebsamkeit litt. Seine vornehme Gesinnung wie seine Geistes- und Herzensbildung machten die Art der Zusammenarbeit mit ihm förderlich und angenehm, die ich mir nicht besser hätte wünschen können.

Präsident Calonder besaß alle Voraussetzungen für sein Amt. Er stammte aus dem Engadin, also aus einer kleinen Minderheit, die sich trotz aller freiheitlichen Rechte gegenüber den drei anderen Nationalitäten in der Schweiz nicht voll gleichberechtigt fühlte und inzwischen ihre Rechte vermehrt hat. Weniger als durch die Rechtslage fühlten sich die untereinander wieder verschiedensprachigen rhätoromanischen Volkssplitter im Engadin aber bedroht durch stille Aufsaugung seitens der deutschen Umwelt. Calonder hatte also aus eigener Erfahrung Sinn und Verständnis für die Lage einer völkischen Minderheit, so verschieden auch die Verhältnisse in der toleranten Schweiz und in dem nationalistischen Polen waren. Seine Herkunft belastete ihn allerdings mit einem leicht antideutschen Affekt, weil die Engadiner einer wenn auch unbeabsichtigten Eindeutschung gegenüberstanden. Zudem gehörte Calonder politisch der freisinnigen Richtung an, die – so konservativ der Liberalismus in der Schweiz auch war – für Deutschland und besonders Preußen zumindest keine besondere Vorliebe hatte. Calonder besaß aber einen ausgeprägten Sinn für Freiheit und Recht aus seiner langen Tätigkeit als Anwalt, und je mehr er die willkürliche Bedrückung der Deutschen in Polen im Verlauf seiner Tätigkeit erkannte, umso stärker wurde sein oft leidenschaftliches Eintreten für die Wahrung des Rechts.

Zur Durchsetzung des Rechts in Oberschlesien bedurfte es aber nicht nur sauberer rechtlicher Beurteilung und Entscheidung, sondern auch der Erkenntnis der gegebenen Wirklichkeit, der Einfühlung in die Machtverhältnisse und einer geschickten Hand, um den

Entscheidungen, die nicht mit Zwang vollstreckt werden konnten, praktische Wirkkraft zu verschaffen. Hierfür besaß er große Erfahrung aus seiner langen Tätigkeit als Politiker. Er hatte als Bundesrat in der schwierigen Kriegszeit das auswärtige Ressort verwaltet und war Schweizer Bundespräsident gewesen. So hatte er sich in der staatsmännischen Kardinaltugend der moderatio (der Mäßigung) zu üben gelernt, was ihm bei seiner Impulsivität sicher schwer geworden ist. Er neigte von Natur zu erregtem Aufbrausen, wenn die Dinge nicht nach seinem Sinn verliefen, und das machte oft die Führung der Verhandlungen schwierig, besonders bei Aussagen ungeschickter, dazu noch mit Sprachschwierigkeiten kämpfender Zeugen. Calonder sprach ein vollendetes Hochdeutsch ohne jeden Schweizer Dialektanklang, aber die Oberschlesier verstanden die vielfach doch recht unterschiedlichen Schweizer Ausdrücke nicht. Wenn er bei der Eidesbelehrung – für die trotz allen Freisinns neben dem Kruzifix zwei Kerzen angezündet wurden – von der Strafe des »schweren Kerkers« sprach, so erschreckte das die Zeugen in ungewolltem Maße. Wenn er sie dann zum Hinsetzen aufforderte, so geschah das mit dem üblichen Schweizer Ausdruck: »Sitzen Sie ab!«. Der brave Oberschlesier verstand das nicht und blieb zitternd stehen, weil er mit »Absitzen« den Begriff des Gefängnisses verband. Calonder erregte sich dann, und die Zeugenvernehmung wurde entsprechend mühsam. Auch in der Beratung ging es lebhaft zu. All das geschah mit einem entwaffnenden Lächeln um seine anständigen, blauen Augen, und schließlich war er ja fast 25 Jahre älter als wir und Schweizer Altbundespräsident. Ich kann ihm bescheinigen, dass er versucht hat, den Minderheiten zu ihrem Recht zu verhelfen. Wenn er Entscheidungen ausgewichen ist, so begründete er das unter vier Augen mit seiner Machtlosigkeit, oder er wies darauf hin, dass er jederzeit bereit sei, zu resignieren. Letzteres stimmte zwar nicht, aber er wusste genau, dass jeder vom Völkerbundsrat bestellte Nachfolger für Deutschland schlechter sein werde als er.

Jede der beiden Regierungen war bei dem Präsidenten der Gemischten Kommission durch einen Staatsvertreter – agent d'Etat – vertreten, durch den der Präsident seine Wünsche und Beschwerden formell den Regierungen übermitteln konnte. Außer den Staatsvertretern gab es dann noch je einen Bevollmächtigten für Arbeitsfragen, die jedoch wenig zur Geltung gekommen sind. Von deutscher Seite war es der als Schlichter in wichtigen Tarifstreitigkeiten damals sehr bekannte Professor Brahn, der ein klassischer Vertreter höchster deutsch-jüdischer Bildung war und uns mit seinem gütigen Herzen ein lieber Freund wurde, auf dessen Besuche von Berlin aus wir uns zu Hause immer besonders freuten. In der Hitlerzeit flüchtete er nach Holland und ist dann dort umgekommen, ohne dass ich je die näheren Umstände erfahren konnte.

Es war also ein recht vielfältiger und gewichtiger Apparat, der im Interesse der beiderseitigen Minderheiten in Oberschlesien aufgebaut war. Das hauptsächliche Gewicht, der eigentliche Minderheitenschutz, lag bei der Gemischten Kommission. Vor ihrer Anrufung musste sich der Beschwerdeführer an das Minderheitenamt wenden, das für Deutsch-Oberschlesien in Oppeln, für Polnisch-Oberschlesien in Kattowitz als innerstaatliche Behörde eingerichtet war. Das Minderheitenamt hatte die Pflicht, mit den Behörden über die Abstellung der Rechtsverletzung zu verhandeln und bei Misslingen dieses Versuchs die Beschwerde der Gemischten Kommission vorzulegen.

Eines Tages wird man an den Schutz der Minderheiten generell herangehen müssen, ohne den kein Frieden in der Welt eintreten kann. Es ist dann unvermeidbar, auf die versunkene und vergessene Arbeit der Gemischten Kommission zurückzugreifen, die das erste internationale Organ gewesen ist, das örtlich dem Rechtsschutz der Minderheiten diente. Als Minderheit im völkerrechtlichen Sinne werden Personenkreise angesehen, deren Unterscheidungsmerkmal von der Mehrheit im Lande völkischer, religiöser oder sprachlicher Art ist. Der Begriff der Minderheit ist nur gegeben in Nationalstaaten, in denen das Staatsvolk überwiegend aus einer geschlossenen Einheit besteht, die das staatliche Geschehen bestimmt. In den Nationalitätenstaaten wie der Schweiz bilden verschiedene Völker zusammen das Staatsvolk im rechtlichen Sinne mit absoluter staatsrechtlicher Gleichberechtigung. Auch in Österreich – Habsburg ist immer der Hort des Rechts gewesen – sprach Artikel XIX des Staatsgrundgesetzes von 1867 allen Volksstämmen des Staates Gleichberechtigung und ein unverletzliches Recht auf Pflege und Wahrung ihrer Nationalität und Sprache in Schule, Amt und öffentlichem Leben zu. Erst durch Österreichs Zerstörung ist das Minderheitenproblem überhaupt akut geworden.

Mit der Wortprägung ist nach dem Sprachgefühl bereits eine gewisse Minderbewertung verbunden, als ob ein Volkstum geringere natürliche Recht habe, weil es zufällig zu einem Staat gehört, in dem die Mehrzahl der Einwohner einem anderen Volk zugehört. Ich habe schon damals auf diesen Mangel in der Fundierung des Minderheitenrechts hingewiesen. Es freut mich heute, zu sehen, dass ich damals schon der Zeit voraus auf dem richtigen Wege war, als ich 1929 in meinem Buche »Das Minderheitenrecht in Oberschlesien« schrieb: »Das Naturrecht verlangt, dass das Minderheitsvolk in einem Nationalstaate in Bezug auf sein Volkstum nicht nur nicht unterdrückt wird, sondern dasselbe möglichst frei gestalten kann, soweit das nach den Grundsätzen der ausgleichenden Gerechtigkeit irgendwie mit den Interessen des Mehrheitsvolkes und des Staates vereinbar ist. Dies ist bereits die äußerste ethisch und naturrechtlich tragbare Konzession an den Gedanken des demokratischen Mehrheitsinteresses und Mehrheitswillens, denn ein noch so kleiner Volksteil hat unveräußerliche natürliche Rechte, die ihm kein Staat und kein Interesse eines Mehrheitsvolkes nehmen kann, ohne brutales Unrecht zu tun. Der Mensch wird zunächst in seine Familie und sodann mit dieser in sein Volkstum hineingeboren, und erst vermittels dieser Beziehung tritt er in ein Verhältnis zum Staat. Der Staat kann also über das Volkstum der Menschen nicht nach Gutdünken verfügen, sondern umgekehrt ist das Volkstum die primäre unantastbare Unterlage, welche erst den Staat existent macht. Der Staat ist nicht die Quelle des Rechts, sondern der Staat ist an das natürliche und göttliche Recht gebunden, und noch so gut formuliertes und von einer noch so erdrückenden Parlamentsmehrheit beschlossenes positives Recht, welches gegen Naturrecht und Gottes Gebot verstößt, ist Unrecht. Der Staat wurde im 19. Jahrhundert Selbstzweck, welcher sich über die natürlichen Rechte der Menschen und des Volkstums Zwangsbefugnisse anmaßte, so dass es geschah, dass der Kollektivindividualismus selbst wieder die Individualität der Einzelperson zerstörte.«

Gar lieblich müssen den Nazis diese und ähnliche meiner Worte geklungen haben, und sie haben sie ja auch entsprechend honoriert. Ich bin etwas stolz darauf, dass ich meine Räuberhöhlenansicht über den modernen Staat, die nicht nur für den Hitlerstaat Bedeutung hat, schon damals vertreten habe, aber schließlich ist es ja nichts als umformulierter kleiner römischer Katechismus, ohne den es sich eben schwieriger lebt.

Ein grundlegender Streit ging um die Art, wie sich die Zugehörigkeit eines Staatsbürgers zu einer Minderheit bestimmt. Liegt diese Bestimmung im Ermessen der Behörden des Mehrheitsstaates oder in der Erklärung des Staatsbürgers? Ich schrieb damals darüber: »Ein Volk ist eine Gesamtheit von Menschen, welches gewöhnlich dieselbe Sprache spricht und durch gemeinsame Abstammung oder geschichtliche Entwicklung ein gemeinsames geistiges Zusammengehörigkeitsgefühl erworben hat. Daraus ergibt sich, dass die Zugehörigkeit des einzelnen Menschen zu einem Volke, die natürlich mit Staatsangehörigkeit nichts zu tun hat, nur durch die subjektive Einstellung und Entscheidung des Betreffenden bestimmt werden kann. Über geistige Vorgänge kann aber nur der einzelne Mensch entscheiden, nicht eine dritte Stelle und am wenigsten der Staat.«

Diese deutliche Sprache richtete sich gegen Hitlers Rassenwahnsinn, in erster Linie aber gegen die Polen. Diese vertraten nachdrücklich die objektive Theorie. Sie wollten die Doppelsprachigkeit des Gebiets ausnutzen, um dann auf Grund manipulierter Sprachprüfungen oder gar nach der hinsichtlich des Volkstums völlig bedeutungslosen Form des Namens von Amts wegen zu bestimmen, wer der Minderheit angehöre und die entsprechenden Schutzrechte in Anspruch nehmen könne. Es sollte also der Bock zum Gärtner gemacht werden. Calonder stand eindeutig auf dem Boden der subjektiven Theorie. Die Frage wurde dann vor den Völkerbundsrat gebracht, und es gab einen bedauerlichen Kompromiss im März 1927 in Genf, demzufolge der Schweizer Schulexperte Maurer aus Luzern die von den Polen als nichtdeutschsprachig beanstandeten Kinder zwei Jahre lang auf ihre Sprachkenntnisse prüfen sollte. Maurer machte das auch sehr korrekt und mit großer Mühe. Abgesehen vom Bruch des Grundsatzes litten diese Prüfungen darunter, dass die oberschlesischen Kinder das Schweizerdeutsch des Herrn Maurer nicht verstanden, was zu den seltsamsten Missverständnissen führte, aus denen Maurer dann auf mangelnde deutsche Sprachkenntnisse schloss. Calonder war empört darüber, dass das Deutsche Auswärtige Amt diesem Kompromiss zugestimmt hatte. Ebenso erkannte die deutsche Minderheit, dass hiermit ein tödlicher Schlag gegen ihren Bestand geführt worden sei. Ich wirkte dann auf Ulitzka und den aus Münster stammenden Breslauer Reichstagsabgeordneten, den späteren Reichskanzler Heinrich Brüning ein, deren Bemühen es zu danken war, dass das Auswärtige Amt sich fügen musste und die Sache vor den Internationalen Gerichtshof im Haag gebracht wurde. Dessen Entscheidung vom 26. April 1926 war recht kompliziert. Sie legte die objektive Theorie zu Grunde, machte Ausnahmen zu Gunsten der subjektiven Theorie für die Fälle der nationalen Mischehe, der Doppelsprachigkeit und des Dialekts. Auf jeden Fall aber hielt sie das Verbot der Nachprüfung der Erklärung aufrecht, sanktionierte also letztlich ein Recht zur Abgabe falscher Erklärungen. Die Polen nutzten die Kompliziertheit der Entscheidung natürlich aus zur Zurückweisung von Kindern aus der Minderheitsschule. Im Laufe des Jahres 1929 fanden in Paris mehrfach Verhandlungen zwischen einer deutschen und polnischen Delegation statt, in denen die Gegensätze mühselig durch Festlegung von Einzelheiten über die Sprachenerklärungen überbrückt wurden. Ich nahm an den Verhandlungen teil, ebenso Calonder und Morawski. Den Vorsitz führte der japanische Botschafter in Paris Adatci, der Japan im Völkerbundsrat vertrat und den man zum Vorsitzenden des Minderheitenausschusses des Völkerbundsrats gemacht hatte. Ausgerechnet ein Japaner musste sich also mit europäischen Minderheitenfragen befassen. So absurd das scheint, war die Lösung nicht schlecht. Adatci war juristischer Professor und später Richter in der Cour im Haag. Seine offenkundige Rechtlichkeit und die kühle Nüchternheit seiner Verhandlungsführung waren für das Ergebnis bestimmend.

Zur Feststellung von Rechtsverletzungen waren an Ort und Stelle die Gemischte Kommission und in beschränktem Umfang das Schiedsgericht in Beuthen vorhanden. Es war das erste Mal, dass örtliche, zwischenstaatliche Einrichtungen für solche Zwecke geschaffen wurden und dass ihre Anrufung dem Staatsbürger offen stand, während früher internationale Gerichte wie der Gerichtshof im Haag nur von den beteiligten Staaten, nicht aber von Privatpersonen angerufen werden konnten. In diesem Einbruch in das staatssouveräne Denken lag ein bedeutender Fortschritt für die Entwicklung des Völkerrechts.

Die Bürokratie wollte einfach an die Vertretung der Minderheitenbeschwerden nicht heran, weil sie Last machten und kein Ruhm dabei zu ernten war. Man verkannte auch ihre Bedeutung, weil man in staatlichen Kategorien dachte und jedes Gespür für den Begriff des Volkstums fehlte. Eine innere Beziehung zu diesem bestand beim Zentrum. Alles, was in Genf zur Durchsetzung der deutschen Minderheitenbeschwerden erreicht worden ist, beruht auf dem Druck, den die drei Prälaten Ulitzka, Schreiber und Kaas auf das Auswärtige Amt ausgeübt haben, und Brüning ist als Kanzler und später auch Außenminister der einzige Minister gewesen, der mit innerer Überzeugung und ohne Ausweichen in Phrasen sich der Völkerbundsbeschwerden und überhaupt der Frage des deutschen Volkstums im Ausland angenommen hat. Ganz besonders fühlte er sich hierzu berufen als in Schlesien gewählter Abgeordnete. Ich bin öfter bei ihm in der alten Reichskanzlei zu Tisch gewesen, wo es zwar gepflegt, aber sehr bescheiden herging, abgesehen von sauberem Wein. Da ich wegen seines schlesischen Wahlkreises und unserer gemeinsamen Herkunft aus Münster besondere Beziehungen zu ihm hatte, konnte ich ein freies Wort mit ihm sprechen. So habe ich ihm einmal bei einem gemeinsamen Gespräch mit Lukaschek gesagt, das Einzige, was ihm fehle, sei jeden Morgen eine halbe Flasche Sekt zum ersten Frühstück.

Doch kehren wir zum Ausgangspunkt des Exkurses über Brüning zurück, nämlich zu der Förderung der Beschwerden der deutschen Minderheit im Völkerbundsrat. Die Minderheit wurde durch die Mängel des Genfer Systems sehr benachteiligt, weil durch deren Ausnutzung die Ausführung der Entscheidungen der Gemischten Kommission zumindest so verschleppt werden konnte, dass sie an Bedeutung verloren oder überhaupt gegenstandslos wurden. Für Calonder, dessen Entscheidungsfreudigkeit sowieso nicht sehr groß war, bot die Genfer Misswirtschaft willkommenen Anlass, meinem Drängen den Einwand entgegenzusetzen, es sei ja zwecklos, neue Stellungnahmen herauszugeben; die deutsche Regierung solle erst einmal sorgen, dass in Genf die schwebenden Sachen prompt und rechtlich erledigt würden. Schließlich wurde es ihm aber auch zu bunt, und er äußerte nach Berlin den Wunsch, ich möge zu den Ratstagungen mit nach Genf fahren, um die deutsche Delegation zu beraten, das heißt auf Erledigung zu drängen. Die deutsche Minderheit trug dasselbe Verlangen an Prälat Ulitzka heran, und so blieb dem Auswärtigen Amt nichts übrig, als zähneknirschend meiner Anwesenheit und Beteiligung in Genf zuzustimmen. So war ich von 1927 bis Herbst 1932 bei fast allen Völkerbundsratstagungen anwesend, um die Dinge hinter den Kulissen zu betreiben. Ich wohnte mit der deutschen Delegation zusammen im Hotel Metropole, so dass man mir nur schwer ausweichen konnte. Ich habe die Herren des Auswärtigen Amtes, die ja schließlich auch andere Sorgen hatten, zu Tode geelendet, und wenn sie wieder einmal nachgeben wollten, damit gedroht, das nächste Mal werde Ulitzka selbst mit nach Genf fahren. Da die Arbeit des Rats sehr unter Zeitdruck stand, haben wir oft in die Nacht hinein um Formulierungen gekämpft, für die ich einen verstehbaren Inhalt verlangte statt nichtssagender diplomatischer Phrasen, die die Polen mit den Franzosen in die Entwürfe der Ratsbeschlüsse eingeschmuggelt hatten.

Es begann dann noch nachts ein Zettelaustausch oder Telefonieren mit der polnischen Delegation oder irgendeinem Ratsmitglied, dessen Hilfestellung herbeigeführt werden sollte. Die einzige zuverlässige und immer hilfsbereite Stütze war der Kanadier Danduran, der wegen seiner französischen Abstammung Mitgefühl und Verständnis für die Bedrückung von Minderheiten hatte. Eine große, inoffizielle Hilfe fand ich auf eigene Faust bei den Quäkern. Ich hatte Verbindung zu ihnen über meinen holländischen Freund Frank van Gheel-Gildemeester, Miss Ruth Frye und Mr. Mac-Master, der heute noch in Basel lebt. Sie hatten in Oberschlesien nach dem Kriege große Hilfe geleistet. So war immer mein erster Gang in Genf zum Büro der Quäker, und sie haben in ihrer Hilfsbereitschaft für jede Not durch ihre Querverbindungen zu allen Ratsmitgliedern hin still und unbemerkt viel dazu beigetragen, dass man sich der Minderheitenbeschwerden annahm. Es ist nicht viel erreicht worden in Genf, ich kann aber ohne Verletzung der Bescheidenheit sagen, dass ohne mein ständiges Drängen und Treiben überhaupt nichts geschehen wäre.

Die Aufenthalte jedes Frühjahr und jeden Herbst in Genf, das ich von der Studentenzeit her gut kannte, waren sehr interessant, da sich das politische Geschehen der Welt dort konzentrierte. Ich habe u. a. Briand und Seipel sprechen hören, die rednerisch von allen den größten Eindruck hinterließen, sowohl der Form nach, als weil innere Überzeugungen ausgesprochen wurden. Ich habe Stresemann in seiner Glanz- und Leidenszeit dort gesehen. Das letzte Mal war er bereits von Frau, Arzt und Krankenschwestern begleitet, und der Tod stand ihm auf der blassen Stirn. Die Erinnerung daran, wie er am Tage der Abfahrt versunken und wie abwesend auf einer Bank im Jardin Anglais vor dem Hotel saß, ist mir in denkmalhafter Erinnerung. Zwei Mal war ich in Berlin zusammen mit Calonder bei ihm zu Gaste gewesen. Trotz aller höflichen Bereitschaft fühlte man, dass ihn die Volkstumsfragen nicht sehr berührten. Er persönlich hatte ja auch wirklich für noch bedeutsamere Interessen zunächst einzustehen. Seine Frau, die Schwester des Hohenlohe-Öhringen'schen Generalbevollmächtigten Kleefeld, hatte eine große gesellschaftliche Gewandtheit, und mit ihrem beweglichen Geist und warmen Einfühlungsvermögen ergänzte sie seine etwas kühle Persönlichkeit ausgezeichnet.

Im Preußischen Innenministerium war verantwortlich Ministerialrat Rathenau. Dieser besaß nicht die große Klugheit seines Vetters, des ermordeten Außenministers, aber starken Eigenwillen. Er gehörte zu den deutschen Staatsbürgern jüdischen Glaubens mit einer betont preußisch eingestellten Richtung. Rathenau, politisch Demokrat, war preußischer als das gesamte übrige Innenministerium und beherrscht von der objektiv so unbegründeten Furcht, die geringen in Preußen verbliebenen Minderheiten könnten eine Gefahr für den Staat darstellen. Dementsprechend war er also nicht sehr positiv auf Ausdehnung von Minderheitenrechten eingestellt, was schon bei Abfassung des Genfer Vertrages sich schädlich ausgewirkt hatte.

Die Oberschlesier nannten Kattowitz, diese in wenigen Jahrzehnten auf dem Tiele-Winkler'schen Gutsbesitz um Marthahütte und Ferdinandgrube entstandene Anhäufung von Ziegelsteinen, stolz Klein-Paris, weil sie es wegen der Schnelligkeit seines Wachstums für sehr großartig und als Großstadt für sehr sündig hielten. Beides entsprach keineswegs der Wirklichkeit. Ein Fremder hätte die Stadt durchfahren können, ohne recht zu merken, dass es sich um ein von den übrigen Industrieorten gesondertes Stadtgebilde handelte, und die Sündigkeit war sicher nicht größer als anderswo. Ein sogenanntes Nachtleben würde der Fremde viel vergeblicher gesucht haben, als man es heute Bonn vorwirft. Für die Oberschicht, die wie in allen kolonieartig schnell industrialisierten Gebieten dünn war, lebte es sich in Kattowitz aber sehr angenehm und in bunter Abwechslung. Wir hatten ein angenehmes, kurz vor 1914 als Direktorwohnung der Kattowitzer Aktiengesellschaft erbautes Einfamilienhaus mit Garten. In diesem behaglichen Haus haben wir sieben gute Jahre verlebt und sind mit ihm besonders verbunden, weil dort August 1928 mein Vater an einer Typhusepidemie mit achzig Jahren starb. Ich war mit meiner Schwester in Scheveningen, und als wir auf Telegramm zurückkamen, wurde er auf Grippe hin behandelt und hatte bereits widerwillig eine der damals neuaufgekommenen Grippespritzen erhalten. Der aus Breslau dann herbeigerufene Professor diagnostizierte auf Typhus, den man wegen der damit verbundenen bronchitischen Nebenerscheinungen nicht erkannt hatte. Die Grippespritze und die Verspätung der Typhusbehandlung hatten sein kerngesundes Herz aber so geschwächt, dass es bei dem hohen Fieber versagte. Er war vorher noch bei voller geistiger und körperlicher Frische und ging jeden Morgen um 6 Uhr zu der eine Viertelstunde entfernten Kirche. Die Münster'schen Franziskanerinnen aus Rybnik hatten uns gütig zwei Schwestern zur Pflege geschickt. Er hat einen guten Lebensabend und einen wohlversehenen Tod gehabt, wie ich ihn mir erhoffe. Auf dem alten Mauritzkirchhof in Münster haben wir ihn beerdigt.

Für uns war das Wohnen in Kattowitz besonders angenehm wegen der diplomatischen Vorrechte, die mir auf Grund des Genfer Vertrages zustanden. Mein Auto trug ein großes Schild »Commission mixte« und mit diesem »Sesam öffne dich« konnte ich alle Grenzstellen ohne polnische Kontrolle passieren. Wenn ich nicht persönlich im Wagen war, musste der Chauffeur sich ausweisen, und die Zöllner durften dann auch den Wagen auf seinen Inhalt visitieren. Zwei Mal musste ich einen Chauffeur entlassen, weil er gewerbsmäßig Schmuggelware nach Polen mitgebracht hatte, wozu die Versuchung sehr groß war bei dem Mangel an Verbrauchsgütern in Polen und deren hohen Preisen, während aller Haushaltsbedarf lächerlich niedrige Preise hatte.

Da das Auto täglich nach Beuthen fuhr, um dort die Post aus Deutschland abzuholen, konnte von dort alles besorgt werden, was es in Polen nicht oder nur sehr teuer gab. Die Haushaltsführung war daher sehr bequem und großzügig, zumal ich Wein, Spirituosen, Zigarren, Zigaretten, Konserven, überhaupt alles und jedes zollfrei einführen konnte. Es gab Firmen in Hamburg, die solche Lieferungen ab Zollfreilager besorgten, und ich habe dadurch erst gemerkt, wie billig alle Köstlichkeiten dieser Welt sind, solange das Raubtier Staat sich nicht an ihnen gemästet hat. Französischer Sekt, guter Bordeaux, Burgunder und Tokaier, Importzigarren, Chartreuse, Bénédictine, Cointreau, Whisky, Kaviar und Dosenhummer stellten keinen Luxus mehr dar, und eine Flasche köstlicher Vouvray Mousseux kostete nicht mehr als ein dünnes Moselweinchen. Die schwierige Kehrseite dieser Annehmlichkeit bestand in den vielfach mehr oder minder diskret geäußerten Wünschen von Bekannten auf Mitbringen von Sachen im Auto aus Deutschland. Ich bin dabei sehr korrekt gewesen. Wenn ich mich gar nicht mehr erwehren konnte, habe ich die gewünschte Sache mitgebracht und die Annahme der Bezahlung verweigert. Geschenke mitzubringen war kein Verstoß, bei taktvollen Leuten war damit eine Wiederholung der Bitte ausgeschlossen und bei Taktlosen fällt eine Ablehnung nicht schwer. Bei den niedrigen polnischen Löhnen war auch das Halten von drei Dienstboten neben dem dienstlich bezahlten Chauffeur kein Luxus. So sorglos und großzügig wie in Kattowitz habe ich nie wieder gelebt, denn unter diesen Gegebenheiten war auch eine angenehme Teilnahme an dem gesellschaftlichen Leben möglich, das reger und bewegter war als anderswo, wenn es sich auch auf einen zahlenmäßig geringen Kreis beschränkte.

Da gab es zum Beispiel den Kattowitzer Vizekonsul, Herrn von Scheliha, der später unter Hitler dem Henker verfiel. Scheliha war ein höchst intelligenter Mann und amüsanter Plauderer, der aber einen snobistischen Hang zum Großtun hatte. Später war Scheliha in der Hitlerzeit Botschaftsrat bei Hans-Adolf Moltke in Warschau und dann im Kriege im Auswärtigen Amt in Berlin. Eines Tages im Kriege hielt auf dem Kurfürstendamm neben mir am Straßenrand ein supereleganter weißer Sportwagen, heraus sprang Scheliha, überschüttete mich in seiner netten Art mit Bekundungen der Freude über das Wiedersehen und lud mich für einen der nächsten Tage zum Essen ein. Ich nahm das gern an, da ich mit Schelihas auf gutem Fuß gestanden hatte. Die Eleganz der Wohnung in der Nähe des Knies (heute: Ernst-Reuter-Platz) wunderte mich nicht angesichts der bekannten Wohlhabenheit von Frau von Scheliha, Küche und Keller waren aber für die Kriegszeiten erstaunlich friedensmäßig. Da beide scharf antinationalsozialistisch eingestellt waren, verbrachten wir einige nette Stunden mit Kattowitzer Erinnerungen und seinen Erzählungen über seine Warschauer Zeit. Er war fahriger und sprunghafter als früher, sprudelte über vor Munterkeit. Wir verabredeten ein erneutes Treffen bei uns zu Hause, und ich ging befriedigt von dannen. Eine Woche darauf lief dann in den Widerstandskreisen die Nachricht um, dass Scheliha von der Gestapo verhaftet worden sei, fünf Tage nach meinem Besuch bei ihm. Ich bekam einen schönen Schrecken über dieses böse Geschick der armen Schelihas und auch persönlich das damals selbstverständliche ungute Gefühl, dass die Gestapo die üblichen Feststellungen über die Besucher im Hause Schelihas treffen würde. Es wurde zunächst vermutet, Scheliha sei nur wegen unbekümmerten Schimpfens über Hitler verhaftet worden. Von Leuten aus dem Auswärtigen Amt war nichts zu erfahren, abgesehen von dunkeln Andeutungen. Auch die Helmuth von Moltke'schen Querverbindungen zum Reichssicherheitshauptamt versagten. Es musste also eine recht geheimnisvolle und schlimme Sache sein. Es kam dann allmählich die Ansicht auf, Scheliha sei an der als »Rote Kapelle« bekannten Aktion beteiligt gewesen. Schließlich sickerte es aber in den engsten Kreisen durch, dass es sich um einen Fall von Spionage handele, die er in Warschau für die Polen betrieben habe, teils einer großen Dame halber, teils um Geldes willen.

Bei den Generaldirektoren der Industrie ging es meist recht hoch her. Große Diners mit Tanz galten nicht als gelungen, wenn die Gäste vor 4 Uhr früh aufbrachen. Recht lästig war es, dass die Chauffeure oft auch mitfeierten und beim Aufbruch nicht in fahrbereitem Zustand waren. Ich habe häufig dann selber fahren müssen trotz mindestens zwei Promille Blutalkohol, aber gelernt ist gelernt, und die Straßen waren ja damals nachts völlig tot. Diese Gesellschaften waren recht aufwendig in Speise, Trank und Damenbekleidung, die wenn sie nicht aus Paris kam oder auf der Italienreise beschafft war, zumindest die teuer erklügelte Einfachheit von Gerstel aus Berlin zeigte. Mit Abstand die größte Eleganz trug die Baronin Grünau. Den Kleiderrang streitig konnte ihr nur Frau Kallenborn von der Bismarckhütte machen, die in Straßen- und Abendkleidern den Stil der Kaiserin Eugenie nachahmte, was zwar elegant, aber auf dem Fabrikhof der Bismarckhütte doch ebenso seltsam wirkte wie der Diener in kurzen Seidenhosen und die Überfülle von Treibhausblumen. Ihr Aufwand in Haushalt und Kleidung war ständiger Anlass zu neidgetragenen Sticheleien der anderen Damen, und es kam vor, dass sie wie Brunhilde und Krimhilde in offene Feldschlacht gerieten. Sie quälte sich den ganzen Tag über, und zwar mit Erfolg, zwanzig Jahre jünger auszusehen, und andere Damen machten ihr dann mit geringerer Wirkung die damals aufkommenden Hunger- und Obsttage nach. Im Frühjahr fuhren diese Damen nach Karlsbad oder zu Bircher-Benner nach Zürich, und dort lernten sie die neuesten Verjüngungskunststücke.

Auch nach Deutsch-Oberschlesien hatte ich viele Zusammenhänge, allein schon wegen meiner fast jede Woche vorgenommenen Fahrten zu Lukaschek, der eine umfangreiche Geselligkeit pflegte. Außer den Spitzen der Provinz traf ich dort verschiedentlich den Kardinal Bertram und auch Brüning. Mit ganz großer Aufmachung wurde ein Besuch Hindenburgs gestaltet, ich glaube, es war 1931. Er kam früh im Schlafwagen aus Berlin, fuhr sofort mit Lukaschek ins Land und war den ganzen Tag frisch und guter Dinge trotz dieser großen Strapaze für den alten Mann. Als ihm sein Adjutant in Gleiwitz den Text der in Riesenlettern geschriebenen Rede übergab, sagte er: »Hoffentlich ist es die richtige und nicht die für Beuthen bestimmte.« Beim Vorbeifahren an Kohlengruben riefen die Bergarbeiter »Glück auf!«, und er fragte Lukaschek schmunzelnd »Weshalb rufen die denn: ›Hängt ihn auf?‹« Trotz dieser anstrengenden Fahrt nach der Schlafwagennacht war er abends bei dem großen Diner und dem anschließenden Empfang in voller Frische. Er hielt dann cercle, und ich wurde zusammen mit dem polnischen Generalkonsul Szczepański aus Beuthen zu ihm gesetzt. Er hatte es offenbar nicht recht verstanden, wer Szczepański war, denn er begann das Gespräch mit der Frage: »Na, was machen denn die Polen da drüben?« Szczepański sah mich mit einem freundlich maliziösen Lächeln an und freute sich offenbar darauf, was ich antworten würde. Ich sagte dann, die Hühnerjagd sei dieses Jahr in Polen ganz besonders gut, ob es in Deutschland ebenso sei. Hindenburg stutzte einen Augenblick, merkte aber, dass etwas nicht stimmte, und erging sich dann nur noch über Jagd. Beim Aufstehen brummelte er mir zu: »Wer ist denn das eigentlich?« und nach erhaltener Aufklärung: »Die sagen mir nie richtig Bescheid.«

Hindenburg zeigte bei seinem Besuch auch sonst noch Humor, als Lukaschek ihm die Geschichte des Schlafzimmers erzählte, in dem er die Nacht verbringen sollte. Dieses wurde »Amanullah-Zimmer« genannt aus folgendem Grunde: Im Jahre 1928 hatte der Emir von Afghanistan Amanullah dem Reichspräsidenten und der Reichsregierung einen Besuch abgestattet, der besonders großartig gestaltet wurde, weil der Emir das wenn auch nicht sehr überzeugende, so doch erste Staatshaupt war, das nach dem Kriege der neuen Regierung diese Ehre antat. Ich war an dem Tage zufällig dienstlich in Berlin gewesen und hatte das Schauspiel mitangesehen. Die ganze Stadt war in schwarz-weiße Fahnen – Amanullahs Wappenfarbe – getaucht. Dies machte den preußischen Berlinern viel Freude, noch mehr aber der Umstand, dass Amanullah allenthalben in den Geschäften große Einkäufe tätigte und Bestellungen zur Lieferung vieler Dinge für Haus und Harem aufgab. Hindenburg und den Reichskanzler Marx hatte er zu afghanischen Herzogen ernannt und ihnen die dazu gehörigen Herzogsmäntel umgelegt. All das hatte man in Berlin todernst genommen, bis sich herausstellte, dass in Afghanistan sich inzwischen ein neuer Emir auf den Thron gesetzt hatte, der Amanullah nicht wieder ins Land und an den Kassenschrank ließ. Die Lieferanten der ohne Zahlung bestellten Sachen bedrängten nun das Auswärtige Amt dieserhalb, und Reich und Preußen bezahlten, um nicht lächerlich zu werden, die Sachen und tarnten das unter zweckdienlich erscheinenden Haushaltstiteln. Auf diese Weise wurde dem Oberpräsidenten in Oppeln ein nach Stil und gehäuften Perlmutterintarsien offenbar für den Harem der Hauptfrau bestimmt gewesenes Schlafzimmer zugeteilt als Dienstmöbel für ein Gästezimmer, ohne dass der Rechnungshof je geprüft hätte, ob und weshalb der Oberpräsident in Oppeln ein Schlafzimmer für den Dienstgebrauch benötige. Nach Erzählung dieser für den »Herzog« Hindenburg ja etwas anrüchigen Geschichte sagte er höchst vergnügt: »Na, mich lassen sie aber nach Berlin wieder herein.« Hindenburg war also damals noch recht aufnahmefähig und geistig frisch, und es ist erstaunlich, wie schnell dann der geistige Verfall eingetreten ist, der das große Unheil herbeigeführt hat.

Ein interessantes Zwischenspiel erlebte ich bei einem Besuch im Auswärtigen Amt im Juli 1932. Ich hatte einige Stunden dort verbracht, und als ich das Gebäude verließ, stand eine lebhaft diskutierende kleine Gruppe von Leuten vor dem Ausgang. Ich ging heran und hörte, worum es ging. Während ich mich im Auswärtigen Amt in Zimmern des ersten Stocks des alten Gebäudeteils, die zur Wilhelmstraße gingen, aufgehalten hatte, war in dem schräg gegenüberliegenden Staatsministerium ein historisches Ereignis still und unbemerkt über die Bühne gegangen. Reichskanzler von Papen hatte durch eine Gruppe von Reichswehrsoldaten die Regierung Braun ausheben lassen. Es wird dem preußischen Innenminister Severing vorgeworfen, dass er die zuverlässige, meist im sozialistischen Schrader-Verband organisierte Polizei nicht gegen die Reichswehr eingesetzt und zumindest symbolischen Widerstand geleistet habe. Der Abgang wäre dramatisch und anständig gewesen, aber nach der damaligen Machtlage war jede Aktion aussichtslos, und es war staatsmännisch wohl richtig, zu kapitulieren. Die halbseidene Entscheidung des Staatsgerichtshofs in der Sache deutet auch auf die Richtigkeit seines Nachgebens. Seitdem bezeichnete der Berliner Volksmund faule Sachen nach dem Namen des Gerichtsvorsitzenden als »Bumke halb und halb.« Mit dieser Entscheidung begann die Rechtsunsicherheit in Deutschland. Das Vertrauen auf Recht und Richter war erschüttert.

Die Kattowitzer Tätigkeit war also für mich recht vielseitig und interessant, und ich habe mich in ihr wohlgefühlt, obschon mir an sich ein klares, verantwortliches Eigenhandeln mit sichtbaren Ergebnissen viel besser gelegen hätte. Bei weiterer ruhiger Entwicklung würden sich auch in absehbarer Zeit Erfolge meiner Arbeit gezeigt haben, wenn sie nicht durch das Aufkommen des Nationalsozialismus abgeschnitten worden wäre, dessen Wellen nach Polnisch-Oberschlesien herüberzuschlagen begannen.

III. Das braune Verhängnis nimmt seinen Lauf

1. »Aber das sind doch Verrückte« – Göring süß und sauer, »Unsere Liebe Frau vom Hakenkreuz« und eine braune Operettenfigur

Es wäre für mich ein Leichtes gewesen, zu den Nationalsozialisten überzuwechseln, da ich die ganzen Jahre hindurch im Kampf gegen die »Systembürokratie« gestanden hatte. Abgesehen von der Treulosigkeit gegenüber dem mir eng verbundenen Vorsitzenden der Katholischen Deutschen Volkspartei in Polen Eduard Pant war mir das aber aus meiner grundsätzlichen inneren Einstellung heraus so unmöglich, dass mir nie auch nur der Gedanke daran gekommen ist. Außerdem hätte der Stolz es mir nicht erlaubt, mich als früheren Regierungsreferendar und Offizier im Husarenregiment 8 auf die Seite dieser deklassierten Halbbildung zu schlagen. So können auch Untugenden gute Wirkungen haben. Die sicher zu erwartende Gefährdung der Existenzgrundlagen nahm ich als unvermeidbare Folge einer mir gestellten Aufgabe hin. Ich wusste damals bereits, dass Lasten nicht dadurch weniger drückend werden, dass man sich ihnen zu entziehen versucht. Bauern fassen einen Sack an, und wenn er schwer erscheint, so sagen sie: Nun gerade! In den ersten Monaten der Hitlerherrschaft wurden auch keine bedrohlichen Anzeichen für mich erkenntlich.

Man wollte offenbar in Oberschlesien vorsichtiger handeln. Selbst Lukaschek wurde bis zum Mai 1933 in seinem Amt belassen, obschon er die Hitlerfahne, die man ohne sein Vorwissen aufgezogen hatte, vom Dienstgebäude wieder entfernt hatte. Ich war natürlich in diesen Tagen besonders häufig bei ihm und so auch an dem Abend, als die Entscheidung über seine Entlassung fiel. Der Innenminister hatte ihn angewiesen, das Erscheinen der führenden oberschlesischen Zentrumszeitung »Die Volksstimme« in Gleiwitz und noch anderer

Zentrumsblätter zu verbieten. Lukaschek hatte daraufhin berichtet, er könne diese Anweisung nicht ausführen, da er aus Gewissensgründen die katholische Presse nicht mundtot machen könne und die Maßnahme zudem ungesetzlich sei. Es lag also in der Luft, dass darauf etwas geschehen werde. Spät am Abend gegen 9 Uhr klingelte dann das Telefon, und als angesagt wurde, dass Göring ihn sprechen wolle, gab er mir den Kopfhörer zum Mithören. Es ging natürlich um das Zeitungsverbot. Zunächst war Göring jovial und freundlich. Er könne die Weigerung ja sehr wohl verstehen, aber es ginge doch nun einmal nicht, dass gerade in der Grenzprovinz in der Presse Meinungen vertreten würden, die von der Politik des Führers abwichen. Man könne ja auch überlegen, nach einiger Zeit das Verbot wieder aufzuheben. Lukaschek blieb bei seiner Weigerung. Dann schlug Göring die nationale Leier. Die Gemeinsamkeit in der Polenpolitik, um die sich Lukaschek so große Verdienste erworben habe, müsse doch den Vorrang haben vor solchen Einzeldingen wie einem Zeitungsverbot, und er hoffe zuversichtlich auf eine gemeinsame Fortführung der bisherigen Volkstumsarbeit von Lukaschek. Dieser erwiderte auf diese Lockung, gerade die Rücksicht auf die Polenpolitik verbiete das Zeitungsverbot, denn die doppelsprachige Bevölkerung werde das Verbot der katholischen Zeitungen als Rückkehr zur früheren preußischen Polenpolitik auffassen und sich wieder polnischen Bestrebungen zuwenden. Darauf wurde Göring drohend: »Das werde ich schon mit den richtigen Mitteln zu hindern wissen. Der Führer verlangt unbedingte Gefolgschaft. Wer nicht für ihn ist, ist gegen ihn, und wer sich gegen ihn stellt, wird zerschmettert.« Das auch sonst mit reichlichem nationalsozialistischem Gedankengut gespickte Gespräch dauerte etwa eine halbe Stunde. Schließlich erklärte Lukaschek: »Meine Entscheidung ist wohlüberlegt und endgültig. Ich kann es nicht und ich tue es nicht.« Darauf Göring: »Die Verantwortung für Ihr Handeln und die daraus entstehenden politischen Schäden liegt bei Ihnen.«

Am nächsten Tage wurde Lukaschek abgesetzt. Wir hatten gefürchtet, es würden weitere Maßnahmen gegen ihn wegen der Weigerung ergriffen werden. Es blieb aber bei drohenden Demonstrationen kleiner brauner Häufchen vor seiner Dienstwohnung, die die ihm dankbare und noch willige Polizei mutig zerstreute. Nach einigen Tagen kam ein langes Dankschreiben von Göring für seine erfolgreiche befriedende Volkstumsarbeit, der er sich hoffentlich in Zukunft weiter widmen werde. Der Brief schloss mit den Worten: »Auf zu neuen Taten!« Es kann sein, dass die freundliche Ruhe und Sicherheit, mit der Lukaschek ihm entgegengetreten war, ihm irgendwie imponiert hatte. Wahrscheinlich aber war der Brief nur deshalb nach Inhalt und Form so verlogen höflich abgefasst worden, um durch seine Veröffentlichung dem Volke Sand in die Augen zu streuen und um Calonder und den Polen gegenüber den Anschein zu erwecken, dass die bisherige Politik Lukaschecks fortgeführt werde. Damals war dem Hitlerregime nämlich noch sehr daran gelegen, außenpolitische Ärgernisse zu vermeiden, und deshalb hatte Göring sich auch am Telefon so große Mühe gegeben.

Der neue Breslauer Oberpräsident Brückner hielt einen feierlichen Einzug in Oppeln, um der Besitzergreifung über das neue Gebiet Ausdruck zu geben. Er verlangte in seinem eitlen Machtwahn, dass die Kirchenglocken zu seinem Einzug läuten sollten. Der humorvolle und starkmütige Prälat Kubis lehnte es ab mit der Begründung, die Glocken katholischer Kirchen seien zur Ehre Gottes bestimmt und eine Ausnahme könne auf Grund alten Brauchs höchstens beim Empfang gekrönter Häupter gemacht werden, und die Glocken schwiegen. Im Übrigen war von Starkmut wenig die Rede. Nächste Mitarbeiter von Lukaschek, die von Zentrumseifer getrieft hatten, trugen wenige Tage nach seiner Entlassung die offenbar längst vorher versteckt erworbene Parteibrosche am Rock. Es wurde Mode, Erklärungen im Anzeigenteil der Zeitungen zu veröffentlichen des Inhalts, man sei aus der Zentrumspartei ausgetreten. Selbst Landräte, deren

Qualifikation hauptsächlich in dieser Parteiangehörigkeit bestanden hatte, und große Herren von alter Zentrumstradition, die erhebliche wirtschaftliche Vorteile durch das Zentrum genossen hatten, gaben solche Erklärungen in der Zeitung ab oder manifestierten sonstwie selber oder durch ihre Familienangehörigen ihre »nationale« Gesinnung. Angst, Verwirrung und irrige Beurteilung des Nationalsozialismus beherrschten das Feld. In meiner Gegenwart riet Prälat Ulitzka bei Lukaschek jungen Assessoren, in die SS einzutreten, die man wegen ihrer geringen Zahl und elitemäßigen Bedeutung überfremden müsse, um so der Bewegung vielleicht Herr zu werden. Die Befolger dieser wohlgemeinten Ratschläge konnten nicht wissen, dass sie damit in eine unentrinnbare Verstrickung gerieten, unter der sie bis an ihr Lebensende leiden würden. Selbst Kardinal Bertram zeigte keine klare Haltung nach außen, wenn er beim Verlassen des Wahllokals die Hand zu einer Geste erhob, die halb als deutscher Gruß, halb als bischöflicher Segen gedeutet werden konnte. Auch andere Bischöfe verhielten sich ähnlich.

Bei der Rückkehr von einer Reise nach Berlin geriet ich in ein Abteil, in dem der Osnabrücker Bischof Berning saß, den ich kannte, da er die Betreuung des katholischen Auslandsdeutschtums in der Hand hatte. Außerdem war er immer meinem Schwager Quernheim gegenüber besonders freundlich eingestellt gewesen in Erinnerung daran, dass dessen Familie früher im Fürstbistum Osnabrück ansässig gewesen war. Die Unterhaltung drehte sich natürlich um die politische Lage. Ich hielt mit meinen Ansichten, da wir allein im Abteil waren, nicht zurück. Aber bald merkte ich, dass der Bischof den neuen Herren gegenüber trotz gewisser Vorbehalte nicht ablehnend, sondern sogar hoffnungsvoll gegenüberstand. Ich machte kein Hehl daraus, dass Leute wie Lukaschek und ich uns von der Kirche im Stich gelassen fühlten und dass wir Laien jetzt allein die Folgen einer seit langem von der Kirche gestützten politischen Entwicklung zu tragen hätten. Ich erzählte ihm auch, da er auf der Reise zum Kardinal in Breslau war, dass ich vergeblich versucht hätte, diesen zu bewegen, Lukaschek anlässlich seiner Entlassung einen hohen päpstlichen Orden zu erwirken für sein außergewöhnlich intensives Eintreten für alle kirchlichen Interessen, damit dem Volke dadurch klar werde, dass die Kirche nicht mit den neuen Herren übereingehe. Als der Bischof in Breslau ausstieg, waren wir uns in der Beurteilung der Dinge nicht näher gekommen und er hat sicher versucht, den Kardinal in seiner zaudernden Haltung zu bestärken, wenn nicht gar ihn zu positiverem Eintreten für den Nationalsozialismus zu bewegen. Vielleicht hat sich Bischof Berning schon bald darauf an dieses Gespräch zurückerinnert, als er sah, auf welche Bahn und in welche Gesellschaft er sich durch die Annahme des Amtes als preußischer Staatsrat begeben hatte. Beim Kardinal Bertram lag das vorsichtige Taktieren, das an sich ein Wesenszug bei ihm war schon aus der Abstimmungszeit her, nicht in mangelnder Erkenntnis und fehlsamer Beurteilung des Nationalsozialismus. Er wusste sich vielmehr, wie wohl die meisten Bischöfe, keinen Rat, wie man ohne Hervorrufung eines offenen Kampfes gegen die Kirche den neuen Machthabern entgegentreten könne, ohne dabei die Gläubigen in unlösbare Gewissensnöte zu bringen. Die Verquickung der Kirche mit dem Zentrum war so stark gewesen, die Aufrufe von der Kanzel für das Zentrum bis zur letzten Wahl waren so eindeutig und dringend, dass die Bischöfe einen offenen Kampf gegen den Nationalsozialismus, der mit Zustimmung des Zentrums seinen Machthebel in die Hand bekommen hatte, nicht aufnehmen konnten, ohne für den ganzen Scherbenhaufen vor dem Volk verantwortlich gemacht zu werden, den die bisherige Regierung hinterlassen hatte. Hätte diese Verstrickung nicht bestanden, so hätte die Kirche die Gläubigen von Beginn ab mit klaren Worten warnen können an Stelle halb zustimmender, halb doppelsinnig Ablehnung andeutender Worte.

Auch das so verwirrende Konkordat war ein äußerster und riskierter Versuch, um die Bindungen der Vergangenheit zu lockern. Auf die gegen Hitler stehenden katholischen Laien wirkte der Abschluss vernichtend. Mir steht die Erschütterung noch vor Augen, mit der Michel Matuschka aus Maria-Laach zurückkam, wo der mit dem Flugzeug von der Unterzeichnung in Rom heimkehrende Herr von Papen – für uns der Gegenstand schärfster Ablehnung – vom Abt unter dem Geläut der Abteiglocken feierlich begrüßt worden war. Der schlesische Klerus hat sich übrigens ausgezeichnet gehalten mit verschwindenden Ausnahmen. Einen Schock hat es mir allerdings gegeben, als ich in Beuthen an dem Kloster der Schwestern Unserer Lieben Frau eine der ersten Hakenkreuzfahnen erblickte. Ich weiß nicht, ob die Fahne aus allzu großer Unkenntnis der Welt oder allzu großer Anpassung an das irdische Geschehen gezeigt wurde; jedenfalls sprachen die Beuthener jetzt nur noch vom Kloster Unserer Lieben Frau vom Hakenkreuz. Es tauchte damals bereits die dann zwölf Jahre lang akut bleibende Frage auf: »Bin ich verrückt oder sind es die andern?«

Im Frühjahr 1933 stattete der neue Breslauer Oberpräsident Brückner bei Calonder seinen Antrittsbesuch ab. Er machte einen friedlich bürgerlichen Eindruck und gab sich auch mir gegenüber durchaus harmlos und freundlich unter ständiger Wiederholung der Versicherung, die bisherige friedsame Polenpolitik werde fortgesetzt werden. Er grüßte auch in hergebrachter Form und versuchte nicht etwa wie Ribbentrop später, im Ausland den deutschen Gruß anzuwenden. Vermutlich hatte ihn sein Vertreter, der ebenfalls mitgekommene Graf Fritz Schulenburg auf gutes Benehmen gedrillt. Dieser, ein Sohn des Chefs des Stabes des Kronprinzen, war preußischer Regierungsassessor, glaubte damals noch an die Kraft des Nationalsozialismus zur nationalen Erneuerung und endete dann nach dem 20. Juli 1944 am Galgen wegen seiner Zusammenhänge mit Gördeler, dessen Verbindungsmann zum Kreisauer Kreis er war. Ich kannte ihn vorher nur oberflächlich, kam aber auf der Regierungsreferendarbasis bald mit ihm in ein gutes Gespräch und zu gemeinsamem Spott über die neuen Herren und ihre Manieren. Es war unverkennbar, dass Brückner trotz seiner dicklichen Figur eitel auf seine Erscheinung war, was sich auch daraus schließen ließ, dass er einen auffallenden großen Halsorden für diesen Frühstücksbesuch trug. Ich hatte Schulenburg gefragt, was dieser Ordensprunk bedeute, und er hatte mir schmunzelnd die Herkunft und Bedeutung der Dekoration erzählt. Bei Tisch saß ich Brückner gegenüber und fragte ihn unter Hereinziehung von Calonder in das Gespräch, welch schönen ausländischen Orden er da trüge. Er musste dann folgende Geschichte einbekennen: Als die Tänzerin Barberina bei König Friedrich II. genügend Geld ertanzt hatte, kaufte sie in Schlesien drei Rittergüter und erhielt den Titel Gräfin Campanini. Sie machte dann aus diesen Gütern eine Stiftung für tugendhafte adlige Fräulein, deren Kurator der jeweilige Oberpräsident von Schlesien war. Für den Kurator hatte der König das Tragen dieses Ordenskreuzes genehmigt, das Brückner jetzt in all seiner Harmlosigkeit voll Stolz zeigte. Ich ersparte ihm auch die weitere Frage nicht, wie die Devise laute, deren goldene Buchstaben auf blauem Email das Mittelstück zierten. »Virtuti praemium« (Prämie der Tugend) hatte der König in höhnischer Menschenverachtung der alten Barberina als Wappenspruch gegeben, und Brückner fühlte den Spott nicht, den er sich selber antat, indem er diesen Spruch zur Schau trug, obschon sein Lebenswandel noch weniger mit Tugend zu tun hatte als der der Stifterin.

Bald hernach erwiderten wir den Besuch bei Brückner in Breslau. Auch der Botschafter Hans-Adolf Moltke, der gerade auf Urlaub auf seinem nahen Besitz Wernersdorf weilte, war eingeladen. Mit ihm waren wir die einzigen Zivilisten. Alle andern trugen braune Uniformen. Am Tor und auf der Auffahrt standen SA-Männer als Posten. Alles machte ostentativ deutschen Gruß, den ich nach kurzer Verständigung mit Moltke in normaler Art erwiderte. Der einzige Gast, der mir in Erinnerung geblieben ist, war der berüchtigte Polizeipräsident Heynes. Sein verruchtes, verlebtes Gesicht war eine Ankündigung kommender Zeiten, und es war ein unheimliches Gefühl, mit diesem Manne zusammenzusitzen, dessen Ruf Morde und Untaten belasteten. Er ist dann anlässlich des 30. Juni 1934 umgebracht worden, bei dem auch Brückner in der Versenkung verschwand. Die einzige anwesende Dame war die Hausfrau. Sie machte einen säuberlichen und erfreulichen Eindruck mit ihrer blonden Gretchenfrisur, sah ungefähr aus wie das an Leib und Seele gradlinige Zuchtziel der Reichsfrauenführerin Gertrud Scholtz-Klinck, und man wunderte sich, wie sie wohl in diesen Rahmen geraten war. Dieses Frühstück ist meine einzige gesellschaftliche Berührung mit Nazimachthabern geblieben. Als bei der Abfahrt sich die braunen Helden mit erhobenem Arm auf der Rampe vor der Haustür aufbauten, war es wie ein Bild der kommenden Dinge. Calonder war entsetzt und flüsterte mir beim Herausgehen zu: »Mais ce sont des fous!« (Aber das sind doch Verrückte!) Ich antwortete: »Malheureusement on ne peut pas les coffrer.« (Leider kann man sie nicht einsperren.)

2. Auf Konfrontationskurs – riskante Maßnahmen gegen die Judenverfolgung und eine Kampfansage auf Leben und Tod

Der steigende Wahnwitz zeigte sich alsbald deutlich in der Behandlung der Juden: Der jüdische Rechtsanwalt Kochmann in Gleiwitz, dessen Tochter in der Abstimmungszeit dort einen Italiener geheiratet hatte, der inzwischen Botschaftsrat an der Italienischen Botschaft in Berlin geworden war, war von SA-Leuten schwer misshandelt worden. Er suchte mich dann in Kattowitz auf und stellte mir als Vorsitzender einer inzwischen gegründeten jüdischen Schutzgemeinschaft die Frage, ob die behördlich geduldeten und geförderten Rechtsverletzungen gegenüber den Juden in Deutsch-Oberschlesien unter den Rechtsschutz für die Minderheiten nach dem Genfer Vertrag fielen, ob also die Gemischte Kommission für die Behandlung jüdischer Beschwerden gegen die deutschen Behörden in Oberschlesien zuständig sei. Die Frage konnte zunächst zweifelhaft erscheinen, weil der Genfer Vertrag zum Schutz der deutschen und polnischen Minderheit abgeschlossen war. Der Genfer Vertrag hatte aber ausdrücklich und wörtlich die Vorschriften des allgemeinen Minderheitenschutzvertrages vom 28. Juni 1919 übernommen, die alle sprachlichen, völkischen und religiösen Minderheiten schützten, und der Genfer Vertrag enthielt nicht die leiseste Andeutung, dass er nur auf Polen und Deutsche Anwendung finden solle. Der allgemeine Minderheitenschutzvertrag war zudem in erster Linie gerade zum Schutze der früheren österreichischen Juden gegenüber den Nachfolgestaaten geschaffen worden mit verschärften Schutzvorschriften speziell für die Juden (Sabbat) und bei Abschluss des Genfer Vertrages bestand hinsichtlich der an Polen fallenden deutschen Juden ein sehr konkretes Rechtsschutzinteresse für diese wegen der antijüdischen Pogromstimmung in Polen. Ich hatte deshalb schon bei meiner Bearbeitung des Genfer Vertrags diesen Standpunkt eingenommen und bejahte daher die von Kochmann gestellte Frage. Daraufhin gingen mehrere jüdische Beschwerden ein. Ich verständigte Calonder über mein Gespräch und meinen Standpunkt, was er dankend entgegennahm. Auch Morawski teilte die Ansicht. Calonder bat mich dann, ich möchte doch in Berlin versuchen, den Standpunkt durchzusetzen zwecks gütlicher Abhilfe, da er auch der polnischen Regierung hierzu meist vor Erlass einer Entscheidung Gelegenheit gab.

Ich fuhr also im Spätherbst 1933 nach Berlin und ging zunächst in das preußische Innenministerium zu Rathenau. Ich war mir der Peinlichkeit bewusst, ihn mit dieser Frage befassen zu müssen, da er ungetaufter Jude war, aber es blieb nichts anderes übrig, weil er der zuständige Mann war. Ich wäre nicht erstaunt gewesen, wenn er auf die Schwierigkeit seiner Lage hingewiesen hätte, war aber mehr als verwundert, als er in brüsker Art erklärte, wie man denn nur auf den

Gedanken kommen könne, die Juden fielen unter das Genfer Abkommen. Ich wurde darauf deutlich, sagte ihm, er habe wohl in zwölf Jahren noch keine Gelegenheit gehabt, den Genfer Vertrag durchzulesen, und entwickelte dann kurz die Rechtslage, jedoch ohne Erfolg. Er hatte Angst, den für die Juden günstigen Rechtsstandpunkt anzuerkennen, weil er so blind war, zu glauben, dass er sich in seinem Amt würde halten können. Ich ging dann zum Auswärtigen Amt zu Meyer, der getaufter Jude war. Meyer war klüger und weltmännischer als Rathenau, legte sofort die Karten auf den Tisch und schilderte seine schwierige Lage. Auch er glaubte zuversichtlich, er werde sich wegen seiner militärischen Verdienste aus dem Weltkrieg in seinen Amt halten können, was retrospektiv interessant ist für die Erkenntnis, wie langsam und nur schrittweise die nationalsozialistische Gefahr erkennbar geworden ist. Über die Rechtslage brauchte ich also mit Meyer nicht zu streiten: Ich wies ihn darauf hin, dass bei einer sicher zu erwartenden Entscheidung Calonders zu Gunsten der Juden seine persönliche Lage noch heikler werde, weil die Juden dann den Völkerbundsrat anrufen würden, wenn Deutschland sich weiter weigerlich zeige. Dann werde auf ihn die Verantwortung doppelt zurückfallen, dass er diese Internationalisierung der Judenfrage nicht beizeiten vermieden habe. Der Hitlerregierung lag nämlich damals noch viel daran, außenpolitisch intakt dazustehen. Ich wies ihn ferner darauf hin, dass es besser sei, wenn er die Frage dem Kabinett vorlege mit dem Antrag, die gesamten Maßnahmen gegen die Juden in Oberschlesien einzustellen. Er wählte dann den Ausweg aller Bürokraten, welche die Verantwortung verwischen wollen, nämlich die Anberaumung einer Ressortbesprechung. Diese fand unter meiner Beteiligung bald darauf statt unter Vorsitz von Gauss, dem Leiter der Rechtsabteilung des Auswärtigen Amts. Vertreten waren das preußische Innenministerium, das Justizministerium und das Reichsinnenministerium. Alle stellten sich entgegen der klaren Rechtslage auf den Standpunkt, die Juden fielen nicht unter den Rechtsschutz des

Genfer Vertrages, und deshalb komme eine Kabinettsvorlage über die Sache nicht in Betracht. Im Übrigen gäbe es gar keine unterschiedliche Behandlung der Juden in Oberschlesien.

Auf solche Weise haben sich die alten Beamten an den nationalsozialistischen Verbrechen mitschuldig gemacht. Es war eine tragische Groteske, dass sogar zwei jüdische Herren so blind und verängstigt waren, dass sie dieses Spiel mitmachten. Man versuchte nun unter der Hand, die jüdischen Beschwerdeführer teils durch neue Drohung, teils durch Zahlung von Entschädigungen zur Zurücknahme der Beschwerden zu bewegen. Dies gelang auch. Außerdem hatte man offenbar die Behörden und die Parteistellen angewiesen, in Oberschlesien zunächst weitere Terrorakte zu unterlassen. Jedenfalls entstand eine zeitweise Beruhigung, während derer es vielen Juden gelungen ist, ungestört mit Vermögen zu emigrieren. Als die Juden im übrigen Reich das merkten, zogen sie dieserhalb nach Oberschlesien; was die Reichsregierung wieder damit hinderte, dass sie den Zuzug von Juden in das Abstimmungsgebiet verbot. Mit dem schwindenden Interesse an außenpolitischem Wohlverhalten und der allgemeinen Verschärfung der Judenverfolgung setzte sie dann auch in Oberschlesien wieder ein. Calonder hatte sich zwar intern sofort auf die Seite der bedrängten Juden gestellt. Einer Entscheidung war er enthoben nach Rücknahme der Beschwerden, und es ist auch später keine solche ergangen. Er kannte aber aus nächster Nähe hinreichend die Judenverfolgung. Auch ohne Beschwerdeerhebung hatte er die Befugnis, nach Art. 585 des Genfer Vertrages die Aufmerksamkeit eines der beiden Staaten auf Tatsachen, Umstände und Verhältnisse zu lenken, die er mit dem Vertrag für unvereinbar hielt. Er hat das auch getan, aber er hätte die Pflicht gehabt, bei der Fortdauer der ihm bekannten systematischen Rechtsverletzungen sein Amt mit einer lauten Manifestation dem Völkerbundsrat zur Verfügung zu stellen, um das Gewissen der Welt zu wecken. Es wäre für den alten Herrn, der auf Einkünfte nicht angewiesen war, ein vornehmer Abschluss eines reicherfüllten Lebens gewesen.

Ebenso hätte der Völkerbundsrat sich auch nach dem Austritt Deutschlands noch gemäß Artikel 72 des Genfer Vertrages mit der Judenfrage in Oberschlesien befassen und »alle erforderlichen Maßnahmen und Weisungen treffen« können und hätte nach der von ihm übernommenen Garantie die Pflicht hierzu gehabt. Meines Wissens hat der Rat sich nie mit der Judenverfolgung befasst, jedenfalls keinerlei Schritte getan. Keine Regierung hat die Aufmerksamkeit des Rates auf die Frage gelenkt, die weltweit bekannt war. Die Agonie des Völkerbundes war schon zu weit vorgeschritten, und es war ja nie seine Stärke gewesen, gegen Unrecht aufzutreten. Aber die Mitgliedsstaaten tragen die Schuld an dem jüdischen Geschick mit, weil sie nicht beizeiten wenigstens versucht haben, die Rechtspflicht des Völkerbundes zum Einschreiten wirksam zu machen. Mein schwacher Versuch mit meinen geringen Mitteln hat vielen Juden Hilfe gebracht. Hätte der Völkerbund und die Weltöffentlichkeit sich energisch bemüht, so wäre sicher ein Teil des Unheils vermeidbar gewesen. Ich selber aber war durch meine Bemühungen künftig in der nationalsozialistischen Diktion nicht nur wie bisher schon »romhörig«, sondern nun auch zum »Judenknecht« geworden.

Meine »Romhörigkeit« sollte bald auf eine Zerreißprobe gestellt werden. Der Katholische Frauenbund sollte im Dezember 1933 seine jährliche Generalversammlung abhalten. Für das Hauptreferat hatte man bisher immer einen Redner aus dem Reich herkommen lassen. Jetzt aber verweigerten die deutschen Behörden das Ausreisevisum für einen Redner, weil der Frauenbund auf Seiten Pants und seiner Bestrebungen stand. Auf Grund seiner österreichischen Verbindungen gelang es Pant, Ersatz aus Wien zu beschaffen, nämlich die Fürstin Starhemberg, die Vorsitzende des österreichischen Katholischen Frauenbundes, Mutter des bekannten Heimwehrführers, eine verantwortungsbewusste und überaus würdevolle Frau. Es war also kein »Ersatz«, sondern Spitzenklasse. Die Gegner tobten, als in der Einladung der Name der Rednerin erschien. Österreich war von Hitler zum Erzfeind erklärt worden, und er führte einen scharfen Wirtschaftskrieg gegen das kleine Land. Verbindungen mit Österreich aufzunehmen und gar noch mit dem Namen Starhemberg, bedeutete also eine Kampfansage auf Leben oder Tod. Pant sowohl wie mir war das bewusst. Pant versuchte aus Anstand mich zu überreden, an der Generalversammlung nicht teilzunehmen, da sicher alle Gegner darauf lauern würden, ob ich erschiene, wie ich es sonst immer gewohnt gewesen war, ebenso wie der Generalkonsul. Dass dieser nicht kommen würde, stand außer Zweifel nach der Lage der Kampffronten. Wäre ich nicht hingegangen, so hätte das Verrat gegenüber Pant, begangen vor dem Feinde, bedeutet, Verrat gegenüber den treuen Frauen und das Anerkenntnis des Zusammenbruchs aller bisherigen katholischen Volkstumsarbeit. Ich bin also selbstverständlich hingegangen, zumal an meinem Ruf sowieso nichts mehr zu ruinieren war. Auf der Bühne des großen, bis in die letzte Ecke gefüllten Theatersaals in Königshütte saß an einem Tisch der Vorstand mit der Fürstin Starhemberg, neben die ich gesetzt wurde. Als die Vorsitzende bei ihrer Begrüßungsansprache mir einige Worte widmete, ertönte solch lebhafter Beifall, wie ich ihn in meinem an Beifall allerdings nicht sehr reichen Leben nie wieder erhalten habe. Die einfachen Frauen, auf denen in erster Linie Not und Last des Volkstumskampfes lastete, wussten, worum es ging. Die Veranstaltung verlief in bester Form, und als ich nach Hause fuhr, wusste ich, dass es nun für mich zu Ende sei.

Das Ende hatte sich bereits dadurch abgezeichnet, dass Calonder eine Weile vorher den neuen Machthabern in Berlin einen Besuch abgestattet hatte, ohne dass ich miteingeladen wurde, wie es bisher üblich und selbstverständlich war. Calonder hatte zudem bei der Übermittlung der Einladung den Wunsch ausgesprochen, ich möge mitkommen. Die Nichtberücksichtigung dieses Wunsches hätte ihm eigentlich Anlass bieten sollen, unter einem Vorwand den Besuch zu verschieben. Aber trotz großer Skepsis glaubte er doch, mit der neuen Regierung zu irgendeiner Form der Zusammenarbeit gelangen zu können, und deshalb wollte er sich diese Möglichkeiten nicht verstellen. Bei seiner Rückkehr hatte er allerdings diese Illusion verloren. Am meisten hatte ihn ein Frühstück bei Göring schockiert. Zur geladenen Zeit war der Hausherr noch nicht da. Als er nach drei viertel Stunden noch nicht erschienen war, ging man zu Tisch. Kurz danach kam er und rief beim Eintritt den Gästen laut über den Tisch zu: »Ich konnte leider nicht eher kommen, ich bin durch einige zänkische Pfaffen aufgehalten worden.« Es hatte sich um eine Besprechung mit evangelischen Geistlichen gehandelt, die ihm Beschwerden über kirchliche Fragen vorgetragen hatten.

Am 6. Januar 1934, dem Dreikönigstag, erhielt ich meine längst fällige Abberufung aus meinem Amt nebst einem höflichen Dankschreiben von Reichsaußenminister Neurath. Beim Durchlesen musste man sich sagen, weshalb bei so guter Leistung denn die Abberufung erfolgte. Für den Abend hatte ich zu einem großen Diner eingeladen. Da es noch nicht in der Zeitung gestanden hatte, konnte ich so ein wohlgelungenes Fest feiern, ohne dass die Gäste merkten, dass sie auf einem Leichenschmaus waren. Wenn man jung ist, kann man eben auch noch auf dem eigenen Begräbnis tanzen. Wer die Abberufung ausgelöst hat, weiß ich inzwischen. Meine Verachtung über die Intrige ist so groß, dass ich nur darüber schweigen kann. Calonder erhob Vorstellungen, dass man einen Mitarbeiter durch sieben Jahre abberufen habe, ohne ihn vorher zu konsultieren, und sprach mir in bester Art Dank und Anerkennung aus. Obschon ich das Ereignis seit langem erwartet hatte, war sein Eintreten niederschmetternd, schon weil ich jetzt in das deutsche Zuchthaus zurückmusste, von dessen Methoden ich bisher verschont geblieben war, über die ich aber bereits hinreichend Bescheid wusste. Die Unabhängigkeit und Weite meiner Stellung konnte ich in Deutschland nie wieder finden, selbst bei günstigem Verlauf. Ich hatte bei meinem Amtsantritt eine verbriefte Zusicherung erhalten auf Wiederverwendung im Staatsdienst, und zwar mindestens als Ministerialrat. Meine beiden Amtsvorgänger Moltke und Lukaschek waren auf Grund des gleichen Papiers nicht schlecht gefahren. Unter den gegebenen Umständen war es mir aber recht zweifelhaft, ob und jedenfalls wie die Zusicherung eingehalten werde. Aber selbst wenn das geschähe, so musste sich für mich trotzdem eine wesentliche finanzielle Verschlechterung ergeben, weil ich außer dem verhältnismäßig hohen Gehalt nebst Aufwandsentschädigung auch noch meine Nebeneinkünfte aus meiner Beratung des Prinzen Hohenlohe verlor.

Ich war auf Einkünfte besonders dringend angewiesen wegen meiner familiären Verpflichtungen. Diese hatten sich bedenklich angespannt infolge des durch Thrombose verursachten Todes meines Schwagers Quernheim im Frühjahr 1931, der meine Schwester Maria mit sechs unmündigen Kindern von 6 bis 15 Jahren hinterließ. Nach vielen Fehlschlägen und unsäglichen Mühen begann ihre Domänenpachtung von 2000 Morgen in Pommern Aussicht auf Erfolg zu versprechen. Jetzt stand meine Schwester in der sich immer mehr steigernden Agrarkrise allein vor dieser Aufgabe. Ich hatte bereits alles verfügbare Geld zum Durchhalten bis zur Osthilfe in den Betrieb gesteckt. Diese aber war gerade vor meiner Entlassung abgelehnt worden, so dass das eingeschossene Geld verloren und meine Schwester abgesehen von einer kleinen Restabfindung auf ihre lächerliche Rittmeisterpension angewiesen war. Insgesamt war es also eine Lage, die nur mit Hilfe des Hl. Judas Thaddeus und sämtlicher andern vierzehn Nothelfer bewältigt werden konnte. Ich versuchte zunächst, durch meine mannigfachen Verbindungen eine Stellung in der Wirtschaft zu finden. Das erwies sich jedoch trotz mannigfachen guten Willens als aussichtslos, weil die Wirtschaft allenthalben durch die Nazis gezwungen wurde, gute Stellungen für diese freizumachen und es unzumutbar war, offenbelastete Nazigegner einzustellen. Auf energisches Verlangen Calonders war zwar das Ende meiner Amtstätigkeit um einige Wochen hinausgeschoben worden, aber die Lage wurde immer lästiger, da ich von Berlin nichts über eine Wiederverwendung hörte und zu stolz war, von mir aus darum zu bitten und mich dadurch zudem noch billig zu machen. Ich hörte nichts aus Berlin. Calonder regte sich und wies die deutsche Regierung darauf hin, dass es für die Würde seines Amtes abträglich sei, wenn seinem langjährigen Mitarbeiter eine so seltsame Behandlung widerfahre. Eines Tages kam mein polnischer Kollege Morawski, dem natürlich der Sinn des Spiels nicht verborgen geblieben war, zu mir. Er erklärte mir, ich könne auch nach Verlust der diplomatischen Vorrechte so lange ich wolle in Polen wohnen bleiben und brauche mir in der Hinsicht keine Sorgen zu machen. Wenn ich aber, was er wohl annehme, wieder in Deutschland eine Anstellung haben wolle, so sei es vielleicht nützlich, wenn der polnische Botschafter in Berlin beim Auswärtigen Amt und der polnische Außenminister beim deutschen Botschafter in Warschau auf den ungewöhnlichen Umstand hinweisen würden, dass ich nach Beendigung meines Amtes immer noch dort wohne. Unter normalen Verhältnissen wäre weder das Angebot noch dessen Annahme möglich gewesen. So aber galt die Regel: »à coquin coquin et demi« (Mit gleicher Münze zurückzahlen), und ich erwiderte, dass er ein kluger und anständiger Mann sei. Ich habe mich damals sehr gefreut, dass ausgerechnet mein Gegenspieler diese vornehme Haltung mir gegenüber zeigte, obschon ich dem Ergebnis nicht allzu viel traute.

Da klingelte in meiner Wohnung das Telefon, und es meldete sich das preußische Innenministerium in Berlin und alsdann der neue Staatssekretär Grauert, der vorher in der Industrie tätig, von dieser auf den Posten gebracht worden war, wohl als Gegenleistung für die Hilfe der Industrie bei Hitlers Machtübernahme. Grauert stammte aus Münster, und ich kannte ihn aus der Schulzeit, ohne aber weitere Verbindung mit ihm zu haben. Grauert fragte, weshalb ich denn nicht nach Berlin käme, um über meine Wiederverwendung zu sprechen. Ich sagte ihm, ich habe auf eine Initiative von Berlin gewartet und außerdem wisse ich nicht, ob ich nicht beim Grenzübertritt nach Deutschland verhaftet werden würde. Grauert war offenbar guten Willens, und da ich wusste, dass er ein Ehrenmann war, vereinbarte ich mit ihm einen Termin für eine Besprechung. Der bereitwillige Eifer Grauerts zeigte mir, dass die von Morawski eingefädelten polnischen Schritte getan waren und vielleicht auch Calonders Vorstellungen mitgewirkt hatten. Ich habe später von Hans-Adolf Moltke erfahren, dass die Polen bei ihm in Warschau und in Berlin vorstellig geworden sind. Ich fuhr also Anfang 1934 zu Grauert. Er trug eine Uniform mit viel Lametta, begrüßte mich aber beruhigend mit »Guten Morgen.« Das Geschäft wickelte sich dann ohne viel Umschweife ab. Er fragte, welche Verwendung ich mir wünsche. Ich erwiderte, nach Lage der Dinge, käme nur das Preußische Oberverwaltungsgericht in Betracht. Darauf er: »Das geht.« Er ließ den Leiter der Personalabteilung, Ministerialdirektor Schellen, kommen, der in Stahlhelmuniform, bedeckt mit vielen Ordensschnallen erschien. Grauert fragte, wie viel Stellen am Oberverwaltungsgericht frei seien. Schellen erwiderte: »Zwei, aber ...« und begann dann mit weitschweifigen Einwänden, die Grauert aber bald knapp abschnitt: »Eine der beiden Stellen erhält Herr van Husen.« Schellen, der die Stelle für einen Korpsbruder vorgesehen hatte, ging wenig erbaut von dannen, und bald darauf hatte ich meine Ernennungsurkunde in Kattowitz in der Hand. Ich war also, da ich 1923 als Regierungsassessor aus dem Staatsdienst ausgeschieden und in Kattowitz nicht Beamter gewesen war, vom Regierungsassessor zum Oberverwaltungsgerichtsrat ernannt, ein einmaliger Fall in der Geschichte des Oberverwaltungsgerichts.

Ein reicher und bunter Lebensabschnitt von 14 Jahren in Oberschlesien war zu Ende. Die in dieser Zeit aufgewandte Mühe würde zur Frucht gereift sein, wenn Hitler nicht an die Macht gekommen wäre. Die Arbeit der Gemischten Kommission war trotz aller Mängel eine positiv zu wertende Grundlage für eine künftige Verständigung zwischen den beiden Völkern geworden und ein einmaliges Beispiel für eine allgemeine Lösung der Minderheitenfragen und Grenzprobleme, deren Fehlbehandlung dann den Anlass zum Kriege bieten sollte. Von der im Genfer Vertrag vorgesehenen Verlängerung des Minderheitenschutzes über das Jahr 1937 hinaus wurde entsprechend der neuen Lage kein Gebrauch gemacht. Die Gemischte Kommission vegetierte noch bis 1937. Calonder besuchte mich in Berlin bei seiner Verabschiedung von der Reichsregierung. Dann fuhr er auf den Obersalzberg zu Hitler zum Abschied. Ich habe ihm meine Verwunderung darüber zum Ausdruck gebracht, aber alle Welt war eben selbst 1937 noch blind gegenüber Hitler und dem Glanz seiner Macht.

3. »Dem Löwen auf den Schwanz treten« – als Preußischer Oberrichter in immer brauneren Zeiten

Wir hatten eine der großen altmodischen Berliner Etagenwohnungen gemietet am Helgoländer Ufer 5 mit hübschem Blick auf die Spree und den Park des Schlosses Bellevue. Trotz ihrer Größe und Bequemlichkeit fühlten wir uns dort nicht recht wohl, da es die erste Etagenwohnung in unserem Leben war. Wenn man gewohnt ist, Herr auf dem Hof zu sein, gibt das ein ungutes Gefühl, obschon man von den andern Mietern in dem solid gebauten älteren Hause nichts merkte und auch keine Verbindung mit ihnen hatte. Allein die Tatsache, immer unter Kontrolle des weiblichen Portiersdrachens zu stehen, war lästig. Dieser Umstand erhielt in der Hitlerzeit geradezu vitale Bedeutung, weil die nationalsozialistischen Parteistellen sich dieser Hauswarte ganz besonders bedienten, um die Hausbewohner auszuhorchen und zu überwachen. Selbst wo dies in Wirklichkeit nicht geschah und die Leute anständig waren, blieb zum mindesten ein Misstrauen in dieser Hinsicht. Diese systematische Bespitzelung kam zwar erst in den nächsten Jahren zur richtigen Giftblüte, aber meine Sinne waren für diese Dinge geschärft, weil ich vom Ausland her einen besseren Überblick über das neue System, seine Methoden und Gefahren gewonnen hatte, als es den Leuten im Lande möglich war.

Ich war daher von Anfang an entschlossen, möglichst ein eigenes Haus zu erwerben. Wo ein Wille, da ist auch ein Weg. Ich fand bald ein sehr hübsch gelegenes Grundstück mit schönen alten Bäumen in dem neuen Teil von Grunewald an der dem Walde nächstgelegenen Joseph-Joachim-Straße. Erst zu Ende des Krieges wurde sie in Oberhaardter Weg umgenannt, weil die Parteigrößen erst dann merkten, dass Joseph Joachim kein Hohenzollernscher Kurfürst, sondern der große jüdische Geiger war. Es gelang mir auch, auf dem Grundstück ein zwar bescheidenes, aber geräumiges Haus zu errichten, das wir dann bereits im Sommer 1935 beziehen konnten. Geräumig musste es sein, denn ich hatte meine verwitwete Schwester Quernheim mit ihren sechs Kindern mit in unsern Haushalt aufgenommen, da sie zu einer erträglichen Lebensführung keine hinreichenden Mittel hatte. Auch dieser Umstand hatte mich zu dem Hausbau veranlasst, da ich die Kinder nicht als »Etagenkinder« ohne örtliche Bindung beziehungslos aufwachsen lassen wollte. So war eine Großfamilie entstanden. Mit den drei Jungens stand ich einer weiblichen Übermacht von Mutter, zwei Schwestern, drei Nichten und zwei Hausmädchen gegenüber.

Der Wechsel von Kattowitz nach Berlin war für mich deshalb besonders schwierig, weil ich mich den neuen Verhältnissen gegenüber unsicher fühlte. Die Leute in Deutschland hatten sich in fast eineinhalb Jahren langsam und unmerklich an die Neuerungen gewöhnen können. Ich aber, der nun so plötzlich aus dem freien Ausland und der Ungebundenheit der diplomatischen Vorrechte in die so völlig veränderte und undurchsichtige Umwelt kam, musste mich mit einem Schlage darin zurechtfinden und abzutasten versuchen, ob und wie man unter der neuen Herrschaft ein erträgliches Leben würde gestalten können. Jede Hakenkreuzfahne, jede braune Uniform und jede zum Gruß erhobene Hand gab mir einen Stich ins Herz. Ich fühlte den ungewohnten plötzlichen Zwang und die unmerklich in der Luft liegende Drohung als unerträgliche Last. Allenthalben winkte der Gesslerhut! Als gebranntes Kind hatte ich mir eine Regel für mein Verhältnis zu den neuen Dingen und Machthabern festgelegt, die etwa dem entsprach, was später der württembergische Landesbischof Wurm folgendermaßen als Gleichnis formuliert hat: »Als Daniel in der Löwengrube wunderbar errettet war, ging er nicht hin und trat den Löwen auf den Schwanz, sondern er kniete nieder und dankte Gott für seine gnädige Hilfe.« In dem Dilemma zwischen Stolz, Selbstachtung und Überzeugung einerseits und anderseits dem Zwang, meine große mir anvertraute Familie vor dem Ruin zu bewahren, wollte ich versuchen, mit Haltung und Vorsicht eine erträgliche Lebensform zwischen den Raubtieren zu finden.

Ich ging also mit Unbehagen und einem Stoßgebet in die mir zugewiesene Löwenhöhle, das Preußische Oberverwaltungsgericht, um mich bei dem damaligen Präsidenten Exzellenz Drews zu melden. Drews war der letzte königliche Innenminister gewesen, politisch Demokrat, hervorragender Kenner des Verwaltungsrechts und persönlich anständig. Zur Wahrung des Gesichts und weil man keinen rechten Nachfolger wusste, wurde er belassen, sogar seine Amtszeit gesetzlich verlängert. Drews empfing mich sehr freundlich, aber belanglos, ohne jede Anspielung auf die politische Lage oder gar die Umstände meiner Ernennung. Er war überhaupt nicht sehr kontaktfähig, was wohl an seiner Taubheit lag. Diese war so stark, dass man ihm in den Sitzungen ein Zeichen geben musste, dass alle ausgeredet hätten, weil es vorgekommen war, dass er die Sitzung vorzeitig geschlossen hatte. Tatsächlich lag die Macht nicht bei ihm, sondern bei dem dann zum Vizepräsidenten ernannten Herrn Bach. Dieser stammte aus einer gut katholischen Familie in Bacharach, und der

Onkel, der ihn erzogen hatte, war Geistlicher gewesen. Seine frühe Mitgliedschaft in der SS hatte bewirkt, dass er vom Amtsrichter in Weißensee an das Oberverwaltungsgericht gekommen war. Er war jedoch klug genug, aus dem Mangel an seiner fachlichen Eignung keinen Hehl zu machen. Trotz Austritts aus der Kirche zeigte er keinen Renegatenhass. Innerlich passte er nicht in das Hitlersystem. Er konnte, wie so viele, nicht über seinen gut katholischen Schatten springen und war hauptsächlich aus Ehrgeiz zu den Nationalsozialisten übergegangen. Zudem besaß er einen snobistischen Einschlag, der ihm die Zugehörigkeit zur SS, die als Elite auftrat, als Zeichen gesellschaftlicher Gehobenheit erscheinen ließ. Er war aber nicht etwa ein reiner Konjunkturritter, glaubte vielmehr an die Sendung Hitlers für eine gesunde nationale Erneuerung, wie das bei so vielen Leuten anfangs der Fall war, die sich dann später nicht wieder aus den inneren und äußeren Verstrickungen lösen konnten. Nach seinen immer wiederholten Beteuerungen sah er es als seine Aufgabe an, auf Grund seines hohen Ranges in der SS als Standarten- oder Brigadeführer das Oberverwaltungsgericht gegenüber Angriffen und Einflüssen der Parteistellen abzuschirmen. Wie weit er es tatsächlich versucht hat, ist schwer zu sagen. Jedenfalls war seine Einstellung so, dass er von sich aus keine bösen Dinge betrieb. Persönlich bin ich mit ihm ganz gut zurechtgekommen. Er merkte bald, dass ich von seiner katholischen Herkunft wusste, und auf katholische Grundbegriffe angesprochen, entzog er sich diesen nicht, so dass ein offenes Gespräch auf vertraulicher Grundlage mit ihm möglich war. Nach einiger Zeit erklärte er mir sogar, er sei wieder formell in die Kirche zurückgekehrt, da er nicht den Eindruck erwecken wolle, als sei er entsprechend dem Zug der Zeit aus Konjunkturgründen aus der Kirche ausgetreten. Eine weitere Erleichterung für den Umgang mit ihm ergab sich aus seiner Anfälligkeit für gesellschaftliche Zusammenhänge. Meine bisherige Stellung imponierte ihm offensichtlich, und zudem vermutete er hinter mir irgendwelche mächtigen Kräfte, weil ich trotz der ihm bekannten Umstände in Kattowitz so glatt und gegen den Widerstand der Personalabteilung in das Oberverwaltungsgericht gelangt war. Sein ganzes Sinnen und Trachten wurde davon bestimmt, dass er Nachfolger von Drews werden wollte. Es wäre gut gewesen, wenn es ihm gelungen wäre, denn dann wären dem Oberverwaltungsgericht die beiden seltsamen Nachfolger von Drews als Präsidenten erspart geblieben.

Bach hat sich später nach dem Einmarsch der Russen vergiftet. Objektiv hätte hierzu kein Anlass bestanden, denn ich glaube nicht, dass ihm üble Dinge hätten zur Last gelegt werden können, aber für ihn war die Welt zusammengebrochen. Es sind in diesen wirren und teuflischen Zeiten manche Menschen vor Aufgaben gestellt worden, die über ihre Fähigkeiten hinausgingen. In normalen Zeiten wären sie brave Amtsrichter geworden mit dem Roten Adlerorden vierter Klasse und mit einem feierlichen Seelenamt unter allgemeiner Trauer zu Grabe getragen worden. So aber fuhren sie mit einer zerbissenen Zyankaliampulle im Munde einsam zur Hölle, wenn nicht Gottes Gnade ihre Schwäche noch mit einem letzten schnellen Strahl überdeckt hat.

Bei meinem Eintritt in das Oberverwaltungsgericht waren dort außer Bach überzeugte Nationalsozialisten zunächst kaum vorhanden. Es herrschte aber allgemein eine Atmosphäre der Undurchsichtigkeit und des Misstrauens. Die Haltung der Richter war in den verschiedensten Graduierungen von Furcht und Zweckmäßigkeit bestimmt, bei einzelnen auch von Karrieregründen. Die Gegner des neuen Systems hüteten sich ängstlich, ihre Gesinnung zu offenbaren. Der Prozentsatz der Einsichtigen lag aber bei den Richtern über dem allgemeinen Durchschnitt. Als ich 1934 an das Oberverwaltungsgericht kam, gab es dort nur wenige Parteimitglieder, und Hitler wurde ganz überwiegend zumindest insgeheim abgelehnt. Durch die systematische Anstellung von Nationalsozialisten beim Freiwerden von Stellen verschob sich das Bild aber immer mehr.

Ich wurde zunächst dem Disziplinarsenat zugeteilt. Das war erstaunlich, da Bach meine Einstellung und die Vorgänge in Kattowitz kannte. Es war ein Zeichen dafür, dass die Geschäftsverteilung noch ordnungsmäßig gehandhabt wurde ohne Rücksicht auf politische Ziele. Vorsitzender war Groethuysen, ein prächtiger, weinkundiger alter Junggeselle, und nach dessen Pensionierung Bach. Dieser hat sich in keiner Weise bemüht, die bewährte alte Praxis des Senats im nationalsozialistischen Sinne zu ändern; der neue Jargon war allerdings nur mit Mühe aus den Urteilen fernzuhalten. Aber auch das gelang teilweise doch. Ein beflissener Richter – früher deutschnational – hatte in einem Urteilsentwurf das Wort »Systemzeit« verwendet, das damals von den Nationalsozialisten für die Weimarer Regierungszeit aufgebrachte Schimpfwort, das die Massen in seiner mangelnden Präzision ansprach. Als das Urteil bei mir zur Unterschrift durchlief, beanstandete ich das Wort mit der Begründung, ich selber habe dem Zentrum angehört, also einem Träger des »Systems«, könne mich also nicht wohl selber beschimpfen, und zudem sei es so schlechtes Deutsch, dass es nicht in ein oberstgerichtliches Urteil gehöre, es sei denn in Gänsefüßchen. Bach versuchte zunächst telefonisch, mich zum Aufgeben meiner Beanstandung zu bringen. Ich bestand aber die Machtprobe, und das Wort wurde gestrichen.

Oft war es aber nicht zu vermeiden, sich der Sprache der neuen Machthaber bei den Disziplinarsachen anzupassen. Besonders galt das bei Urteilen, die offenbar im Ergebnis Missfallen erregen mussten und die dann mit nationalsozialistischen Phrasen ausgeschmückt und verbrämt wurden, um weniger Angriffsfläche zu bieten. Die Anwendung ungerechter Gesetze und nationalsozialistischer Auffassungen, z. B. bei der Verweigerung des Hitlergrußes durch Beamte, ließ sich nur schwer umgehen. Ich habe in einem solchen Falle einmal ein dissentierendes Votum zu den Akten gegeben, als ich eine Entscheidung für grob ungerecht hielt. Die Anwendung ungerechter nationalsozialistischer Gesetze wie z. B. des verlogenen Gesetzes zur

Wiederherstellung des Berufsbeamtentums war für den Richter eine recht schwierige Gewissensfrage. Man muss sich dabei vergegenwärtigen, dass die richterlichen Anschauungen damals in Deutschland rein positivrechtlich waren, und die nationalsozialistischen Gesetze waren ja in tadelloser gesetzlicher Form erlassen worden auf der Basis des Ermächtigungsgesetzes. Es ging beim Oberverwaltungsgericht zwar nicht um Todesurteile, aber bei den Disziplinarsachen doch um Fragen, die existenzgefährdend waren. Nach dem Gesetz war jeder mitwirkende Richter verpflichtet, das vom Kollegium beschlossene Urteil zu unterschreiben, auch wenn er dagegen gestimmt hatte. Eine Verweigerung der Unterschrift stellte positivrechtlich ein Dienstvergehen dar, das sicher zur Dienstentlassung geführt hätte. Auch die obenerwähnte Abgabe eines dissentierenden Votums entband nicht von der Pflicht zur Unterschrift des Urteils, so dass auch dieser Ausweg nichts nützte. Ich habe mich also damit getröstet, dass die Unterschrift nur eine Beurkundung über das formal richtige Zustandekommen des Urteils bedeute, aber nicht eine Zustimmung zu ihm. Ich weiß nicht, ob ich bei eindeutig verbrecherischen Urteilen den Märtyrermut aufgebracht hätte, die Unterschrift oder gar jede Mitwirkung zu verweigern. Glücklicherweise bin ich nicht vor diesen Gewissensentscheid gestellt worden, denn es handelte sich bei den zweifelhaften Disziplinarsachen nicht um klare Verbrechen, sondern um die zwielichtige Bemessung der Rechte, die dem Staat gegenüber den Beamten zustehen.

Sehr weitherzig, ja über die korrekte richterliche Handhabung hinaus wurde die Tatbestandsfeststellung vorgenommen, um Beamte zu schützen, die mit der nationalsozialistischen Partei und ihren oft so üblen Vertretern in Konflikt geraten waren. So wurde ein Beamter, der auf dem ihm gehörenden Gut einen Bullen mit dem Namensschild »Hitler« versehen hatte, durch Anforderung eines Gutachtens der Landwirtschaftskammer entlastet, dass es immer üblich gewesen sei, Zuchttiere nach großen Männern zu benennen. In den Nachweis, dass es sich bei dem Bullen um ein Spottexemplar gehandelt habe, wurde nicht eingetreten, nachdem der Besitzer, der gemerkt hatte, worauf es ankam, den Bullen schnell geschlachtet hatte. Damals machte ich auch meine erste Bekanntschaft mit der Geheimen Staatspolizei in der Prinz-Albrecht-Straße. Ein Polizeibeamter sollte aus dem Dienst entlassen werden wegen Verschweigens seiner Zugehörigkeit zur sozialdemokratischen Partei in dem Fragebogen, den er anlässlich des Berufsbeamtengesetzes ausfüllen musste. Der Beamte bestritt die Zugehörigkeit, obschon verschiedene Indizien dafür sprachen. Der Senat beschloss darauf, ich als Berichterstatter solle bei der Gestapo die dort gesammelten Unterlagen über die Mitgliedschaft bei der sozialdemokratischen Partei einsehen, von denen man wusste, dass sie recht lückenhaft waren. Ich ging also mit dem Beweisbeschluss in die Prinz-Albrecht-Straße und wurde an einen Polizeibeamten verwiesen, der nach Typ und Gehaben wahrscheinlich selber früher dem sozialdemokratischen Schraderverband der Polizeibeamten angehört hatte. Nachdem ich ihm mein Anliegen eröffnet hatte mit dem Hinweis auf die Wichtigkeit der Sache, von der die Entlassung seines Kollegen abhinge, ging er in einen Nebenraum, um die Listen der betreffenden Stadt zu suchen. Nach einer Weile kam er wieder mit der Erklärung, die Mitgliedslisten dieses Ortes habe man leider nicht sicherstellen können. Ich brachte ihn nicht in die Verlegenheit, eine schriftliche Bestätigung darüber abzugeben. Der Senat kam daraufhin zum Freispruch.

Man sieht hieran, wie zersetzend eine ungerechte Regierung wirkt, was nicht nur für die Hitlerzeit gilt. Die anständigen Staatsbürger müssen zu unkorrekten Listen und Schlichen greifen, um Unrecht zu verhüten oder zu mildern, wenn sie nicht von Beruf Märtyrer sind. Das aber waren wir jedenfalls damals noch nicht als skeptisch-tolerante Kinder des 19. Jahrhunderts, welche den Begriff der Menschenfurcht nicht mehr kannten und deshalb mit ihr nicht fertig wurden. Früher spielte diese in der Moraltheologie eine wesentliche

Rolle. Selbst das Wort war aber allmählich aus dem Sprachschatz entschwunden – und ist auch heute noch nicht wieder aufgetaucht –, wohl weil es in der geordneten liberalen Welt keine besonders zu fürchtenden Personen gab. Ich entsinne mich, dass ich mir in meiner Jugend unter dem Begriff der Menschenfurcht nie etwas Rechtes vorstellen konnte und es überhaupt nicht verstand, wieso ein Mensch sein Verhalten durch Furcht vor anderen bestimmen lassen könnte. Im Religionsunterricht beschränkte sich die Behandlung des Begriffs auf den Hinweis, man dürfe aus Furcht vor Spott nicht die Offenbarung seiner religiösen Überzeugung unterlassen, z. B. beim Tischgebet oder bei Prozessionen. Erst die Hitlerzeit hat es wieder erkenntlich gemacht, dass der Kern der menschlichen Person in der Freiheit von Menschenfurcht besteht.

Das Innenministerium verlangte dann meine Entfernung aus dem Disziplinarsenat. Offiziell wurde mir das nicht bekannt gegeben, ich erfuhr es aber auf Umwegen. Dieser versteckte, latente Terror durch stets lastende Drohung mit unbestimmten Dingen war typisch für die Hitlerzeit. Ich hatte so wieder einmal erfahren, wie dünn das Eis war, auf dem ich mich bewegte. Anderseits war ich froh, von den Disziplinarsachen befreit zu sein, die für einen Richter meiner Einstellung und politischen Vergangenheit das denkbar heißeste Eisen waren. Auf Grund eines neuen Geschäftsverteilungsplans wurde ich dem Wassersenat überwiesen, was nach außen nicht auffällig war, weil man die neuen Richter im Oberverwaltungsgericht zur Gewinnung eines allgemeinen Überblicks kurzfristig öfter die Senate wechseln ließ.

Das Wasser erwies sich als eine seiner natürlichen Abkühlungskraft entsprechende politisch spannungslose Materie. Dafür war aber die Atmosphäre im Senat umso mehr mit Zündstoff geladen, dessen Explosionen der fachlich wie menschlich vorzügliche alte Senatspräsident Dous nur mit nicht immer erfolgreicher Mühe verhindern konnte. Der Senat hatte neben der richterlichen Tätigkeit auch über die Verleihung von Wasserrechten zu beschließen, also Verwaltungsakte vorzunehmen, ähnlich wie in der freiwilligen Gerichtsbarkeit der Zivilgerichte. Der Materie entsprechend stammte die Mehrzahl der Mitglieder aus der Landeskulturverwaltung. Diese alten Herren hatten ihr Leben lang sich nur mit Wasser, Fischen, Staurechten und Enteignungen befasst und ihren Lebensinhalt und ihre Weltanschauung daraus gewonnen. Dementsprechend fest fundiert waren ihre rechtlichen Ansichten über diese Fragen, nur wichen sie von einander in ihren Meinungen ab.

Auf den Wassersenat folgte dann ein Steuersenat. Im Gegensatz zu dem so angenehm unpolitischen Wasser hatten die Steuern einen recht heiklen politischen Beigeschmack. Die Nationalsozialisten hatten nämlich in ihrem Kampf gegen die Kirche und die caritativen Einrichtungen der freien Wohlfahrtspflege ein steuerliches Mittel entdeckt, mit dem sie glaubten, der Verwirklichung ihrer üblen Ziele näher kommen zu können. Sie erklärten nämlich, die in den Steuergesetzen enthaltenen Vorschriften über die Steuerbefreiung für kirchliche und caritative Zwecke widersprächen nationalsozialistischen Grundsätzen und seien deshalb außer Kraft getreten. Eine ausdrückliche gesetzliche Änderung wagten sie nicht, weil sie den Kirchenkampf versteckt führen wollten, um das Volk über die wirklichen kirchenfeindlichen Absichten zu täuschen. Die Finanzbehörden veranlagten also ohne Rücksicht auf die gesetzlichen Befreiungen, und im Rechtsmittelwege kamen diese Fragen dann an den Steuersenat. Der Vorsitzende, Herr von Kameke, war auf Grund seiner freundschaftlichen Beziehungen zu dem Innenminister von Keudell während dessen kurzer Amtszeit Ministerialdirektor geworden und dann an das Oberverwaltungsgericht abgeschoben worden. Er interessierte sich nicht sehr für die trockene Routinearbeit des Senats und hatte keinen großen Einfluss darauf.

Herr von Kameke stand dem Nationalsozialismus wegen seiner kirchlichen und konservativen Einstellung ablehnend gegenüber. Er liebte aber auch keine kämpferischen Entscheidungen, und es war ihm mehr als unbehaglich, nun in einer Sache Farbe bekennen zu müssen, die rechtlich und seiner gesamten Haltung nach eindeutig klar lag, die aber von den Machthabern leidenschaftlich im entgegengesetzten Sinn beantwortet wurde. Die Haltung im Senat war zunächst schwankend. Da aber alle eingefleischte Rechtspositivisten waren, konnten sie schließlich ohne moralische Selbstaufgabe nicht anders, als den Fortbestand der gesetzlich nicht aufgehobenen kirchlichen Privilegien anzuerkennen. Diese Rechtsprechung ist meines Wissens auch bis zum Ende aufrechterhalten worden.

Nach verhältnismäßig kurzer Zeit wurde ich aus dem Steuersenat abberufen und dem Kommunalsenat überwiesen. Ich habe den Verdacht, dass es wegen der eben besprochenen Rechtsprechung geschah, kann diesen Verdacht aber mit keinen Anhaltspunkten belegen, außer mit der Kürze der Zeit, die ich in dem Steuersenat belassen wurde.

Tragikomischer Art war damals der Besuch des Ehepaares von Guradze aus Tost. Trotz jüdischer Abstammung war er Führer des oberschlesischen Großgrundbesitzes gewesen und dementsprechend betont deutschnational. Als man jetzt von ihm die neueingeführte Judensteuer verlangte, war das für ihn ein Schlag, der sein ganzes bisheriges Dasein schmerzlich erschütterte und zudem den großen Besitz mit dem Ruin bedrohte, was ja der Zweck der Steuer war. In der Not entsinnt man sich auf den fünfzehnten Nothelfer, und so kamen sie angereist mit der Bitte, ob ich ihnen nicht einen Zugang zum Reichsfinanzministerium eröffnen könne zwecks Abwehr des drohenden Unheils. Der Weg zu mir ist ihm sicher nicht leicht geworden, denn wenn wir auch in freundlichem gesellschaftlichen Verkehr gestanden hatten, so mussten ihm doch die scharfen Auseinandersetzungen unvergessen sein, die ich früher von Koschentin aus mit ihm gehabt hatte, wenn er die von den Großgrundbesitzern für wirtschaftspolitische Zwecke aufgebrachte freiwillige Umlage nur für deutschnationale Parteizwecke verwenden wollte. Ich kannte recht gut den Ministerialdirektor Hedding im Reichsfinanzministerium, zu dessen Abteilung die Judensteuer gehörte, und versprach, mit ihm dorthin zu gehen. Hedding, vorher Finanzpräsident in Neisse, war katholisch, hatte Verwandtschaft in Münster und liebte die guten Dinge des Lebens zu sehr, als dass er hätte Nationalsozialist sein können. Parteigenosse war er natürlich, da das Finanzministerium unter Schwerin-Krosigk vorsichtshalber alle seine Beamten in Bausch und Bogen in die Partei überführt hatte.

Bevor wir nun zu Hedding gingen, klärte ich erst einmal mit Guradze den rassischen Tatbestand ab, denn die Judensteuer wurde erst mit einem gewissen, mir nicht mehr erinnerlichen Prozentsatz jüdischer Abstammung fällig. Wir nahmen also Zettel und Bleistift, um die Prozente auszurechnen und zu Papier zu bringen, was für eine Kopfrechnung sich als zu schwierig erwies. Das Ergebnis war schlimmer, als ich anfangs geglaubt hatte. Ich meinte nämlich, Guradze sei nur zu 50 % jüdisch, da seine Mutter eine Gräfin Posadowsky gewesen war. Wider Erwarten bestand aber auch bei ihr eine teilweise jüdische Abstammung, so dass die Sache recht bedrohlich wurde. Ich schlug dann vor, den Besitz an den Sohn zu übertragen, da dort der schützende Prozentsatz wegen der Mutter erreicht werde. Trotz deren nordischen Aussehens erwies sich jetzt aber auch bei ihr ein gewisses Maß der gefährlichen Prozente, die die Katastrophe unabwendbar machen konnten. Schließlich hatten wir aber einen Prozentsatz auf dem Papier, der Aussicht auf Rettung bieten konnte. Hedding erwies sich dann als anständig und hilfsbereit und hat die Sache gemacht. Im Endergebnis hat es nichts genützt, denn was die Nazis nicht nahmen, raubten die Polen. Gar seltsam sind oft die Geschicke der Menschen.

Was die richterliche Tätigkeit anlangt, ließ es sich beim Oberverwaltungsgericht durchaus leben, und es ist auch von keiner Seite je versucht worden, unmittelbaren Einfluss auf mich in Bezug auf die Gestaltung der Rechtsprechung zu nehmen. Trotzdem herrschte eine Atmosphäre des Drucks, der Unfreiheit und der Furcht, die abgesehen von dem allgemein im Volke erzeugten Gefühl der Angst vor der Willkür der Machthaber im Oberverwaltungsgericht durch die sogenannte Fachschaft geschaffen wurde. Dieses Organ war der zwangsweise Zusammenschluss aller Angehörigen einer Behörde vom Präsidenten bis zur Putzfrau. Es diente bestimmungsgemäß zur Durchdringung aller mit den nationalsozialistischen Gedanken, hauptsächlich aber der Bespitzelung, und zur Schaffung des Gefühls der Allgegenwart und Allmacht der Partei. Während im Allgemeinen die Haltung der Beamten im Oberverwaltungsgericht recht achtenswert und den Neuerungen gegenüber nicht anfällig war – besser vielleicht als im Durchschnitt bei den Richtern –, hatten sich in der Leitung der Fachschaft die wenigen unerfreulichen Typen zusammengefunden. Der Leiter war Amtsrat Rissmann, sehr intelligent und ehrgeizig, aber mit dem Milderungsgrund, dass er an den Nationalsozialismus glaubte. Als Vertreter fungierte der Amtsrat Dr. Mueller, ein gestrandeter Jurist, der, obschon »Hofrat« in der Kaiserlichen Schlossverwaltung gewesen, sich zwecks besseren Fortkommens auf die Seite der Nazis geschlagen hatte, was man ihm angesichts der Haltung des Prinzen August Wilhelm und auch des Kronprinzen allerdings kaum zum Vorwurf machen kann. Seine Haupteigenschaft war Dummheit, aber gerade deshalb war er lästig, obschon er nicht bösartig war, jedoch gefährlich wegen seiner Geschwätzigkeit. Der dritte Hüter nordischen Gedankenguts war der Verwaltungsassistent Talaska, ein wenig vertrauenerweckender Funktionärstyp, der immer finster dreinblickte, als ob er trauere über seinen ungermanischen Namen und seine dunkelhaarige und krumme unnordische Gestalt. Vor diesen drei Parteispitzeln fürchtete sich das gesamte Oberverwaltungsgericht einschließlich des hohen SS-Führers Bach. Besondere Übeltaten werden sie kaum vollbracht haben, aber sie waren eben Diener eines bösen Systems.

Äußerlich trat die Fachschaft in Erscheinung bei dem Marsch am 1. Mai zum Tempelhofer Feld, wo Hitler dann eine Rede hielt. Alle Behörden mussten geschlossen dorthin marschieren, und die Parole war hinreichend bekannt gemacht worden, dass die Teilnahme eines jeden unbedingte Pflicht sei. Im ersten Jahr 1935 bin ich bis zum Tempelhofer Feld mitgegangen entsprechend meinem Entschluss, keine unnötigen Angriffsflächen zu bieten. Vorab trug Herr Talaska die Hakenkreuzfahne und hinterher folgte murrend, aber gehorsam das höchste Gericht des Landes. Es war tief beschämend. Vor dem Eintritt auf das von SS abgesperrte Tempelhofer Feld gelang es mir, unbemerkt in der die Straße säumenden Menge zu verschwinden. Wie ich nachher erfuhr, durfte niemand den abgesperrten Platz vor Ende der Veranstaltung verlassen. Es soll Ministerialräte gegeben haben, die durch die Toilettenfenster hinausgeklettert sind. Im nächsten Jahr bin ich noch beim Abmarsch vom Oberverwaltungsgericht dabei gewesen, habe mich aber bereits an der nächsten Straßenecke verdrückt. In den späteren Jahren bin ich überhaupt nicht mehr hingegangen. Der Ekel vor der Würdelosigkeit war stärker geworden als die Furcht vor Weiterungen. Auf diese Weise habe ich Hitler nie von Angesicht gesehen oder unmittelbar außer im Radio sprechen gehört, da ich ebenso alle andern Gelegenheiten hierfür gemieden habe. Auch z. B. zu den Veranstaltungen bei der Olympiade bin ich nicht hingegangen, diesem großen Kniefall der gesamten Welt vor dem Tier aus dem Meere, dessen Triumph wie in einem aus Strahlenbündeln geformten Riesendom die Scheinwerfer am nächtlichen Himmel des Grunewald drohend aufleuchten ließen.

Ein weiteres Betätigungsfeld der Fachschaft war die Veranstaltung von Vorträgen, die im Plenarsaal des Oberverwaltungsgerichts gehalten wurden und deren nationalsozialistische Themen in kummervollem Gegensatz standen zu der glorios in dem barocken Deckengemälde einherziehenden Aurora, zu den Kaiserbildern und den mattgrünen Seidentapeten des schönen Raumes. Zu diesen Vorträgen, die wenn auch langweilig, so doch belanglos waren, bin ich zunächst zwecks Tarnung öfter hingegangen. Abgesehen von dieser peinlichen Unwahrhaftigkeit war es besonders unangenehm, dass zum Schluss gemeinsam nach dem Deutschlandlied das Horst-Wessel-Lied gesungen wurde. Die ganze Trostlosigkeit der damaligen Zeit kristallisierte sich in dem Absingen dieses nach einem so wenig gut beleumundeten jungen Mann benannten Liedes durch die höchsten Richter des Landes, gar nicht zu reden von dem blöden Text. »Und die Rotfront und Reaktion erschossen«! Die meisten der Sänger gehörten zu dem Kreis, der dort mit »Reaktion« umschrieben war und bedauerten es mittlerweile zutiefst, dass, sei es von Rotfront, sei es von der Polizei, beim Schießen nicht besser hingehalten worden war. Ich beruhigte mich damit, dass auch der Zar von Russland sich daran hatte gewöhnen müssen, die Marseillaise lächelnd anzuhören. Ich konnte mich aber nicht entschließen, selber mitzusingen. Um das für die Schergen nicht unnötig erkennbar zu machen, setzte ich mich in die hinterste Reihe und alsbald sammelte sich dort die ganze »Reaktion«. Die Fachschaftsleiter merkten das natürlich bald und Herr Mueller wurde als Aufpasser in die hinterste Reihe gesetzt.

Die Redner für diese Vorträge wurden von der Partei geschickt. Man hatte sich eine ganze Garnitur solcher Leute herangezogen, die je nach Lautstärke und Wirkkraft in verschiedene Gruppen eingeteilt waren, deren höchste Stufe die »Reichsredner« waren, wohl weil sie über das ganze Reich hin eingesetzt wurden. Ein solcher Reichsredner hielt nun im Oberverwaltungsgericht im Jahre 1938 oder 1939 einen Vortrag, in dem er einen Vergleich zog zwischen »dem dürren Holz des Kreuzes Christi« und dem »grünen Lebensbaum des Nationalsozialismus«. Meine erste Reaktion gegen diese Gotteslästerung ging dahin, aufzustehen und den Saal ostentativ zu verlassen. Menschenfurcht brachte mich aber dahin, zunächst sogenannte kühle Überlegungen anzustellen, bei denen die These obsiegte, Daniel in der Löwengrube habe nach seiner Rettung auch den Löwen nicht auf die Schwänze getreten. Ich bin dann aber nach dem Vortrag zu dem als Chefpräsidenten amtierenden Vizepräsidenten Bach gegangen und habe sein Einschreiten gegen die freche Blasphemie verlangt. Ich konnte auf Grund seiner katholischen Herkunft deutlich mit ihm sprechen. Er äußerte sich auch mit empörten Worten über das unerhörte Geschehen, verweigerte aber ein Einschreiten, denn er habe der Fachschaft gegenüber keine Befugnisse und zudem werde ein offener Kampf in dieser Sache dem Oberverwaltungsgericht, das er bisher mit großer Mühe abgeschirmt habe, schweren Schaden tun. In Wirklichkeit ging es nicht um das Oberverwaltungsgericht, seine Bestürzung und Verlegenheit gründeten sich vielmehr darauf, dass er seine sehnlich erhoffte Ernennung zum Präsidenten des Oberverwaltungsgerichts gefährdet sah, wenn er sich missliebig machte. Nach dem Rezept von Anatole France, den Menschen mit zärtlicher Verachtung zu betrachten, kam ich mir mit meinem Verlangen fast wie ein Henker vor. Ich erklärte ihm dann, ich würde mich unmittelbar mit der Fachschaft über die Sache auseinandersetzen. Auch davon wollte er mich abbringen unter Hinweis auf die Schwierigkeit meiner Lage und die Aussichtslosigkeit eines Schrittes. Meine Vorstellungen bei Bach beinhalteten kein Risiko für mich. Ich wusste, dass er das Gespräch vertraulich behandeln werde. Er lebte nach der alten Diplomatenregel »pas d'histoires« (keine Geschichten), außerdem hatte er sich bei diesem Gespräch und auch früher schon zu viel Heikles, teilweise zustimmend angehört. Schließlich legte er großen Wert darauf, im Oberverwaltungsgericht als Ehrenmann angesehen zu werden, und wenn man seine Parteibindungen und manche Schwächen in Rechnung stellt, war er es auch. Ich habe die Sache dann in Ruhe überlegt, zwar voll Angst vor den möglichen Folgen, aber doch mit dem Ergebnis, dass ich diese üble Sache nicht auf sich beruhen lassen könne.

Es ist schwer, sich nachträglich die innere Motivierung für einen solchen Entschluss klarzumachen. Ich fürchte, dass der Hochmut weitgehend mitbestimmend gewesen ist, nämlich der Gedanke, man könne ohne Selbstaufgabe einen solchen frechen Angriff gegen die eigenen Überzeugungen nicht hinnehmen. Das aber ist die barocke Auffassung von »ma gloire« – später Ehre genannt –, nicht aber demütiger Dienst vor Gott. Jedenfalls bin ich dann am folgenden Tage zu dem Amtsrat Rissmann gegangen und habe gefordert, dass er in eindeutiger Erklärung vor den Fachschaftsmitgliedern von der Entgleisung abrücke und für die Zukunft Sicherheit gegen solche Vorkommnisse schaffe. Rissmann antwortete, er könne meinem Verlangen nicht stattgeben, zumal in der Parteiarbeit künftig allgemein scharfe Angriffe gegen »kirchliche Gebundenheit« zu erwarten seien. Ich beendete die übrigens in ruhigem, nüchternem Ton geführte Unterhaltung mit der Erklärung, dann würde ich in Zukunft nicht mehr an Veranstaltungen der Fachschaft teilnehmen, was ich auch nicht mehr getan habe. Ich habe ihm das noch schriftlich mitgeteilt und Herrn Bach Abschrift davon gegeben. Es folgte dann eine angstvolle Zeit für mich. Geschehen ist aber nichts, denn ich habe einen mächtigen Schutzengel. Ich vermute, dass Herr Bach aus Furcht vor einem offenen, für ihn lästigen Skandal Herrn Rissmann bewogen hat, stillzuhalten. Vergessen hat Rissmann die Sache allerdings nicht, wie es sich einige Jahre später zeigte.

Seitens des Oberverwaltungsgerichts ist auf mich nie der geringste Druck zum Eintritt in die NSDAP ausgeübt worden. Mein Ruf war dort allmählich auf Grund der Kattowitzer Vorgänge als ruiniert bekannt, und mein mangelnder Eifer in Parteidingen war natürlich auch nicht verborgen geblieben.

4. Tagtägliche Gefahr – Leben in der braunen Diktatur

Anders war die Lage jedoch in meiner Wohnung im Grunewald. Dort waren politische Vergangenheit und jetzige Einstellung schwerer durchschaubar. Bei der weiten Ausdehnung Berlins und der nicht durch Hauswarte kontrollierbaren Villenbesiedelung der westlichen Vororte war der Parteidruck dort geringer als in der Provinz. Das Zusammenwirken zwischen den örtlichen Parteistellen und den im Zentrum der Stadt befindlichen Behörden konnte nicht so leicht koordiniert werden. Die Berliner standen überhaupt mit ihrer kühlen Kessheit dem Parteigetriebe kritischer gegenüber als anderswo. Der Hitlergruß war in Geschäften und auf der Straße durchaus unüblich, während in München die Arme zackig hochschnellten.

Die größte Annehmlichkeit in der Hitlerzeit in Berlin bestand für uns darin, dass wir ohne jede nachbarliche Zusammenhänge lebten. Das war deshalb besonders nützlich, weil unser südlich angrenzendes Nachbargrundstück dem Blockwalter Dr. Dahms gehörte. Er war Volkswirt und im Reichsnährstand tätig, ein kleiner, undurchsichtiger Mann, dem man schon dem Äußern nach nicht über den Weg trauen konnte. Er blickte gesellschaftlich zu uns auf und vermied es, äußerlich mit uns in Gegensatz zu geraten. Allmählich sah er natürlich, wie es politisch bei uns bestellt war. Die regelmäßigen Kirchenbesuche konnten ihm nicht entgehen und er hatte sicher auch festgestellt, dass ich Mitglied des Kirchenvorstandes der Grunewaldpfarrei St. Carolus geworden war. Nach und nach wurde er zudringlicher mit der Forderung von Beiträgen für die nationalsozialistische Volkswohlfahrt. Außer Luftschutzbund war ich nur Mitglied des nationalsozialistischen Juristenbundes, in den ich als früheres Mitglied des Vereins der höheren Verwaltungsbeamten automatisch bei dessen Auflösung mitüberführt worden war und zu dessen Veranstaltungen ich nicht hinging. Schließlich kam er dann auch mit der Forderung, in meiner Stellung müsse ich der NSDAP als Mitglied beitreten. Diese Forderung wurde immer dringender und schließlich unverschämt drohend gestellt, nachdem im Jahre 1938 die Schleusen für den Parteieintritt weit geöffnet worden waren, um möglichst große Kreise des Volkes in die Mitschuld zu verstricken. Ich hatte zunächst ausweichend geantwortet und schließlich erklärt, Goebbels habe im Völkischen Beobachter die Ansicht geäußert, ein Beitritt älterer Leute, die sich doch nicht mehr voll auf die Parteilinie umschalten ließen, sei unerwünscht. Dahms stand offenbar unter dem Druck, möglichst viele Eintrittserklärungen in die Partei liefern zu müssen.

In den wenigen Villen seines Blocks, unter denen zudem mehrere leerstehende frühere jüdische Besitze waren, gab es nun aber meist keine große Begeisterung zum Eintritt in die Partei. Deshalb versuchte er es bei mir in der Hoffnung auf die behördliche Abhängigkeit, die er sich wohl so ähnlich vorstellte wie seine eigene beim Reichsnährstand. Er gab sich also mit meiner Ablehnung nicht zufrieden und drohte, er werde diese dem Zellenleiter melden. Ich wurde dorthin vorgeladen und es war ein schwerer Gang. Ich wollte um keinen Preis beitreten, hatte aber natürlich schwere Befürchtungen wegen der Folgen der Weigerung. Der Zellenleiter, der offenbar über mich nicht allzu viel Bescheid wusste, fragte nach dem Grund meiner Weigerung. Ich erzählte meine Goebbelslegende, der er entgegentrat mit dem Hinweis, Goebbels habe diese frühere Gelegenheitsäußerung längst richtiggestellt. Heute müssten alle »positiven Kräfte«, insbesondere alle Beamten, die Partei durch ihren Beitritt unterstützen. Damit überreichte er mir ein Anmeldeformular. Trotz großen Unbehagens gelang es mir, leichtfertig lächelnd zu sagen, ich hielte es für »unelegant«, in meinem Alter die Partei zu wechseln und ich hätte früher immer dem Zentrum angehört. Da der Herr Zellenleiter mit »Eleganz« nicht viel anzufangen wusste, es ihm wohl auch noch nicht geschehen war, dass jemand ohne Not seine schlimme politische Vergangenheit einbekannt hatte, wurde ich zwar ohne weitere Erörterung, aber doch mit einem deutlichen Hinweis auf meine dienstliche Stellung entlassen. Es vergingen entnervende Wochen, aber es geschah nichts. Entweder hatte der Zellenleiter mich als endgültig unbrauchbar resigniert abgeschrieben, oder er hat die Sache dem Oberverwaltungsgericht gemeldet, und Herr Bach hat sie dann vielleicht dort abgeschirmt.

Der Blockwalter Dahms wurde übrigens ein Jahr später sehr klein, als ich zum Wehrdienst beim Oberkommando der Wehrmacht als Reserveoffizier eingezogen wurde. Wie fast alle vom Wehrdienst freigestellten Parteibonzen hatte er Angst, zur Truppe einberufen zu werden, und glaubte in Überschätzung meiner Kräfte, ich könne das hinterhältig und rachsüchtig von meiner hohen Amtsstelle aus veranlassen. Als ich das merkte, fragte ich ihn maliziös, wann er denn zum Wehrdienst eingezogen werde, da er doch noch recht jung und wohl frontdienstfähig sei. Von da ab war alle Bissigkeit des kleinen Treppenterriers verschwunden. Er grüßte mich nicht mehr mit strammem deutschem Gruß, sondern nahm manierlich seinen Hut ab und ist mit keiner Forderung mehr an mich herangetreten. Der blühend gesunde Mann von etwa 35 Jahren ist übrigens den ganzen Krieg über nicht eingezogen worden.

Besonders schwierig war die Entscheidung für mich, als der Pfarrer Hoppe von St. Carolus mich bat, in den Kirchenvorstand einzutreten. Er hatte in diesem von früher den Reichsminister Stegerwald und den preußischen Justizminister Schmidt. Er hätte wohl als Gegengewicht nach außen für diese gern ein Parteimitglied gehabt, das aber nicht zu finden war. Deshalb legte er großen Wert darauf, wenigstens einen aktiven Staatsdiener in den Kirchenvorstand zu bekommen, zumal ein Mitglied des in Berlin besonders angesehenen Oberverwaltungsgerichts. Ich kannte natürlich die Belastung, die mir daraus gegenüber der Partei erwuchs, habe das Amt aber selbstverständlich ohne Zucken angenommen. Wenn Pfarrer Hoppe auch ein Nazigegner war, so dachte er als Reserveleutnant des Ersten Weltkriegs doch sehr staatstreu und die »fortitudo« (Tapferkeit) hatte bei ihm unter den Kardinaltugenden erst den Platz hinter der »moderatio« (Mäßigung). Er wollte bei der Partei nicht anecken. Beim Eintreten in sein Zimmer sah man als Erstes links neben der Tür ein Hitlerbild, zwar nur in Postkartengröße, aber doch ein Alibi für alle Fälle. Minister Schmidt, der sicher nicht das Leitbild eines preußischen Justizministers dargestellt hatte, war ein höchst ehrenhafter, überzeugungstreuer Mann von liebenswerter Art. Als scharfer Gegner des Nationalsozialismus äußerte er sich in den Sitzungen des Kirchenvorstandes in herzerfrischender Offenheit über die Machthaber und ihre Übeltaten, wozu sich sehr oft besondere Gelegenheit ergab, da so viele der neuen Größen im Grunewald und angrenzend in Dahlem wohnten. Stegerwald, der schon in der Weimarer Zeit für einen mehr autoritären Kurs eingetreten war, war dem neuen System gegenüber anfangs durchaus nicht so ablehnend und versuchte öfter, gute Seiten der neuen Regierung herauszufinden und sie zu verteidigen. Die Funken stoben dann, und ich freute mich immer, irgendein heikles Thema anzuschneiden, um das grausige Spiel aufzulösen. Ein solches war es nämlich in Hinsicht auf Pfarrer Hoppe, der zitternd anhören musste, wie da unter seinem Vorsitz um Kopf und Kragen geredet wurde.

Im Kirchenvorstand von St. Carolus habe ich auch zuerst das jetzt auch in Westdeutschland eingeführte System der Zentralisierung der Kirchensteuer kennengelernt. Das enorme Kirchensteueraufkommen, weitgehend von den getauften Juden, ging an die bischöfliche Zentralkasse und ein geringfügiger Teil davon musste dann von dort zurückerkämpft werden. Diese Zentralisierung, für die man in außergewöhnlichen Notzeiten gute Gründe mag anführen können, tötet Eigenverantwortung und Eigenleben in den Kirchengemeinden.

Die Kirche war eine Notkirche und aus der Reitbahn meines Kriegskameraden Schlubeck hergerichtet, der dicht dabei ein ebenso üppiges wie scheußliches Palais besaß, das dem vielen Geld seiner von ihm inzwischen geschiedenen amerikanischen Frau entsprach. Das Geld hatte sie wohl auch mitgenommen und so war die Reitbahn als Kirche verkauft worden, die nach der Ausbombung durch einen Neubau ersetzt worden ist. So haben Menschen und Kirchen oft seltsame Geschicke.

Die Jesuiten von St. Canisius bemühten sich, die geduckt und still dahinkümmernde katholische Intelligenz wieder etwas zu sammeln und geistig zu stärken. Zu diesem Zweck errichteten sie kleine Zirkel von etwa sechs Personen, die unter Leitung eines Paters sich abwechselnd in den einzelnen Wohnungen abends trafen, um gemeinsam Thomas von Aquin anhand der schönen neuen doppelsprachigen Ausgabe zu übersetzen. Ich gehörte zu einem solchen Zirkel, in dem sich auch der jetzige Präsident des Bundessozialgerichts Schneider befand. Die mühsame Arbeit war in dem Wirrwarr der Zeiten ein guter Anlass zur Besinnung auf den »ordo« der Dinge und diente ebenfalls dazu, wenigstens kleine katholische Kreise unauffällig wieder zusammenzufassen. So minderte sich in etwa das Gefühl der Vereinzelung in der braunen Schlammflut und die Frage, ob man selber verrückt sei oder die andern, verlor an Gewicht.

Das allgemeine Leid, das Hitler über Deutschland brachte, wuchs immer höher. Am schwersten schlug es zunächst die Juden. Die reichen Juden im Grunewald waren meist ausgewandert. Ihre Paläste standen eine Weile leer und dann nisteten sich meist zahlreiche kleine Nazis darin ein. Das stille, vornehme Gesicht der Gegend wurde dadurch auf immer verunstaltet. Uns gegenüber verschwand die Familie Orenstein, in unmittelbarer Nähe wurde aus der Villa Rathenau ein Altersheim, das Ullstein'sche Haus wechselte den Besitzer, das schöne Besitztum der Erben des Banquiers Fürstenberg wurde aufgeteilt und etwas weiter entfernt lagen die großen Mendelssohnschen Schlösser verödet in dem riesigen Park. Wir kannten nur zwei jüdische Familien, Mandowski und Wachsmann.

Mandowski hatte eine Brauerei in Rybnik besessen, die er an Schultheiss verkaufte, um dann in diesem Unternehmen eine leitende Stellung in Berlin zu erhalten. Ich war mit ihm von der Landratszeit in Rybnik her in Verbindung geblieben, wo er sich große Verdienste im Abstimmungskampf erworben hatte. Es waren orthodoxe Juden mit Thorarollen an der Zimmertür, die in ihrer schönen Wohnung am Roseneck jede Woche feierlich den Sabbat im Kerzenlicht begingen. Sie waren tief in der deutschen Kultur verwurzelt. Dieserhalb und als Soldat des Ersten Weltkriegs wollte Mandowski nicht glauben, dass die Judenverfolgung dauerhaft sein und ihn treffen könne. Sie verpassten daher die anfangs noch für wohlhabende Juden bestehende Auswanderungsmöglichkeit. Als die Verfolgung sich dann steigerte, wurden sie aus ihrer Wohnung vertrieben und ihrer ganzen Habe beraubt. Er wollte mir des Öfteren seine Bilder und Teppiche schenken, um sie den Nazis zu entziehen. Ich habe es aber abgelehnt, da es mir peinlich war und zudem der Gestapo gegenüber gefährlich.

Als die Juden auf die bekannten Hungerrationen gesetzt wurden, haben wir ihnen durch kleine Gaben zu helfen versucht, die aber kaum nutzten, da wir selbst wegen der immer knapper werdenden Rationierungen nichts hatten. Nach der Vertreibung aus der Wohnung waren sie kurze Zeit in einem mit Juden überfüllten Haus in Charlottenburg untergebracht. Dort ist Mandowski gestorben. Ich habe nicht mehr gewagt, in dieses von der Gestapo kontrollierte Gettohaus zu gehen. Meine Schwester war aber noch einige Male bei Frau Mandowski und kam jedes Mal erschüttert wieder. Am schlimmsten von allem war die Überfüllung des Hauses mit zum Teil sozial recht einfachen Juden, die mit Lärm, Aufregung und Streitigkeiten den Aufenthalt für die reiche und kultivierte Frau zur Hölle machten. Bei einem der letzten Besuche meiner Schwester war Frau Mandowski mit ihren seelischen Kräften so zerrüttet, dass sie sich auf die Nachricht von dem bevorstehenden Abtransport nach Polen das Leben nehmen wollte. Meine Schwester hat ihr auf religiöser Basis dann gut zugesprochen, dass sie als religiöse Jüdin diesen Bruch mit ihren bisherigen Lebensgesetzen nicht tun dürfe. Sie hat ihr dann noch einige katholische religiöse Bücher gebracht. Am Tage vor dem Abtransport nach Lublin fand sie sie gefasst und ruhig. Wann sie dort umgebracht worden ist, haben wir nicht erfahren. Ich werfe mir vor, dass ich keine Schritte zum Schutze Mandowkis bei der Gestapo getan habe. Sie wären bestimmt aussichtslos und für mich selber und damit für die Meinen ruinös gewesen. Ich glaubte daher, den Interessen der eigenen Familie den Vorrang geben zu müssen und diese nicht ins Elend stürzen zu dürfen. Unter einer Schreckensherrschaft lässt es sich schwer bestimmen, wo die Tugend des Maßhaltens aufhört und die Feigheit anfängt. Infolge der Schwierigkeit dieser Abwägung sind sechs Millionen Juden zu Tode gekommen.

Glücklicher und für uns mit geringerer seelischer Belastung beladen war der Verlauf bei Wachsmann, dem früheren Rybniker Generalbevollmächtigten der Frau von Friedländer-Fuld. Er war bei seinem Umzug nach Berlin so klug gewesen, polnischer Staatsangehöriger zu bleiben. Bei den damals guten deutsch-polnischen Beziehungen blieb er von den Nazis unangetastet. Als Pole konnte er zudem nicht gezwungen werden, sein großes Auslandsvermögen nach Deutschland zu bringen. Seine mit ihm zusammenwohnende Schwester fühlte jedoch leider so stark deutsch-national, dass sie beim Umzug nach Berlin die deutsche Staatsangehörigkeit wieder erworben hatte. Infolgedessen unterlag sie allen über die Juden verhängten Beschränkungen. Wir standen mit Wachsmanns in laufendem Verkehr, und es verging kein Monat, ohne dass ich sie in ihrem schönen Haus in Zehlendorf besuchte. Das war natürlich riskant, aber ich brachte es nicht fertig, den Umgang mit den langvertrauten, stets hilfsbereit gewesenen ordentlichen Leuten abzubrechen. Die Lage bei Wachsmann war insofern tragikomisch, als sein Diener-Chauffeur der SS beigetreten war, ohne daran zu denken, die gute jüdische Stelle aufzugeben. Wachsmann konnte ihm natürlich nicht kündigen und fand diesen SS-Schutz im Hause ganz angenehm. Mir war es nie geheuer, wenn der SS-Mann – öfter sogar in Uniform – die Tür öffnete, aber es ist gut gegangen. Selbst noch so ideologisch eingestellte SS-Leute sind für geldliche Vorteile empfänglich. Ich hatte Wachsmann schon oft zur Auswanderung geraten, aber er konnte sich nicht von seinem beträchtlichen deutschen Vermögen trennen, mit dem er Devisen-Inländer ohne Transfermöglichkeit war.

Als man Fräulein Wachsmann aber den Namen Sarah in den Pass gestempelt, ihren guten Schmuck fortgenommen hatte und das deutsch-polnische Verhältnis gespannter wurde, fasste er in letzter Stunde doch noch den Entschluss, auszuwandern. Ich kam eines Samstagnachmittags zu ihnen und fand sie in voller Verzweiflung, da sie meinten, jetzt sei es zu spät zur Auswanderung. Wir haben dann hin und her überlegt und schließlich habe ich aus der jüdischen Wohnung ein Blitzgespräch an das Schweizer Bundesamt für Auswärtiges in Bern angemeldet, wo der mir und auch Wachsmann bekannte Herr Huber tätig war. Trotz der späten Stunde am Samstag war er noch auf dem Amt. Als ich ihm knapp das Anliegen mitgeteilt hatte, dass Wachsmanns eiligst ein Einreisevisum für die Schweiz brauchten, entstand eine kurze Verlegenheitspause und dann kam die Gretchenfrage: »Und wie steht es mit den Subsistenzmitteln?« Ich gab ihm genau die Werte an, über die Wachsmann in Holland und der Schweiz verfügte, und es kam die Antwort, er werde sich bemühen und eiligst von sich hören lassen. Bereits am Montag wurde Wachsmann vom Schweizer Generalkonsulat angerufen, er möge zur Erteilung des Visums vorsprechen. Noch im Mai 1939 konnten sie dann mit allen Sachen nach Luzern umziehen. Es war wirklich der allerletzte Augenblick für ihre Rettung gewesen. Hätte Wachsmann nicht das bedeutende Auslandsvermögen gehabt, wäre ihm das Visum sicher nicht erteilt worden. Die Alliierten und Neutralen sind den Juden gegenüber auch nicht von Barmherzigkeit erfüllt gewesen. Ich war eine Weile in Sorge, ob das Gespräch nach Bern nicht etwa abgehört worden war, aber es geschah nichts.

Sehr bedrückend während der Hitlerzeit war die Beschneidung der Pressefreiheit. Die deutsche Presse war völlig gleichgeschaltet, und nicht einmal die reinen Tatsachenmeldungen in Presse und Rundfunk waren noch glaubhaft. Die ausländischen Zeitungen wurden weitgehend verboten. Zudem fürchtete man sich, sie durch die Post zu beziehen. Eine Zeitlang kam noch der »Osservatore Romano«, hinsichtlich dessen ich bei Weiterungen glaubte, mich mit dem Konkordat ausreden zu können. Außerdem bezogen wir den »Telegraaf«. Eine holländische Zeitung erschien weniger belastend als eine englische oder französische. Zudem bestellte ich sie auf den Namen meiner Mutter. Die Zeitung ist die Jahre hindurch unbeanstandet gekommen, abgesehen von ganz seltenen Ausnahmen, wo man sie wohl an der Grenze schon beschlagnahmt hat. Wir haben sogar noch prompt die Nummer vom Tage des deutschen Einmarsches in Holland erhalten. Das Eintreffen der Zeitung war der Lichtblick des Tages, da man sich durch sie irgendwie noch mit der freien Welt verbunden fühlte. Auf diese Weise ist bei mir die Hoffnung lebendig geblieben, dass die Hitlerherrschaft eines Tages in nicht allzu unbestimmbarer Zeit enden werde.

In derselben Weise wirkte das Abhören des englischen Rundfunks, der in Berlin ausgezeichnet gut zu hören war. Ich bin dabei mit größtmöglicher Vorsicht zu Werke gegangen, nur abends, wenn die Dienstmädchen bereits zu Bett gegangen waren. Die Hand war immer griffbereit, um notfalls sofort die Skala wieder auf den Deutschlandsender umstellen zu können. Als fast ritueller Akt wurde vorher ein immer dafür bereitliegender Kaffeewärmer über das Telefon gestülpt und nachher die Skala wieder verstellt. Es liefen damals schon Zweifel um über die Wirksamkeit dieser Art von Ausschaltung der Abhörmöglichkeit, die man auch bei der Unterhaltung im Zimmer meist vornahm. Aber man muss die Fähigkeiten des Gegners auch nicht überschätzen. Die Gestapo hätte nur Stichproben in den Wohnungen machen brauchen, um alle Leute zu verhaften, auf deren Schreibtisch neben dem Telefon eine Kaffeemütze lag.

Im Kriege lief über das verbotene Abhören von Feindsendern folgende nette Geschichte: Familie Schmitz sitzt abends betrübt zusammen und unterhält sich über das Seelenamt, das am nächsten Morgen für den von der Truppe als gefallen gemeldeten Sohn Joseph gehalten werden soll. Gedankenverloren tut der alte Onkel Anton um 10 Uhr den gewohnten Griff nach dem Radioapparat, und man hört trotz der Trauer die üblichen deutschen Abendnachrichten des

Londoner BBC, an deren Schluss die Namen kürzlich in englische Gefangenschaft geratener deutscher Soldaten verlesen wurden, um so möglichst viele Hörer anzulocken. Gerade wollte Onkel Anton mangels konkreten Interesses den Apparat abstellen, da ertönte deutlich aus ihm: »Joseph Schmitz aus X.« Die Familie weinte Freudentränen, und Vater Schmitz beauftragte den kleinen Franz zur Pastorat zu laufen, um das so glücklich überflüssig gewordene Seelenamt abzubestellen. Der kluge Onkel Anton hinderte es aber noch rechtzeitig mit dem Hinweis, man dürfe doch überhaupt wegen des Abhörverbots nicht wissen, dass Joseph noch lebe. Am andern Morgen ging man also möglichst bekümmert zur Kirche. Die Nachbarin hielt Frau Schmitz an, sagte schnell einige Trostworte und fügte hinzu: »Man kann es ja bei dem Durcheinander überhaupt nicht wissen, ob der Joseph nicht doch noch mal wiederkommt.« Als sie beim Metzgerladen vorbeikam, stand die Meisterin vor der Tür, brachte kurz ihren Trost an und schloss mit dem Satz: »Frau Schmitz, ich habe so ein Gefühl, dass der Joseph doch noch lebend wiederkommt.« Vor der Kirche aber wartete der Pastor, nahm Vater Schmitz beiseite und sagte verstohlen: »Herr Schmitz, es ist Ihnen doch wohl recht, wenn ich ohne besondere Ankündigung die Hl. Messe für alle Verstorbenen der Familie Schmitz lese.« Das ganze Dorf hatte das englische Radio gehört, alle wussten Bescheid, nur durfte niemand wissen, dass der andere Bescheid wusste.

Ich habe ähnlich wie Familie Schmitz ständig BBC gehört und deshalb ein klareres Urteil über die kommende Entwicklung behalten als manche, die nur auf die deutschen Nachrichten angewiesen waren. Wenn Churchills wuchtige und sichere Sprache aus dem Rundfunk in das Ohr drang, in dem noch das hysterische Gebrüll der letzten Hitlerrede nachtönte, so konnte man bereits aus diesem Unterschied deutliche Schlüsse ziehen. Mussolini, ähnlich lautstark wie Hitler, wirkte im Rundfunk doch besser wegen einer gewissen Klassizität der Form. Er stand ja auch sittlich höher als dieser. Aber irgendwie wirkte auch er hohl, und die Engländer bezeichneten ihn im Rundfunk mit dem köstlich treffsicheren Spitznamen »bombardone«. Später im Kriege waren die »Gespräche im Luftschutzkeller«, die BBC laufend in bestem Berliner Geist und Jargon brachte, besonders wirksam, schon wegen ihrer erstaunlichen Kenntnis über die Vorgänge in Deutschland. Das galt noch mehr für die späteren einzelnen Sondersender, die aber für anspruchsvollere Hörer zu plump und demagogisch waren.

Aber damit sind wir der Zeit bereits vorausgeeilt, denn der Krieg soll ja erst beginnen. Vorläufig stehen wir in dumpfer Erwartung kommender böser Dinge, die sich durch Knappheit an Lebensmitteln und Gebrauchsgütern bereits ankündigen. Aber ich will nicht über den frevelhaft heraufbeschworenen Krieg Geschichte schreiben, sondern nur schildern, wie es mir darin erging.

Ich erfuhr den Ausbruch des Krieges, als ich morgens auf dem Weg zum Oberverwaltungsgericht den sonst so stillen Bahnhof Grunewald betrat, in dem aufgeregte Menschen das Ereignis besprachen. Man erfuhr nur die Tatsache ohne jede Meinungsäußerung. Jedenfalls gab es dort im Gegensatz zu 1914 nicht die geringste Äußerung von Zustimmung oder gar patriotischer Begeisterung. Man fühlte, wie die Angst durch den langen, dunkeln Bahnhofstunnel kroch, eine Erinnerung, die mich noch heute packt, wenn ich den Bahnhof Grunewald betrete. Der Gegensatz zu der Stimmung, in der wir 1914 in einen gerechten und erfolgversprechenden Krieg zu ziehen glaubten, wurde mir noch deutlicher, als mir auf der Treppe im Oberverwaltungsgericht Sarrazin begegnete. In seiner liebenswert spöttischen Art sagte er mit leichtem Lächeln nur: »Dieser Krieg ist nicht unser Krieg.« Ich antwortete: »Aber wir werden ihn bezahlen müssen.« Man muss hierzu wissen, dass die Familie Sarrazin zwar aus Münster stammte, aber seit mehreren Generationen als Gutsbesitzer in Posen ansässig war und Frau Sarrazin dort einen großen Besitz hatte. Dementsprechend lebte er politisch in deutschnationalen Ansichten und hatte anfangs den Nationalsozialismus als nationale Erneuerung betrachtet, war aber schnell enttäuscht worden. Ich sah auch einige Male Truppen, die zur Verladung marschierten. Die Leute standen still und gedrückt am Straßenrand und vereinzelt aufflammende Heilrufe konnten sich nicht durchsetzen. In Oberschlesien aber kannte die Begeisterung nach dem Einmarsch, ähnlich wie vorher in Österreich, keine Grenzen. Selbst der so nüchtern rechnende und allem Übermaß abgeneigte Prinz Hohenlohe sagte mir bei einem Besuch: »Er ist doch ein großer Mann«. Die Besinnung ist allerdings bald bei ihm wieder eingekehrt und der große Mann hat ihn seinen gesamten Besitz gekostet.

IV. Im Auge des Orkans

1. Plötzlich im Zentrum der Macht, dem Oberkommando der Wehrmacht – auf eine Zigarette mit Keitel

Im Frühjahr 1940 erschien eines Morgens der Vizepräsident Bach in meinem Amtszimmer und erzählte ziemlich verlegen und mit Hinweis auf die große Diskretion der Sache, dass er als Reserveoffizier eingezogen werden solle, und zwar in das Oberkommando der Wehrmacht, Wehrmachtführungsstab. Dort brauche man einen tüchtigen Juristen, der sich für einen solchen hohen Stab eigne. Wenn er dort hinginge, so werde seine ganze bisherige aufbauende und abschirmende Tätigkeit für das Oberverwaltungsgericht zunichte, denn es werde dann sicher statt seiner irgendein wilder Parteimann ernannt werden. Ihm sei daher der Gedanke gekommen, ob er mich nicht als Ersatz für ihn benennen solle. Es war ziemlich einleuchtend, dass er die Einziehung zur Wehrmacht vermeiden wollte, weil damit sein lange gehegtes Ziel, nämlich die Ernennung zum Präsidenten des Oberverwaltungsgerichts, endgültig entschwinden würde. Ich griff sofort zu. Ich hatte als Reserveoffizier des Ersten Weltkriegs nachher keine Wehrübungen gemacht, weil ich freiwillig dem Hitlerheer nicht angehören wollte. Die neue Wehrmacht betrachtete solche Unterlassungen missliebig, und es hätte mir geschehen können, für irgendwelche wenig erfreulichen Dienste nun im Kriege eingezogen zu werden. Das konnte ich so vermeiden. Zudem passte mir das unpolitische Wehrmachtklima besser als die Beschäftigung beim Oberverwaltungsgericht, da ich als Soldat dem unmittelbaren Zugriff der Partei entzogen war. Bach benannte mich also und brachte meine Einberufung zustande. Meine Tätigkeit beim Oberverwaltungsgericht war damit beendet, und ich habe fortan nur noch lose Zusammenhänge mit ihm gehabt.

Es wurde durch Führererlass vom 3.4.1941 in das neuerrichtete Reichsverwaltungsgericht überführt.

Den Entwurf dieses Führererlasses erhielt ich beim Oberkommando der Wehrmacht als eine der ersten Sachen auf meinen Schreibtisch, da Chef OKW zugleich Kriegsminister war und deshalb zu den Entwürfen von Gesetzen und gesetzesartigen Führererlassen seine Zustimmung eingeholt werden musste. Ich habe gegen den vom Innenminister eingebrachten Entwurf Einspruch erhoben mit der Begründung, es werde unter den bei der Wehrmacht befindlichen Juristen und auch sonst ganz allgemein unter den Soldaten Unruhe über die Aufhebung der richterlichen Unabhängigkeit entstehen, was für den Wehrwillen der Truppe schädlich sei. Ich glaubte, dass wenigstens der Justizminister, dem doch allgemein die Pflicht oblag, die richterliche Unabhängigkeit zu sichern, Einspruch erheben oder sich wenigstens das Argument der Wehrmacht zu eigen machen würde. Der als Minister amtierende Herr Schlegelberger dachte aber nicht daran, sich missliebig zu machen. So entstand die groteske Situation, dass einzig und allein die Wehrmacht für die richterliche Unabhängigkeit kämpfte. Im Innenministerium merkte man aber allmählich, von wo der Kampfwille kam. Man setzte den Vertreter der Parteikanzlei bei Keitel in Bewegung und dieser machte ihm klar, wie inopportun der Einspruch sei, der dann zurückgezogen werden musste. Immerhin hatte ich die Veröffentlichung des Erlasses ungefähr ein Jahr lang verzögert.

Der eigentliche totale Krieg begann erst im Frühjahr 1940 mit den deutschen Angriffen im Westen, während es bis dahin noch so aussah, als ob Hitler auf ein Einlenken der Alliierten unter Sicherung seiner Erfolge in Polen warte. Erst für diese westlichen Angriffe wurde das sogenannte Führerhauptquartier geschaffen, eine feldmäßige, vom Sitz Berlin unabhängige Einrichtung. Das Führerhauptquartier bestand aus dem Oberkommando der Wehrmacht – Wehrmachtführungsstab, für den in Berlin eine Standortstaffel eingerichtet wurde.

Hierfür war eine gewisse Personalverstärkung erforderlich geworden und in deren Folge geschah meine Einziehung für diese Standortstaffel, bei der ich dann von April 1940 ab fast viereinhalb Jahre tätig gewesen bin, so dass ich es in meinem Leben insgesamt auf eine militärische Dienstzeit von über zehn Jahren gebracht habe.

Dem Oberkommando der Wehrmacht (OKW) oblagen die Geschäfte des früheren Kriegsministeriums und zugleich die militärische Führung. Das OKW war in verschiedene Abteilungen gegliedert für Allgemeines, Verwaltung, Rechtswesen, Ausland-Abwehr (Canaris), Kriegsgefangene, Wehrmachtpropaganda usw. Die militärische Führung bearbeitete der Wehrmachtführungsstab. Chef OKW war General Keitel, Chef des Wehrmachtführungsstabes General Jodl und dessen Vertreter und eigentliche Leiter des Stabes General Warlimont. Alle Abteilungen des OKW blieben den Krieg über in Berlin bis auf den Wehrmachtführungsstab. Dieser reiste in einem Schlafwagenzug in die jeweiligen Feldquartiere, zunächst für die Westfront in die Eifel, dann in das hauptsächlich und die meiste Zeit hindurch benutzte Quartier bei Rastenburg in Ostpreußen, später in die Ukraine nach Winitza und zeitweise auch für die Südoperationen nach Berchtesgaden.

Der Deckname des Quartiers hieß »Wolfsschanze«, eine instinktiv richtig gewählte Bezeichnung. Hitler hatte für sich und seine äußere Umgebung ebenfalls einen Schlafwagenzug, mit dem er in die genannten Quartiere fuhr, in denen bequeme Unterkünfte mit Einsatz erheblicher Mittel für die Unterbringung Hitlers und des Wehrmachtführungsstabes geschaffen worden waren. Wegen dieser Abwesenheit von Berlin brauchte der Wehrmachtführungsstab dort eine Standortstaffel zur Aufrechterhaltung der Verbindung mit den anderen dort verbliebenen Ämtern des OKW, mit den Berliner Ministerien, dem Chef der Heeresrüstung und Befehlshaber des Heimatheeres, sowie den entsprechenden Heimatorganen der Marine und Luftwaffe. Im Felde oblag die militärische Führung der drei Wehrmachtteile dem Oberkommando des Heeres, dem Oberkommando der Luftwaffe und der Seekriegsleitung, Chef OKW hatte den drei Wehrmachtteilen gegenüber weder im Felde noch in der Heimat Befehlsgewalt. Befehlen konnte nur Hitler. Chef OKW war nur eine koordinierende Klammer für die drei Wehrmachtteile, er war Hitlers Generalstabschef. Wenn das Koordinieren nicht ausreichte, musste ein Befehl Hitlers erwirkt werden. Die drei Wehrmachtteile führten mit eigenen Generalstäben den Krieg und erst später gab es Wehrmachtkriegsschauplätze, auf denen Hitler vermittels des Wehrmachtführungsstabes unmittelbar führte. Diese komplizierte Spitzengliederung konnte nur funktionieren, solange die Dinge glatt liefen; kamen Rückschläge und Schwierigkeiten, so musste sie mangels einheitlicher Willensbildung versagen. Die Generalstabsoffiziere wussten das und versuchten immer wieder, straffere Befehlsverhältnisse zu schaffen. Hitler wollte das aber nicht und erließ dann sogar einen geheimen Befehl an die Offiziere des Wehrmachtführungsstabes mit dem Verbot, untereinander über Spitzengliederung überhaupt zu sprechen. Hätte er schon den Lügendetektor gekannt, so hätte er auch das Denken darüber verboten. Für seine diktatorische Willkür brauchte Hitler nämlich diese schlaffen und komplizierten Befehlsverhältnisse, weil er so einen gegen den andern ausspielen konnte. Hätte die Kommandogewalt einheitlich in der Hand eines Generals gelegen, so hätte das eine Gefahr für seine Diktatur bedeutet. Der 20. Juli 1944 wäre dann wohl viel früher ein Schicksalstag geworden. Zudem wäre die personelle Auswahl für einen militärischen Oberkommandierenden mehr als schwierig gewesen. Göring würde sich gutwillig keinem andern unterstellt haben, und selbst wenn das Heer murrend Göring hingenommen hätte, so wäre bei ihm wieder eine Machthäufung entstanden, die Hitler als gefährlich erkannte. Er hatte den wohl allen Diktatoren notwendig innewohnenden sechsten Sinn, gegen die Macht aufsteigende Gefahren misstrauisch zu erahnen. Deshalb war entgegen aller Betonung des Führerprinzips und entgegen aller Vernunft das gesamte Hitlerregime, auch auf dem Regierungssektor, darauf aufgebaut, unklare, sich gegenseitig überschneidende Zuständigkeiten zu schaffen, um die möglichen Diadochen untereinander in eifersüchtige Streitigkeiten zu verwickeln. Diese entschied er dann nicht etwa nach Führerprinzip, sondern ließ sie weiterschwären zur Stärkung seiner persönlichen Allgewalt, auch wenn es sachlich noch so schädlich war. Schließlich verbot er sogar, Streitigkeiten an ihn zur Entscheidung heranzubringen.

Entsprechend dieser auf Misstrauen gegründeten Spitzengliederung war auch die personelle Auswahl für den Chef OKW vorgenommen worden. Ein großer herrenmäßiger Soldat wäre für die Stellung schon ihrer Konstruktion nach nicht möglich gewesen. Es musste nach dem aus dem Aufbau sich ergebenden Willen Hitlers eine zwar technisch tüchtige Kraft sein, die sich aber ohne Eigenwillen unterordnete. Ich glaube, dass Hitler in seinem sicheren Gefühl für das Herausfinden menschlicher Schwächen mit Keitel die für seine Zwecke richtige Wahl getroffen hatte.

Meine streiflichtartigen Eindrücke von Keitel decken sich mit dem von der herrschenden Meinung geprägten Bild. Dafür einige Beispiele:

Die Abteilung OKW-Propaganda veranstaltete öfter in dem großen Lichtbildsaal in der Bendlerstraße 10 Vorführungen von feindlichen Beutefilmen für die Offiziere des OKW. Dabei wurde vorher die in allen Kinos laufende deutsche Filmwochenschau gezeigt. In dieser erschien ein Bildbericht über das Eintreffen Hitlers bei irgendeinem militärischen Anlass. Zunächst sah man Keitel wartend vor einem ausgebreiteten Teppich dastehen in voller Montur und imposanter Haltung mit dem Feldmarschallstab stolz in der Hand, alles genau so herausgebracht, wie der Soldat sich seinen siegreichen Feldherrn vorzustellen hat. Dann kam in zügigem Tempo der Wagen Hitlers angefahren, hielt aber nicht bei Feldherr und Teppich, fuhr vielmehr aus irgendeinem Grunde etwa 50 Meter weiter. Während die übrigen

Offiziere ruhig stehen bleiben, läuft Keitel nun in seiner massigen, nicht auf Dauerlauf trainierten Gestalt hinter dem Auto her, erreicht dies auch noch gerade im Halten, öffnet Hitler den Wagenschlag und klemmt zu diesem Zweck den Feldmarschallstab unter den Arm. Hitler aber steigt mit Imperatorenmiene aus dem Wagen. In diesem Augenblick durchbrauste den verdunkelten, nur mit Offizieren des OKW gefüllten Saal ein Sturm allgemeinen Gelächters. Die dadurch bekundete Meinung über den Charakter des gemeinsamen Vorgesetzten war abfälliger, als eine Kritik in Worten es je hätte ausdrücken können. Lachen durfte man bei der Wehrmacht noch, wenigstens im Dunkeln.

Die Vorführungen von Wehrmacht-Propaganda wurden allerdings bald darauf eingestellt. Manche schrieben dies dem eben erwähnten Vorfall zu, andere wieder folgendem Anlass, bei dem es sich um eine erbeutete englische Filmwochenschau handelte. In dieser wurde eine Reise Churchills nach Kanada gezeigt. Zunächst klettert ein kleiner dicker Mann in einer Art von Monteuranzug steifbeinig auf ein Kriegsschiff. Bei der Ankunft in Kanada steht auf dem Pier für ihn ein zierliches altmodisches eisernes Gartenstühlchen bereit, auf das er sich gegenüber einer Horde von Bildreportern hinsetzt, indem er grinsend über das Missverhältnis zwischen der Sitzgelegenheit und seiner massigen Figur an sich hinunterblickt. Dann setzt er spöttisch lachend mal das rechte, mal das linke Bein zwecks Posenwechsels vor, mal zieht er den Reißverschluss des Overalls auf, mal schließt er ihn und treibt sonstigen Schabernack mit den Bildreportern. Als er in Montreal wohlangezogen auf den Balkon vor die frenetisch jubelnde Menge tritt, grüßt er zunächst mit seinem grauen Zylinder, dann schwenkt er ihn hoch in der Luft und schließlich steckt er ihn auf seinen Stock und hebt ihn auf und nieder. Das war alles so unaussprechlich menschlich und natürlich, dass sich von selbst der Gegenvergleich mit der tödlichen Steifheit und gemachten Unnahbarkeit Hitlers anbot. Ein allgemein fröhlich zustimmendes Lachen und

Schwatzen ging durch den Saal, so dass selbst Wehrmacht-Propaganda es merken musste, dass schon wieder ein Propagandamissgriff mit Churchill geschehen war, wie vorher mit Keitel.

Ein merkwürdiges Erlebnis hatte ich mit Keitel, das für seine Geisteshaltung aufschlussreich ist. Göring war in seinem prahlerischen Bestreben, zur Verdeckung seiner Unfähigkeit in der Luftwaffenführung sich auf allen erdenklichen andern Gebieten geschäftig zu machen, während des Krieges auf den Gedanken gekommen, im Wege des Vierjahresplans alles land- und forstwirtschaftlich nutzfähige Land der öffentlichen Hand unter seine Verfügungsgewalt zu bringen zwecks vorgeblich besserer Bewirtschaftung. Er hatte einen Entwurf für einen Führererlass vorbereitet, der ihm diese Befugnis zusprach. Als dieser bei Chef OKW zur Einholung von dessen kriegsministerieller Zustimmung einging, versah ich ihn mit einer Vortragsnotiz für Keitel in ablehnendem Sinne, weil es für die Wehrmacht unerträglich sei, wenn wehrmachteigene Grundstücke, in erster Linie Truppenübungsplätze oder Versuchsgelände, dem Zugriff ziviler Behörden ausgesetzt würden. Als ich die Sache nach Wolfsschanze herausschickte, wusste ich vorher, dass ich ihn nicht mit Keitels zustimmender Paraphierung zurückerhalten würde, weil er ängstlich bestrebt war, mit Göring nicht in Konflikt zu geraten. Anderseits wusste Keitel natürlich, dass Heer und Marine Lärm machen würden, wenn der Erlass seine Zustimmung erhielte. Keitel traf also keine Entscheidung, sondern schrieb mit seinem Rotstift auf die Sache den Buchstaben »V«, was bedeutete, dass ich ihm mündlich Vortrag darüber halten sollte.

Ich fuhr also nach Wolfsschanze und meldete mich bei ihm in seiner Baracke, die nahe bei Hitlers Bunker lag. Ich wurde freundlicher begrüßt, als es einem Rittmeister d. R. gegenüber einem Feldmarschall zugestanden hätte, und mit einer Zigarette versehen. Er war eben von Natur gutmütig und fühlte sich in der Rolle des wohlmeinenden Vorgesetzten wohl. Ich begann meinen Vortrag mit einem erklärenden Hinweis über die Vorgeschichte des Göring'schen Entwurfes, den ich als nebensächlich in die schriftliche Vortragsnotiz nicht mitaufgenommen hatte. Ich hatte nämlich herausbekommen, dass der unmittelbare Anlass zu Görings seltsamem Plan die Absicht war, in seine Verfügungsgewalt den Besitz der Hannoverschen Klosterkammer zu bringen, die das säkularisierte Kirchenvermögen in Hannover für kulturelle Zwecke anerkannt vorbildlich verwaltete. Kaum hatte ich das Wort »Klosterkammer« ausgesprochen, als Keitel mit rotem Kopf erregt auf den Tisch schlug und zu schimpfen begann. Zuerst hatte ich geglaubt, er sei so böse, weil ich vielleicht zu deutlich Kritik an Göring hatte durchblicken lassen. Dann merkte ich aber bald, dass nicht ich, sondern die Klosterkammer Gegenstand seines Zornes war, dem er in deutlichen Kasernenhofausdrücken in folgendem Sinne Lauf ließ: »Ich habe doch im Hannoverschen meinen Besitz und den wollte ich durch Ankauf eines der Klosterkammer gehörenden Waldstücks arrondieren. Diese Leute weigern sich aber, mir den Wald zu verkaufen. Ich brauche ihn aber und wie soll ich sonst mein Geld anlegen.« Letzteres bezog sich wohl darauf, dass er nach der bei den Offizieren verbreiteten Ansicht von Hitler einen Scheck über 150 000 Mark als Dotation erhalten hatte, für die natürlich eine für den Einheitswert gekaufte Waldparzelle eine gute Anlage gewesen wäre, denn Sachwerte gab niemand mehr aus der Hand, nicht einmal die Klosterkammer.

Merkwürdig ist es zunächst, dass der oberste Heerführer in einem über das Schicksal der Welt entscheidenden Krieg sich überhaupt mit solchen Nebensächlichkeiten wie diesem Führererlass befasst. Es deutet eben auf Mittelmaß, wenn man alle Dinge selbst entscheiden will. Erstaunlich an dem Zornesausbruch ist der Umstand, dass ein Feldmarschall sich einem ihm kaum bekannten kleinen Untergebenen gegenüber so rückhaltlos offenbarte mit einer Gesinnung, die so wenig dem entsprach, was man früher von einem preußischen General erwartet hätte. Noch seltsamer ist der Widerspruch zu dem seitens des in der Nebenbaracke hausenden Führers als Dogma verkündeten Satz: »Gemeinnutz geht vor Eigennutz.« Anderseits war der Gedanke trostvoll, wie wenig von der nationalsozialistischen Phraseologie in diesen Mann eingedrungen war und wie wenig er sich, jedenfalls unter vier Augen, bemühte, der Phraseologie zu entsprechen. Verständiger, ererbter bäuerlicher Erwerbssinn, selbst wenn er in so tragikomischer Form zum Ausdruck kommt, ist besser als die Vortäuschung irrig gegründeter Tugenden. Keitel war eben kein Feldherr, auch kein über dem Getriebe der Welt stehender vornehmer Herr, sondern ein durchaus brauchbarer und tüchtiger Mann von gutem Mittelmaß, der auch keine unmenschlichen Untugenden zeigte. Er wäre ein guter Regimentskommandeur oder noch besserer Landwirt geworden, wenn er nicht in die diabolischen Fänge Hitlers geraten wäre, der seine menschlichen Schwächen für seine Ziele ausnutzte. Das Nürnberger Urteil gegen ihn war Mord, denn wenn man es schon für zulässig halten sollte, besiegte Generale durch ebenfalls mit Untaten befleckte Sieger aufhängen zu lassen, so doch keinesfalls nur deshalb, weil sie geistig nicht den Anforderungen ihres Amtes entsprachen.

Auch Keitels Stellvertreter Jodl ist zu Unrecht gehangen worden. Er galt für menschlich weniger angenehm als Keitel, aber militärisch für tüchtiger. Jodl hat sich ganz auf die militärische Führung beschränkt und sich aus politischen Angelegenheiten deutlich ferngehalten. Ich habe verschiedentlich Vortragsnotizen aus Wolfsschanze zurückbekommen, die ihm in Abwesenheit von Keitel vorgelegt worden waren, auf denen sein Vermerk stand: »Politisch (oder »juristisch«), entscheide ich nicht.« Dabei handelte es sich zudem um reine Routinesachen ohne jeden heiklen Beigeschmack, die dann bis zur Rückkehr Keitels liegen blieben, oder von Warlimont entschieden wurden.

Warlimont, nominal stellvertretender, praktisch aber wirklicher Chef des Wehrmachtführungsstabes, hatte alle Entscheidungen von Chef OKW vorzubereiten. Nichts ging an Keitel oder Jodl, was nicht vorher Warlimonts Schreibtisch passiert hatte und von ihm zumindest paraphiert worden war. Gerade bei der Unzulänglichkeit von Keitel und der Selbstbeschränkung Jodls auf das rein Militärische lag daher bei Warlimont ein unerhört hohes Maß von Verantwortung. Warlimont, intelligent und energisch, besaß Wissen, und zwar nicht nur auf militärischem Gebiet. Er stammte aus einer gut katholischen Verlagsbuchhandlung, so dass man Bildung und einen festen weltanschaulichen Standort erwarten durfte. Beides traf jedoch nur mit Einschränkungen zu. Er besaß keine eigentliche Herzensbildung. Eitelkeit und Ehrgeiz bestimmten vielmehr sein Wesen. Ursprünglich war er Fußartillerist gewesen, was im alten Heer vor 1914 nach den damaligen irrigen Beurteilungsmaßstäben als wenig elegant galt. Aber es war nun einmal so: Pioniere und Fußartilleristen waren auf der »vanity fair« nicht gefragt. Als er dann in der Reichswehr Feldartillerist und Kommandeur des Düsseldorfer Feldartillerieregiments geworden war, konnte er den inneren Minderwertigkeitskomplex nicht loswerden, den er mit überbetont schneidigem Auftreten und eleganten Uniformen zu kompensieren versuchte. Jedenfalls war das die plausible Beurteilung seitens des in militärischer Psychologie nicht unerfahrenen Herrn von Steinwehr, der in Bezug auf Warlimont häufig das böse Soldatenwort über innerlich nicht ausgeglichene Vorgesetzte brauchte: »Kanonenofen, wenn er warm wird, springt der Lack ab.« Sein eitles Posieren wirkte umso komischer, weil er klein von Statur war, und man merkte, wie er darunter litt, wenn der Gesprächspartner ihn um Kopfeslänge überragte. Auf Grund seines ehrgeizigen Strebens war er unverhältnismäßig früh in seine Machtstellung beim Wehrmachtführungsstab gelangt, die er dann mit all seiner geistigen Wendigkeit auszubauen verstand.

Im Vergleich zu Keitel und Jodl stand er nach Intelligenz und Bildungsgrundlagen über diesen. Auf Grund seiner Herkunft aus dem katholischen Verlag musste er auch bessere Beurteilungsmaßstäbe für den Nationalsozialismus haben als diese. Er muss auch trotz aller selbstverständlichen Zurückhaltung in seinen Äußerungen kein

Anhänger des Nationalsozialismus gewesen sein, weil er seine katholische Überzeugung nicht verhehlte. Obschon er in Mischehe lebte, ging er sonntags mit seinen Kindern regelmäßig zur Kirche im Grunewald, wo er wohnte. Auch im Führerhauptquartier fuhr er sonntags regelmäßig zur Kirche, wie mir mehrfach von Herren des Stabes erzählt wurde. In einer Hinsicht war er jedenfalls ein folgsamer Schüler Hitlers, nämlich in der souveränen Nichtachtung des Rechts. Ich habe des Öfteren auf Vortragsnotizen, die ich aus Wolfsschanze zurückerhielt, Vermerke von seiner Hand gesehen: »Das ist juristisch und nicht militärisch gedacht« oder »im Krieg gilt der Erfolg und nicht das Recht« oder »juristische Haarspalterei« oder »immer dies Juristendeutsch«. Ich habe zu wenig persönliche Berührung mit Warlimont gehabt, um bei seiner schillernden Persönlichkeit beurteilen zu können, ob dieses Einstimmen auf Hitlers Lieblingsthema etwa Tarnung nach oben oder Ausdruck wirklicher Überzeugung oder überhebliches Militärgeschwätz war. Dass er besseres Ahnungsvermögen hinsichtlich der politischen Entwicklung gehabt hat als Keitel und Jodl zeigt der Umstand, dass er im letzten Kriegsjahr intensiv – ganz zum Schluss auch mit Erfolg – versucht hat, aus seiner Stellung wegen Krankheit auszuscheiden, hinsichtlich deren allgemein die Überzeugung herrschte, dass es ein vorgeschobener Grund sei. Hätte er aus Überzeugung sein Amt aufgeben wollen, so wäre der Anlass dazu bereits jahrelang vorher gegeben gewesen. Daher kann man nur folgern, dass er den Zusammenbruch voraussah und beim großen Halali nicht in der Raubtierhöhle angetroffen werden wollte. Vermutlich haben ihn diese Versuche zum Ausscheiden aus der belastenden Stellung in Nürnberg vor dem Galgen gerettet, so dass er mit einer Freiheitsstrafe davonkam und nach einiger Zeit entlassen wurde.

2. Sand im Getriebe des totalitären Staates – Widerstand auf eigene Faust

Außer der Bewirtschaftung von Menschen und Material hatte die Standortstaffel noch ein juristisches Arbeitsgebiet, nämlich die Bearbeitung der Entwürfe für Gesetze und Führererlasse, zu denen die Zustimmung von Chef OKW in seiner kriegsministeriellen Aufgabe eingeholt werden musste. Unmittelbar bearbeitet wurden dort auch die Vorschriften für das Reichsleistungsgesetz und das Kriegssachschädenrecht. Diese Zuständigkeitsregelung war etwas seltsam, da diese Materie normalerweise in die Zuständigkeit der einzelnen Ämter des OKW wie Wehrmacht-Allgemeines-Verwaltung oder Rechtsamt gehört hätten. Es war aber ein guter Gedanke, diese Dinge dem Wehrmachtführungsstab vorzubehalten, um sicherzustellen, dass die militärische Führung ihre Interessen auf diesem maßgeblichen Gebiet unmittelbar wahren konnte. Auch politisch war es nützlich, denn der Geist des Wehrmachtführungsstabes war zwangsläufig in erster Linie soldatisch und war weniger vom Nationalsozialismus infiziert als die andern Ämter des OKW, in denen die Militärbeamten herrschten.

Die Zuweisung der rechtlichen Materie an den Wehrmachtführungsstab lag hauptsächlich an einer Personenfrage, nämlich dem Oberst von Steinwehr, der sich dieses Gebiet als für die übrigen Offiziere undurchsichtige Materie für sich geschaffen und zu angenehmer Betätigung gehütet hatte. Steinwehr war klug – deshalb faul – und Jurist. Er stammte aus dem 2. Garderegiment, dem zweitbesten Regiment der Christenheit in seiner Sprache, und besaß alle guten Seiten dieser Tradition ohne deren Nachteile. Nach dem ersten Krieg hatte er als Hauptmann Jura studiert, das Assessorexamen bestanden und sich in der neuen Wehrmacht reaktivieren lassen. Mit seinen soliden alten soldatischen Ansichten und seiner vornehmen Lebensauffassung passte er nicht in das neue totalitäre Militärwesen, in dem die ehrgeizigen

Ellenbogenfechter in der Vorhand waren, die es 1918 fertiggebracht hatten, unter Beiseiteschieben der feiner gearteten Kameraden in die Reichswehr übernommen zu werden und jetzt in der Wehrmacht die Klasse der Generale darstellten. Er kam daher bei der Wehrmacht nicht recht voran. Da er Jurist geworden war, traute man seinen soldatischen Eigenschaften nicht und blickte misstrauisch auf seine den Offiziersdurchschnitt übersteigende allgemeine Bildung. Zudem hatte er Rückgrat nach oben und Vorgesetzte imponierten ihm nicht. Ein geeigneter Untergebener für Warlimont war er also nicht.

Steinwehr hatte einen fröhlichen Sinn und konnte herrliche Kasinowitze erzählen, erfinden und als Komiker zur lebendigen Darstellung bringen. Er hätte mit diesem angeborenen Talent Furore als Conférencier in einem Kabarett oder heute im Fernsehen gemacht. Für einen totalitären Soldaten war das aber kein Vorzug, zumal er in seine Erzählungs- und Darstellungskunst auch Hitler, Keitel und Warlimont einbezog, was letzterem sicher nicht unbekannt geblieben ist. Wenn er vormachte, wie Hitler vor Wut in den Teppich beißt, oder wenn er Warlimonts Geschwollenheit nachahmte, blieb kein Auge trocken. Man konnte seine Geschichten auch ruhig mehrfach anhören wegen der köstlichen Form der Darstellung. Ein Glanzstück seines reichen Repertoires war der Besuch Eduards VII. beim Kaiser in Berlin, wobei Steinwehr als Leutnant Dienst gehabt hatte. Von der Ankunft des Königs auf dem Bahnhof Friedrichstraße ab brachte er alle Beteiligten zu mimischer Darstellung einschließlich Geräuschkulisse für Lokomotive, Pferdegetrappel und Musik und selbst vor »Ihrer Majestät der Kaiserin mit einem wogenden Straußenfederrad auf dem Kopf und einem Veilchenstrauß an dem engkorsettierten allerhöchst wogenden Busen« machte er bei seiner Mimik keinen Halt. Er war bei all dieser Spaßhaftigkeit treu wie Gold und hilfsbereit bis zum Letzten.

Meine Tätigkeit war vielseitig, interessant und bot mehr Gelegenheit zu sachlicher Einflussnahme, als ich geglaubt hatte. Obschon die Arbeit unmittelbar nichts mit operativen Dingen zu tun hatte, erhielt man trotzdem zwangsläufig eine gewisse Einsicht hinsichtlich des kriegerischen Geschehens. Als höchst seltsam bei meiner Einberufung zum Wehrmachtführungsstab erschien mir der Umstand, dass ich vor meinem Eintritt in diese eigentliche Höhle des Löwen offenbar in keiner Weise auf meine politische Zuverlässigkeit hin überprüft worden war. Anscheinend hat es genügt, dass der nationalsozialistisch so gut beleumundete Bach mich vorgeschlagen hatte.

Nach der Abfahrt der Feldstaffel musste bei der Standortstaffel jede Nacht abwechselnd einer der Offiziere Nachtdienst im Dienstgebäude in der Bendlerstraße 10 machen. Mein Büro war im rechten neueren Trakt des Binnenhofs im ersten Stock. Die Kurierstelle mit dem Zimmer des Offiziers vom Nachtdienst lag gegenüber in dem linken älteren Flügel. Dort schlief man in einem Feldbett. Die Ordonnanzen brachten die eingehenden Fernschreibnachrichten, telefonische Berichte nahm man selbst auf und musste dann entscheiden, ob die Nachrichten sofort an Wolfsschanze oder sonstwie weitergegeben werden oder bis zum andern Morgen liegen bleiben sollten. Manchmal war es bewegt und aufregend. Lebhaft erinnere ich mich an die Nacht, als die Nachricht vom Fall von Paris eintraf. Die Größe des Ereignisses berührte mich im Innersten und das Gefühl, dass all die Schande und Unsinnigkeit von Versailles jetzt ausgelöscht sei, bewirkte zunächst eine Hochstimmung, die Hitler und alle dunkeln Wolken in den Hintergrund treten ließ. Als ich das Fernschreiben gelesen hatte, zeigte ich es ohne Kommentar dem Überbringer, einem typischen, biederen alten Berliner, der eine kleine Destille im Wedding betrieb. Die Reaktion war verblüffend: »Das hält nicht auf die Dauer.« Ich sagte lachend, das sei aber doch ein riskanter Ausspruch, und erhielt die Antwort: »Man weiß doch schließlich bei den einzelnen Herren, mit wem man spricht, und wer Heil Hitler macht und wer nicht.« So hatte dieser brave, alte Musketier mit seinem nüchternen Berliner Sinn mich schnell aus meinem Anflug nationaler Gehobenheit wieder in die Wirklichkeit zurückversetzt.

In diese Zeit fielen auch die phantastischen Pläne Hitlers für eine Invasion nach England. Eines Tages rief mich ein Offizier von der Marine an: »Sie kennen doch Seelöwe.« Als ich es bejahte, sagte er sich für eine diesbezügliche Besprechung an. Bei meiner Bejahung hatte ich an den Kapitänleutnant Löwe von unserer Standortstaffel gedacht, der allgemein mit dem Spitznamen »Seelöwe« bezeichnet wurde. Erst nach Beendigung des Telefongesprächs fiel mir ein, dass dies Wort der Deckname für das geplante Englandunternehmen war. Ich war auf diesen Gedanken nicht sofort gekommen, weil der telefonische Gebrauch von Decknamen strikt verboten war und ich damals noch an die Vorschriften über Geheimhaltung glaubte. Bei der Unterredung mit dem Herrn von der Marine ergab sich, dass es sich um die Beschlagnahme aller kleinen Schiffe bis herunter zum Sportmotorboot im Reich und den besetzten Gebieten handelte. Ich machte dann die erforderlichen Verordnungs- und Befehlsentwürfe und trug vor, dass trotz aller Geheimschutzvermerke eine solche Beschlagnahmelawine sich nicht geheim halten lasse und die Engländer sich daraus alles ablesen könnten, was ihnen bevorstehe. Man brauchte aber die Schiffe, eine ungeregelte Inbesitznahme hätte noch mehr Staub aufgewirbelt, und so ging die Aktion vonstatten. Die Begeisterung für Seelöwe ließ aber bald nach, er vegetierte noch eine Weile und wurde dann endgültig begraben, als sich herausstellte, dass Göring zwar über einen reichen Wortschatz, aber nicht über die entsprechende fliegerische Kampfkraft verfügte.

Das unter anderem von Steinwehr entworfene Reichsleistungsgesetz, das Beschlagnahmen rechtliche Hindernisse in den Weg legte, war eine mustergültige, die Interessen der Betroffenen bestens wahrende Regelung. So entstand hier im Verlauf des Krieges in dem allgemeinen Unrecht eine Oase des Rechts. Neben der Verordnungsgewalt war an Chef OKW im Reichsleistungsgesetz noch die schwerwiegende Macht übertragen worden, dass seine Zustimmung erforderlich war für Inanspruchnahmen, welche die Existenz oder den Beruf des Betroffenen gefährdeten. Diese in meiner Hand liegende Ausnahmegenehmigung habe ich den ganzen Krieg über nur ein einziges Mal in einem ganz klarliegenden Fall erteilt. Die zivilen Bedarfstellen haben sich auch meines Wissens ebenso wie die Wehrmacht selber eisern an diese Vorschrift gehalten. Nur die Parteidienststellen, besonders die SS, versuchten in großem Umfang, sich der Gebäude von klösterlichen und caritativen Anstalten, aber auch von anderen missliebigen Personen rechtswidrig zu bemächtigen. Jeden mir bekannt werdenden Fall habe ich dem Innenminister mitgeteilt mit der Bitte um Einschreiten, was auch öfter mit Erfolg geschehen ist, weil der Sachbearbeiter Pabst guten Willens war. Wandten sich die Betroffenen unmittelbar an Chef OKW, so erhielten sie prompt von mir ein Schreiben, dass eine Ausnahmegenehmigung nicht erteilt – meist nicht einmal beantragt – worden und daher die Inanspruchnahme rechtswidrig sei. In vielen Fällen ist durch dieses Papier die Beschlagnahme verhindert worden. Wenn nämlich das Schreiben auch nur von einem Rittmeister d. R. gezeichnet war, so wirkte doch der Kopf »Chef OKW-Wehrmachtführungsstab« irgendwie beeindruckend auf die Parteileute, und zwar meistens aus der Furcht heraus, sie könnten zur Wehrmacht eingezogen werden, wenn sie sich ihr gegenüber allzu missliebig machten.

Wir waren mit dem aus der Diözese Münster stammenden, in Berlin den Zentralbehörden gegenüber die deutschen Bischöfe und den Caritasverband vertretenden Bischof Wienken sehr befreundet. Diesen hatte ich auf meine Machtbefugnis hingewiesen, und so entstand eine systematische Abwehr. Wenn Bischof Wienken von der drohenden oder schon bewirkten Beschlagnahme einer kirchlichen Anstalt erfuhr, so teilte er dieser vertraulich die Schutzmöglichkeit mit. Sie schrieben dann an Chef OKW und erhielten von mir die schützende Nachricht, die viele Klöster, auch einige evangelische Anstalten und manche missliebige Privatanstalten gerettet hat. Ohne diese Handhabung hätte es bei Kriegsende außer Krankenhäusern sicher kein

Kloster mehr gegeben. Ich habe viel Sorge mit diesen Sachen gehabt, denn hätte man in Wolfsschanze geahnt, dass unter der Firma Wehrmachtführungsstab Partisanenkrieg mit der Partei geführt wurde, so wäre dieser sehr schnell beendet worden. Andere Klöster habe ich auf anderem Wege dadurch vor der Austreibung gerettet, dass ich mit ihrem Einverständnis eine teilweise Inanspruchnahme durch die Wehrmacht veranlasst habe. Ein besonders mühsamer Fall dieser Art war das Sacre-Coeur-Kloster auf der Hagenstraße im Grunewald, in dem ein Heim für Studentinnen in räumlich großem Aufwand betrieben wurde. Es wäre bei der im Kriege geringen Belegung des Hauses objektiv gesehen schwierig gewesen, hierfür eine Inanspruchnahme abzulehnen. Als die Oberin des uns benachbarten Hauses, die mit meinen Schwestern bekannte Mutter Werhahn, mich also von einer drohenden Beschlagnahme seitens der SS benachrichtigte, vereinbarte ich mit ihr eine teilweise Inanspruchnahme durch die Wehrmacht für Lazarettzwecke. Ich sprach mit dem Generalarzt des Heeres und er versprach die Inanspruchnahme des Hauses für ein von den Schwestern zu betreibendes Lazarett. Da solche Dinge auf dem militärischen Dienstwege aber Zeit brauchen, geschah es, dass das Beschlagnahmekommando der SS einige Stunden eher im Kloster eintraf als die Leute vom Heer. Jetzt saßen für eine Weile zwei Trupps gleichzeitig in dem Kloster, die Wehrmacht räumte aber das Feld, die SS ergriff Besitz von den Gebäuden und die Nonnen zogen aus in das Anbetungskloster in Westend. Ich putschte dann den Generalarzt auf, dass das Heer sich das grundsätzlich nicht bieten lassen könnte. Er schickte mir eine vereinbarte flammende Beschwerde über den unerhörten Übergriff der SS, der die Bereitstellung der für die Ostoperationen erforderlichen Lazarettreserve beeinträchtige. Dies Papier konnte ich harmlos mit einer bösen Vortragsnotiz nach Wolfsschanze schicken, und es begann ein erbittertes Tauziehen zwischen Chef OKW und der SS, da Keitel dem Heer gegenüber seinen brüchig gewordenen Ruf retten und nicht als parteihörig erscheinen wollte. Der von mir immer wieder angeheizte Krieg dauerte über ein Jahr mit dem unerwarteten Ergebnis, dass die SS das Feld räumte. Inzwischen hatten sich die heiligmäßigen Frauen aber in ihrer neuen Unterkunft so gut eingewöhnt, dass sie nicht in das von der SS verwohnte und ausgeraubte Kloster zurückwollten. Dem Heer blieb dann nolens volens nichts übrig, als tatsächlich ein Lazarett dort einzurichten, was für meinen und der Klosterfrauen Ruf nicht gerade förderlich war.

Die Regelung der Kriegssachschäden beruhte auf einer Initiative der Wehrmacht, da man dort klar erkannte, dass den Sieges- und Durchhaltewillen nichts mehr beeinträchtigen werde als das Eintreten von Kriegsschäden. Wie beim Reichsleistungsgesetz wurde auch hier die Federführung dem Innenminister unter Beteiligung von Chef OKW übertragen.

Goebbels hatte übrigens den Propagandaeffekt der Kriegsschädenregelung erkannt und versuchte eines Tages, etwa zu Beginn des Jahres 1943, die Federführung für die Materie in das Ressort des Propagandaministeriums herüberzuziehen. Ich habe hiergegen alle Register gezogen, denn im Innenministerium wurde die Sache doch wenigstens technisch gut durchgeführt. Es wurde dann auch nichts aus dem Plan von Goebbels. Er hatte es aber fertiggebracht, in seinem Ministerium eine Ressortbesprechung darüber unter seinem Vorsitz einzuberufen. Es ist das einzige Mal gewesen, dass ich Goebbels erlebt habe. Er kam ziemlich schnell in den Saal, wohl um das Schleppen des recht augenfälligen Klumpfußes zu verbergen, begrüßte jeden der etwa zwölf Erschienenen in recht guter Form und strahlte Güte und Freundlichkeit aus. Man konnte sich nur schwer vorstellen, dass hinter diesen warmen, lebensvollen Augen so viel Möglichkeiten teuflischer Massenbetörung steckten. Vor dem riesigen Gobelin, auf dem die deutsche Landkarte dargestellt war, zu deren Zerschneidung seine Zunge so viel beigetragen hat, hielt er dann einen knappen, rednerisch glanzvollen Vortrag über die Bedeutung der Kriegsschädenfrage, die eben wegen ihrer Bedeutung für den Willen zum Sieg in sein Ressort gehöre. Da er wusste, dass er zu Eingeweihten sprach, versuchte er auch keine plumpen Propagandalügen, fasste das Problem vielmehr klug und schonungslos offen an. Die Entschädigung müsse zwar bis zum Endsieg warten und dann müssten die Alliierten sie zahlen. »Der Endsieg aber ist sicher, denn was soll sonst werden?« Den letzten Halbsatz hatte er wohl ungewollt aus dem Unterbewusstsein gesprochen, denn er stockte einige Sekunden und man sah die Angst aus dem dunklen Grund seiner Augen aufflackern. Goebbels wusste damals bereits genau, wie es enden würde. Als er dann in der Besprechung sah, dass alle Ressorts gegen eine Änderung der bisherigen Zuständigkeiten auftraten, ließ er sich nichts merken, verabschiedete sich mit derselben Liebenswürdigkeit, mit der er zu Beginn aufgetreten war, und die Sache war begraben.

Von den sonstigen Nazigrößen habe ich in Ressortbesprechungen nur einige Male Speer erlebt, der einen sehr menschlichen und anständigen Eindruck machte. Himmler habe ich häufig auf der Straße gesehen, wenn er vor seiner Villa auf der Hagenstraße dicht in der Nähe unseres Hauses in sein Auto stieg, bevor er das spätere Prunkpalais in Dahlem bezog. Er wirkte ganz subaltern, und man konnte sich nur wundern, wie ein so mieses Männchen eine solche unheimliche Macht ausüben konnte. Der Teufel tritt nicht immer strahlend schön und nordisch wie Luzifer auf. Dasselbe gilt für den plumpen, schwammigen Göring, den ich einmal anlässlich des Begräbnisses von Udet auf der Straße aus nächster Nähe beobachtete. Ich kam aus einer Ressortbesprechung im Innenministerium, fuhr aus diesem auf der Rückseite hinaus und an der Ecke der Neuen Wilhelmstraße musste das Auto halten, da sich über diese dicht vor mir der Leichenzug von Udet bewegte, der, unter so mysteriösen Umständen umgekommen, trotzdem zur Tarnung ein Staatsbegräbnis erhielt. Hinter dem Sarg folgte, in weitem Abstand allein, Göring mit dem Feldmarschallstab, klirrend von Orden, in einer leicht nach rosa angetönten, hellbläulichen Uniform. Um die dicken Beine schlotterten Hosen von der Weite eines altmodischen Frauenrocks. Die fette, unbewegliche Maske über dem plumpen Rumpf war deutlich mit einer dicken Schicht von blasser Schminke bedeckt, auf der sich auf jeder Backe ein grellroter Fleck abzeichnete. Er wirkte genau so, wie Nero beim Brande Roms auf der Operettenbühne dargestellt wird. Als ich dann erfüllt von diesem grotesken Anblick beim Frühstück im Kasino entsetzt den Vorgang erzählte mit dem Hinweis, Napoleon III. habe sich zwar auch geschminkt, aber diskret zur Verdeckung seines sonst aus der gelben Hautfarbe erkenntlichen Leberleidens, lachten alle über meine Naivität, dass ich von dieser läppischen Putzsucht Görings und seinen roten Juchtenstiefeln nebst goldenen Sporen nichts gewusst hatte. Der höchste Stab der Wehrmacht war sich einig, dass die Luftwaffe von einem morbiden Clown geführt wurde, arbeitete aber trotzdem fleißig weiter am Endsieg. Über Hitler war man sich zwar auch im Allgemeinen einig, nur nicht an offener Tafel. Er galt irgendwie als »tabu« in seiner Eigenschaft als Oberbefehlshaber, aber vom »Gröfaz« (größter Feldherr aller Zeiten) durfte man sprechen, wenn auch nicht allzu laut. »Der Gröfaz hat bei der Lagebesprechung in Wolfsschanze wieder in den Teppich gebissen« war eine zulässige Redensart.

Anfänglich war die Zusammensetzung der kleinen Standortstaffel so, dass man ungeniert so ziemlich alles sagen konnte. Das politische Klima war milder als beim Oberverwaltungsgericht, jedoch auch nicht frei von Gefahren. Einen alten reaktivierten Pionieroberst, der die Statistik über die Materialien bearbeitete, hatte der Stolz auf seine späte Wiedereinstellung zum begeisterten Nationalsozialisten gemacht. Er war aber glücklicherweise so taub, dass er die über seinen Führer verspritzten Bosheiten nicht verstand und zur Verdeckung seiner Taubheit munter mitlachte, bis er bald verstarb. Ein anderer, wenig intelligenter reaktivierter Oberst war zwar kein Nationalsozialist, duldete aber nicht, dass am Endsieg gezweifelt wurde. Ich hatte in seiner und Steinwehrs Gegenwart eine böse Bemerkung über den Ausgang des Krieges gemacht. Am nächsten Tage kam er bekümmert zu Steinwehr und erklärte, nach reiflicher Überlegung müsse er Meldung an Warlimont über diesen Defaitismus erstatten. Der grundanständige und ebenso gerissene Steinwehr bestritt einfach, dass die Äußerung gefallen sei und drehte den Spieß um, indem er sich selber für beleidigt erklärte durch die Unterstellung, er habe eine solche Schändlichkeit ungerügt hingehen lassen. Dann überhäufte er den pflichttreuen Sykophanten mit Vorwürfen, dass er sofort hätte aufbegehren müssen, und erledigte ihn endgültig mit einem drohenden, unbestimmten Hinweis auf eigene unzulässige Äußerungen. Es geschah also nichts. Mit der steigenden Vergrößerung des Stabes tauchten dann immer mehr Leute auf, denen gegenüber Vorsicht geboten war. Der deutsche Blick wurde üblich. Die eigentlichen Generalstabsoffiziere waren die wenigst infizierten wegen ihrer Intelligenz und der Missachtung ihrer Arbeit durch Hitler. Auch bei den ganz jungen Offizieren herrschte weithin eine erfreuliche Haltung, weil sehr viele junge Leute Offizier geworden waren, um der Parteiherrschaft im zivilen Leben zu entrinnen.

Keinerlei Misstrauen bedurfte es gegenüber den Sekretärinnen, die natürlich von jedem Offizier genauestens Bescheid wussten und bei Unzuverlässigkeit eine unerträgliche Gefährdung bedeutet hätten. Es waren vielfach Offizierstöchter aus dem alten Bestand der Reichswehr, die dafür gesorgt hatten, dass der Zuwachs im Kriege homogen blieb. Mangels einer Zentralregistratur verwalteten sie die Akten, bedienten das Telefon im Vorzimmer, bereiteten Cafe, sorgten für Einhaltung der Verschlussvorschriften und hüteten den Panzerschrankschlüssel. Dieserhalb herrschte ewige Aufregung. Wenn man das Zimmer auch nur für einen Augenblick verließ, so musste nach der Verschlussvorschrift der Panzerschrank vorher verschlossen werden, nach Abräumung aller Schriftstücke vom Schreibtisch, und die Zimmertür sollte mit dem gewöhnlichen Schlüssel und einem zweiten Sicherheitsschlüssel gesperrt werden. Die Abwehr schickte laufend Kontrolleure im Hause umher, welche die Einhaltung dieser Bestimmungen überwachten, und ohne den schützenden Beistand des Fräulein von Reichel wäre das nie gutgegangen. Wenn ich während der Dienstzeit in die Stadt oder nach Hause gefahren war und irgendein Großfürst verlangte nach mir, so war die unbeirrbare Antwort, ich sei zu einer Besprechung in das Innenministerium gefahren, sie werde versuchen, mich dort zu erreichen. Sie rief mich dann an und schickte einen Wagen, um mich zu holen. Ohne ein solches kameradschaftliches Zusammenspiel kann man beim Militär nicht leben.

Ebenso getreu und sorgsam war Fräulein von Bissing, die nebenan bei Steinwehr für Ordnung sorgte und Fräulein von Reichel bei Bedarf vertrat und umgekehrt. Sie war die Tochter des früheren Münster'schen Kommandierenden Generals und späteren Generalgouverneurs von Belgien, der in meiner Gymnasialzeit in Münster eine große Rolle gespielt hatte und als »Moritz, König von Westfalen« allgemein noch lange nachher bekannt war. Als ich sie auf diese königliche Herkunft ansprach und auf meinen Dienst bei den achten Husaren, wo man Bissing immer besonders hofierte, hatte ich ihr altes Kavalleristenherz sofort gewonnen. Wenn Steinwehr sie aufziehen wollte, duzte er sie: »Bissing hör mal.« Sie ging dann laut dagegen an und schließlich brachte Steinwehr seinen Trumpf: »Bissing schrei nicht so, wir wissen doch, dass Du in einem Kürassierstall aufgewachsen bist.« Und Bissing verschwand lachend mit irgendeiner bösen Bemerkung über Steinwehrs Faulheit oder die Cognacflasche, die sie nicht mehr im Panzerschrank dulden werde. Nach Tisch pflegte ich einen Mittagsschlaf zu halten in einem Bett, das ich mir für mein Dienstzimmer organisiert hatte. Fräulein von Reichel verdunkelte vorher das Zimmer vermittels der Luftschutzvorhänge, die völlige Finsternis bewirkten. Sie hatte mir zusammen mit Bissing schon öfter einen kindlichen Streich gespielt, indem sie mir Gegenstände in das Bett legten oder es aushakten, so dass ich damit zusammenbrach. Eines Tages setzte ich mich im Dunkeln auf das Bett, um mich hinzulegen. In dem Augenblick kreischte im Bett eine Frauenstimme gellend auf, die Tür zum Vorzimmer flog los und dort erschienen lachend Bissing und einige andere Damen, die Fräulein von Reichel in dem Bett versteckt hatten. Diese kleinen Dinge zeigen, wie harmlos und lustig es dort herging, so ganz anders, als man es sich für den totalen Krieg im totalen Staat vorstellen sollte.

3. Wie man Nazis einschüchtert – Auge in Auge mit Reinhard Heydrich, dem »Schlächter von Prag«

Der totale Staat trat der Standortstaffel gegenüber in Erscheinung durch zwei Verbindungsleute der Parteikanzlei, die von Zeit zu Zeit von München angereist kamen, um irgendwelche Wünsche zu äußern oder sich zu informieren. Es war jedes Mal ein Katz- und Mausspiel, das sich aber in guten Formen abwickelte, bei dem es für mich darum ging, möglichst wenig zu erzählen und möglichst viel zu erfahren, und bei der Gegenseite ebenso. Der eine war ein junger Ministerialrat Maas, in Zivil, der andere ein SS-Mann namens Zander, der später zu den Letzten gehörte, die mit Hitler bis zum Ende im Bunker aushielten.

Es war ihnen offenbar daran gelegen, ein Vertrauensverhältnis zwischen Wehrmacht und Parteikanzlei herzustellen. Dieses wurde auf die Probe gestellt, als wegen der allgemeinen Materialknappheit die Partei ihre Bestände an Waffen, Munition und sonstigem Kriegsmaterial an die Wehrmacht abgeben sollte, was durch einen mühsam erkämpften Führerbefehl angeordnet worden war. Die Parteistellen gaben die Sachen aber nur zögerlich und in geringen Mengen ab. Schließlich ließ Maas durchblicken, er könne sich in München nicht durchsetzen, wenn die Sache weiterkommen solle, müsse eine

Besprechung im Braunen Haus in München stattfinden, die dann vereinbart wurde. Ich hatte vom Heer eine Anzahl von Listen erhalten, an welchen Orten und in welcher Menge die Partei Material hortete. Mit diesen Atouts (Trümpfen) in der Tasche betrat ich das Braune Haus, das in seiner neuen kalten Pracht sich prunkend darbot. Das Kernstück war ein riesiger Lichthof, dessen Betreten aber zur Schonung des kostbaren Marmorfußbodens durch Kordeln und Verbotsschilder gehindert wurde. Auch auf dem Marmorfußboden der Flure lagen scheußliche durchlöcherte Gummiläufer, ein Musterbeispiel der unsinnigen, hohlen Prunkarchitektur Hitlers. Auch der große Sitzungssaal der Partei mit den knallroten kostbaren Lederbezügen, den mir Maas dann zeigte, entsprach diesem Geschmack. Noch mehr galt das für das Arbeitszimmer des Reichsschatzmeisters Schwarz, in dem unter dessen Vorsitz die Besprechung stattfand. Der Raum war riesig, wie Hitler das anscheinend von Mussolini im Palazzo Venezia gelernt hatte. In der fernsten Ecke vom Eingang stand der Schreibtisch, um dem Eintretenden auf dem langen Wege bis zu dem Machthaber ein Gefühl der Unsicherheit beizubringen. In der Mitte befand sich ein runder, überdimensionaler Tisch, um den plumpe Sessel standen, wie aus Beton hingemauert. Dort setzte man sich dann mit etwa einem halben Dutzend uniformierter Leute hin.

Schwarz war mittlerer Beamter gewesen und Art und Aussehen waren dafür typisch. Obschon er das gesamte mobile und immobile Vermögen der Partei verwaltete, galt er als anständig und integer. Die Enkelkinder besuchten in Berlin das katholische Nonnenlyzeum am Lietzensee. In der Besprechung behaupteten die Vertreter der einzelnen Sparten eisern, sie hätten bereits alles kriegswichtige Material abgegeben. Als ich dann stichprobenweise einzelne meiner Unterlagen herauszog, wurden sie unruhig und verlangten Abschriften meiner Listen, was ich nicht wollte wegen der Vermutung, dass sie noch mehr hinter sich hatten, als meine Listen auswiesen. Ich sagte also, wenn wir zu keiner klaren Lösung kämen, so würde Chef OKW eine

Vorlage an den Führer machen. Darauf griff Schwarz ein und gab die strikte Anweisung, alles herauszugeben, was dann auch geschehen ist mit einem größeren Ergebnis, als man vermutet hatte.

Auf den Korridoren des Braunen Hauses hingen allenthalben Schilder: »Rauchen verboten«, entsprechend der Marotte Hitlers, andern das Rauchen zu verbieten, weil er selber nicht rauchte. Auf dem großen Konferenztisch befanden sich auch keine Aschenbecher und niemand rauchte. Ich hatte nun nicht vor, mich diesem Zwang zu fügen, schon um der Gegenseite meine Unabhängigkeit und Sicherheit darzutun. Ich zog also bei Beginn der Sitzung meine Zigaretten aus der Tasche, legte sie auf den Tisch, manipulierte eine Weile an einer Zigarette herum und merkte, wie alle gespannt auf Herrn Schwarz blickten, der aber tat, als ob er nichts sähe. Dann zündete ich, wieder ganz langsam, die Zigarette an. Niemand holte mir einen Aschenbecher, und ich faltete mir ostentativ aus einem Stück Papier einen Aschenbecher zurecht. Niemand hat gewagt, nun etwa auch zu rauchen, und ich bin überzeugt, dass mein überhebliches Betragen zum Erfolg der Verhandlung beigetragen hat. Wer so frech auftritt, muss Macht hinter sich haben, das einzige wirksame Argument für solche Leute.

Der reizvollste Teil meiner Arbeit beim OKW war die Beteiligung an den Gesetzentwürfen. Hierbei konnte man dem Löwen fühlbar auf den Schwanz treten, ohne dass das Raubtier leicht merken konnte, wer getreten hatte. Nichts ist nun aber unterhaltsamer, als das Spielen mit einer Gefahr, solange eine Möglichkeit besteht, dieser Gefahr geschickt entrinnen zu können. Chef OKW, der zugleich die Aufgaben des Reichskriegsministers erfüllte, erhielt wie gesagt alle Entwürfe für Gesetze und gesetzesgleiche Führererlasse zur Stellungnahme zugesandt. Die einzelnen Ressorts nahmen dann zu dem Entwurf Stellung und in Ressortbesprechungen wurden die abweichenden Meinungen erörtert und meist Einverständnis erzielt. Konnte kein Einverständnis erreicht werden, so war es Aufgabe der Reichskanzlei, auf dem

Schriftwege oder durch eine gemeinsame Besprechung Übereinstimmung herbeizuführen. Blieb das ohne Erfolg, so schloss sich theoretisch die Vorlage an Hitler zwecks Entscheidung über die Zweifel und Zeichnung des Entwurfs an. Im Kriege hatte nun Hitler, der mit der militärischen Führung und dem Intrigenspiel seiner Herzoge hinreichend beschäftigt war, angeordnet, dass ihm Entwürfe zur Zeichnung nur vorgelegt werden durften, wenn zwischen den Ressorts Einverständnis erreicht war, was die Aufhebung nicht nur des die Grundlage der damaligen staatlichen Ordnung bildenden Führerprinzips, sondern jeder staatlichen Ordnung überhaupt bedeutete. Wenn man einen Entwurf verhindern wollte, so genügten einige in etwa plausible Einwände, um das Zustandekommen zu verhindern, oder mindestens sehr zu verzögern. Inzwischen verschoben sich dann oft die Bedürfnisse, oder die Interessenten wechselten, oder verloren an Einfluss.

Bei solchen Besprechungen bin ich verschiedentlich in der neuen Reichskanzlei gewesen. Die Außenfront an der Vossstraße war nackte Materie in maßloser Häufung, jeder geistigen Durchdringung entbehrend. Die einzige architektonische Auflösung der toten, drohenden Masse waren die beiden SS-Posten neben dem dunkel gähnenden Eingangsloch, über dem man die Aufschrift über Dantes Höllentor zu lesen glaubte: Lasciate ogni speranza. (Lasst alle Hoffnung fahren) Die übertriebenen Ausmaße der Eingangshalle, die ebenso hohl, leer und düster drohte wie die Außenfront, schienen nur dazu bestimmt, dem Eintretenden einen Begriff von der zu erwartenden Größe des Diktators und der eigenen Bedeutungslosigkeit in der Masse zu geben. Die eigentlichen Gebrauchsräume verschwanden gegenüber dieser nutzlosen Halle. Die kleineren Besprechungszimmer hatten dieselbe Höhe wie die Halle, so dass man glaubte, auf dem Grunde eines Brunnenschachtes zu sitzen.

Wenn ein Gesetzentwurf bei OKW einging, so wurde er zunächst an die drei Wehrmachtteile und die jeweils als beteiligt in Betracht kommenden Ämter des OKW zur Stellungnahme übersandt. Anhand der eingehenden Äußerungen machte ich einen Vorschlag für Chef OKW auf Annahme, Ablehnung oder einzelne Vorbehalte. Diese Vortragsnotiz durfte unter Kenntlichmachung der Gründe und der Ansicht der Wehrmachtteile in knappstem Generalstabsdeutsch höchstens eine Seite umfassen. Solche Kurzfassungen sind für die gegenständlichen Dinge der Truppenführung sehr nützlich, für juristische und politische Fragen aber weniger geeignet. Anderseits zwingen sie zu klarem Denken, zumal wenn ein Satz höchstens einen Nebensatz haben darf. Bei der schwachen, verantwortlichen Entscheidungen abholden Natur Keitels und der ähnlichen Abneigung Warlimonts, sich mit Meinungen festzulegen, hing der Ausgang einer Sache meist davon ab, hinter welcher Ansicht die meiste Macht stand. Ausschlaggebende Macht besaß die Luftwaffe wegen Göring, aber auch gegenüber dem Heere brachte man sich nicht gern in Gegensatz. Ebenso war Spannung mit Ausland/Abwehr (Canaris) unerwünscht. Die Marine und die anderen Ämter des OKW spielten dabei keine beachtliche Rolle. Wenn ich also eine Sache durchsetzen wollte, so musste ich vor Abgabe der Stellungnahme versuchen, Einfluss in meinem Sinne mit den Referenten zu nehmen. Am einfachsten war das bei Ausland/Abwehr, gewissermaßen dem Auswärtigen Amt der Wehrmacht, wo alle völkerrechtlichen und außenpolitischen Argumente hochgebracht werden konnten, und im Kriege gab es kaum eine Sache, die nicht unter diesen Gesichtswinkel zu bringen war. Ein Anruf bei dem dort tätigen Helmuth Moltke, auf den Canaris hörte, war genügend, um eine Stellungnahme im gewünschten Sinne zu erhalten. Auch beim Heer hatte ich genug zuverlässige Querverbindungen, um zweckentsprechende Äußerungen hervorzulocken. Seltsamerweise war das sogar bei der Luftwaffe der Fall, wo in der Rechtsabteilung nationalsozialistisches Denken sehr dünn vertreten war. Meistens genügte auch hier eine kurze telefonische Andeutung, oder bei schwierigeren Sachen fuhr ich hin. Wegen der erdrückenden Wirkung, die Göring auf Keitel ausübte, war es ausschlaggebend, eine Stellungnahme mit Görings eigener Unterschrift zu erhalten. Das war bei dem guten Willen der Rechtsabteilung gar nicht so schwierig, denn Göring interessierten Rechtsfragen nicht und er unterschrieb ohne Prüfung, was ihm vorgelegt wurde. So habe ich es mehrmals erlebt, dass derselbe Göring, der als Beauftragter für den Vierjahresplan einen Entwurf eingebracht hatte, diesen als Oberbefehlshaber der Luftwaffe mit guten Gründen ablehnte. Keitel stimmte dann freudig dieser herbeigezauberten Ablehnung zu, ohne zu merken, dass er einen von Göring unter anderem Kopfbogen eingebrachten Entwurf zu Fall brachte. Es ist für eine homogene Ministerialbürokratie leicht, mit fachunkundigen Ministern Marionettentheater zu spielen.

Ein Gesetzentwurf ist mir besonders in der Erinnerung haften geblieben, weil er inhaltlich so grotesk und seine Verhinderung so wechselvoll und schwierig war. Heydrich hatte ein Gesetz über die Behandlung Asozialer eingebracht, mit dem er die Gestapomethoden formell legalisieren wollte. Es waren nur wenige Paragraphen mit folgendem furchtbaren Inhalt: »Die Kriminalpolizei bestimmt von Fall zu Fall, welcher Inländer oder Ausländer als asozial zu behandeln ist. Gegen diese und alle zur Durchführung des Gesetzes getroffenen Verwaltungsakte gibt es keinen Rechtszug an die Gerichte. Eine Beschwerde, insbesondere auch die formlose Dienstaufsichtsbeschwerde ist ausgeschlossen. Wenn jemand von der Polizei für asozial erklärt ist, so ist gegen ihn jeder Eingriff der Polizei in Vermögen, Freiheit, Leib und Leben gestattet.« Es war nicht schwer, gegen diese Ungeheuerlichkeit eine ablehnende Stellungnahme der drei Wehrmachtteile zu erhalten. In der Vortragsnotiz für Keitel begründete ich die Ablehnung mit der Gefährdung des Durchhaltewillens, wenn in der Wehrmacht diese Erschütterung aller rechtlichen Sicherheit bekannt werde. Das Ausland erhalte ein Repressalienrecht gegenüber deutschen Kriegsgefangenen, und eine so ungewöhnliche Maßnahme müsse bei den Alliierten den Eindruck erwecken, dass es mit dem deutschen Durchhaltewillen schlecht bestellt sei. Keitel stimmte der Ablehnung zu. Als Heydrich diese erhalten hatte, lud er zu einer Ressortbesprechung in seinem Dienstgebäude in der alten Kommandantur in der Nähe des Schlosses. Auf jedem Absatz der hohen Treppe stand ein SS-Posten zur Demonstration der hier herrschenden unheimlichen Macht. In dem Sitzungssaal waren etwa zwei bis drei Dutzend Vertreter der Zentralstellen versammelt. Heydrich war ein gutaussehender, superelegant uniformierter, jugendlicher Mann. Er trat mit guten Manieren auf und wirkte nicht unsympathisch, abgesehen von den über einer messerscharf schmalen Nase sitzenden kalten Augen. Niemand hätte nach dem Äußeren ahnen können, wie viel Blut und Schmutz an diesen feingliedrigen Händen klebte. Ich hatte meinen Platz ihm gegenüber eingenommen, da es bei einer Besprechung, deren Last man zu tragen hat, besser ist, dem Verhandlungsführer ins Auge zu sehen, als von einem fernen Tischende aus sprechen zu müssen. Heydrich trug den Inhalt des Gesetzes vor und machte dann gut formulierte Ausführungen über die Notwendigkeit dieser Vorschriften, die für den Endsieg erforderlich seien und anderseits die Rechtsstaatlichkeit wahrten, weil sie in Gesetzesform ergehen sollten. Gerade dieserhalb habe er den Entwurf vorgelegt. Er hoffe, die Anwesenden erkennten diese Notwendigkeit an und bitte um Wortmeldungen, andernfalls er Zustimmung annehmen werde. Es meldete sich der Staatssekretär Schlegelberger, der als Chef des Justizministeriums fungierte. Ich fühlte mich erleichtert, da ich annahm, der Justizminister werde jetzt kurz und knapp nein sagen, oder wenigstens so viele Vorbehalte hinbauen, dass die Vorlage damit hinfällig wurde. Schlegelberger begann unerwartet gut mit dem Satz, das Justizministerium stelle das Gewissen des Kabinetts dar und dementsprechend habe er die Vorlage mit ihren außerordentlichen Neuerungen besonders sorgsam geprüft. Es seien auch in seinem Hause wesentliche Bedenken erhoben worden, die so beachtlich seien, dass man ihnen mit rechtsstaatlichen Argumenten nicht begegnen könne. Dann aber kam die jähe Wende: »Wegen der außerordentlichen Bedrohung von Volk und Reich bin ich aber trotzdem zu dem Ergebnis gekommen, dem Entwurf zuzustimmen.« Heydrichs blasses und beherrschtes Gesicht leuchtete auf. Scheinbar uninteressiert fragte er, ob noch weiter das Wort gewünscht werde.

Es blieb mir also nichts übrig, als schweren Herzens Farbe zu bekennen. Ich sah fest in die Wolfsaugen und sagte knapp: »Auf Befehl Chef OKW lehne ich den Entwurf ab.« Heydrich bat höflich um Angabe der Gründe für die Ablehnung. Ich erwiderte kurz: »Chef OKW hat mich nicht mit der Begründung seiner Ansicht beauftragt.« Er nahm das äußerlich unbewegt hin mit der Bemerkung, er bäte darum, dass Chef OKW ihm die Gründe schriftlich mitteile, damit er darauf eingehen könne, was er sich von dieser Besprechung erhofft habe. Da er die Zustimmung aller Ressorts jetzt hatte, glaubte er mit Keitel allein wohl fertig werden zu können. Er schloss die Sitzung und lud zu einem Imbiss in den Nachbarraum, ein bei solchen Besprechungen ungewöhnliches Vorgehen. Die Türen wurden geöffnet, und man sah ein trotz Kriegszeit beladenes Büffet, eine Batterie von Flaschen und dienstbereite SS-Ordonnanzen, die besser an der Front gedient hätten. Ich ging nicht mit, zumal ich Heydrich keine Gelegenheit geben wollte, mich auf die Sache erneut anzusprechen.

Die knappen Antworten in der Besprechung hatte ich mir vorher wohl überlegt, und ich war mit dem festen Entschluss hingegangen, mich auf keinerlei Diskussion einzulassen. Das wäre gefährlich gewesen, weil meine Gründe leicht als Zeichen des in der Wehrmacht angeblich vorhandenen Defaitismus ausgelegt werden konnten. Zudem kämpft der Schwache gegen den Starken besser mit Spiegelfechtereien und Finten. Schließlich und hauptsächlich kam es darauf an, die Sache zu verschleppen, denn einem unmittelbaren Angriff Heydrichs hätte Keitel kaum standgehalten. Diese Verzögerungstaktik gelang. Ich ließ zunächst nichts von mir hören und wartete, bis Heydrich eine Antwort anmahnte. Darauf bat ich einen Referenten

Heydrichs zu einer mündlichen Besprechung, die nach mehrfacher Verschiebung zustande kam. Ich ließ ihn seine Gründe für den Erlass des Gesetzes lang und breit erzählen und redete weitschweifig um die Sache herum. Als er schließlich müde war, sagte ich ihm, die Unterhaltung sei sehr interessant und aufschlussreich gewesen und er möge mir seine Ausführungen doch schriftlich geben, die für Chef OKW sicher von großem Interesse seien und mehr Durchschlagskraft erhalten würden, wenn sie von ihm schriftlich niedergelegt wären. Inzwischen sprach mich auch Herr Maas von der Parteikanzlei auf die Sache an, und ich merkte, dass die Sache durch eine neue Vortragsnotiz an Keitel zum Schwur gebracht werden müsse. Jedoch plötzlich kam der rettende Engel und beförderte Heydrich als Nachfolger Neuraths zum Reichsprotektor von Böhmen, wo er dann sein folgenschweres Ende fand. Nach Heydrichs Fortgang hat niemand die Sache wieder aufgegriffen. Es wurde weiter konfisziert, eingesperrt, geprügelt und gemordet, aber ohne formalgesetzliche Ermächtigung.

4. Erschreckende Blicke hinter die Kulissen – Belgrad, Paris und die Judenvernichtung im Osten

An kleinen Vorkommnissen, wo ich unbemerkt eingreifen konnte, ist mir der Plan erinnerlich, die Bewachungsmannschaften für die Kriegsgefangenen mit requirierten Schrotflinten auszurüsten, um bei der Knappheit an Waffen die Gewehre für die Front verfügbar zu machen, übrigens ein dunkles Vorzeichen für den immer noch an den Horizont gestellten Endsieg. Ich hatte schon aus dem ersten Krieg eine schlechte Erinnerung an Ähnliches, als man uns Fernrohrbüchsen für den Schützengraben verpassen wollte. Wenn schon auf Ebenbilder Gottes geschossen werden muss, dann nicht mit der für die niedere Kreatur bestimmten Waffe. Ich forderte daher eine Stellungnahme von OKW-Ausland an, die Helmuth Moltke in eisig klarer Sprache lieferte zum Nachweis der völkerrechtlich verbotenen Anwendung dieser grausamen Waffe. Der Plan wurde fallen gelassen. Eine andere Sache verlief ohne Erfolg, ist aber kennzeichnend für die Haltung von Keitel.

Es kam mir irgendwie ein Vorgang auf den Schreibtisch, demzufolge eine Formation der Luftwaffe aus dem Schloss Rambouillet bei Paris, dem Sommersitz des französischen Staatspräsidenten, eine dreiviertel lebensgroße gotische Madonnenfigur aus Stein von hohem Wert mitgenommen und in Deutschland in ihrem Kasino aufgestellt hatte. Die deutsche Etappenkommandantur über Rambouillet fahndete nach diesem Stück, durch dessen Wiederbeschaffung man dem französischen Staatspräsidenten eine Höflichkeitsgeste erweisen wollte. Die Luftwaffenformation hatte sich hinter Göring verschanzt, der die Herausgabe verweigerte entsprechend seiner eigenen Übung, aus den besetzten Gebieten Kunstwerke für seinen Besitz Carinhall zu entwenden. Ich schickte die Sache an Moltke, der eine von Canaris gezeichnete Stellungnahme auf sofortige Rückgabe der geraubten Statue nach Rambouillet abgab, die besonders scharf in der Formulierung war, weil es darum ging, Keitel zu einem Schritt gegen Göring zu veranlassen. Wie zu erwarten war, misslang das. Keitel konnte Göring keine Befehle erteilen. Dazu hätte er einen Führerbefehl Hitlers erwirken müssen und er nahm zutreffend an, dass er bei Hitler nicht nur eine Ablehnung erhalten werde, sondern noch Hohn über solch einen schlappen Vorschlag. Anderseits wusste er natürlich, dass Canaris und das Heer ihm jetzt Mangel an fester Haltung vorwerfen würden, aber angesichts der bestehenden Machtverhältnisse nahm er das in Kauf. Man sieht an einem solch kleinen Beispiel, wie schlimm sich die falsche Spitzengliederung auswirkte, an der auch ein stärkerer Mann als Keitel hätte scheitern müssen.

Eine interessante Betätigung erwuchs mir aus dem Plan, in Anpassung an das Reichsleistungsgesetz und die Kriegssachschädenordnung entsprechende Regelungen für die besetzten Gebiete zu schaffen. Damit hatte ich die Gelegenheit zu einer Anzahl aufschlussreicher Reisen zu den verschiedenen Militärregierungen erhalten. Allenthalben wurde der Plan bereitwillig aufgenommen, und es sind auch recht brauchbare, wenn auch weniger weitgehende Regelungen als im Reich getroffen worden. Ob sie praktisch große Bedeutung erlangt haben, ist mir zweifelhaft. Immerhin ist es aber ein Zeichen für die rechtliche und anständige Haltung im Heer, dass man sich um diesen wohl erstmaligen Versuch positiv gemüht hat, noch im Kriege derartige, dem Schutz der feindlichen Staatsbürger dienende Vorschriften zu erlassen. Ich habe den Gedanken mit dem Hinweis schmackhaft zu machen versucht, dass die für Deutschland kriegswichtige Wirtschaft in den besetzten Ländern ohne solche Regelungen nicht in Gang gehalten werden könne.

Die amüsanteste derartige Reise war die nach Belgrad ganz kurz nach der Besetzung. Nach den Wehrmachtberichten und den beim Wehrmachtführungsstab herrschenden Ansichten war die Eroberung Serbiens voll gelungen, und es handelte sich nur noch darum, vermittels der neueingesetzten Regierung das Land wieder in wirtschaftliche Ordnung zu bringen und den Achsenmächten positiv anzugliedern. Die raue Wirklichkeit war allerdings selbst für einen flüchtigen Betrachter durchaus anders. Militärbefehlshaber war der Fliegergeneral Danckelmann, ein rechtschaffener Soldat von angenehmem Wesen. Wegen seines menschlichen Anstandes war er der verworrenen Lage nicht recht gewachsen. Die soliden Leute im Lande waren königstreu. Auf diese durfte er sich befehlsgemäß aber nicht stützen, sondern war angewiesen auf halbseidene Republikaner aus der dünnen Intelligenzschicht, die bei der tüchtigen bäuerlichen Bevölkerung keine Resonanz hatte. Die neue Regierung hatte daher außerhalb der Stadt Belgrad keinerlei Einwirkung. Dasselbe galt aber für den Militärbefehlshaber, der über eine viel zu geringe Besatzungstruppe verfügte, um das in wildem Aufruhr brodelnde unwegsame Land zu befrieden, ja nur die nötigste Sicherheit für den Nachschub der Truppe zu schaffen. Da die Truppe zu schwach war für ihre Aufgabe, griff sie zu drakonischen Maßnahmen, um sich ihrer Haut gegen die aus den unzugänglichen Waldbergen operierenden Partisanen zu erwehren. Dörfer, in denen deutsche Soldaten überfallen worden waren, wurden ausgebombt oder niedergebrannt mit der Wirkung, dass die vertriebene Bevölkerung sich zwangsläufig und oft widerwillig den Partisanen anschloss. Ich bekam einen lebhaften Eindruck von der Lage, als ich in dem eleganten, neuerbauten Hotel, das jeder europäischen Großstadt Ehre gemacht hätte, bereits in der ersten Nacht mehrfach von munterem Geschieße in der Nähe des Hotels aufgeweckt wurde. Nicht einmal die Stadt Belgrad war also fest in der Hand.

General Danckelmann hatte seinen Amtssitz in dem Parlamentsgebäude. Als ich ihn dort aufsuchte, erzählte er beiläufig, er benutze nicht den prunkhaften Haupteingang des Gebäudes, sondern einen rückwärtigen Nebeneingang, um keine unnütze Gelegenheit zu Attentaten der Partisanen auf ihn zu geben. Anscheinend war er der Ansicht, ich sei vom Wehrmachtführungsstab geschickt, um einen unmittelbaren Eindruck über die Lage in Serbien zu erhalten und das Reichsleistungsgesetz und die Kriegsschäden seien nur ein äußerer Vorwand. Infolgedessen wurde ich von ihm über Gebühr gut behandelt, jedenfalls besser, als es einem Rittmeister der Reserve normalerweise gebührt hätte. Er lud mich zum Abendessen in das Palais des bisherigen Regenten, des Prinzen Paul ein, in dem er offiziell seinen Wohnsitz genommen hatte. Das Palais lag am Stadtrand in einem großen Park, der in die Landschaft überging. Da es dieser freien Lage halber schwer zu sichern war, wohnte er in Wirklichkeit nicht dort, sondern in einer unscheinbaren kleinen Villa in der Stadt, nach außen wurde aber der Schein aufrechterhalten, der General wohne in dem Palais. Er forderte mich auf, schon eine Stunde vor der Tischzeit zu kommen, da er mir den schönen Park in der aussichtsreichen bergigen Landschaft zeigen wolle. Ich solle an dem stadtseitigen Einfahrtstor auf ihn warten und nicht bis zum Palais fahren.

Der Sinn dieser seltsamen Maßnahme wurde mir dann klar, als Danckelmann von seiner Villa aus mit einer regelrechten militärischen Sicherung angefahren kam, vorab ein Auto mit einem Maschinengewehr, dann in Abstand die Generalslimousine und dahinter wieder ein Wagen mit Maschinengewehr. Mit dieser komischen Bewachung fuhren wir dann eine Weile im Park umher und dann zu dem Palais, einem modernen englischen Landschloss. Von der Gartenterrasse des Hauses hatte man einen weiten Blick in das Donautal und gegenüber auf einem Berge sah man eine monumentale Anlage, das serbische Ehrenmal für die Gefallenen des Ersten Weltkrieges. Ich sagte, ob ich nicht am folgenden Tage nach dem wenige Kilometer entfernten Ehrenmal hinfahren könne, da man dort sicher einen guten Überblick auf die Stadt habe und sich die Eroberung Belgrads durch Prinz Eugen vergegenwärtigen könne. Danckelmann sah mich entgeistert an und erklärte, so weit aus der Stadt heraus könne man nur in militärisch gesichtertem Geleitzug fahren. Das Essen, zu dem etwa ein halbes Dutzend von Herren des Stabes erschienen, war erstklassig und wurde von den verbliebenen prinzlichen Lakaien serviert. An einem der nächsten Tage nahm Danckelmann mich mit zu einem Orientierungsflug über das Land als Ersatz für die fehlende Möglichkeit zu einer Autofahrt. Er flog selber und gab mir den Copilotenplatz neben sich, während die beiden Flugzeugführer hinter uns Platz nahmen. So hatte ich eine unbehinderte Aussicht und die Gelegenheit zu Fragen. Schon nach kurzer Zeit überflogen wir eine menschenleere Ortschaft, deren Trümmer noch rauchten. Deutsche Soldaten waren dort aus dem Hinterhalt überfallen und darauf zur Abschreckung eine Strafexpedition unternommen worden. Bei der niedrigen Flughöhe sahen wir noch eine Anzahl zerstörter Dörfer. Die meisten waren aber unzerstört und bewohnt, besonders die größeren Orte, in denen kleine Truppenkommandos stationiert waren. Eine Weile flogen wir an der Bahnlinie entlang und erblickten auch einige Züge, während die Straßen tot und verlassen dalagen. Es fiel mir auf, dass der dunkle Schotter der Bahnstraße an ungezählten Stellen von hellen Flecken unterbrochen war. Das waren wiederaufgefüllte Sprengtrichter von Bombenattentaten, welche die Partisanen Nacht für Nacht an dieser für die Truppe lebenwichtigen einzigen Verkehrsader zum Balkan verübten. Zu greifen waren sie nicht, da sie am Tage als harmlose Bauern das Feld bestellten. Die Berge mit ihrem niedrigen Buschwald dehnten sich weit und unergründlich hin. Danckelmann flog dann zum Eisernen Tor nach Orsova, und man sah einigen Schiffsverkehr auf der Donau, die für den Nachschub wegen der Bahnschwierigkeiten große Bedeutung erhalten hatte. Nachts konnten die Schiffe nicht fahren wegen des Beschusses durch Partisanen und am Tage auch nur mit Sicherung. Die höheren, über 1200 Meter hohen Berge hatten Graskuppen ohne Wald. Da wir der Aussicht halber niedrig flogen, konnte man diese Kuppen voll übersehen. Plötzlich sahen wir nicht weit vom Eisernen Tor auf einem Berge einige Leute zusammenlaufen. Angesichts der Öde und Unwegsamkeit mussten es wohl Partisanen sein, und schon schossen sie mit einem Maschinengewehr auf das niedrigfliegende Flugzeug. Ich habe bei der Schnelligkeit und mangels Erfahrung im fliegerischen Beschuss nicht recht etwas davon gemerkt. Aber Danckelmann zog schnell Leine in Richtung Belgrad, und ich hörte hinter mir die beiden Flugzeugführer aufgeregt reden, wohl darüber, dass nur ein General, der nichts von Partisanen wisse, solchen Unfug niedrigen Fliegens in Partisanengebieten machen könne. Alles in allem war es der schönste Flug meines Lebens wegen der Ungebundenheit an Route und Fahrplan, der erdnahen Aussicht aus der Kanzel und der geheimnisvollen Undurchdringlichkeit des überflogenen Gebiets. Die ganze Reise war ein gelungenes Unternehmen. Bald darauf wurde der General Danckelmann abberufen. Ich bin daran aber unschuldig, denn ich habe ihn nach Rückkehr bestens gelobt.

In Paris war ich zwei Mal im Kriege. Trotz der beschämenden Zustände und aller Kriegslasten bin ich in der Bevölkerung merkwürdigerweise nirgends auf Hass oder Ablehnung gestoßen, ganz im Gegensatz zu der kühlen Ablehnung im ersten Krieg. In der Metro sowie in Läden und Restaurants wurde man nicht nur höflich, sondern entgegenkommend und freundlich behandelt. In den Restaurants und selbst in Nachtlokalen saßen Uniformierte mit Franzosen zusammen, die zum Teil soliden Gesellschaftskreisen angehörten. Trotz aller späteren Résistance muss doch der überwiegende Teil der Bevölkerung mit Hitler und der Vichy-Regierung mehr oder minder einverstanden gewesen sein. Mit dem Widerstand war es wohl ähnlich wie in Deutschland, nachher hatte jeder irgendwie dazugehört.

Bei uns zu Hause in Berlin war das Leben im Kriege schwer geworden. Verbrauchter Hausrat und Kleidung konnten nicht ergänzt werden. Die Ernährung vermittels der Lebensmittelrationierung bestand in Hungerrationen. Zusätzliche Versorgung über den schwarzen Markt war in der Großstadt schwierig und nur zu horrenden Preisen, die wir nicht bezahlen konnten. Verbindungen zur Landwirtschaft hatten wir nicht. Prinz Hohenlohe war zu korrekt und furchtsam, um uns etwas zu schicken. Die einzige zusätzliche Hilfe bestand in zwei Dutzend Hühnern, die wir im Garten hielten und deren Futterbeschaffung eine Quelle ständiger Sorge war.

Bevor die Luftangriffe in ihrer späteren Härte im Grunewald einsetzten, ist unsre liebe Mutter mit achtzig Jahren am 16. Februar 1942 verstorben. In Münster auf dem alten Mauritzkirchhof haben wir sie in unserm Familiengrab beerdigt.

Die Bombenangriffe gegen Berlin wurden immer schärfer, und immer öfter mussten wir den Bunker im Garten aufsuchen, obschon das Hauptziel der Bombenwürfe die Innenstadt war. Einer der schlimmsten Angriffe richtete sich gegen das Viertel zwischen Lützowplatz und Bendlerstraße. Das ganze Viertel lag in Schutt und Asche. Das einzige, weitum unversehrt gebliebene größere Gebäude war das Franziskushospital an der Burggrafenstraße, von dem die Nonnen die Bomben weggebetet hatten, wie der Volksmund es alsbald registrierte. Die Bendlerstraße mit ihren vielen Wehrmachtbüros war verhältnismäßig gut davongekommen. Das schöne moderne Shellhochhaus war stehen geblieben, der Gardekavallerieklub aber mit all seinem guten Wein lag in rauchenden Trümmern. Der Gebäudekomplex der Bendlerstraße 10 war nicht allzu schwer betroffen. Zerstört und ausgebrannt war nur die Ecke des Altbaus zum Tirpitzufer hin, wohin der Wehrmachtführungsstab kürzlich aus seinem ursprünglichen Quartier unten im Neubau umgesiedelt war. Als ich durch das Gebäude schlenderte, sah ich, dass zwei Pioniere in einem halbausgebrannten Zimmer ein großes Hitlerbild von der Wand rissen und es mit Genuss zertrampelten. Ich ging langsam auf die erbleichenden Galgenvögel zu, bot jedem eine Zigarette und verschwand wieder. Alle drei wussten wir ohne Worte, dass die Zeit sich näherte, zu der der Herr das Unkraut ausreißen würde. Da die meisten Büros des Wehrmachtführungsstabes ausgebrannt waren und wohl weitere Angriffe auf diese Wehrmachthochburg befürchtet wurden, übersiedelte der Stab in die Unteroffizierschule Eiche bei Potsdam, die nicht weit vom Neuen Palais einsam im Grünen lag und dann auch keinerlei Angriff erlitten hat. Dort habe ich den Rest meiner Wehrmachtzeit verbracht.

In Eiche übernahm an Stelle des an die Front versetzten Oberst Ulrich die Leitung der Standortstaffel des Wehrmachtführungsstabes der Generalstabsoberst Meichsner, mit dem ich eine sehr angenehme Zusammenarbeit hatte. Im Herbst 1943 wurde mir mein bisheriges Arbeitsgebiet weggenommen und in die Hand zuverlässiger Wehrmachtbeamter gegeben. Das Innenministerium hatte gemerkt, dass manche lästige Dinge im Bereich der Zusammenarbeit mit Chef OKW auf mein Konto zu buchen waren. Man hatte daher bei Warlimont unter der Hand Schritte gegen mich getan, die sofort Erfolg hatten, da dieser keine Reibung mit der Partei haben wollte. Ich wurde von da ab auf dem eigentlichen, politisch harmlosen Gebiet der Standortstaffel beschäftigt, der Bewirtschaftung von Menschen und

Material. Hierbei hatte ich Anfang Juli 1944 ein amüsantes Erlebnis. Mussolini hatte nach seiner romantischen Befreiung eine neue Regierung für das in deutscher Hand verbliebene kleine norditalienische Restgebiet gebildet. Hitler versprach ihm, dass er aus den in deutsche Gefangenenlager verbrachten Italienern drei neue italienische Divisionen aufstellen dürfe, unter Hergabe des hierfür erforderlichen Materials aus deutschen Beständen. Mussolini legte hierauf großen Wert, damit seine Scheinregierung ein etwas besseres äußeres Ansehen durch diese eigene italienische Streitmacht erhielte.

In Wirklichkeit wollte Hitler sein Versprechen nicht erfüllen wegen der eigenen unsagbar großen Materialverknappung und weil niemand wissen konnte, ob diese neuen, zwar sorgfältig unter faschistischen Gesichtspunkten ausgesuchten Truppen nicht doch auf die Seite des Königs überwechseln würden. Aus denselben Gründen war der Plan bei der Wehrmacht nicht beliebt. Unter allen erdenklichen Vorwänden und Machenschaften wurde daher die Vollziehung des Versprechens hinausgezögert. Der italienische Militärbevollmächtigte in Berlin mahnte immer wieder vergebens und verlangte schließlich eine mündliche Erörterung der Fragen. Meichsner konnte sich dem ohne Verlust des Gesichts nicht entziehen und vereinbarte eine Besprechung in Eiche. Die Sache war ihm höchst zuwider, da er als anständiger Soldat die italienischen Bundesgenossen in ihrer Not nicht anlügen wollte, anderseits aber ihre Forderungen nicht erfüllen konnte. Am Abend vor der vereinbarten Besprechung fuhr er daher unter dem Vorwand einer plötzlichen Abberufung in das Führerhauptquartier und beauftragte mich, den italienischen Militärbevollmächtigten General Morera zu empfangen und hinhaltend mit ihm zu verhandeln. Als der General mit zwei Begleitern in mein Zimmer geführt wurde, waren wir beide gleicherweise verdutzt. Vor mir stand der Mann, der gut zwanzig Jahre vorher in Rybnik während meiner Landratszeit als Leutnant Adjutant des Kreiskontrolleurs Marchese Bernezzo gewesen und inzwischen zum Generalleutnant aufgerückt war. Seine schwarzen italienischen Locken waren leicht angegraut, das Gesicht etwas verfältelt, aber sonst war es derselbe nette »tenente« von früher, der auch mich trotz der entsprechenden Veränderungen sofort erkannte. Wir sprachen, wie von früher gewohnt, französisch, und er machte mich mit seinen Begleitern bekannt. Der eine, ein großer korpulenter Mann, war ein Sohn Mussolinis, der diesem weder äußerlich noch hinsichtlich der persönlichen Wirkung glich. Anscheinend war er mitgekommen, um den italienischen Wünschen durch seinen Namen Nachdruck zu verleihen. Es ergab sich also eine doppelt peinliche Lage für mich, als ich den Besuchern eröffnen musste, dass der Oberst Meichsner plötzlich dringendst in das Führerhauptquartier bestellt worden sei und sie daher zunächst mit mir vorlieb nehmen müssten. Morera hatte auf Grund seiner Klugheit, seines italienischen Einfühlungsvermögens und seiner früheren Kenntnis meiner Person sofort herausgespürt, dass ich kein Hitleranhänger sei. Er flüsterte mir also zu: »Zunächst werden wir uns jetzt formell über die Geschichte unterhalten und nachher sprechen wir uns unter vier Augen.« Die italienischen Beschwerden wurden dann eingehend erörtert, und ich versprach entsprechend den Weisungen Meichsners bestmögliche Erfüllung der Wünsche, tunliche Beseitigung der Schwierigkeiten und einen baldigen Gegenbesuch Meichsners bei Morera. Dann entließ Morera seine beiden Begleiter mit dem Hinweis, er wolle mit mir alte Erinnerungen austauschen.

Als sie gegangen waren, sprach er offen ohne jede Hemmung. Er wisse natürlich auch ohne die vorgeschobene Reise Meichsners, dass die italienischen Forderungen nicht erfüllt werden würden. Aus Pflichtgefühl und Anstand Mussolini gegenüber müsse er aber die Erfüllung der Versprechungen fordern, und er habe den Sohn Mussolinis mitgebracht, damit dieser wisse, dass er sich bestens um die Erfüllung bemühe. Im Übrigen sei es ja völlig belanglos, ob die italienischen Divisionen aufgestellt würden oder nicht, denn das Spiel sei für Mussolini wie für Hitler gleicherweise verloren. Das gelte auch für sein persönliches Geschick. Die Lage der Monza-Regierung in Norditalien sei so unsicher, dass er seine Familie nach Deutschland geholt und in dem Hotel am Müggelsee untergebracht habe. Als ich ihn fragte, weshalb er denn bei Mussolini geblieben und nicht auf die Seite des Königs getreten sei, begründete er das damit, dass er an Mussolini und seine Aufgabe geglaubt habe und ihm, der ihn zum General gemacht, jetzt im Unglück treu bleiben müsse. Dasselbe Lied, dasselbe Leid wie bei so vielen deutschen Offizieren. Ich schilderte ihm dann meine Ansichten über Hitler und die Lage. Er erwiderte, das habe er bei mir nicht anders erwartet, und er sei ganz sicher darüber geworden, als er die Statue der Muttergottes mit einem Blumenstrauß davor in meinem Zimmer gesehen habe, die ich der Bomben halber nach Eiche geborgen hatte. Die Katholizität hat eben ihr eigenes Vokabular.

Kurz vor dem 20. Juli geriet mir noch eine Sache in die Hand, die für die Behandlung der Juden aufschlussreich war. Das Heer hatte in Polen einen großen Truppenübungsplatz, dessen Namen ich vergessen habe. Diesen Platz beanspruchte plötzlich die SS, und das Heer wollte ihn nicht hergeben. Der Streit verschärfte sich, und so legte das Heer die Sache Chef OKW vor mit der Bitte um Unterstützung gegen das Vorhaben der SS. Ich verstand die Beweggründe nicht, weshalb die SS sich gerade auf diesen Platz versteifte, und erkundigte mich bei dem Sachbearbeiter beim Oberkommando des Heeres. Dieser erklärte, das müsse er mir mündlich erläutern, und er erschien dann auch. Dabei kam heraus, dass die SS angrenzend an den Wehrmachtplatz ein Lager für Juden eingerichtet hatte, in dem diese umgebracht wurden. Der Platz hierfür reichte nicht aus, und deshalb wollte man den Truppenübungsplatz zur Vergrößerung hinzuhaben. Ich bat den Major um Nachreichung eines schriftlichen Berichts über diese Zusammenhänge, damit ich Chef OKW über diese üble Sache orientieren könne. Er war trotz seiner Empörung über die SS entsetzt über diese Zumutung und sagte, das sei eine rein persönliche Äußerung von ihm, die er nicht beweisen könne und er habe nichts gesagt und wolle nichts damit zu tun haben. Was aus dieser Sache im Zuge der dann einsetzenden Ereignisse geworden ist, weiß ich nicht. Sie ist der einzige Fall gewesen, in dem ich sicher erfahren habe, dass die Juden in Polen von der SS systematisch und in Kenntnis der Wehrmachtstellen ermordet wurden. Niemand wagte es, die Mordanklage gegen die SS zu erheben, und ob ich selber es fertiggebracht hätte, kann ich auch nicht sagen.

V. Hitler töten

1. Vom Gewissen getrieben – im Kreisauer Kreis mit Moltke, Yorck und den anderen: Ringen um die Zukunft Deutschlands

Nachdem wir nun beim 20. Juli 1944 angelangt sind, der für mich ein schicksalhafter Tag geworden ist, muss ich jetzt zurückgreifen, um die Umstände darzulegen, die mich in Zusammenhang mit den Ereignissen dieses Tages führten. Der Kreisauer Kreis hat seine Bezeichnung erhalten von dem Gute Kreisau bei Schweidnitz, das dem Grafen Helmuth von Moltke gehörte, auf dem dieser im Kriege mehrfach eine Reihe von Personen zu staatspolitischen Erörterungen versammelte. Die Bezeichnung ist erst nach 1944 geprägt worden, jedenfalls entsinne ich mich nicht, sie vorher gehört zu haben. Das rund 500 Hektar große Gut war um 1870 von dem Feldmarschall Graf Moltke erworben worden, der es seinem Bruder vermachte, dessen Urenkel Helmuth Moltke war, der als Haupt der Familie den Grafentitel führte. Das Schloss, ein ansehnlicher Barockbau, enthielt noch das Schlafzimmer des Feldmarschalls im selben Zustand wie zur Zeit seines Todes. Seine soldatische Einfachheit zeigte sich wohltuend in der fast ärmlichen Schlichtheit der Einrichtung, die aus einem schmalen, kurzen Bett, einem kleinen Waschtisch und einem Kleiderschrank von der Art eines Kasernenspindes bestand, der die wenigen hinterlassenen Kleidungsstücke enthielt. Ein ähnliches Beispiel preußischer Sparsamkeit bot der Speisesaal, den der Feldmarschall mit Stuckleisten aus der Gründerzeit ausgestattet hatte, die er in Berlin bei einem Abbruch kaufte und hier wieder anschrauben ließ.

Dieselbe beeindruckende Bescheidenheit zeigte die Grabstätte in einem Wäldchen nahe beim Schloss. In einem kleinen, nur mit einem schlichten Eisengitter verschlossenen Kapellchen aus Backstein stand auf zwei Holzböcken der Sarg mit Helm und Degen darauf, für jedermann sichtbar. Der Verlust dieser vornehmen historischen Gedenkstätte ist eine der vielen schmerzlichen Kriegsfolgen dieser Art. Die auf Prunk bedachten Machthaber der Hitlerzeit wollten im Zuge ihres Missbrauchs guter preußischer Tradition aus der ehrwürdigen schlichten Grabstätte ein augenfälliges nationales Ehrenmal mit Thingstätte machen. Moltke wies die Angebote kühl zurück, und als man unverschämt und fordernd darauf drängte, erklärt er schließlich seine Bereitschaft, Mist anzunehmen zur besseren Bodenpflege des parkartig gehaltenen Wäldchens um die Kapelle. Der Hohn blieb unverstanden, und der Mist wurde geliefert. Moltke konnte kalten Hohn zeigen, wenn er aus heißem Herzen in heiligem Zorn erglühte. Seine Grundhaltung gegenüber dem Nationalsozialismus war überlegene Verachtung aus dem Wissen um höhere Werte. Er fürchtete sich auch nicht, seine ablehnende Haltung zu bekunden. Bei dem triumphalen Einzug Mussolinis in Berlin waren die Fenster seines Büros Unter den Linden die einzigen, die keine Fahnen zeigten, was aber keine übermütige Herausforderung war. Er wusste in klugem Maßhalten, wie weit er auf Grund seines großen Namens gehen konnte. Form und Maß bestimmte sein ganzes Wesen, das in Sauberkeit und Reinheit des Herzens leuchtete und von einem kristallklaren Intellekt beherrscht wurde. Wille überwog Gefühl. Er sprach wenig. Seine Schlichtheit und Bescheidenheit hob die Würde seiner Person umso mehr hervor. An zwei Meter groß, trug sein schlanker, doch kräftiger Körper einen schmalen Herrscherkopf mit hoher klarer Stirn unter dunklem Haar und mit auffallend schönen, flachen Schläfen. Seine dunkelbraunen großen Augen zeigten Härte und Blitzen, wie es meist nur bei blauen Augen erscheint. Sie waren wohl von seiner schottischen Ahnenreihe ererbt. Die schwarzen, tiefgründigen Seen und die düsteren Bergkuppen Schottlands mit seiner blutigen Geschichte haben in den Augen der Bewohner einen Schein dunkler Trauer hinterlassen, der auch bei fröhlichem Lachen sichtbar bleibt. Die Mutter Moltkes war schottischer Abkunft, eine Tochter des obersten Richters in Südafrika Rose-Innes. Die geistige Erbmasse der Mutter war deutlich zu spüren, so dass wir ihn im Scherz als Scoto-Borussen zu bezeichnen pflegten. Sein Eifer, die Dinge dieser Welt missionarisch zum Guten zu gestalten, erklärt sich aus puritanischem Sendungsbewusstsein. Auch das für einen so traditionsgeladenen Preußen seltene übernationale und überstaatliche Denken sowie der Umstand, dass er als deutscher Rechtsanwalt zugleich englischer »barrister« war, beruhten auf der britischen Abstammung. Puritanischer Bewährungsaufgabe verdankte er auch wohl seinen Fleiß und die Tüchtigkeit für alle irdischen Aufgaben, mit der er als vorbildlicher Landwirt das vom Vater verschuldet überkommene Gut Kreisau mustergültig wieder hochwirtschaftete und mit der er zu einem hochangesehen Berliner Anwalt unter Spezialisierung auf Völkerrecht und internationales Privatrecht wurde.

Die ganze Persönlichkeit Moltkes wurde getragen vom christlichen Glauben. Es waren hierbei neben dem landeskirchlichen Urgrund Elemente des Pietismus und der »christian-science« mitbestimmend, die für mich als Katholiken schwer ergründbar sind. Das Familienleben war streng christlich. Tischgebet und sonntäglicher Kirchenbesuch bildeten eine Selbstverständlichkeit, obschon der zu Fuß absolvierte Kirchweg in Kreisau ziemlich weit war. Die Familie Moltke wohnte in Kreisau aus Sparsamkeit und des guten Beispiels halber nicht in dem Schloss, sondern in einem zehn Minuten abseits vom Gutshof auf einer Anhöhe liegenden kleineren Landhaus aus dem 19. Jahrhundert, das Platz für die aus der Gräfin und zwei kleinen Söhnen bestehende Familie und einige Gästezimmer bot. Die gepflegte Schlichtheit des Haushalts entsprach Moltkes sozialem Denken und war besonders bemerkenswert, weil die Gräfin Freya Moltke aus der Kölner Bankiersfamilie Deichmann stammte, also aus reicher Lebenshaltung. Es war eine vorbildliche christliche Ehe, auf gleichen Ansichten und Überzeugungen beruhend. Die Gräfin war nicht nur eine bewundernswerte Hausfrau, sondern ebenso eine tätige Helferin und geistige Mitarbeiterin bei allen Bestrebungen Moltkes. Als Student schon hatte Moltke sich intensiv mit gesellschaftspolitischen und sozialen Fragen befasst und praktische Mitarbeit in den damals aufkommenden Schulungslagern geleistet, was bestimmend für seine gesamte Lebenshaltung geworden ist.

Ich hatte den um fünfzehn Jahre jüngeren Moltke bereits in meiner Kattowitzer Tätigkeit als jungen Studenten kennengelernt. Damals war er durch Vermittlung meines Amtsvorgängers, des späteren Warschauer und Madrider Botschafters Hans Adolf von Moltke, mehrmals bei mir, um Material zu sammeln für eine Arbeit über das Minderheitenrecht. Seitdem bestand keine Verbindung zwischen uns, und ich traf ihn erst wieder, als ich 1940 zum OKW/Wehrmachtführungsstab eingezogen wurde, wo Moltke bei der Abteilung OKW/Ausland-Abwehr unter Canaris als völkerrechtlicher Experte tätig war. Wir gerieten auf Grund der früheren schlesischen und der neuen dienstlichen Beziehungen allmählich in näheren Zusammenhang, der sich dann zu der gemeinsamen Arbeit im Widerstand gegen Hitler ausweitete. Diese Arbeit, für die er nach seinen Qualitäten vorausbestimmt war, hat Moltke in Gang gebracht und mit leidenschaftlicher Energie einen Kreis Gleichgesinnter um sich gesammelt.

Er tat dies gemeinsam mit dem ihm gleichaltrigen Graf Peter Yorck von Wartenburg, den er vorher trotz verwandtschaftlicher Beziehungen und der gleichen schlesischen und gesellschaftlichen Herkunft nicht gekannt hatte. Sie fanden sich erst in Berlin als Gleichgesinnte gleicher Art zu einer schönen Freundschaft und zu gemeinsamen hohen Zielen. Es ist bemerkenswert für die geistige und patriotische Zeugungskraft Schlesiens, dass die gesamten Kreisauer Bestrebungen also in Schlesien wurzeln. Auch ich wäre ohne meine Beziehungen zu Schlesien nicht in diese Zusammenhänge geraten, die verstärkt wurden durch meine Freundschaft mit Hans Lukaschek, dem symbolhaften Repräsentanten Oberschlesiens, den

Moltke sowohl wie Yorck von Schlesien her kannten. Ich war persönlich in Schlesien mit Yorck nicht bekannt, obschon seine Schwester Davy die Frau des Botschafters Moltke war, mit dem ich in vielfachen Beziehungen stand. Erst in Berlin hatte ich Yorck kennengelernt durch meinen oberschlesischen Freund Robert Brebeck, der als Ministerialdirigent beim Preiskommissar die Personalien bearbeitete und dort in der politisch harmlosen Arbeit nach Möglichkeit Hitlergegner unterschlüpfen ließ, und so auch Yorck aus der Preußischen Verwaltung als Oberregierungsrat übernommen hatte. Brebeck wusste aber nichts von den Widerstandsbestrebungen, ahnte sie aber bei seiner Klugheit. Yorck war anfangs bei der Truppe, soldatischer gesinnt als Moltke, der nur Wehrmachtbeamter war und Uniformen nicht liebte. Nachdem zwei Brüder gefallen waren, wurde Yorck in einen Wirtschaftsstab des Oberkommandos des Heeres nach Berlin versetzt. Yorck war ein Nachkomme des durch die Konvention von Tauroggen geschichtlich gewordenen Feldmarschalls.

Die Familie Yorck war wegen ihrer hohen humanistischen Geistigkeit bekannt, die Peter Yorcks Wesen geformt hatte. Auch er war tief gläubiger Christ, der die lutherische Abendmahlslehre, hoc est enim corpus meum (das ist mein Leib) sehr ernst nahm. Ohne calvinistische Einschläge fühlte er sich fröhlich in Gottes Hand geborgen. Heiterkeit war der Grundzug seines Wesens. Bei den schwierigsten Dingen lief ein verspieltes Lächeln über die feinen Züge seines Gesichts, und dann kam eine lustige, oft ironisch gefärbte, aber immer treffsichere Bemerkung. Wenn er etwas Neues berichten wollte, so pflegte er als Einleitung mit einem leisen Stich gegen die Geschäftigkeit im Kreis um Gördeler zu sagen: »In Berliner Verschwörerkreisen erzählt man sich heute Folgendes«. Hatte die Gestapo jemanden verhaftet, so kündete er das in Vorahnung des eigenen Geschicks mit dem Satz an: »Trau schau, wem ein Kopf auf den Schultern ist unangenehm«. Ich möchte glauben, dass er noch in der Todesnot unterm Galgen versucht hat, zu lächeln. Ohne seine feste religiöse und sittliche Fundierung hätte er das beste Zeug gehabt für einen geistvoll leichtfertigen Kavalier des 18. Jahrhunderts; so aber war er ein liebenswerter Junge geblieben, der die großen Gaben des Verstandes, des Willens und des Herzens hinter leichten äußeren Formen verborgen hielt. Wenn man sich Moltke gut als Säbelfechter vorstellen konnte, so gehörte zu Yorck ein scharfes, stahlhart biegsames Florett. Für den schwerblütigeren Moltke bot Yorck mit seiner moussierenden Spritzigkeit eine fruchtbare Ergänzung. Yorck war mittelgroß, wirkte aber größer wegen seiner schlanken, fast überzüchteten Feingliedrigkeit. Blaue Augen, blondes Haar und ein fast fleischloses Gesicht machten ihn zum äußerlichen Gegensatz zu Moltke. Innerlich verwuchsen die beiden aber in lebensvoller Spannung bei der Verfolgung des gemeinsamen Ziels auf gemeinsamer Grundlage zu einer fast personhaften Einheit in Denken und Handeln. Sie wurden getrieben von der religiösen Verantwortung als Christen, von Vaterlandsliebe und auch von Herrenverachtung gegenüber den pöbelhaften Machthabern und ihren Untaten, die alles gefährdeten, was preußische Tüchtigkeit durch Generationen aufgebaut hatte. Mit Ehrgeiz, Geschäftigkeit oder Geltungsbedürfnis hatten diese beiden Edelleute nichts zu tun. Sie standen ja auf Grund ihrer geschichtstragenden Namen, nach altüberkommenem Besitz, Einkommen und Kultur so da, dass sie nichts zu erwerben brauchten. Gerade deshalb haben sie ihr Leben so wahrhaft als Herren einsetzen und hingeben können.

Auch Yorck wurde ebenso wie Moltke von seiner Frau, der Geist und Leben sprühenden Gräfin Marion unterstützt, die bei der Heirat ihr juristisches Studium als Referendarin aufgab. Die beiden Damen haben nicht nur durch ihre unermüdliche, in der Notzeit sehr opferbedingte Gastlichkeit, sondern ebenso durch ihre eigene Mitarbeit an den Problemen und durch mühsame Schreibarbeit, die sonst niemandem anvertraut werden konnte, die Bestrebungen gefördert und deren Risiko mitübernommen. An sich entspricht es preußischer Tradition, Damen trotz aller Gleichberechtigung nicht in solche unfraulichen und gefährlichen Dinge einzubeziehen. Diese gute Regel konnte hier nicht eingehalten werden, weil die an sich schon hinreichend verdächtigen häufigen Zusammenkünfte von Männern allzu auffällig erschienen wären, wenn die Hausfrau dabei ausgeschlossen worden wäre. Den Versuch einer Charakterisierung der anderen Freunde unterlasse ich, um nicht weitschweifig zu werden und weil ich kein Talent für biographische Medaillons besitze. Sie alle wurden getrieben vom Wehen des Geistes.

Wenn man vom Kreisauer Kreis spricht, so bedeutet das die gemeinsame Arbeit von Helmuth Moltke und Peter Yorck. Alle andern in diesen Zusammenhang hineingehörenden Personen haben hierbei nur Hilfe und Mitarbeit in jeweils verschiedenem Umfang geleistet. Es handelte sich nicht um eine organisierte Zusammenfassung von Personen. Moltke und Yorck saßen vielmehr wie eine Spinne mitten im Netz und holten sich mit ihren weitreichenden und feinfühligen Fangarmen von allen Seiten die Personen heran, die ihnen für bestimmte Gebiete kundig und wertvoll erschienen, und spannten sie für ihr Ziel ein. Diese Personen wussten auch meist nicht von den andern, die herangezogen wurden. Moltke und Yorck waren nicht geschäftig und verstanden zu schweigen, wie es das Risiko der Aufgabe gebot. Die Gefahr der Aufdeckung eines Geheimnisses wächst mit der Zahl der Mitwisser. Selbst wenn diese höchst zuverlässig waren, so herrschte damals die Ansicht, dass die Gestapo, abgesehen von ihren Torturmitteln durch die Injektion sogenannter »Wahrheitsdrogen«, in der Lage sei, innere Tatbestände aus Personen wider ihren Willen herauszuholen, so dass Vorsicht zwingend erforderlich war.

Es wurden teils einmalige, teils laufende Kontakte mit den verschiedensten Personen aus allen Teilen Deutschlands und auch Österreichs gepflogen, mit Staatsrechtlern, Theologen, Politikern, Arbeiterführern und Männern aus der Wirtschaft. Ein engerer Kern von Freunden arbeitete ständig in Berlin zusammen. Hierzu gehörten außer Moltke und Yorck Legationsrat Adam von Trott zu Solz, der Sohn des letzten königl. preußischen Kultusministers aus Hessen, der Konsistorialrat und spätere Bundestagspräsident Eugen Gerstenmaier, ein Vertreter des württembergischen Landesbischofs Wurm, sodann von sozialdemokratischen Freunden der frühere Reichstagsabgeordnete Carlo Mierendorff, Ende 1943 durch Bombenangriff umgekommen, Theo Haubach, Professor Erwin Reichwein und in der letzten Zeit der auch mit Gördeler in Fühlung befindliche ehemalige Reichstagsabgeordnete Julius Leber. Auch ich hatte die Ehre, zu dieser kleinen Gruppe zu gehören, die eine Art von ständigem Arbeitsausschuss darstellte. An Auswärtigen gehörten hierzu ferner Lukaschek und der Generalstabsoffizier und spätere schleswig-holsteinische Ministerpräsident Steltzer in Oslo. Wir trafen uns laufend in abendlichen Zusammenkünften etwa einmal wöchentlich, meist bei Yorck im Hause Hortensienstraße 50 am Bahnhof Lichterfelde-West, öfter auch bei Moltke bis zur Ausbombung von dessen hübschem pied à terre in einer früheren Chauffeurwohnung in Nähe Lützowplatz, bei Trott auf der Podbielskiallee in Dahlem oder auch bei mir im Hause.

Das noch heute von Gräfin Yorck bewohnte Haus war ein Einfamilienhaus in stiller Straße, das für diskrete Zusammenkünfte zwar besser geeignet war als eine Etagenwohnung, dessen Eingang jedoch von den Nachbarn aus übersehbar war. Bei dem vielen Verkehr von Yorcks waren die Nachbarn aber an das stete Aus- und Eingehen von Leuten dort gewöhnt. Trotzdem benutzten unsere sozialdemokratischen Freunde öfter einen rückwärtigen unauffälligen Eingang durch den Garten. Sie waren im Konzentrationslager gewesen und daher hellsichtig in Bezug auf Gefahren. Wer die Hitlerzeit nicht erlebt hat, kann sich schwer vorstellen, wieso das selbst regelmäßig wiederholte Zusammentreffen von einem halben Dutzend von Leuten eine Gefahr für diese hätte bedeuten sollen. Diese bestand aber in hohem Maße wegen der Verschiedenartigkeit der Besucher. Wäre der Gestapo das Yorck'sche Haus irgendwie aufgefallen, so hätte allein die

Art der Zusammensetzung der Besucher genügt, um zuzugreifen, alle einzusperren und durch Verhöre festzustellen, worum es dort ging. Die naheliegende Ausrede gesellschaftlicher Unterhaltung war schon verdächtig, weil außer der Hausfrau keine Damen anwesend waren. Auch vorgebliches Kartenspielen der Männer wäre alsbald entlarvt worden, wenn die Gestapo die Männer an einen Tisch zum Probespiel gesetzt haben würde mit dem Ergebnis, dass einige Bridge, einige Skat und einige überhaupt kein Kartenspiel kannten.

Ein in dem evangelischen Hause Yorck aufgegriffener Jesuitenpater, zudem aus München, wäre nach den damaligen Verhältnissen ein unwiderlegbarer Verdachtsgrund für böse Absichten gegenüber den Machthabern gewesen. Rettungslos aber wäre es geworden, der Gestapo glaubhaft zu machen, was die sozialdemokratischen Herren in das gräfliche Haus geführt habe. Da sie frühere Politiker waren, konnte es nur Politik sein und niemand hätte uns andern zugetraut, dass wir sie etwa zum Nationalsozialismus hätten bekehren wollen. Nach den damaligen überkommenen Anschauungen war ein rein gesellschaftlicher oder freundschaftlicher Verkehr zwischen den Sozialdemokraten und den übrigen Beteiligten nicht glaubhaft und verdächtig, was wir wussten. Bei den Überlegungen, was als Gesprächsgegenstand der Gestapo gegebenenfalls genannt werden sollte, fragte ich Moltke, was er sagen würde, wenn die Gestapo ihn auf einem Besuch bei dem Berliner Bischof Graf Preysing stellen würde. Die lachende Antwort: »Wir haben von Graf zu Graf Konversation gemacht und uns über Rokokoporzellan unterhalten«. Diese Antwort wäre wohl hingenommen worden, da die Gestapo in gräflicher Unterhaltung und in Porzellan nicht sehr bewandert, Graf Preysing auf diesem Gebiet aber ein Kenner war. Haubach schlug auf Grund seiner philosophischen Bildung vor, scholastische Philosophie als Gesprächsgegenstand anzugeben. Aber das würde bei den meisten Beteiligten ein wenig überzeugendes Ergebnis gezeigt haben. Mehr Anklang fand die These, staatspolitische Erörterungen für gewisse Neuordnungen nach dem Kriege als Gesprächsgegenstand zu bezeichnen. Auch dieser Weg schien mir gefährlich, denn bei näherem Befragen hätten keine ungefährlichen Einzelheiten angegeben werden können. Für noch riskanter hielt ich die von Moltke und Steltzer gewünschte Behauptung, die Gestapo habe solche Gespräche selber gekannt und gebilligt. Angeblich hatten nämlich Kontakte zwischen Canaris und dem Reichssicherheitshauptamt über die Zweckmäßigkeit von Erörterungen hinsichtlich künftig etwa erforderlicher staatsrechtlicher Änderungen stattgefunden. Es scheint, dass diese Schutzbehauptung später in den Untersuchungen und Prozessen nach dem 20. Juli 1944 tatsächlich auch vorgebracht worden ist. Wir sind nie zu einem auch nur annähernd brauchbaren Ergebnis über diese Frage gekommen, weil sie unlösbar war. Es blieb eben nichts übrig, als das Risiko zu übernehmen und es durch größtmögliche Vorsicht einzuschränken.

Es ist kein Ruhmesblatt für die Gestapo, dass sie nicht längst vor dem 20. Juli auf diese verdächtigen Zusammenkünfte aufmerksam geworden ist. Es herrschte bei diesen immer eine gewisse unausgesprochene Spannung hinsichtlich etwaiger lästiger Ereignisse. Schellte ein unerwarteter Besucher an der Haustür, so raffte Yorck sofort alle etwa vorhandenen Papiere und Notizzettel zusammen und verschwand damit nach oben. Schriftliche Festlegungen, soweit sie unvermeidlich waren, wurden sehr vorsichtig behandelt. Beim Auseinandergehen wurden alle überflüssigen Papiere und Notizen eingesammelt und in kleine Stücke zerrissen dem Wasserklosett übergeben, was bei kleineren Papiermengen ein sicherer Weg ist als die Zentralheizung, wo die Asche längere Zeit sichtbar bleibt und die Gefahr besteht, dass vergilbte Stücke leserlich bleiben. Endgültig fertiggestellte Texte wurden in einem Exemplar in Kreisau versteckt gehalten und in einem weiteren bei mir auf dem großen Dachboden in einem unauffindbaren Spalt zwischen zwei Dachsparren. Diese Schriftstücke habe ich zusammen mit Yorck am Abend des 10. Januar 1944 mit vielen andern verdächtigen Papieren in der Heizung verbrannt, als er mit der Nachricht kam, dass Moltke verhaftet worden sei. Der Menge des Papiers halber mussten wir den Weg über die Heizung wählen, und es erwies sich als gar nicht einfach und recht langwierig, das viele Papier ohne auffallende Rauch- und Funkenbildung zu verbrennen. Die einzig übrig gebliebenen Texte in Kreisau hat Gräfin Moltke von dort mitgebracht, als sie als letzte deutsche Gutsherrin in Schlesien Kreisau verlassen musste. Meines Wissens ist bei den Kreisauer Freunden von der Gestapo später nicht ein einziges belastendes Papier gefunden worden. Papier ist immer gefährlich, selbst bei größter Vorsicht. Am letzten Abend, an dem ich mit Yorck in seiner Wohnung vor dem 20. Juli 1944 zusammen war, hatten wir irgendeine verdächtige Notiz auf dem Tisch liegen, als es schellte. Das im Flur befindliche Mädchen hatte bereits geöffnet, so dass Yorck mit dem Papier nicht mehr verschwinden konnte, er schob es daher schnell unter die Tischdecke. Dort blieb es liegen, als der späte Besuch sich als die Frau unseres verhafteten Freundes Reichwein erwies, über deren Leid wir das Papier vergaßen. Es lag also noch unter der Tischdecke, als Yorck einige Tage darauf verhaftet wurde und die Gestapo das Haus bezog. Als die Gräfin Yorck im Frühjahr 1945 das Haus wieder beziehen konnte, fand sie das Papier unter der Tischdecke vor. Die Gestapoleute hatten also glücklicherweise die ganze Zeit hindurch das Haus nicht geputzt. Auch mit Telefongesprächen sind wir wegen der Abhörgefahr sehr vorsichtig gewesen. Moltke, Yorck und ich konnten uns gegenseitig unbeschränkt oft anrufen, weil wir sicher waren, dass die Militärtelefone zwischen den Wehrmachtdienststellen nicht von der Gestapo kontrolliert werden konnten. Auch für den Verkehr mit unseren bayrischen Freunden bot das Fernsprechnetz der Wehrmacht eine gute Gelegenheit. Der Wehrmachtführungsstab hatte direkte Leitungen zu allen Wehrkreiskommandos. Das Münchener Wehrkreiskommando hatte seinen Sitz in dem Jesuitenkloster in Pullach, dem Pater Rösch und Pater König angehörten. Pater König oblag die Hausverwaltung, und deshalb hatte er in seinem Zimmer einen Anschluss an die Wehrmachtvermittlung. Ich brauchte mir daher in meinem Büro jeweils nur das Wehrkreiskommando München geben zu lassen, dort den Dr. König, und konnte ihm dann in einigen Stichworten Nachrichten durchsagen.

Unsere gemeinsamen Besprechungen waren erregend schon wegen ihres Gegenstandes und der durch ihn geschaffenen abenteuerlichen Atmosphäre. Sie waren echt humanistisch, galt es doch, in Liebe schwierige, oft recht kontroverse Fragen von unterschiedlichen Standpunkten aus zu einer Lösung zu bringen, die konstruktiv und nicht pragmatisch sein sollte. Ich habe in meinem langen Leben einen solchen Aufwand an Geist, spritziger Unterhaltung und fröhlichem Schaffenswillen nicht wiedergefunden. Nie bin ich jemals so gern irgendwo hingegangen wie zu diesen Zusammenkünften, deren Besuch übrigens recht mühsam war. Die normale Verkehrsverbindung von unserm Hause zu Yorck war umständlich und zeitraubend. Bei den sich immer mehr häufenden Bombenangriffen konnten auch die Verkehrsmittel zeitweise ganz ausfallen. So ist es mehrfach vorgekommen, dass ich bei Angriffen in der Nacht den weiten Weg von der Hortensienstraße nach Hause in höchstem Tempo zu Fuß gemacht habe, voll Sorge, ob nicht unser Haus einen Treffer erhalten habe. Allenthalben lohten dann die Brände der einzelnen Villen. Die Feuerwehr erschien zu solchen Einzelbränden nicht mehr. Die brennenden Häuser standen dann verlassen da, und niemand machte sich mehr an die aussichtslose Aufgabe, den Brand zu löschen, wenn ein Haus in vollen Flammen stand. Es waren unheimliche Wege durch die völlig menschenleeren Straßen von Dahlem, dazu immer den Blick in Richtung unsres Hauses, ob auch dort Feuerschein aufloh- te. Wenn ich den Weg vor der Entwarnung bereits antrat, musste ich zudem immer noch achtgeben, dass ich nicht einer Streife in die Hände lief, die umherzogen, um alle Leute in die Luftschutzkeller zu jagen, was geschah, um Plünderungen an den Brandstätten zu hindern. Hier und da sah man dann auch eine verdächtige Gestalt um ein einsam verglühendes Haus umherstreichen. Es war Höllenbreughel! Meist habe ich später das Rad benutzt, ebenso wie Yorck, wenn er zu uns kam. In der Schnelligkeit der Fahrt sehen die Dinge weniger drohend aus als zu Fuß. Besonders schaurig war der erste große Massenangriff auf die Gegend Lichterfelde-West, weil er noch ungewohnt war. Da nur Brandbomben fielen, waren wir nicht in den Keller gegangen und betrachteten aus dem Yorck'schen Wohnzimmer die brennenden Häuserblocks auf der anderen Seite der Bahnlinie. Dann kam nach der neuen englischen Taktik eine zweite Welle von Flugzeugen und warf Sprengbomben auf die Brandstellen, um Löschversuche zu hindern. Es wurde in dem Zimmer immer ungemütlicher. Keiner von den Männern – die Gräfin war in Kauern – wollte recht den Vorschlag machen, in den Keller zu gehen, obschon man die Furcht auf den vom Brandschein beleuchteten Gesichtern lesen konnte. Schließlich gab ich den Anstoß, und als wir auf der halben Treppe in dem übrigens auch kaum Schutz bietenden Keller waren, heulte eine schwere Bombe in nächster Nähe nieder, was den Abstieg so beschleunigte, dass wir in einem wilden Haufen zusammen mit Mariechen, dem tüchtigen Yorck'schen Hausgeist aus Kauern, am Fuß der Treppe im Keller lagen. Beißender Kalkstaub füllte die Luft, Scheiben klirrten, und die Dachziegel prasselten vom Dach in den Garten. Das Haus war gründlich »durchgepustet«, aber es brannte wenigstens nicht.

Der Zweck des Suchens nach Gleichgesinnten war bei Moltke und Yorck zunächst die Findung und Sicherung des eigenen Standpunkts. In einer Welt, die in Massenwahn und Angstträumen dahinlebte, wo die diabolischen Propagandasätze ihre Schlagkraft meist gerade dadurch erhielten, dass es sich anscheinend um die Durchsetzung hoher Werte handelte, die in Wirklichkeit durch einen versteckten Tropfen Gift oder einfach durch häretische Verabsolutierung in tiefsten Unwert verwandelt wurden, war es Hilfe und Trost, zuverlässige Leute um sich zu haben zur Diskussion und Klärung des Geschehens in der Umwelt, die alle bisherige Wertordnung antastete. Dann trat von selbst für Männer, die eine christliche Gemeinschaftsverantwortung für ihre Nächsten und ihr Volk und zur Verteidigung des geistigen Erbes fühlten, die brennende Sorge auf, was geschehen könne und müsse, um wieder geistige Ordnung im Volk zu schaffen, für das mehr als je zuvor das Wort galt: »Mich erbarmt des Volkes.« Daraus ergab sich dann von selbst der Versuch einer eingehenden Analyse der trostlosen geistigen Lage und der Möglichkeiten für eine geistige und politische Neuordnung Deutschlands nach dem Kriege. Ein solches Programm auszuarbeiten und eine Anzahl anständiger und tüchtiger Leute auf dieses zu verpflichten, war das Ziel. Die Unterlagen dafür sollten geschaffen werden, dass nach dem Zusammenbruch Hitlers den Alliierten eine verhandlungsfähige Regierung gegenübertreten konnte. Nicht der gewaltsame Umsturz des Hitlerregimes war der Zweck des Zusammenschlusses. Es bestand Klarheit darüber, dass der Zusammenbruch sicher sei, nicht nur wegen der verbrecherischen Bosheit des Systems, sondern ebenso sicher wegen der Unzulänglichkeit der militärischen und wirtschaftlichen Machtmittel und des unsinnigen generalstabswidrigen Gebrauchs derselben. Für diesen Tag »X« sollte Vorsorge getroffen werden, damit dann für die vorläufige Übernahme der Macht durch das Militär und die zu bildende neue Reichsregierung klare Pläne für den inneren Wiederaufbau und die Verhandlungen mit den Alliierten vorlägen. Allmählich verschob sich dann im Laufe der Zeit das Bild. Es wurde nicht mehr nur über Neuordnung diskutiert, sondern die Anwendung von Gewalt trat in den Vordergrund.

Moltke und Yorck versuchten, alle in Betracht kommenden positiven Kräfte, die noch im Volk vorhanden waren, heranzuziehen zur Schaffung einer einheitlichen Meinungsgrundlage für den schweren Beginn, der dem Nationalsozialismus folgen musste. Nach der Auflösung der politischen Parteien und der Zersetzung aller natürlichen Gemeinschaften bis in die Familie hinein war als einzige einigermaßen intakte Gemeinschaft das christliche Kirchenvolk beider Konfessionen verblieben. Daneben erschienen in erster Linie als ansprechbar und zur Heranziehung erforderlich die Arbeiter, da ja die Bourgeoisie und besonders der Kleinbürger sowie der Bauer von Hitler am meisten beeinflusst und dienstbar gemacht worden waren. Dementsprechend suchten und fanden Moltke und Yorck ihre Kontakte bei überzeugten kirchlichen Protestanten und Katholiken sowie Arbeitervertretern und gerade solchen, die früher der sozialdemokratischen Partei angehört hatten. Das war damals ein kühner Schritt für zwei protestantische preußische Grafen, die aus einer so ganz anderen Tradition erwachsen waren, mit katholischen Bischöfen, Jesuiten und Sozialdemokraten freundschaftliche Gemeinschaft zu suchen, da es sich doch bei allen nach Ansicht der Vorfahren um »Reichsfeinde« handelte. Es ist echt Moltke'sche Selbstironie in großartiger Freiheit des Geistes, wenn er im Abschiedsbrief vom 10. Januar 1945 vor der Hinrichtung darüber scherzt, was er »Papi« im Himmel wohl sagen solle zur Beschwichtigung seines Zornes über die Zusammenarbeit mit den Jesuiten, mit der »Mami« auch wohl kaum einverstanden sein werde. Auch Freislers höllische Wut später im Prozess gegen Moltke richtete sich vorwiegend gegen dessen Umgang mit Bischöfen und Jesuiten: »Kein Deutscher kann doch einen Jesuiten auch nur mit der Feuerzange anfassen«. Man muss sich diese Atavismen ins Gedächtnis rufen, um zu würdigen, wie mutig dieser Schritt zur Zusammenarbeit war. Auch das Hitlerunwesen hat gute Folgen wie diese gezeitigt, und die heutige Christlich-Demokratische Union wäre gar nicht denkbar ohne die geistige Vorarbeit und die praktischen Kontakte, die durch den Kreisauer Kreis geschaffen wurden.

Das dort erarbeitete Gedankengut beschränkt sich nicht auf die konkreten staatlichen und politischen Gestaltungen. Vorab musste vielmehr ein geistiges Fundament für den Neubau gefunden werden. Die furchtbaren Folgen der falschen Lehren des Nationalsozialismus und dessen maßlose Willkür hatten es offenbar gemacht, dass zunächst eine richtige Wertordnung wiedergefunden werden musste. Diese war nicht erst durch Hitler zerstört worden. Sie war längst vorher erschüttert und eben dadurch der Nationalsozialismus möglich geworden. Das humanitär-liberale Denken des 19. Jahrhunderts ohne gewissensverpflichtende objektive Bindungen hatte nicht hingereicht, um das entstandene Grauen zu hindern. Es hatte sich gezeigt, dass der Mensch als Maß aller Dinge den Menschen nicht retten konnte. Ohne den Einbruch der Übernatur in die Welt ist diese verloren. Diesen Einbruch in die gnadenlose Verlorenheit der Welt – wie sie Agnostizismus und alle Ismen bis zu Sartre erkennen lassen – hat Gott durch den Erlösertod Christi und die Offenbarung vollzogen. Deshalb muss diese die Grundlage für alles menschliche Leben und Handeln bilden. Das gilt nicht nur für den Einzelnen, sondern ebenso für alle Gemeinschaften, die Gesellschaft und den Staat. Die christliche Wertordnung ist also der Maßstab, an dem alles zu messen ist. Diese Wertordnung stellt die Übernatur über die Schöpfung und in dieser den Menschen als Ebenbild Gottes über die Materie und sonstige Kreatur. Der Mensch erreicht sein übernatürliches Ziel in den irdischen Gemeinschaften von der Familie aufwärts zu den größeren Gemeinschaften, die damit alle auf die Übernatur ausgerichtet werden und erst dadurch Wert und Würde erhalten.

Diese Katechismusthese war die Grundsünde wider den Staat und Volk zum Wertmaßstab setzenden Nationalsozialismus. Es klang wie ein Aufheulen der Hölle, als Freisler in den Volksgerichtshofsverfahren auf diese christliche Grundhaltung der Angeklagten stieß. In seinem Abschiedsbrief sagte Moltke u. a. über die Verhandlung: »Letzten Endes entspricht diese Zuspitzung auf das kirchliche Gebiet dem inneren Sachverhalt und zeigt, dass Freisler eben doch ein guter politischer Richter ist. Das hat den ungeheuren Vorteil, dass wir nun für etwas umgebracht werden, was wir a) getan haben und b) sich lohnt. ----- Und dann bleibt übrig ein Gedanke: Somit kann im

Chaos das Christentum ein Rettungsanker sein. Dieser eine einzige Gedanke fordert morgen wahrscheinlich 5 Köpfe, später noch den von Steltzer, Haubach und wohl auch Husen.« Eine überzeugendere Darlegung des Kreisauer Grundgedankens im Angesicht des Todes kann es wohl nicht geben. Ebenso hat Yorck vor Freisler sich zu diesem christlichen Beweggrund bekannt.

Die Annahme dieser christlichen Grundlage für das gesamte öffentliche Leben – was die Gegner Verquickung von Religion und Politik nennen – war eine Tat, die für Protestanten ein schwerer und mutiger Schritt war. Bei ihnen sind diese in der konstanten katholischen Soziallehre feststehenden Dinge vielfach kontrovers. Das zeigt sich selbst heute noch im Ringen der evangelischen Kirchentage und Synoden über diese Fragen sowie innerhalb der Christlich-Demokratischen Union. Für unsere sozialdemokratischen Freunde aber war die Annahme dieses Grundgedankens ein großer staatsmännischer Entschluss. Geistesgeschichtlich bedeutete es das Abrücken von der mechanistischen Geschichtsauffassung des Marxismus, das bei der heutigen Sozialdemokratischen Partei seine Folgen zu zeigen beginnt. Im Hinblick auf die sozialdemokratische Ideologie und »antiklerikale« Politik vor 1933 war es ein geschichtsträchtiges Handeln, ohne das die heutige grundsätzliche und nicht nur taktische Kampfstellung der Sozialdemokratischen Partei gegenüber dem Kommunismus nicht möglich geworden wäre. Die Haltung unserer sozialdemokratischen Freunde bedeutete aber nicht nur eine Verneinung des Marxismus, denn es wurde ein »Ja« damit ausgesprochen von Leuten, die ich nicht alle als christlich oder gar kirchlich ansprechen möchte. Sie hatten die Überzeugung gewonnen, dass aus dem Elend und Schmutz der Hitlerzeit das deutsche Volk nur gesunden und wieder rein werden könne, wenn es zu der Ordnung zurückkehrte, in der es gewachsen war und die sich im Chaos einzig als bestandfest erwiesen hatte. Leber hat mir einmal gesagt: »Ich bin katholisch getauft und erzogen. Aus der Kirche bin ich nicht ausgetreten wie früher so viele führende Sozialdemokraten, weil ich das nicht aus politischen Gründen tun wollte, ich habe aber nichts mehr mit der Kirche zu tun. Ich begleite oft Frau und Kinder zur Kirchentür und vielleicht werde ich selber auch einmal wieder durch sie eintreten.«

Diese Basis konnte von allen angenommen werden ohne Verletzung anderer Überzeugungen, aus dem Wissen heraus, dass für den Christen der Gewissensentscheid und die Liebe die bestimmenden Faktoren sind. Diese aber umfasst auch die Schwäche und den Irrtum der Menschen. Die Grundlegung der christlichen Wertordnung beinhaltet mehr als die heute weit verbreitete Formulierung von der Wahrung des christlichen oder abendländischen Ahnenerbes, weil es sich um die ganzheitliche Verwirklichung der Werte handeln sollte. Auch die heutige Christlich-Demokratische Union hat nicht die absolute Kreisauer Fundierung übernommen. Das wird zwar oft bestritten, aber die gleichrangige Nebeneinanderstellung von »Christlich« und »Demokratisch« im Namen zeigt bereits die bei der Gründung klar beabsichtigte Nebeneinanderstellung zweier Geisteshaltungen. Die Union ist kein Kind ganzheitlichen christlichen Denkens, sondern ein Enkel des Liberalismus und Lessing'scher Werttoleranz. Gördeler hat dort Pate gestanden und nicht Kreisau. Die alten Herren haben dort konformistisch »praktische« Politik – nach der größeren Stimmenzahl – gemacht, weil Hitler die absolut denkende Jugend an den Galgen gebracht hatte.

Man kann sehen, dass manches von unseren Gedanken in die jetzige staatliche Ordnung in Deutschland übergegangen ist und dass vieles nicht oder anders ausgeführt wurde. Manche werden sagen, die Pläne seien reaktionär, manche werden sie als sozialistisch beargwöhnen. Ich halte sie immer noch für einen kühnen Versuch zu einer soliden Neuordnung, die damals aus dem blanken Nichts heraus realisierbar und nützlich gewesen wäre. Jedenfalls ist uns mehr an neuen Gestaltungen eingefallen als dem Parlamentarischen Rat bei der Abfassung des Grundgesetzes. Wir schufen die wohldurchdachte neue

Formung in bewusster Abweichung von den Verfassungsklischees des 19. Jahrhunderts, deren Versagen sich so verhängnisvoll gezeigt hatte.

2. Tyrannenmord – auf dem Weg zum Attentat vom 20. Juli 1944

Nur der Tyrannenmord hat uns wirkliche Gewissensbedenken bereitet, und das Ergebnis aller theologischen Mühen war schließlich das Notwehrrecht, das nach jedem katholischen Volkskatechismus bei Bedrohung des Leibes und notwendiger Lebensgüter eintritt und auch im Interesse Dritter ausgeübt werden kann. Mörder wie Hitler darf man töten, wenn keine staatliche Gewalt da ist, sie unschädlich zu machen. Ein Eid kann nie verpflichten, an Verbrechen mitzuwirken. Zudem sind alle vom Staat unter Straffolgen geforderten Eide nicht sittlich frei geleistet, was auch für die Prozesseide gilt. Der nichtchristliche Staat treibt hier Missbrauch mit dem Namen Gottes. Wenn der Staat Wahrheits- oder Treupflichten sichern will, so mag er den Bruch bestrafen, sollte aber Gott dabei aus dem Spiel lassen, zumal wenn er sonst von ihm nichts wissen will.

Die Kreisauer Pläne lagen im Sommer 1943 abgeschlossen vor. Damit war das oben dargelegte Ziel erreicht, nämlich Vorsorge für eine staatliche Neuordnung nach dem Ende der Hitlerherrschaft zu treffen. Die Zusammenarbeit der Kreisauer Freunde hätte also nach Erreichung des gesteckten Ziels eingestellt werden können. In Wirklichkeit intensivierte sie sich aber mehr und mehr mit dem sich deutlicher abzeichnenden Zusammenbruch. Die Besprechungen wurden immer häufiger. Es ging jetzt darum, die geschaffene Planung auch zur Durchführung zu bringen und Einfluss auf eine Beschleunigung des Endes der Hitlerherrschaft zu gewinnen. Diese Wendung beruhte nicht auf einem auf einen bestimmten Tag zu fixierenden Entschluss, entstand vielmehr in schrittweiser Entwicklung, die von der Zuspitzung der politischen und militärischen Lage ihren Antrieb und ihre Beschleunigung erhielt. Es wäre unnatürlich gewesen, wenn junge, aktive Leute, erfüllt von Verantwortungsbewusstsein und den Pflichten überkommenen Erbes, sich auf platonisches Denken und professorales Planen in einer solchen Schicksalsstunde beschränkt hätten. Am deutlichsten und am längsten blieb Moltke gegen aktives Handeln und gegen den Gebrauch von Gewalt eingestellt, während Mierendorff besonders hierauf drängte. Er schlug immer wieder vor, allenthalben im Lande unter Benutzung der Personalkenntnis unserer sozialdemokratischen Freunde in Arbeiterkreisen Widerstandszellen aufzubauen und mit Handzettelverbreitung, Anbringung von Maueranschriften gegen Hitler und mit Verbreitung zugkräftiger Schlagworte vorzugehen. Es wurde auch nach einem neuen Flaggensymbol für diesen Zweck gesucht, da Schwarz-Rot-Gold infolge des Weimarer Misserfolgs als verbraucht galt, jedoch vergeblich. Alle solche Versuche der Gruppenbildung wurden abgelehnt, weil sie wegen der Wachsamkeit der Gestapo aussichtslos erschienen. Hitler konnte nur durch Gewalt von außen durch die Alliierten oder einen Handstreich der Wehrmacht beseitigt werden, nie aber durch einen aus dem Volk oder nur aus den Arbeitern aufkommenden Aufstand. Dafür war Hitlers Macht psychologisch und materiell zu fest gegründet. Moltke sträubte sich gegen einen gewaltsamen Umsturz nicht so sehr als grundsätzlicher Gegner jeder Gewalt, sondern weil er den Zeitpunkt für verfrüht hielt. Seine zutreffende Hauptthese ging dahin, dass das nationalsozialistische Gift aus dem Volke verschwinden müsse, wofür Gewalt nicht dienlich sei. Er fürchtete sich vor dem Wiederaufkommen einer Dolchstoßlegende, die ja auch heute von manchen Unbelehrbaren gegen Stauffenberg vorgebracht wird. Moltke pflegte zu sagen: »Der Dreck ist noch nicht tief genug, das Maul ist noch draußen«, oder »der Dreck muss noch tiefer werden, bis er auch dem Dümmsten lästig wird«. Aber auch Moltke fand den Dreck allmählich als hoch genug im Sommer 1943 und würde ihn im Sommer 1944 als unerträglich hoch bezeichnet haben, wenn er noch dabei und nicht eingesperrt gewesen wäre.

Moltke ist von Gewaltanwendung ausgegangen, wenn auch widerwillig und erst allmählich. Er hat sich lebhaft an den Diskussionen beteiligt, wenn die Möglichkeiten besprochen wurden, Hitler im Hauptquartier Wolfsschanze durch eine hierfür bereitgestellte Division ausheben zu lassen, was immer von uns abgelehnt wurde, aber nicht wegen der Gewalt, sondern wegen der Aussichtslosigkeit des Gelingens. Der Stauffenbergplan ist bis zur allerletzten Zeit, als Moltke bereits verhaftet war, nicht von uns diskutiert worden. Ich glaube auch sicher, dass Moltke von ihm konkret nichts gewusst hat, sondern nur allgemeinhin von Plänen der Wehrmacht, dass er also von der Absicht der Wehrmacht zu gewaltsamem Zugriff wusste und dies nicht nur billigte, sondern aktiv unterstützte. Moltke hat auch in meiner Gegenwart mit mehreren Herren über Amtsübernahmen verhandelt, und zwar über die Einsetzung als Landesverweser. Auch die Moltke bekannten und von ihm betriebenen Verbindungen Gerstenmaiers mit den kirchlichen Stellen in Schweden und England waren schließlich keine harmlosen Schäferspiele.

Die Verhaftung Moltkes bedeutete die erste konkrete Erkenntnis über die Gefahren, die uns umgaben. Am 10. Januar 1944 abends gegen 9 Uhr kam Peter Yorck zu uns ins Haus. Schon an der Tür flüsterte er mir zu: »Helmuth ist hops genommen«. Wir sagten es dann aber doch meiner Schwester, damit sie innerlich für alle Eventualitäten gerüstet war. Zunächst begannen wir, alle verdächtigen Papiere und sogar für die Nazis anrüchigen Bücher zu verbrennen, was mehrere Stunden dauerte. Dies ging allem andern vor, denn es war möglich, dass die Gestapo inzwischen schon bei Yorcks im Hause war oder bei mir auftauchte, obschon sie in der Regel nicht nachts zugriff, sondern in den frühen Morgenstunden. Dann erörterten wir in Ruhe die Lage mit allen dunklen Befürchtungen, die sich daraus ergaben. Wir hatten nicht den geringsten Anhalt dafür, aus welchem Grunde

Moltke verhaftet worden war. Es musste ein schwerwiegender Anlass sein, denn sonst hätte man sich nicht an den Chef des Hauses Moltke herangewagt, wegen der Wirkung im Lande und nicht zuletzt im Ausland und bei den Alliierten. Wir nahmen mit hoher Wahrscheinlichkeit an, dass die Gestapo irgendwie auf die Kreisauer Fährte gestoßen war. Eine geringe Möglichkeit bestand, dass es sich um irgendeine heikle Sache aus dem Amt Ausland handelte, da wir wussten, dass das Reichssicherheitshauptamt begierig allen von Canaris unternommenen, oft nicht ungefährlichen Schritten nachspürte. Es blieb also zunächst nichts übrig, als Orientierung der Freunde und doppelte Vorsicht im gegenseitigen Verkehr.

Nach einigen Tagen aber hatten wir herausbekommen, um was es sich handelte. Es ging nicht um Kreisau. Das minderte die Gefahr zwar sowohl für Moltke wie für uns. Es blieb aber trotzdem die jetzt ständig drohende Befürchtung, dass die Gestapo mit ihren Methoden die Kreisauer Zusammenhänge aufdecken könne, nachdem sie des Hauptakteurs habhaft geworden war. Der Anlass für Moltkes Verhaftung war folgender: Frau Solf, die Witwe des bekannten Samoa-Gouverneurs, Außenministers und Botschafters in Tokio, ein liebenswerter Rest der alten Gesellschaft, hielt zusammen mit ihrer Tochter, der Gräfin Ballestrem, auch im Kriege einen geselligen Umgang mit ihren vielen früheren Bekannten aufrecht. In ihren Teestunden traf sich ein Kreis von Gleichgesinnten, d. h. hitlerfeindlichen Leuten, die ohne konspirativen Einschlag sich offen über politische Fragen unterhielten, denen aus alter Gewohnheit Frau Solf leidenschaftlichen Eifer entgegenbrachte. In diesen Kreis erhielt, durch Elisabeth von Thadden eingeführt, ein Arzt Dr. Reckzeh Eingang, der im Grunewald nicht weit von uns entfernt wohnte. Dieser Dr. Reckzeh, der irgendwie unter dem Druck der Gestapo stand und für diese Spitzeldienste leistete, hatte Frau Solf und ihre Gäste wegen hitlerfeindlicher und defaitistischer Äußerungen bei der Gestapo angezeigt. Zu den Gästen gehörte auch Dr. Kiep, früher Botschaftsrat in Washington. Moltke erfuhr nun zeitig über die Canarisverbindungen mit der Gestapo, dass Kiep verhaftet werden sollte. Moltke warnte darauf Kiep vor der drohenden Gefahr, damit er fliehen sollte. Die Gestapo fasste Kiep jedoch, und dieser bekannte, dass Moltke ihn gewarnt habe, sei es infolge von Torturen, sei es, dass Kiep nicht erkannte, wie gefährdend diese Aussage für Moltke war. Moltke war infolgedessen verhaftet und in das später durch die Untersuchungen anlässlich des 20. Juli so berüchtigt gewordene Konzentrationslager Ravensbrück gebracht worden, wo auch Frau Solf und Tochter sowie die andern Beteiligten gefangen gehalten wurden. Allmählich erhielten wir über Ausland/Abwehr und die Gräfin Freya Moltke, die ihren Mann dann öfter besuchen durfte, Sicherheit, dass es sich nur um die Sache Kiep handelte, und dass die Gestapo hinsichtlich Kreisaus ahnungslos war. Anfang Juli 1944 hatten sich die Dinge so weit beruhigt, dass Moltkes baldige Entlassung in Aussicht stand, die dann aber durch das Unternehmen des 20. Juli vereitelt wurde, in dessen Gesamtzusammenhang er dann sofort schon durch den offenbaren engen Zusammenhang mit dem in flagranti verhafteten Peter Yorck geriet. So konnte Moltke das begonnene Werk nicht weiterführen und seinen leidenschaftlichen Willen zu einer inneren Erneuerung des Volkes und einer entsprechenden politischen Neugestaltung nur noch mit seinem Tode besiegeln.

Aus meiner Kreisauer Zusammenarbeit scheinen mir einige Vorgänge noch besonders erwähnenswert. Im Zuge der Fühlungnahme mit kirchlichen Stellen war ich drei Mal von Februar 1942 bis Anfang Oktober 1943 beim Bischof Graf Galen in Münster. Ich arrangierte mir für diesen Zweck mit irgendwelchen Vorwänden Dienstreisen zum Wehrkreiskommando in Münster und ging dann offen in Uniform in das Bischöfliche Palais, von dem bekannt war, dass es von der Gestapo insgeheim beschattet wurde, nachdem der Bischof Clemens August durch seine Predigten und seine gesamte Haltung zum Staatsfeind Nr. 1 geworden war. Ich hielt das für den sichersten und wenigst auffälligen Weg, weil der Bischof aus seiner zahlreichen

Verwandtschaft, die übrigens nicht restlos mit seiner Haltung einverstanden war, öfter Besuch von uniformierten Urlaubern aus der Wehrmacht erhielt. Hätte die Gestapo mich beim Betreten des Palais gestellt, so hatte ich einen guten Vorwand, weil ich mit dem Bruder des Bischofs, dem damals auf Haus Merfeld wohnenden Grafen Strick Galen, vom ersten Krieg her in freundschaftlicher Verbindung stand, und es war wohl nichts Greifbares dagegen einzuwenden, wenn ich gelegentlich im Vorbeigehen mich nach dessen infolge eines Autounfalles wenig gutem Befinden erkundigte. Ich hatte es da besser als Moltke, der z. B. seine Besprechungen mit dem Bischof Rohracher in Salzburg im Dunkeln draußen in den Salzachanlagen abhielt, nachdem das Treffen dort vorher über Pater Rösch vereinbart worden war. Ich kannte den Bischof Clemens August bis dahin nur oberflächlich, aber die Einführung durch Strick Galen öffnete sofort die Möglichkeit offenster Gespräche. Die jeweilige Stunde des Besuchs fixierte unser alter Pastor von St. Mauritz, Dechant Berghaus, der vorher telefonisch feststellte, ob der Bischof Besuch empfangen könne. Der auf Diskretion erzogene Diener an der Tür führte dann ohne weitere Namensangabe in das schöne bischöfliche Arbeitszimmer im Mitteltrakt des ersten Stocks. Ich erläuterte dem Bischof den Zweck der Kreisauer Bestrebungen mit ihrem ursprünglichen Ziel. Später deutete ich auch die Wehrmachtbestrebungen in der Art an, dass er zwar nicht als Mitwisser von geplanter Gewalt gelten konnte, aber ahnen musste, dass gewisse Dinge im Reifen waren, was er auch vollauf verstanden hat. Ich orientierte ihn über die Einzelheiten des Kreisauer Programms und dessen Unterscheidungen von den Plänen Gördelers. Auch Personalfragen, insbesondere bezüglich des Landesverwesers für Westfalen, wurden besprochen. Dabei war die Schärfe bemerkenswert, mit der er jedweden ablehnte, der irgendwie Zusammenhang mit Papen gehabt hatte.

Als ich das letzte Mal Anfang Oktober 1943 bei ihm war und er mich an die Treppe begleitete, sagte er: »Jetzt will ich Ihnen noch meinen bischöflichen Segen für Sie und Ihre Freunde geben«. Als ich danach die Treppe hinunterstieg, kam er nochmals bis an den Treppenrand hinter mir her und rief: »Ich bete auch, dass der Kopf drauf bleibt«. Nach dem Ergebnis zu urteilen, hat er das Versprechen eingehalten. Sein hauptsächliches Merkmal waren Güte und heiligmäßige, kindliche Frömmigkeit. Deshalb mochte sein Bruder Strick Galen, der ihn ja von allen am besten kannte, die Bezeichnung »Löwe von Münster« gar nicht gern hören. Trotzdem ist der Name zutreffend, denn für seine Haltung war ein unaussprechlich hohes Maß von Löwenmut erforderlich, wie es außer ihm niemand in Deutschland aufgebracht hat. Ich bin in der Unterhaltung erstaunt gewesen über seine schnelle Auffassungsgabe, sein promptes Reagieren und sein gesundes Urteil über Menschen und Dinge.

Auf einer der Fahrten nach Münster hatte ich im Zuge ein lustiges Erlebnis, wie es sie auch in diesen betrübten und armseligen Zeiten gab. Im Speisewagen saß mir ein reich verzierter hoher SS-Führer am Tisch gegenüber. Ein Flugzeug mit Richtung Westen wurde sichtbar und plötzlich hörte man in dem essensstillen Speisewagen die Worte: »Da fliegt noch einer«. Alles lachte, weil jeder die Anspielung auf den vor kurzem von Rudolf Hess unternommenen Flug nach England verstand; nur der SS-Führer saß mit steinerner Miene da, unternahm aber auch nichts gegen den Witzbold. Er wusste wohl, dass jeder geleugnet haben würde, die Bemerkung gehört zu haben. Diktaturen schaffen die erforderlichen Abwehrkräfte ähnlich wie bei den Gymnasiasten dem Lehrer gegenüber.

Die ganze Zeit über stand ich hinsichtlich der Kreisauer Pläne in enger Fühlung mit dem früher schon erwähnten, uns seit langem befreundeten Bischof Wienken, dem Vertreter der deutschen Bischöfe bei den Berliner Regierungsstellen. Bischof Wienken hatte aus seiner Arbeit heraus politischen Überblick. Infolgedessen war sein auf solides theologisches Wissen gegründetes Urteil besonders wertvoll. In der Schulfrage hat er ebenso wie Bischof Clemens August eisern die religiöse Schule verlangt, während unsere Jesuiten eher geneigt waren, die christliche Gemeinschaftsschule als »abusus toleratus« (tolerierbaren Missbrauch) hinzunehmen. Ohne Angabe konkreter Dinge habe ich auch die Fragen des Widerstandsrechts, der Eidespflicht und des Tyrannenmordes mit ihm diskutieren können, die er gut beherrschte. Seine stille Güte und angeborene diskrete Zurückhaltung machten solche heiklen Gespräche leicht, bei denen er sich seinen Teil gedacht haben wird. Er wohnte im Franziskushospital in einem abgesonderten Appartement, das Zugang zum Kloster und unmittelbar zur Straße hatte, so dass die häufigen Besuche bei ihm unauffällig blieben. Seine Einwirkungsmöglichkeiten gegenüber den Behörden waren in der Nazizeit naturgemäß gering. Er stand in guter Fühlung mit dem Nuntius Orsenigo, der aber gänzlich einflusslos war, obschon er in dem Ruf stand, faschistische Neigungen zu haben. Diese waren ihm bei Hitler aber bald vergangen und wegen der Aussichtslosigkeit irgendwelcher Schritte unternahm er nichts mehr. »Zu die Satans gehe ich nicht«, hatte er dem Bischof Wienken erklärt.

Auch bei unseren Münchener Jesuiten war ich verschiedentlich anlässlich von Dienst- und Urlaubsreisen. Treffpunkt war dann das kleine klösterliche Quartier an dem finstern alten Turm hinter der Michaelskirche, das den Jesuiten von dem großen barocken Klosterbau verblieben war. Es war mit seinen Winkeln und stillen Zugängen ein passender Platz für lichtscheue Unternehmen. Pater Rösch ist es nicht leicht gefallen, als Provinzial sich in diese Dinge einzulassen und die Verantwortung dafür zugleich für die Patres Delp, König und den jungen Pater Tattenbach zu übernehmen. Außerdem war noch der Jesuitenbruder Moser aus Pullach im Spiel, der zur Überbringung von Nachrichten diente. Er war einer der muntersten Nazigegner und brachte Pater Rösch eines Tages in eine beträchtliche, für die damalige Zeit typische Verlegenheit: Pater Rösch wird zur Gestapo vorgeladen. Man zeigt ihm mehrere bei der Post beschlagnahmte Postkarten mit den von ihm unterschriebenen Einladungen zu einer Veranstaltung der von ihm betreuten »Guten-Tod-Bruderschaft«. Die theologisch nicht sehr versierte Gestapo hatte hinter dieser Bezeichnung ein Komplott zur Beseitigung Hitlers durch einen guten Tod vermutet. P. Rösch gibt die erforderlichen Katechismuserklärungen für die unheimlichen Worte. Dann folgt der zweite Vorwurf: »Sie sind ein Staatsfeind, denn auf allen diesen Postkarten ist die Freimarke mit dem Kopf des Führers nach unten aufgeklebt«. Pater Rösch erläutert glaubhaft, dass der Jesuitenprovinzial die aus dem Kloster ausgehende Post nicht selber frankiere, wird entlassen und freut sich, dass die Vernehmung einen so harmlosen Gegenstand hatte. Im Kloster angekommen sagt er unserm tüchtigen Bruder, dem die Postabfertigung oblag, er möge aber künftig auf richtiges Kleben der Marken achten, und erhält die Antwort: »Seit 1933 ist hier im Kloster noch keine Postsache hinausgegangen, auf der die Marke nicht mit dem Kopf nach unten geklebt war.« Der Argwohn der Gestapo war also nicht unbegründet. Ich selber habe auch oft meiner Ablehnung auf dieselbe Art Ausdruck gegeben. Eine tüchtige Polizei sollte daher immer aufmerken, wenn die Untertanen mit dem jeweiligen Führerbild despektierlich umgehen.

Bei der Mitarbeit der Jesuiten repräsentierte Pater Rösch Herz, Seele und Willen zum Handeln, P. Delp das theologische und soziologische Denken. Letzteren, der eine Vorortpfarrei von München verwaltete, habe ich nur ein Mal gesehen. Sein Bild ist inzwischen allgemein bekannt geworden. Pater Rösch war äußerlich und innerlich das Gegenteil des Jesuiten, den Wilhelm Busch und der Kulturkampf geprägt hatten. Eine strahlende Gottes- und Nächstenliebe leuchtete aus seinem guten blauen Auge und stilles Frommsein stand in jedem Raum, den er betrat. Dadurch wirkte er überzeugender als mit seinem klugen, eines Jesuiten durchaus würdigen Kopf. Er gehört zu den ganz wenigen Geistlichen, die sich handelnd an Plänen gegen das Dritte Reich beteiligt haben, und ohne ihn und Pater Delp hätten diese Pläne kaum Gestalt gewonnen. Pater Rösch litt unter der Verantwortung, die er mit seiner Beteiligung übernahm, umso mehr, weil er die Gefahr für die Kirche und den Orden erkannte, die aus einem Bekanntwerden seiner Beteiligung erstehen konnte, zumal dem Jesuitenorden so häufig eine Einmischung in politische Dinge vorgeworfen wird. Wenn er trotzdem mithalf, so tat er es, weil es ein Kampf gegen die Mächte der Finsternis war, zu dem er sich im Gewissen verpflichtet fühlte. Er war aber ängstlich bedacht, den Kreis der mitwissenden Ordensleute nicht auszudehnen. Die Berliner Jesuiten hielt er strikt aus der Sache heraus. Sie durften nichts davon erfahren, wenn er oder einer der andern Patres nach Berlin kam, die dann auch nicht im Canisiushaus, sondern bei einem der Freunde oder bei den Dominikanern in St. Paulus wohnten. Obschon ich mit einigen der Berliner Jesuiten gut befreundet war, habe ich nie gemerkt, dass sie etwas von dem Tun der Münchener Confratres geahnt hätten. Sie waren wohl auch zu weltklug für riskante Dinge.

Von Plänen für Stellenbesetzungen haben wir uns absolut ferngehalten, mit Ausnahme der Auswahl der Landesverweser, die wir bei der stark föderalen Planung für bedeutungsvoller zur Durchsetzung unserer Ziele hielten als die Reichsorgane, die bei der Turbulenz der Verhältnisse sicher baldigem personalen Wechsel unterliegen würden.

Über die Pläne der Wehrmacht zur Beseitigung Hitlers ist in unserm Freundeskreis nie konkret diskutiert worden. Wir wussten allmählich – von wann ab kann ich nicht mehr bestimmt sagen –, dass die Wehrmacht handeln werde, aber weder wie noch wann noch wer. Mit der Zeit kristallisierte sich das Handeln um Beck, Witzleben und Höppner und immer deutlicher um Stauffenberg. Aus gemeinsamen Erörterungen wurden diese Fragen auf Grund unseres Leitsatzes äußerster Diskretion und Vorsicht herausgehalten. Diese Dinge gingen die Wehrmacht allein an, und wir fühlten hinreichend soldatisch, um zu wissen, dass strengste Geheimhaltung hier Lebensgesetz war. Sehr wohl dagegen wurden immer wieder die grundsätzlichen Fragen der Anwendung von Gewalt, der Art derselben und des

Zeitpunkts erörtert. Im Grundsätzlichen bestand unproblematisch gewordenes Einverständnis, ebenso darüber, dass die Gewalt nur von der Wehrmacht und nicht aus dem Volke heraus kommen könne. Ob dieses mitgehen werde, war schwer abzuschätzen und musste der Hoffnung und dem Glück überlassen bleiben wie bei allen großen Entscheidungen. Den Widerstand der Partei nach Beseitigung Hitlers schätzten wir nicht hoch ein. Die obere Schicht würde sich im Diadochenstreit verzehren und bei den kleinen Funktionären würde der Schock so lähmend sein, dass sie froh erneut gehorchen würden.

Gefährlich konnte die Lage in der Wehrmacht werden, weil Hitler von vielen noch als Schöpfer und Schützer der Wehrmacht und Verteidiger des Vaterlandes angesehen wurde. Hier konnte man aber mit hoher Wahrscheinlichkeit auf die autoritäre Wirkung der Generale, insbesondere Becks rechnen, so dass eine Erschütterung der Kampffront nicht zu befürchten war. Voraussetzung hierfür aber war der Tod Hitlers, weil sonst die Eidesfrage in der Wehrmacht gefährlichen Zündstoff schaffen musste und auch sonst die für den Umsturz erforderliche Schockwirkung gefehlt hätte. Deshalb war es auch nicht möglich, was erwogen worden ist, das Führerhauptquartier mit ein oder zwei bereitgestellten Panzerdivisionen zu überrollen, Hitler gefangen zu setzen und ihm dann den Prozess zu machen, wie bei den Wiedertäufern in Münster, die erst im eisernen Käfig im Lande zur Schau umhergefahren und dann ganz rechtsförmlich nach der Constitutio Criminalis Carolina mit glühenden Zangen gezwickt und zu Tode gebracht wurden. Wenn man das weite, unübersichtliche Waldgelände in Betracht zieht, in dem die Wolfsschanze mit ihren Drahtzäunen, Bunkern und zuverlässigen Sicherungstruppen versteckt lag, so musste ein solcher Handstreich ein Misserfolg werden, selbst wenn man wirklich eine Division – nicht nur den Kommandeur und eine Anzahl von Offizieren – zum Einsatz hätte bringen können. Wenn also vom Sturz Hitlers gesprochen wurde, so konnte damit nichts anderes gemeint sein als seine Tötung.

Obschon die Wege der Wehrmacht und unsere Wege getrennt verliefen, bestand doch eine feste Querverbindung, seit Stauffenberg als Chef des Stabes des Heimatheeres in der Bendlerstraße saß. Zwischen ihm und Yorck, mit dem er vervettert war, bestand eine enge Freundschaft und Übereinstimmung im Denken. Stauffenberg wäre nicht zum Handeln gekommen, wenn er nicht auf Grund seiner Verbindung mit Yorck gewusst hätte, dass andere verantwortlich denkende Leute, denen er traute, sein Handeln als zwingend geboten ansahen, und wenn er nicht auf Grund der ihm bekannten Kreisauer Planungen, mehr auf Yorcks Bürgschaft als auf eigenes Urteil, überzeugt gewesen wäre, dass da ein Weg gewiesen war, um das deutsche Volk wieder zu Ehren zu bringen. Zu der Aktion der Wehrmacht wiederum wäre es wohl nie ohne Stauffenberg gekommen, der mit jugendlichem Elan und soldatischem Können einen sittlich gegründeten Charakter und hohe Geistigkeit verband. Er war der Akteur, der die mit Zweifeln beladenen, seit Jahren zaudernden alten Generale mitgerissen und dem Handeln die erforderliche Form gegeben hat.

Die erste Hälfte des Jahres 1944 ging nach der Verhaftung Moltkes in unserm Kreise in gewohnter Weise, aber ständig steigender Spannung hin. Die Ereignisse auf den Kriegsschauplätzen mit der Fülle der Rückschläge machten es immer deutlicher, dass die Zeit zum Handeln nun endlich reif war. Jedes längere Zögern verschlimmerte Hunger, Trümmer und Tod in Deutschland und der ganzen Welt. Jede Stunde machte den Zusammenbruch schlimmer und auswegloser.

3. Drama – Begegnungen mit Stauffenberg und dann überschlagen sich die Ereignisse

Schließlich war es Ende Juni so weit, dass die Würfel geworfen werden sollten. Lukaschek war wie so oft am 21. Juni nach Berlin gekommen. Auch Pater König wohnte bei uns, der aus irgendeinem

Anlass von München herkam. Infolgedessen kam Yorck nachmittags zu uns und erzählte von einem Plan Lebers und Reichweins, mit den Kommunisten Fühlung zu nehmen. Wir trafen uns dann am Abend des 29. Juni – es kann auch am Tage vorher oder nachher gewesen sein – bei Yorck. Anwesend waren dort außer Yorck – ob die Gräfin in Kauern war, weiß ich nicht mehr – Lukaschek, Leber, Reichwein, Haubach, Trott und wahrscheinlich auch Gerstenmaier und Pater König. Leber und Reichwein legten ihren Plan dar, mit zwei Kommunisten, deren Namen ich vergessen habe, Fühlung aufzunehmen. Es war nicht beabsichtigt, sie zu einer Zusammenarbeit und Beteiligung bei der Neuordnung zu bewegen, sondern sie darüber zu orientieren, dass im Falle eines Unternehmens gegen Hitler es sich nicht um einen wilden Generalsputsch handele, sondern um eine auch von den Sozialdemokraten getragene Aktion. Dadurch sollte vermieden werden, dass die Kommunisten das Wehrmachtunternehmen etwa mit der Ausrufung eines Generalstreiks beantworten würden, der die Fronten zerbrochen, die neue Regierung nach innen und außen handlungsunfähig gemacht und das gesamte Elend noch gesteigert haben würde. Gegen diese an sich sehr verständige und naheliegende Absicht haben wir sofort, als Yorck sie mitteilte, mit ihm zusammen das Bedenken erörtert, ob diese Kommunisten wohl zuverlässig und auch hinreichend einflussreich bei ihren Genossen wären. Die Gestapo hatte die kommunistische Partei zerschlagen und ihre Funktionäre, soweit sie nicht nach Russland oder sonst ins Ausland geflüchtet waren, in die Konzentrationslager oder ins Zuchthaus gebracht. Selbst die zu langjährigem Zuchthaus verurteilten wurden nach Abbüßung der Strafe nicht freigelassen, sondern weiter im Zuchthaus oder im Konzentrationslager behalten. Es erschien daher seltsam, dass zudem noch gar einflussreiche Kommunisten sich auf freiem Fuß befinden sollten. Der Verdacht lag nahe, dass sie nur deshalb aus dem Konzentrationslager, in dem sie mit Leber zusammen gewesen waren, entlassen worden waren, um Spitzeldienste zu leisten, es sei denn, dass es sich um ganz bedeutungslose, der Gestapo ungefährlich erscheinende Leute handelte. Diese Bedenken brachten wir vor. Leber und Reichwein erklärten sich jedoch überzeugt, dass die Leute anständig und auch kompetent seien. Daraufhin stimmten alle dem Plan zu.

Wenige Tage später – ich glaube, es war am 4. Juli – kam Yorck abends in höchster Bestürzung mit der Nachricht, Leber und Reichwein seien von der Gestapo verhaftet. Das war ein schwerer Schlag, denn abgesehen von der Sorge um das Schicksal der beiden Freunde erhob sich jetzt die Frage, wie viel von den Plänen den Kommunisten mitgeteilt worden war und ob es der Gestapo gelingen würde, die Fäden zu Kreisau und Stauffenberg aufzudecken. Daneben bestand die Gefahr, dass die Verhafteten selber durch Tortur oder die damals, wohl unbegründet, als wirksam angesehenen Wahrheitsdrogen zu Aussagen gebracht werden könnten. Darin liegt nicht der Schatten eines Vorwurfs, denn wir sind immer überzeugt gewesen, dass mit den unmenschlichen Quälereien der Gestapo jede gewünschte Aussage erpresst werden konnte. Auch das Misslingen des Kontakts mit den Kommunisten kann man Leber und Reichwein nicht vorwerfen. Wir sind alle mit dem Schritt einverstanden gewesen nach gründlicher Überlegung. Nur hatten wir irrig nicht hinreichend in Rechnung gestellt, wie verderbt die Gestapo die Menschen gemacht hatte. Jedenfalls war eine drohende Gefahr entstanden, denn wenn eine totalitäre Polizei ein Glied einer Verschwörungskette in der Hand hat, so ist es wahrscheinlich, dass sie Glied für Glied an der Kette entlangtastet, bis sie sich der ganzen Kette bemächtigt hat. Hierfür genügt schon die Feststellung der Personen, mit denen die Verdächtigen Umgang hatten, und deren Beschattung. Man kann sich daher nur wundern und es ist ein Beweis für die Überschätzung der Tüchtigkeit der Gestapo, besonders aber für die Geschicklichkeit und Standhaftigkeit unserer Freunde, dass in den zwei Wochen bis zum 20. Juli niemand sonst verhaftet worden ist. Es mag auch sein, dass die Gestapo nach richtiger kriminalistischer Methode zugewartet hat, um nicht durch Verhaftungen Einzelner die Übrigen vorzeitig zu warnen. Anhaltspunkte dafür sind mir nicht bekannt geworden. Jedenfalls trieb die von der Gestapo aus drohende Gefahr zum schnellen Handeln, ganz abgesehen von der Rettung der beiden Verhafteten, denen baldiger und sicherer Tod bevorstand. Stauffenberg handelte dementsprechend.

Aus dieser Hochspannung ist mir der Abend des 14. Juli – ich glaube, es war ein Freitag – in schicksalsschwerer Erinnerung. Lukaschek war aus Breslau wieder einmal da, um zu sehen, wie die Dinge standen. Außerdem kamen Yorck und Stauffenberg auf die Nachricht von Lukascheks Anwesenheit. Stauffenberg umriss die Lage, ihre Gefahren und die Notwendigkeit zum schnellen Handeln. Dann ging das Gespräch auf die sittliche Berechtigung der Anwendung von Gewalt über und deren Möglichkeiten. Stauffenberg war ernster als sonst, aber gelassen und sicher. Niemand hätte bei seiner äußeren Unbefangenheit ahnen können, vor welcher geschichtlichen Tat er stand. Er war eben durch und durch Soldat. Als er fortging, wurde der Atem des Schicksals spürbar bei den letzten Worten, die ich von ihm hören sollte: »Es bleibt also nichts übrig, als ihn umzubringen.« Von unserm Hause fuhr er zum Bahnhof, um in den Schlafwagenzug nach Wolfsschanze zu steigen, wo er am nächsten Tag die Tat vollziehen wollte, was dann unterblieb, weil Himmler, den er gleichzeitig miterledigen wollte, nicht erschienen war. Von den Einzelheiten der Planung – wer, wie, wann – ist an dem Abend mit keinem Wort die Rede gewesen. Wir wussten nur, dass Stauffenberg den von der Wehrmacht geplanten Schlag nunmehr starten werde. Ich bin überzeugt, dass Stauffenberg sich in dem Gespräch die innere Rechtfertigung suchen und hierfür geistigen Beistand haben wollte. Dass Stauffenberg keine Einzelheiten von sich gab, entsprach militärischer Vernunft und den Regeln, die eine solche Tat ihrer Art nach verlangt, wo alles auf strenger Geheimhaltung beruht. Als Stauffenberg fortgegangen war, haben wir kein weiteres Wort über die Art seines Vorhabens verloren, weil das der Kreisauer Übung von Diskretion und Zurückhaltung widersprochen hätte. Ich weiß nicht, ob Yorck über die Einzelheiten Bescheid gewusst hat, möchte es aber auf Grund seiner engen Freundschaft mit Stauffenberg wohl annehmen. Auch wenn ich mit Stauffenberg dienstlich zusammentraf oder ich ihm sonst begegnete, hat er nie über seine Pläne gesprochen, abgesehen von kurzen Mitteilungen, die für uns von Interesse sein konnten. Kein Dritter hätte merken können, dass zwischen uns eine innere Beziehung bestand. Er wusste über Yorck, dass ich wusste, und ich wusste, dass er wusste.

Typisch für dieses Verhältnis war folgender Vorgang. Eines Abends fuhr ich zusammen mit dem Oberst Meichsner, dem Leiter der Standortstaffel des Wehrmachtführungsstabs, im Schlafwagenzug zu irgendeiner Besprechung in das Führerhauptquartier, das sich damals in Berchtesgaden befand. Im Zuge trafen wir Stauffenberg, der noch kein Bett hatte und dann das zweite Bett in meinem Abteil bekam. Nach der Abfahrt zog er zwei Flaschen Burgunder aus seinem Koffer und sagte, mit deren Hilfe wollten wir uns jetzt mal mit Meichsner unterhalten. Er holte Meichsner aus dem Nebenabteil, der auch bereitwillig kam auf das Stichwort Burgunder. Dann entwickelte sich ein Gespräch über die Lage und die täglich schlimmer werdenden Zustände. Stauffenberg machte mehrfach Andeutungen, so gehe es doch nicht weiter, es müsse etwas geschehen, worauf Meichsner jedoch nicht einging. Das Gespräch verlief so, dass es, auf Tonband aufgenommen, zum Galgen geführt hätte, aber nur wegen Defaitismus. Es ging nicht über die Art der von Offizieren vielfach unter vier Augen geführten Unterhaltungen hinaus, da es keine konkreten Dinge berührte. Wenn man aber wusste, worum es ging, war klar zu erkennen, dass Stauffenberg versuchte, Meichsner zum Mithandeln zu bringen, und dass Meichsner nicht recht wollte. Schließlich sagte Stauffenberg, er möge doch nächste Woche zu Brückelmeyer kommen, was Meichsner mit Arbeitsüberlastung ablehnte. Dadurch wurde klar, dass Meichsner nicht, oder nicht mehr, mittun wollte; bei Brückelmeyer, der wegen antinationalsozialistischer Haltung aus dem Auswärtigen Amt entlassen worden war, wurden nämlich Fäden gegen Hitler gesponnen. Ich kannte ihn gut von Kattowitz her, hatte aber keine Verbindung mehr mit ihm, wusste aber bei Nennung seines Namens sofort, worum es ging. Als Meichsner dann zu Bett gegangen war, sagte Stauffenberg mir: »Es ist klar, er will nicht.«

Meichsner war ein überaus intelligenter, fleißiger und tüchtiger Mann von anständigem Charakter und guten Formen, der meiner Erinnerung nach schon mit vierunddreißig Jahren Generalstabsoberst geworden war. Der Vater war Superintendent in Wittenberg gewesen, und dementsprechend war Meichsners sittliche und religiöse Haltung und Bildung. Infolge der Überlastung fing er an, mehr zu trinken, als ihm gut war. Außerdem begann er, um sich bei Übermüdung arbeitsfähig zu erhalten, Pervitin zu schlucken und zu spritzen, was damals als harmloses Reizmittel angesehen wurde, welches die Flieger bei besonders intensiver Inanspruchnahme erhielten. Schließlich sah ich fast jeden Morgen den Sanitätsunteroffizier Quest, den bekannten Schauspieler und feinen Regisseur, an meinem Zimmer vorbeikommen auf dem Wege zu Meichsner, um ihm eine Spritze zu verabreichen, deren gefährliche Drogenwirkung beim Militär anfänglich nicht bekannt war. Infolgedessen hatte die Gesundheit des blühend kräftigen Meichsner gelitten und seine Willenskraft nachgelassen. Dieser Umstand – nicht etwa Vorsicht oder Meinungsänderung – muss der Grund dafür gewesen sein, dass Meichsner sich aus der Verbindung mit Stauffenberg zurückzog. Ohne diese unglückliche Verkettung wäre sonst Meichsner nach seiner energischen und entschlossenen Art der Mann gewesen, um die Tat gegen Hitler zu vollbringen, zumal er ständigen Zugang zu den Lagebesprechungen Hitlers in Wolfsschanze hatte. Es ist mir nachträglich bewusst geworden, anhand der in dem Schlafwagengespräch gewechselten Andeutungen, dass es sich dabei um die endgültige Ablehnung Meichsners gehandelt hat, die Hand selber an Hitler zu legen, weil er sich die Kraft zu der Tat nicht mehr zutraute. Ich habe in dem Schlafwagen Stauffenbergs Energie und Geschick bewundern können. Als wir zu Bett gingen, fragte ich ihn, ob ich ihm beim Ausziehen helfen dürfe, da ihm die eine Hand ganz und von der anderen zwei Finger fehlten. Lachend lehnte er ab und ehe ich mich versah, hatte er sich mit Fingern und Zähnen ausgezogen und saß im Schlafanzug da. Um den Hals trug er ein goldenes Kettchen mit einem kleinen Kreuz.

Am 16. Juli, dem Sonntag vor dem 20. Juli, war ich abends bei Yorck zum Essen. Die Gräfin war in Kauern, und wir waren allein, denn Gerstenmaier, der nach seiner Ausbombung bei Yorcks wohnte, war verreist. Später kam noch für eine Weile, wie früher schon erzählt, Frau Reichwein. Yorck berichtete, dass Stauffenberg nicht zum Handeln gekommen sei. Das Unternehmen werde aber bestimmt in den nächsten Tagen vor sich gehen. Wir waren in knisternder Spannung, denn es war ja fast ein Wunder, dass die Gestapo noch nicht zugegriffen hatte. Nichts ist schwerer als solches Zuwarten. Yorck äußerte die Befürchtung, das Haus werde bereits überwacht. Wir spähten durch die Gardinen nach einem gegenüberliegenden Fenster, an dem Yorck einen verdächtig erscheinenden Mann vorher gesehen hatte. Straße und Häuser lagen jedoch friedlich und wie gewohnt da. Wir schreckten auf, als die arme Frau Reichwein klingelte, und das gute, zuverlässige Mariechen blickte bekümmert drein, als sie die leidbeladene Frau und das ungewohnte Gebaren von uns beiden sah. Trotz der Aufregung waren wir aber zuversichtlich und in der gehobenen Seelenhaltung, die durch große Gefahren bewirkt wird. Yorck berichtete, dass Schulenburg, der infolge des Ausfalls von Leber das Innenministerium übernehmen müsse, ihn gebeten habe, Staatssekretär in der Reichskanzlei zu werden. Er habe sich ausnahmsweise bis zur Befreiung von Leber aus dem Gefängnis »als interner Berater ohne Funktion« hierzu bereit erklärt und zugleich versprochen, mich zu bitten, als Staatssekretär bei Schulenburg zu fungieren. Schulenburg habe hilfeflehend darum gebeten, weil er sonst mit dem Gördelerladen nicht fertig werde. Deshalb habe er Schulenburgs Bitte mit der genannten Einschränkung erfüllt, die unsern bisherigen Standpunkt, keine führenden Ämter zu übernehmen, wahre. Die Hauptsache sei, dass die Sache zunächst einmal in Funktion komme. Ich stimmte ihm bei und betonte, dass ich keinerlei Anlagen für einen Polizeiminister habe, ich wolle in den Auswärtigen Dienst. Yorck hatte vor, am Montag zu der Hochzeit Pückler nach Eisenach zu fahren, sowohl um sich der Spannung des Wartens zu entziehen, als auch um durch eine plötzliche Absage nicht Aufmerksamkeit hervorzurufen. Er hatte mit Stauffenberg verabredet, dass dieser ihm eine harmlose telegraphische Nachricht nach Eisenach schicken werde, aus der der Tag des Unternehmens ersichtlich sein sollte. Nach Berlin zurückgekehrt wollte Yorck mich dann benachrichtigen oder im Auto abholen lassen. Treffpunkt sollte das Zimmer des Grafen Schwerin in der Prinz-Heinrich-Straße, dicht an der Bendlerstraße sein. Dort sollten sich die Zivilisten versammeln, die an dem Gelingen des Unternehmens mithelfen wollten. Yorck war noch zweifelhaft, ob er dorthin kommen oder in der Bendlerstraße 10 »Stauffenberg, auf dem allein doch alles lastet, behilflich sein« werde. Als ich mich spät in der Nacht von Peter Yorck verabschiedete, war es das letzte Mal, dass ich den treuen und liebenswerten Freund gesehen habe. Yorck ist dann nach Thüringen gefahren, spät in der Nacht zum 20. Juli zurückgekommen, gegen Mittag zur Bendlerstraße gegangen, und von dort den Weg zum Galgen.

Am Tage nach unserm Treffen konnte sich nichts ereignen, vielleicht aber schon am 18. Juli. Ich wartete in Eiche voll Ungeduld. Nichts geschah! Keine Nachricht! Ebenso verlief der 19. Juli in lähmender Ungewissheit. Ich saß völlig isoliert in Eiche, da wir seit der Verhaftung am 4. Juli wegen der Gefahr der Gestapokontrolle vereinbart hatten, uns untereinander nicht telefonisch anzurufen. Anderseits konnte ich nicht nach Berlin fahren, da jederzeit die Nachricht von Yorck kommen konnte. Am 20. wurde das lauernde Warten schier unerträglich. Zudem hatte ich noch böse Zahnschmerzen bekommen. Gegen 1 Uhr mittags ging ich mit irgendeinem Vorwand zu Meichsner, um herauszubekommen, ob er etwas aus Wolfsschanze gehört hatte. Offenbar war er völlig unbeschwert und wusste von nichts. Die Zeit der Lagebesprechung in Wolfsschanze war also wieder verstrichen, ohne dass etwas geschehen war. Ich wartete aber noch weiter. Da die Zahnschmerzen recht böse waren, nahm ich mir gegen 4 Uhr einen Wagen und fuhr nach Berlin zu meinem Zahnarzt Prof. Kirsten am Olivaer Platz. Auf der Fahrt war nichts Auffälliges zu bemerken.

Gerade als die Behandlung beendet war, während er den Stuhl hinunterschraubte, stürzte die Sprechstundenhilfe ins Zimmer mit dem Ruf: »Misslungenes Attentat auf den Führer. Das Radio hat es soeben als Sondermeldung gebracht«. Der Hilfe merkte man an, dass sie das Misslingen bedauerte. Dr. Kirsten und ich blieben sprachlos. Ich ging zerschmettert hinaus, denn die Folgen und ihr Ablauf standen mir klar vor Augen. Eine ganz leise Hoffnung hatte ich noch, es könnte eine Falschmeldung der Nazis sein. Auf dem Olivaer Platz rief ich von der Telefonzelle aus die Wohnung Yorck an. Das gute Mariechen war am Apparat, die auch ohne Namensnennung meine Stimme kannte. Auf meine Frage, wo der Graf wäre, antwortete sie, er sei ebenso wie Dr. Gerstenmaier in die Stadt gefahren und sie hätten Butterbrote mitgenommen. Sie war verstört, aber tapfer, als sie sagte: »Hoffentlich ist ihm nichts passiert.« Daraus erkannte ich, dass sie sich auf Grund der Radiomeldung und dessen, was ihr in den letzten Jahren nicht hatte entgehen können, die Dinge bereits richtig zurechtgelegt hatte. Ermahnungen zur Diskretion waren bei der frommen Seele, die zudem einsichtig und klug war, nicht am Platze, zudem gefährlich, und mit einem scherzhaften Wort, das ich mir abrang, legte ich den Hörer auf und ging zum Wagen. Der Fahrer hatte noch nichts gemerkt. Auf dem Kurfürstendamm sah man aber sofort die Erregung, da die Leute in Gruppen umherstanden und diskutierten. Es wurden auch, ebenso wie auf dem weiteren Weg nach Potsdam, Wehrmachtkolonnen auf Kraftwagen sichtbar. Die Hauptsache war zunächst, sichere Unterrichtung über die Geschehnisse zu erhalten. Anfangs wollte ich den Stier bei den Hörnern fassen und zur Kurierstelle des Wehrmachtführungsstabes in der Bendlerstraße 10 fahren. Ich unterließ dann aber diese Fahrt in den Rachen des Löwen, weil mir klar wurde, dass ich bei Zutreffen der Radiomeldung den Häschern so selber in die Arme gefahren wäre. Die Fahrt nach Eiche war grausam, denn sehr wohl konnte inzwischen der Zusammenhang bereits dadurch offenbar geworden sein, dass man den Boten Yorcks oder seine Telefonnachricht aufgefangen hatte. Ich nahm also allen Schützengrabenmut zusammen und fuhr nach Eiche.

Das Tor war gegen sonstige Übung geschlossen, die Torwache verstärkt, und der Einlass wurde zunächst verweigert. Der Wachhabende, wider die Gewohnheit ein Offizier, fragte nach woher und wohin. Dann wurde Meichsner angerufen, und erst so erhielt ich Einlass. Es war also höchster Alarmzustand. Ich ging sofort zu Meichsner und sprach offen mit ihm unter Hinweis auf unsre gemeinsame Fahrt mit Stauffenberg. Er war ebenso offen und sehr anständig. Er wusste bereits genau Bescheid über den Ablauf in Wolfsschanze. Auch hatte er mit der Bendlerstraße laufend Verbindung gehalten und mehrfach mit Merz von Quirnheim gesprochen, so dass er auch die dortige Tragödie genau kannte. Deren weiteren Ablauf erfuhren wir dann nach und nach bis zum letzten schrecklichen Ende durch Telefongespräche, die Meichsner mit unserer Kurierstelle in der Bendlerstraße führte, deren Ordonnanzen sich dort, zitternd vor dem Geschehen um sie herum, im Zimmer eingeschlossen hatten, aber wie alle Ordonnanzen genau über alles Bescheid wussten. Diese Gespräche mit der Kurierstelle waren ungefährlich, obschon eine Telefonkontrolle eingerichtet war. Meichsner wusste nicht, wann das geschehen war, ob also seine Gespräche mit Merz von Quirnheim notiert oder abgehört waren. In Eiche war eine Telefonsperre angeordnet worden, so dass außer Meichsner überhaupt niemand von uns telefonieren konnte. Meichsner beurteilte die Lage völlig klar und richtig dahin, dass jeder Versuch, durch einen Handstreich die Gefangenen zu befreien oder gar das Unternehmen noch durchzusetzen, aussichtslos war. Nachdem feststand, dass Hitler lebte und die hitlertreue Gruppe in der Bendlerstraße die Oberhand gewonnen hatte, hätte man keinen Menschen mehr zu einem solchen Einsatz bringen können. Lähmende Furcht lag über allen. Man kann sich heute nicht mehr vorstellen, wie ungeheuerlich dieser Anschlag gegen die allmächtige Person Hitlers wirkte, sein Misslingen und die kommende Rache. Meichsner hatte Furcht, ich ebenso. Eine Flucht und ein Untertauchen in der Großstadt wäre nicht unmöglich oder aussichtslos gewesen. Bischof Wienken würde schon ein Kloster dafür gefunden haben. Es kam nicht in Frage wegen der dann sicher einsetzenden Vergeltung gegen die Familie. Außerdem bestand ja noch eine Möglichkeit, dass die Zusammenhänge nicht aufgedeckt wurden. Es galt also, die Zähne zusammenzubeißen und – wie gelernt – durchzuhalten.

Nach dem langen Gespräch mit Meichsner ging ich in das Zimmer des Majors Scheffler, Direktor bei der Tobis-Film, Antinazi, der als Verpflegungsoffizier die Weinvorräte des Stabes verwaltete und deshalb immer Zulauf hatte. Fast alle Herren des Stabes, ein kleines Dutzend aller Schattierungen, waren dort in aufgeregtem Gespräch versammelt. Dort haben wir bis zum Morgendämmern über die Vorgänge gesprochen unter erheblicher Verminderung der Alkoholvorräte, da niemand es für möglich hielt, angesichts der Lage zu Bett zu gehen. Alkohol ist in solchen Fällen beim Militär die einzige Rettung. Nach einer Weile erschien auch Meichsner. Er hatte sich die Rolle zurechtgelegt, scharf von Stauffenberg abzurücken, um sich so ein Alibi zu schaffen. Er tat das aber so übertrieben und ungeschickt, dass man das Unechte merkte, zumal jeder wusste, dass er nicht gerade begeistert war für den Nationalsozialismus. Alle hörten verwundert zu und er erhielt keinerlei Zustimmung, selbst nicht von den wenigen ausgesprochenen Hitleranhängern. Die Größe der Tragödie des Tages war zu überwältigend. Trauer und Mitleid bestimmten die Gespräche der alkoholgelösten Zungen, selbst bei den Hitleranhängern, die sich sehr anständig benahmen. Ich habe die ganze Nacht, außer von Meichsner, kein abfälliges Wort über Stauffenberg und das Unternehmen gehört. Vorherrschend war die Furcht vor den kommenden Dingen. Alle fühlten irgendwie, dass an diesem Tage eine geschichtliche Tat vollbracht worden war.

Die Tat war misslungen. Das genügt bei erfolgsgläubigem Massendenken, um sie zu verurteilen, sie zu verkleinern, oder sie unbeachtet zu lassen. Alle Mitläufer können heute zudem sagen: »Seht ihr wohl, wie unmöglich ein Widerstand war, es war Wahnwitz.« Wäre der Handstreich aussichtslos gewesen, so würde man ihn als unsittlich verurteilen müssen, denn die erste Voraussetzung für die Rechtfertigung gewaltsamen Widerstands gegen den Staat ist eine verständige Aussicht auf Gelingen. Diese war mit hoher Wahrscheinlichkeit gegeben. Bei Hitlers Tod wäre der Anschlag gelungen, wie der Ablauf in Paris zwingend beweist, wo Stülpnagel binnen zwei Stunden ohne einen Schuss und ohne einen Toten das gesamte SS- und Gestapogelichter hinter Schloss und Riegel hatte. Auch das schwankende Verhalten Remers zeigt, dass er bei Hitlers Tod sich nicht entgegengestellt hätte. Ähnlich war es bei der Gruppe v. d. Heydt in der Bendlerstraße, und die Haltung des Generals Fromm liegt auf derselben Linie. All die andern Zaudergeneräle würden sich lauthals auf die Seite Becks geschlagen haben, wenn der Tod Hitlers festgestanden hätte. Die Vorbereitung des Anschlags durch Stauffenberg war unter den gegebenen Verhältnissen bestens geplant. Jeder, der die damalige Zeit miterlebt hat, weiß, dass die vorherige Einbeziehung eines größeren Kreises von Offizieren der Geheimhaltung wegen unmöglich war.

Deshalb musste ja die Schockwirkung von Hitlers Tod zur Grundlage gemacht werden. Die Planung der Bereitstellung der Truppen, die dann durch die Autorität Becks mitgerissen worden wären, war meisterlich. Die ganze geistige Überlegenheit Stauffenbergs leuchtet darin auf, wie der Diktator dazu gebracht wurde, mit der Unterschrift des Walkürebefehls seinen eigenen Sturz zu verfügen, ein militärisches und politisches Kabinettstück von einzigartigem Witz. Das schwache Glied in der Kette war der Umstand, dass derselbe Stauffenberg, der Hitler töten wollte, gleichzeitig als Chef des Stabes in der Bendlerstraße das Unternehmen leiten musste. Letzteres war nötig, weil er als Stabschef des Generals Fromm die militärischen Befehlsmittel in der Hand hatte, Ersteres, da sich niemand sonst fand, der die Tat in der Wolfsschanze auf sich genommen hätte.

Kürzlich gab der General Heusinger ein Fernsehinterview (Januar 1962), in dem er sagte, er habe von dem Unternehmen gewusst, und als Stauffenberg bei der Lagebesprechung die Aktentasche mit der Bombe darin hingestellt habe, sei ihm klar gewesen, was kommen würde. Angesichts dieser großen Kaltblütigkeit, die erforderlich ist, um in Ruhe neben einer gestochenen Bombe stehen zu bleiben, ist es erstaunlich, weshalb er dann nicht die Ausführung übernommen hat an Stelle des körperlich so behinderten und in Berlin so nötigen Stauffenberg. Sittliche Bedenken können Heusinger nicht gehindert haben, denn es besteht kein Unterschied in der Verantwortung zwischen dem, der die Bombe zündet, und dem, der die gezündete Bombe ruhig zur Explosion kommen lässt. Es wird wohl mit den Generalstabsoffizieren des Führerhauptquartiers ähnlich gewesen sein wie bei den Generalen – typisch Kluge, oder Falkenhausen und auch Rommel –, die zwar den Erfolg wünschten, aber nicht dessen Risiko tragen wollten. Bombenwerfen gilt als undeutsch und wird, seit Bomben geworfen werden, als eine Tätigkeit angesehen, die Russen, Balkanvölkern und den Anwohnern des Mittelmeeres wesenseigentümlich sei, während Germanen zur Erreichung desselben Ergebnisses stechen oder schießen müssten. Für Stauffenberg blieb aber nur die Bombe einschließlich der Gefährdung der Unbeteiligten, denn mit drei Fingern und gemindertem Sehvermögen kann man weder stechen noch schießen. Es zeugt von einem unerhört hohen Maß von Kaltblütigkeit, Willenskraft und körperlicher Geschicklichkeit, mit drei Fingern eine Aktentasche zu öffnen, eine Bombe zu stechen und die Tasche wieder zu schließen. All das hat Stauffenberg neben dem Tragen des Planes und der sittlichen Verantwortung vollbracht. Nicht durch sein Versagen geschah es, dass die Lagebesprechung nicht in dem druckfangenden Betonbunker, sondern in der leichten, dem Explosionsdruck nachgebenden Baracke stattfand; nicht seine Schuld war es, dass Hitler unvorhergesehen seinen Platz neben der Bombe verließ. Stauffenberg hat mit seinem Abflug nach Berlin bedachtsam gewartet, bis er gehört hatte, dass die Bombe explodiert war, die nach menschlichem Urteilsvermögen Hitler hätte töten müssen.

Weshalb Gottes Ratschluss anders wollte, entzieht sich der unzulänglichen menschlichen Deutung. Vielleicht musste das deutsche Volk erst mehr zur Schulderkenntnis, Reue und gutem Vorsatz gebracht werden durch den nun einsetzenden völligen Ruin, denn nach dem 20. Juli folgten noch ungezählte Scharen von Toten, Verwundeten und Vertriebenen und die hauptsächlichen Zerstörungen aus der Luft. Auch die außenpolitischen Folgen des Zusammenbruchs wären beim Gelingen des Unternehmens wahrscheinlich weniger furchtbar gewesen. Statt des von Hitler ernannten Admirals Dönitz hätte eine für das Ausland vertrauenswürdige Regierung dagestanden, die man nicht einfach hätte ignorieren können. Auch für diese Regierung wäre die bedingungslose Übergabe eine unvermeidliche Tatsache gewesen, aber Form und Auswirkung derselben wären doch wohl nicht so vernichtend geworden, allein schon aus folgendem Grunde. Der Plan ging dahin, sofort nach Beseitigung Hitlers die Truppen an den westlichen Fronten ohne weiteres auf die Reichsgrenzen zurückzuziehen, sie an die Ostfront zu transportieren und diese so lange zu halten, bis die westlichen Alliierten Deutschland besetzt hätten. Dieser Lockung würden sie wohl nicht widerstanden haben. Yalta hin, Yalta her! In der Politik kommt es zunächst auf Tatsachen an, und Churchill hätte diese vielleicht zu nutzen verstanden, so dass die ganze Geschichte nach 1945 nicht die katastrophale Entwicklung genommen hätte, die dann folgte. Das Handeln Stauffenbergs war also kein auf Hirngespinste einiger Idealisten gegründetes Abenteuer, sondern ein wohlbedachtes und bestmöglich vorbereitetes Unternehmen mit realen Erfolgsaussichten.

Geblieben ist von dem hohen Einsatz – abgesehen von den nur schwer verfolgbaren, später vielleicht besser erkenntlichen Folgewirkungen der Kreisauer Arbeit auf unser heutiges politisches Leben – die Tatsache, dass in Deutschland einige – es sind immer und allerorts nur einige – aufgestanden sind, um die Ehre zu retten. In Deutschland scheint man das bislang nicht recht zu erkennen. Zwar wird bei der jährlichen Feier am 20. Juli in Berlin und bei manchen sonstigen Gelegenheiten auf die Bedeutung des Tages hingewiesen. In das Bewusstsein des Volkes ist er aber nicht eingedrungen. Es gibt zu viele maßgebliche Persönlichkeiten, denen die Erinnerung an den 20. Juli unangenehm ist, weil sie damals dagegen oder abseits, oder im vorsichtigen Versteck waren. In jedem andern Land wäre der Tag längst ein förmlicher Nationalfeiertag geworden.

Das Ausland wollte das Geschehen des 20. Juli nicht wahrhaben, weil es nicht in die Zwecke der Kollektivhaftung und deren peinlichen Moralismus passte. Aber große Gegner wie Churchill, dessen Vorfahren Geschichte trugen und die selber Geschichte schufen, haben höhere Einsicht.

Am 21. Juli früh hielt Meichsner eine Offiziersbesprechung ab. Er berichtete über die Einzelheiten der Vorgänge und die Namen der Beteiligten und verurteilte diese und die Tat aufs schärfste unter Treuegelöbnissen für den Führer. Es war ein quälendes, schreckliches Erlebnis, wenn man die Hintergründe kannte. Ich berichte es nur, um zu zeigen, wie zerstörend die Diktatur für die Menschenwürde ist. Meine Wertschätzung für Meichsner wurde dadurch nicht gemindert. Ich empfand nur Schmerz über die natürliche Schwäche der menschlichen Natur und Mitleid, zumal meine Furcht ebenso groß war wie die seine. Nach der Besprechung fuhr ich nach Hause, um meine Schwester endlich zu unterrichten. Deren Ungewissheit hatte mir die Nacht über schwer auf der Seele gelegen. Wegen der Telefonsperre war ein Anruf nicht möglich, und er wäre auch zu gefährlich gewesen, da bei den sicher jetzt abgehörten Gesprächen jedes unbedachtsame Wort tödlich wirken konnte. Meine Schwester war tapfer, wie immer. Sie war am Vortage vormittags in der Stadt gewesen, und als sie die Wehrmachtkolonnen gesehen, hatte sie deren Bedeutung sofort geahnt. Als sie in den Radiomeldungen die Namen Yorck und Stauffenberg hörte, war ihr die schicksalhafte Bedeutung mit allen möglichen Folgen klar geworden.

4. Als Letzter in Freiheit – am Ende schnappt die Falle zu

Die Spannung der folgenden Tage und Wochen war schlimmer als das vorangegangene Warten. Es war fast sicher, dass die Falle zuschnappen würde. Aber gerade wegen der leisen Möglichkeit, dass es vielleicht doch nicht geschehen würde, war das Warten so entnervend. Ich hatte meine Rechnung mit dem Himmel gemacht, indem ich am 22. Juli nach Potsdam zum Sakramentenempfang fuhr. Ich sprach bei der Beichte über mein Mitwissen, Anstiften und Zustimmen zu der Mordtat. Den jungen Kaplan regte das aber gar nicht weiter auf, und ich ging beruhigt von dannen. Die Kirche ist eine gute, verständnisvolle und kluge Mutter. Es war eine ähnliche Lage wie bei Maurois in den Discours du docteur O'Grady, wo der gehetzte Mörder berichtet: »Ich habe gemordet« und der Beichtvater zurückfragt: »Und wie oft mein Sohn?«.

Am 20. Juli waren von unsern Freunden Yorck und Gerstenmaier in der Bendlerstraße verhaftet worden. Es ist mir bis heute unerfindlich, wieso ich die mit Yorck am letzten Sonntag vereinbarte Nachricht über den Start des Unternehmens nicht erhalten habe, während er Gerstenmaier gegen 18 Uhr telefonisch aus der Hortensienstraße heranholte. Ein telefonischer Anruf ist auch während meiner Fahrt zum Zahnarzt nicht erfolgt, wie ich sofort nach meiner Rückkehr bei der zuverlässigen Sekretärin feststellte, der ich vor der Abfahrt gesagt hatte, ich erwarte einen Anruf. Ebenso wenig hatte sich ein Bote gemeldet. Ich vermute daher, dass Yorck nach anfänglich vielleicht vergeblichem Versuch anzurufen mit seinem feinen Einfühlungsvermögen in der Bendlerstraße dann gemerkt hat, dass die Sache nicht planmäßig ablief und deshalb die gefährdende Nachricht unterließ. Trott wurde sofort nach dem Unternehmen verhaftet, so dass von den Berliner Freunden nur noch Haubach und ich auf freiem Fuß waren. Lukaschek war noch in der Nacht vom 20. zum 21. Juli in seiner Breslauer Wohnung verhaftet worden. Stauffenberg hatte aus der Bendlerstraße ein Fernschreiben an den Wehrkreiskommandeur in Breslau geschickt mit der Anordnung, er solle sich sofort mit Lukaschek in Verbindung setzen und von diesem als Landesverweser Weisungen entgegennehmen. Dieses Fernschreiben hat der Wehrkreiskommandeur nach Feststehen des Misslingens sofort der Gestapo übergeben, die daraufhin Lukaschek verhaftete. Wie es mit den andern Landesverwesern abgelaufen ist, weiß ich nicht. Baron Twickel ist unbehelligt geblieben. Entweder ist die Nachricht über seine Bestellung als Landesverweser Westfalens nicht mehr hinausgegangen oder es hat beim Wehrkreiskommando Münster der nötige Mut und Anstand geherrscht, das Fernschreiben zu vernichten. Die Nachricht über die Verhaftung Lukascheks erhielt ich telefonisch durch einen befreundeten oberschlesischen Pfarrer. Nach schweren Misshandlungen wurde er bald in das Gefängnis Lehrterstraße in Berlin gebracht. Wegen meiner weithin bekannten engen Freundschaft mit Lukaschek war damit meine Verhaftung eigentlich unvermeidlich geworden. Frau Lukaschek kam nach seinem Abtransport in das Gefängnis Lehrterstraße nach Berlin und dadurch wurde der Zusammenhang noch auffälliger. Sie wohnte zwar zur Vermeidung unnötiger Aufdeckung nicht bei uns, sondern im Antoniuskrankenhaus unter Betreuung durch den dort wohnenden Prälat Ulitzka, aber sie kam jeden Tag zu uns. Ihre Not und Verzweiflung waren eine erneute Beanspruchung der schon hinreichend strapazierten Nerven. Überhaupt war die Ohnmacht, mit der ich dem Geschick der verhafteten Freunde gegenüberstand, eine schlimmere Qual als die Voraussicht auf die eigene Verhaftung, die eigentlich eher eine Erlösung bedeutet hätte. Aber die leise Hoffnung, der Verhaftung zu entgehen, blieb doch bestehen.

Der wesentliche Umstand, auf den es ankam, war der Erhalt laufender Orientierung über den Stand der Verfahren und neue Verhaftungen. Von dieser Kenntnis hing es ab, wie die eigene Einlassung bei der Verhaftung vorzunehmen sei, je nach dem, was die Gestapo etwa schon wusste, oder nicht mehr aufdecken konnte, weil der betreffende schon tot war. Diesen Überblick über den Verlauf der Untersuchungen erhielt ich verhältnismäßig leicht durch Meichsner, der selber das größte Interesse daran hatte. Meichsner bekam seine Kenntnisse, abgesehen von der amtlichen Orientierung aus Wolfsschanze, über Canaris. Dieser war zwar bereits in Ungnade gefallen, leitete aber noch irgendeinen kleinen Stab, mit dem er zusammen mit uns in Eiche untergebracht war. Obschon ihm so der Abwehrdienst nicht mehr unterstand, hatte er aber natürlich praktisch alle früheren Kanäle noch zur Verfügung. Da Canaris sich zu Recht selber bedroht fühlte wegen seiner vielfältigen Zusammenhänge mit dem Unternehmen, war die über ihn erlangte Kenntnis über das Geschehen weitreichend und zuverlässig.

Für die beteiligten Wehrmachtangehörigen war die Lage dadurch besonders gefährlich geworden, dass unter Ausschaltung der weithin nazifeindlichen Militärgerichtsbarkeit die Gestapo den Zugriff auf die Offiziere erhielt. Um diesen Bestrebungen entgegenzuarbeiten, war der Plan entstanden, die gesamte Untersuchung gegen verdächtige Offiziere zusammenzufassen und in der Festung Germersheim zu führen, wo die Gefangenen dann in der Obhut der Wehrmacht gestanden hätten. An einem Samstag kurz nach dem 20. Juli – wahrscheinlich am 29. Juli – kam gegen Mittag Meichsner zu mir mit einem aus Wolfsschanze erhaltenen Fernschreiben, das ihn anwies, über die Bereitstellung der Festung Germersheim für den genannten Zweck zu verhandeln. Wir waren einig über den großen Vorteil für die Verhafteten und dass deshalb eiligst die nötigen Schritte beim Heer eingeleitet werden müssten, mit denen Meichsner mich beauftragte. Da wegen des Sonnabends Oberstleutnant v. d. Heydt, der an Stelle Stauffenbergs die Geschäfte des Stabschefs führte, nicht mehr in seinem Amtszimmer anwesend war, entsandte mich Meichsner mit einem Auto nach dessen Wohnung in Frohnau. Ich verhandelte die Sache mit Herrn v. d. Heydt in seinem Garten, wo ich ihn vor der Haustür sitzend angetroffen hatte. Er versuchte, den zuständigen Sachbearbeiter in Düppel telefonisch zu erreichen, was nicht sofort gelang. Währenddessen unterhielten wir uns im Garten, und aus dem gegebenen Anlass kam die Unterhaltung auf das Geschehen des 20. Juli, bei dem v. d. Heydt eine verhängnisvolle Rolle gespielt hatte. Er erklärte dabei: »Ich habe den Gegenschlag gegen das Unternehmen in der Bendlerstraße organisiert, die Offiziere zusammengefasst und die nötigen Waffen heranschaffen lassen. Im Gegensatz zu Remer bin ich aber trotz dieser Verdienste nicht zum Oberst befördert worden. Daran sieht man wieder die schlechte Behandlung, die der Generalstab immer erfährt.«

Die Unterhaltung mit dem Mann, der das Scheitern des Unternehmens und das Blut Stauffenbergs und der andern auf dem Gewissen hatte, war an sich schon eine starke persönliche Beanspruchung gewesen. Sie wurde zu einem erschreckenden Erlebnis durch die empörende Niedrigkeit, mit der hier Blut gegen Karriere aufgerechnet wurde. Wegen Germersheim – aus dem dann übrigens nichts wurde – musste ich es ruhig anhören. Typisch für die Zeit nach 1945 ist dann das weitere Gebaren des Herrn v. d. Heydt. Der Sohn des Generals Freiherr von Hammerstein hatte als junger Leutnant bei dem Unternehmen in der Bendlerstraße mitgeholfen. Als einziger der Mittäter war ihm die Flucht rückwärts durch den Eingang am Tirpitzufer gelungen, da er alle Winkel und Gänge des Gebäudes kannte aus der Zeit, als sein Vater die Räume, in denen das Unternehmen ablief, als Dienstwohnung bewohnt hatte. Dann war es ihm gelungen, unterzutauchen. Der junge Hammerstein war also einer der wenigen Augenzeugen über das Geschehen am 20. Juli und das zwielichtige Handeln des Herrn v. d. Heydt. Hammerstein, der nach 1945 Journalist geworden war, schrieb einen Artikel über die Vorgänge, meines Erinnerns in der »Welt«, mit Bloßstellung v. d. Heydts. Dieser versuchte dann mit Drohungen, Hammerstein zu einem Widerruf zu veranlassen. Als Hammerstein, den ich von Berlin her kannte und dem ich mein Erlebnis mit v. d. Heydt erzählt hatte, mir das schrieb, habe ich ihm im Sommer 1947 den obigen Sachverhalt in einer schriftlichen Erklärung unter Eidesangebot mitgeteilt. Darauf war Ruhe. Was aus Herrn v. d. Heydt geworden ist, weiß ich nicht. Es wird ihm nicht schlechtgehen.

Furchtbare Stunden waren es am 8. August, als die Verhandlung gegen Peter Yorck lief und er sofort gehängt wurde. Er hat mich noch durch Pfarrer Poelchau benachrichtigt, dass mein Name bisher in den Verhandlungen nicht genannt worden sei, ein letzter Liebesdienst dieses treuen Freundes noch unter dem Galgen. Allenthalben wurden die Galgenschlingen zugezogen. Ich sah ein Gestapoauto auf den Kasernenhof fahren. Drei Mann stiegen aus und gingen in unser Gebäude. Ich spähte durch die Türritze auf den Gang, und sie traten bei Meichsner ein. Es konnte sich nur um Meichsner selber oder um mich handeln. Kurz darauf verließen sie das Zimmer zusammen mit Meichsner und fuhren mit ihm davon. Als ich sein Gesicht zum letzten Mal erblickte, war kein Zweifel mehr möglich, worum es ging. Sein Aussteigen aus dem Unternehmen und sein Abrücken nachher waren vergeblich gewesen. Der mustergültige und anständige Generalstabsoffizier wurde zum Galgen geschleppt. Mit wenigen Tagen Unterschied war auch Canaris unter denselben Umständen aus dem Zimmer genau über mir abgeholt worden und noch ein weiterer Offizier der Abwehr. Jetzt saß ich allein im Raubtierkäfig ohne einen einzigen Menschen, mit dem ich hätte reden oder bei dem ich mich über die Geschehnisse hätte informieren können. Die Kaserne Eiche war für mich bereits gleichbedeutend mit Gefängnis. Bei jedem Auto, das auf den Hof fuhr, ging ich instinktiv zum Fenster und danach spähte ich auf den Gang, ob die Schergen kämen. Die Schlinge schürzte sich noch enger, als ich erfuhr, dass auch Haubach und Steltzer verhaftet seien. Ich erfuhr es durch einen Freund Haubachs, der als Unteroffizier bei der Nachrichtentruppe in der Bendlerstraße Dienst tat. Er sagte es mir nach Eiche telefonisch in geschickter, aber für mich unmissverständlicher Art durch.

Alle Freunde in Berlin waren jetzt eingesperrt außer mir. Am 16. August abends erschien in Eiche der neuernannte Adjutant von Warlimont, dessen Namen ich vergessen habe, der mir aber wegen seines schrägen Blicks und seiner gummiartigen Adjutantenmanieren in deutlicher Erinnerung geblieben ist. Er sah genau so aus, wie Überbringer von bösen Nachrichten immer aus den Kulissen auf die Bühne treten. Der Abend verlief harmlos, aber am andern Morgen erhielt ich ohne jede Einleitung ein Papier ausgehändigt, das meine Entlassung im Zuge der Verabschiedung älterer Reserveoffiziere aussprach, nebst einem lauwarmen Dankschreiben Warlimonts für meine mehr als vierjährigen Dienste bei seinem Stabe. Nun war zwar Anfang 1944 eine Aktion zur Entlassung alter Reserveoffiziere gelaufen, die aber längst beendet war. Zudem fiel ich bei meinem Alter von 53 Jahren nicht unter diese Kategorie, und niemand war zu der gegebenen Zeit auf den Gedanken gekommen, mich zu entlassen.

Normalerweise wäre eine Entlassung auch nicht ohne vorherige Ankündigung geschehen und ohne eine persönliche Verabschiedung in Wolfsschanze. Noch anrüchiger war die Eile, mit der die Entlassung betrieben wurde, denn es wurde mir erklärt, dass mein Dienst noch am selben Tage beendet sei und ich sofort abfahren könne.

Der Vorgang ist nur so zu erklären, dass Warlimont irgendwie Verdacht geschöpft hatte über meine Zusammenhänge mit den Ereignissen und es vermeiden wollte, dass noch ein weiterer Offizier aus seinem Stabe heraus verhaftet würde, weil das ihn selber hätte belasten können. Er warf mich also lieber den Wölfen unmittelbar in den Rachen und vermied es so, dass die üble Kommission, die Hitler für die Ausstoßung verdächtiger Offiziere und ihre Überantwortung an die Gestapo eingesetzt hatte, sich mit einem weiteren Fall aus dem Wehrmachtführungsstab befassen musste. Diese Henkerkommission unter Vorsitz eines berühmten Heerführers war übrigens eines der traurigsten Kapitel der damaligen Vorgänge, da sie Hitler Beistand leistete, in einem völlig rechtswidrigen Scheinverfahren, Kameraden der Gestapo scheinbar legal in die Fänge zu liefern. Furcht oder Vorteil können diese Leute nicht entschuldigen, denn es wäre ihnen nicht an Leib und Leben gegangen, wenn sie diese schuftige Tätigkeit abgelehnt hätten.

Vom Wehrmachtführungsstab wurde ich zunächst der Offizierreserve beim Wehrkreiskommando Berlin überwiesen, das dann meine Entlassung zu verfügen hatte. Bei meinem Abschied in Eiche merkte ich deutlich, dass Offiziere, Ordonnanzen und Sekretärinnen sich ihre Gedanken über die Art meiner plötzlichen Entlassung machten. Der gute Scheffler hatte sogar den Schneid, mir seine Befürchtungen auszusprechen. Die unerwartete Rückkehr nach Haus bedeutete für meine Schwester einen neuen Schock, denn ich ließ sie über die Bedeutung nicht im Unklaren, um sie zu wappnen. Ich nahm nämlich an, dass ich am folgenden Tage anlässlich meiner Meldung beim Wehrkreiskommando nach Erhalt der formellen Entlassung festgenommen und nicht nach Hause zurückkehren werde. Der Sachbearbeiter beim Wehrkreiskommando machte einen vertrauenswürdigen Eindruck und wusste offenbar nichts von den Zusammenhängen. Daraufhin erbat ich mir vor der Entlassung noch sechs Wochen Urlaub »zum Ausruhen«, die anstandslos genehmigt wurden. Auf diese Weise hatte ich noch eine Weile den Scheinschutz der Uniform und brauchte noch nicht meinen Dienst beim Reichsverwaltungsgericht wieder aufzunehmen. Geruhsam wurden die Wochen naturgemäß nicht, denn jeden Augenblick konnte die Gestapo erscheinen. Es strichen auch wohl seltsame, sonst in der einsamen Grunewaldstraße nicht gesehene Gestalten um das Haus, die wir als Gestapoleute ansahen. Ob sie es nun waren oder nicht, der Verdacht genügte, um das Unbehagen zu steigern. Zur Minderung der Spannung, die sonst unerträglich geworden wäre, fuhr ich jeden Morgen früh mit dem Rad durch den Grunewald zum Wannsee und kehrte erst beim Dämmern zurück.

Eines Abends im Dunkeln hörten wir im Garten ein verdächtiges Geräusch. Ich ging hinaus und erblickte neben der dicken alten Kiefer am Gartentor eine Gestalt, die eilig auf mich zukam, als ich ins Licht der Straßenlaterne trat. Ich stockte, denn ich glaubte, jetzt sei die Stunde gekommen. Es war aber nicht die Gestapo, sondern wie eine Engelserscheinung vom Himmel der Pater Graf Tattenbach in Zivilkleidung, der eigens aus München gekommen war, um mich über den dortigen Stand der Dinge zu unterrichten. Er wusste nicht, ob etwa die Gestapo bereits im Hause war, und deshalb hatte er zunächst aus dem Dunkel des Gartens das Haus beobachtet. Die Freude war groß und ebenso die Dankbarkeit für diese Tat wirklicher Caritas, weil es so sehr darauf ankam, gegenseitig zu wissen, wie weit die Gestapo die Fäden entwirrt hatte. So war es mir später von ausschlaggebendem Nutzen, dass ich von Pater Tattenbach die sichere Nachricht bekommen hatte, dass Pater König geflüchtet und so gut versteckt sei, dass er bestimmt nicht gefunden werde.

Die weiteren Wochen gingen dahin, ohne dass etwas geschah. Ich war völlig von allem Geschehen isoliert. Unser einziger Zusammenhang mit der Welt war Lena Lukaschek, die aber außer ihrer Angst und Not über den Gang der Dinge auch nichts berichten konnte. Ende September geschah dann ein wehmütig-frohes Ereignis. Eines Abends schlich sich, mit ähnlicher Vorsicht wie Pater Tattenbach, Marion Yorck in das Haus. Sie war, ebenso wie die alte Gräfin Yorck, in Schlesien verhaftet gewesen und jetzt freigelassen worden. Es war ihr gelungen, jedes Mitwissen abzustreiten. Sonst hatte man glücklicherweise die Frauen der Kreisauer Freunde unbehelligt gelassen, sogar die Gräfin Moltke, sei es aus einem Rest von Anstand heraus, was angesichts der Behandlung der Familie Stauffenberg nicht wahrscheinlich ist, sei es aus Furcht, dass der an sich schon weite Kreis der Mittäter sich durch Vernehmung der Damen ins Ungemessene ausdehnen könne. Das Yorck'sche Mariechen war beim ersten Zugriff festgenommen worden. Man hatte ihr zunächst gesagt, sie sei doch sicher von Yorcks schlecht behandelt worden, um sie durch diesen dem Denken der vernehmenden Beamten entsprechenden Appell an sozialistische Gefühle aussagebereit zu machen. Das treue Mariechen hatte das entrüstet verneint. Als man dann versuchte, die Namen der Besucher im Hause Yorck herauszubekommen, erklärte Mariechen, es seien immer sehr viele Leute dagewesen, deren Name sie aber nicht kenne; jedoch seien es alles sehr feine Herrschaften gewesen, die sicher nichts mit der Polizei zu tun hätten. Die Gestapo hat dann wohl gemerkt, dass man mit frommen Frauen, die zudem noch klug sind, nichts anfangen kann, und sie entlassen.

Vom Reichsverwaltungsgericht hatte ich auf meine Mitteilung über die Entlassung aus der Wehrmacht die Nachricht erhalten, ich sei einem wegen der Luftgefahr nach Torgau ausgelagerten Senat zugewiesen worden. Wenn die Gerechtigkeit vertrieben wird, so ist es nur konsequent, dass auch die Richter, und die sich so nennen, vertrieben werden. Anfang Oktober fuhr ich also nach Torgau, was mir bis dahin nur durch die Reformationsgeschichte in nicht gerade freundlicher Erinnerung war. Über zwei Monate waren seit dem 20. Juli dahingegangen, und seit Marion Yorck aus dem Gefängnis zurückgekehrt war, glaubte ich allmählich, dass wider jede verständige Erwartung die Gestapo nicht auf meine Spuren gestoßen sei, oder dass man den schon bedrohlich großen Kreis der Verhafteten nicht noch weiter vergrößern wollte angesichts der These Hitlers, es handele sich nur um einige ehrgeizige Verbrecher. Für mich war es ein Canossagang, als ich in Torgau das alte kurfürstliche Schloss an der Elbe betrat, in dem das Reichsverwaltungsgericht hauste, war ich jetzt doch Richter II. Klasse neben den wohlbestallten Nazi-Reichsrichtern. Unter der Haut berührte mich das jedoch nicht angesichts der Ereignisse der letzten zwei Monate, und ich wusste ja auch, dass es so oder so nicht allzu lange dauern würde. Ich suchte mir also ein Quartier bei netten, offenbar naziabgewandten Drechslerleuten und ließ mir eine Akte zur Bearbeitung geben.

Die kleine Stadt, vor Dresden kurfürstliche Residenz, trug über ihrem ländlichen Alltagskleid noch einen Schimmer früheren Glanzes. Allenthalben, nicht nur aus dem Grabe Katharina von Boras, wehte aber ein mir nicht angenehmer, kühler Hauch von Reformationsluft, die ja von der kurfürstlichen Kanzlei im Schloss zuerst ausgegangen war.

VI. Abrechnung, die Rache des Tyrannen

1. Verhaftung in Torgau – wie ein Reichsrichter Angst vor einer Frau bekam

Dort trat am Donnerstag, 12. Oktober, das vorher lang und sicher erwartete, jetzt aus der Möglichkeit infolge Zeitablaufs und Ortswechsels schon fast verdrängte Verhängnis urplötzlich an mich heran. Als ich nachmittags mit einem Stapel aus der Bibliothek für meine erste Akte geholter Bücher wieder in mein Zimmer mit weitem Blick über die Elbelandschaft ging, standen an der Treppe drei steinerne Gesellen, die unverkennbar waren wie die Schergen eines mittelalterlichen Ölbergbildes. Einer trat an mich heran: »Geheime Staatspolizei; Sie sind verhaftet«. Die Handschellen klickten, ohne dass es des Aufwandes eines schriftlichen Haftbefehls oder auch nur einer kriminalpolizeilichen Hundemarke bedurft hätte. Meine erste innere Reaktion war ein schreckhafter Schock, dem sich aber ein erlöstes Gefühl zugesellte, dass es nun endlich so weit war. Gleichzeitig trat, so merkwürdig das klingen mag, eine frohe Gehobenheit ein, dass ich nun nicht als Einziger außerhalb des Kreises der Freunde geblieben und in Verantwortung und Leid wieder ganz mit ihnen verbunden war. Ich war in eine Sphäre getreten, die sich irgendwie über das Irdische erhob und in der alle Aspekte verändert waren.

Sie gingen mit mir in mein Zimmer, um Hut und Mantel zu holen und mir die Taschen zu leeren und dann zwischen verdutzten Gesichtern hindurch über die alten Gänge und Treppen zum Tor, wo ein Auto bestiegen wurde. Alles wickelte sich wortlos ab. Sie fuhren zu meiner Wohnung, und wir betraten sie mit den mir abgenommenen Schlüsseln. Dort durchsuchten sie alles gründlichst und fanden in einer Schublade einen Haufen von Papieren, die den Drechslerleuten gehörten, deren »gute Stube« ich bewohnte. Sie stürzten sich gierig auf den Fund, und ich merkte, dass einige der Papiere sie freudig interessierten. Man hielt sie mir triumphierend vor, und ich sah, dass es Rechnungen über verhältnismäßig hohe Mengen verschiedener Lebensmittel waren, die meine Wirtsleute wohl gehamstert hatten. Ich antwortete, dass ich die Papiere zum ersten Male sähe und dass sie mir nicht gehörten. Sie spürten wohl meine Belustigung über den Hereinfall und schoben alles ärgerlich wieder in die Lade. Zu gern hätten sie nach Gestapomethode dem politischen Fall noch etwas Anrüchiges beigemischt. Dann steckten sie meine Toilettensachen in eine Aktenmappe, und die Fahrt ins Ungewisse begann, ohne dass meine Wirtsleute überhaupt gemerkt hatten, was sich in ihrer Wohnung getan hatte. Die Handschellen waren zu eng gestellt und schmerzten arg. Ich bat den Mann neben mir, sie etwas zu lockern, da es so nicht auszuhalten sei. Grinsende Antwort: »Sie wissen wohl noch nicht, was ein Mensch aushalten kann«.

Aus ihrer Unterhaltung erfuhr ich, dass die Fahrt nach Wittenberg ging, dass sie aber einen Umweg machten, um unterwegs einen Genossen zu besuchen. In einem kleinen Ort hielten sie bei einem Polizeigefängnis, steckten mich dort hinein, stellten einen der Polizisten vor die Zellentür und zogen mit dem Zellenschlüssel ab. Als sie nach langer Zeit mich wieder abholten, war es nach Stimmung und Alkoholduft unverkennbar, womit sie sich unterhalten hatten. Spät in der Nacht kamen wir in dem Büro der Gestapo in Wittenberg an. Ich hatte aus ihrer Unterhaltung erfahren, dass dort übernachtet werden sollte. Sie sperrten mich in Ermangelung einer Zelle in einen Abort, lockerten aber die Handschellen vorher, nachdem sie gesehen hatten, dass die rechte Hand bereits dick und blau angelaufen war. Aus besonderer Courtoisie wurde mir noch ein Stuhl hineingestellt, und sie feierten weiter. Ich habe an den Fingern Rosenkranz gebetet und bin darüber in einen Halbschlaf geraten.

Früh am Morgen holten mich zwei der Gesellen wieder heraus, und zu Fuß ging es einen langen Weg durch menschenleere Straßen zum Bahnhof. Am Schalter zog einer meine Brieftasche heraus und bezahlte mit dem darin befindlichen Geld die Fahrkarten zweiter Klasse nach Berlin. Die Leute in der Bahnhofsvorhalle wurden auf den gefesselten Herrn, der in damaliger Zeit noch Wert auf eleganten Anzug legte, aufmerksam. Man merkte an dem Gebaren, dass sie den Zusammenhang ahnten und überwiegend auf meiner Seite standen. Der Zug war so überfüllt, dass wir im Gang stehen mussten. Nach stundenlanger Fahrt merkte ich, dass mir schwach wurde, da ich fast einen ganzen Tag nichts gegessen oder getrunken hatte, abgesehen von der Erregung. Es wurde mir schwarz vor den Augen, mit einigen zuckenden Lichtreflexen und mit einem wohligen Gefühl sank ich zu Boden. Als ich wieder aufwachte, saß ich auf einem Platz in einem Abteil, und ein Gestapomann bemühte sich, mir aus einer Flasche Cognac in den Mund zu gießen, den ich dann begierig schluckte. Sogar ein dickbelegtes Gestapo-Butterbrot bot er mir an. Offenbar war ihnen mein Zusammensacken den Reisenden in der II. Klasse gegenüber unangenehm. Ich weiß, dass ich bei Ohnmacht eine beeindruckend spitze Nase bekomme: »baldiger exitus«. Sie bemühten sich jetzt, die Polizei als Freund und Helfer darzustellen. Das Essen des Butterbrots ging mit den gefesselten Händen ganz gut vonstatten. Die so leicht und elegant erscheinenden neuzeitlichen Handschellen sind übrigens viel lästiger als altmodische Kettenfesseln, weil man infolge der parallelen Lage der Hände mehr behindert ist. Die Cognacflasche hielten sie mir abwechselnd mit eigenem Gebrauch an den Mund, und als wir in Berlin auf dem Anhalter Bahnhof ankamen, war sie leer, ohne dass deshalb das Ansehen meiner Begleiter bei den Mitreisenden sichtbar gestiegen wäre.

Sie wagten natürlich nichts zu sagen, aber auch Blicke können tiefe Gefühle verraten. So war es auch, als wir den langen Bahnsteig entlanggingen zwischen den zahlreichen Leuten hindurch. Die ersten Schritte waren recht peinlich, als ich so wie ein Hund an der Kette durch die Gaffer hindurchgeführt wurde. Dann sah ich den Leuten mit hoher Nase stracks ins Gesicht und empfand sofort manchen Augenkontakt. Mein Gefühl der Emporgehobenheit – vielleicht half auch der Gestapo-Cognac – siegte, und ich schritt unbekümmert durch die Menge. Am Bahnhofsausgang wurde nicht etwa ein Taxi genommen – dafür war ihnen mein Geld aus der Brieftasche zu schade –, sondern wir bestiegen den Vorderperron einer elektrischen Bahn. Das beruhigte mich, weil es darauf hindeutete, dass unser Ziel nicht der berüchtigte Folterkeller in der ganz nahen Prinz-Albrecht-Straße war, sondern irgendein anderes Gefängnis. Wir landeten dann am frühen Nachmittag im Gefängnis Lehrterstraße, wo, wie ich wusste, eine große Zahl der Beteiligten eingesperrt war, u. a. auch Lukaschek.

Das Gefängnis war ein düsterer alter Backsteinbau mit einer Anzahl zentral zusammenlaufender Flügel, der zur Zeit der Erbauung durch Friedrich Wilhelm IV. vor hundert Jahren als Muster modernen Zuchthausstils gegolten hatte. Die Flügel bestanden aus offenen Hallen, an denen in drei Stockwerken schmale Galerien entlangliefen, an denen die Zellen lagen und zu denen enge Eisentreppen hinaufführten. Ich wurde zunächst am Eingang neben einer Bürotür mit dem Gesicht zur Wand hingestellt unter Bewachung durch einen Justizwachtmeister in der beliebten grünen Uniform. Meine beiden Schergen verschwanden in dem Büro. Man ließ mich dort endlos lange und wortlos stehen, was offenbar zur Taktik gehörte. Schließlich wurde ich in das Büro geführt, wo ich ein Formular über die mir abgenommenen Gegenstände unterschreiben musste, das alles enthielt mit Ausnahme des von den Herren bereits entnommenen Geldbetrags von mehreren hundert Mark. Ich besaß jetzt nur noch ein Taschentuch, die Waschutensilien, ausgenommen den Rasierapparat, und den Rosenkranz, den man mir erstaunlicherweise belassen hatte. Hosenträger und Schnürsenkel nahmen sie mir fort aus Vorsorge gegen Selbstmord; das Umbringen von Menschen ist Staatsmonopol. Die Bewegung ohne diese Hilfsmittel ist recht schwierig, aber auch für Minderbegabte erlernbar. Von Haftbefehl oder Haftgrund kein Wort! Alles überhaupt wortlos!

Zunächst besah ich mir die etwa drei mal fünf Meter große, recht hohe Zelle. Sie war schmutzig, aber besenrein; an den Wänden zeigten sich Flecken von totgeschlagenen Insekten, der Größe nach vermutlich Wanzen, die sich dann aber nicht bemerkbar machten. Das Bett mit Strohsack war recht wenig anziehend. Trotzdem fühlte ich mich hier nach der bösen, fast vierundzwanzigstündigen Reise geborgen, weil ich wenigstens meine Häscher nicht mehr sah. Das Gefühl, in einen kleinen Raum eingesperrt zu sein, den man nicht auf eigenen Willen verlassen kann, hat gewiss immer etwas Bedrückendes, zumal wenn es sich um eine Gefängniszelle handelt. Sind aber die Wächter dieser Zelle Verbrecher und steht vor der Zellentür der Galgen als wahrscheinliches irdisches Endziel, so ist das eine schwere Last für die Seele. Infolge meiner Erschöpfung wurde mir das aber zunächst nicht allzu bewusst. Das erstmalige Klicken des von außen zufallenden Türriegels ist mir aber eine unvergessliche Erinnerung geblieben. Dieser Ton des Riegels sollte jetzt für lange Zeit das interessanteste Erlebnis bedeuten, denn er kündigte das seltene Geschehen an, dass ein Mensch die Tür öffnen werde. Aus dem etwa zwei Meter hoch ansetzenden Gitterfenster ließ sich nichts Trostvolles erspähen, wenn man vermittels des Schemels hinaussah. Am Abend fiel jedoch für eine halbe Stunde ein schräger letzter Sonnenstrahl in die Leibung, auf den zu warten eine erfreuliche Abwechslung darstellte.

Die erste große Sorge, die sich mir nach Überwindung der anfänglichen Erschöpfung aufdrängte, war der Gedanke an meine Schwester. War sie etwa auch verhaftet? Wusste sie von meiner Verhaftung? Wie würde sie einem Verhör standhalten, wusste sie doch zwangsläufig viel zu viel von den Zusammenhängen? Erst nach sieben Monaten sollte ich erfahren, was sich bei ihr am Vortage ereignet hatte. Früh um sechs erschienen drei Gestapobeamte, um mich zu verhaften, die nicht wussten, dass ich in Torgau war, und dann erst meine Verhaftung dort veranlasst hatten. Als sie mich nicht fanden, durchsuchten sie genauestens mein Zimmer, während meine Schwester unter Bewachung in die Diele gestellt wurde. Dank der geübten Vorsicht fanden sie nicht das Geringste. Das übrige Haus durchsuchten sie nicht, die Kreisauer Papiere und meine schöne Sammlung von Hitlerwitzen waren also unnötig verbrannt worden, abgesehen von der Beruhigung für mich, dass nichts Belastendes gefunden werden konnte. Meiner Schwester wurde drohend verboten, mich zu benachrichtigen oder sonst jemand Mitteilung über den Besuch zu machen. Sie hatten sich längere Zeit an dem Telefonapparat zu schaffen gemacht, wohl um das Abhören zu erleichtern. Nach drei Stunden verschwanden sie ohne ein Wort darüber, weshalb ich verhaftet werden sollte. Meine Schwester wurde über nichts vernommen oder befragt, auch im weiteren Verlauf des Verfahrens nicht. Sie ist schnell im Entschluss, verantwortungsfreudig und voll Liebe. So machte sie sich auf zum Reichssicherheitshauptamt in der Prinz-Albrecht-Straße, dessen Sitz sie aus unsern Gesprächen über die Verhaftungen kannte, um nach meinem Verbleib zu forschen.

Es wurde allgemein angenommen, dass es für die Verhafteten eine gewisse Sicherung bedeutete, wenn die Gestapo wusste, dass sich jemand um sie kümmere, weil sie dann nicht so leicht auf stillem Wege beseitigt werden konnten. Außerdem wollte sie, abgesehen von der Beseitigung der Ungewissheit, meinen Aufenthaltsort erfahren, um mir Sachen in das Gefängnis zu bringen, was, wie sie aus den andern Fällen schon wusste, möglich war. Der Entschluss, in diese Hochburg des Verbrechens und der Grausamkeit zu gehen, war für sie unsagbar schwer. In ihrem ganzen behüteten Leben war sie noch nie bei der Polizei, einem Gericht oder einer sonstigen Behörde außer Post, Eisenbahn und Kartenamt für Lebensmittel gewesen. Zudem bestand die Gefahr, dass man, durch ihr Erscheinen aufmerksam gemacht, sie dort verhaften oder wenigstens verhören werde. Nur mit Schwierigkeiten ließ sie der Posten an der Tür hinein. Dann irrte sie in dem riesigen Gebäude umher und wusste nicht, in welches Zimmer sie gehen oder an wen der umherlaufenden SS-Leute sie sich wenden sollte. Ihre Furcht wuchs grenzenlos, als sie aus einem Zimmer lautes Schreien hörte, von einem Mann, der verprügelt wurde. Da griff ihr Schutzengel ein und führte eine Sekretärin auf den Gang, die um den Hals ein Kettchen mit einem kleinen goldenen Kreuz trug. Auf dieses Kreuz, das in dieser Hölle so unerwartet auftauchte, stürzte sie los und sprach die Trägerin auf das Kreuz an. Sie hatte sich nicht getäuscht, denn sie erhielt eine freundliche Auskunft über den zuständigen Beamten und sein Zimmer. Der Beamte erklärte, von nichts zu wissen. Er oder sein Amt habe die Leute nicht geschickt; es wären wohl Schwindler gewesen.

Meine Schwester traute dieser Auskunft natürlich nicht. Sie wurde nur umso besorgter, weil sie glaubte, man wolle ihr bewusst die Verhaftung verschleiern und mich still verschwinden lassen. Schnell fasste sie den Entschluss, nach Torgau zu fahren, um den Dingen an Ort und Stelle nachzugehen. Das war nicht einfach, denn sie wusste, dass man damals für Fahrten auf der Eisenbahn über fünfzig Kilometer eine Sondergenehmigung brauchte, aber nicht, wer sie ausstellte. Sie machte sich daher auf den Weg zu einem mir seit alters befreundeten Rechtsanwalt, der von mir ein Jahr später eine Denazifizierungsbescheinigung erbat und erhielt, um ihn zu befragen, wie sie die Genehmigung erhalten könne. Zufällig traf sie ihn schon auf der Straße vor seinem Haus. Kaum hatte sie gesagt, ich sei in Torgau verhaftet und sie wolle dort hinfahren, als er schon erklärte: »Gehen Sie weiter, ich kenne Sie nicht«. Er hatte Todesangst, sich durch Zusammenhänge mit mir zu kompromittieren. Dumm und bar jeden Anstandes! Ähnliches sollte sich noch oft wiederholen. Es bildete sich ein leerer Raum um die Person, die mit der Gestapo zu tun hatte.

Meine Schwester fuhr zurück zum Bahnhof Grunewald, versprach dem Fräulein am Schalter eine Flasche Wein, erhielt eine Rückfahrkarte nach Torgau und fuhr am Freitag, den 13. Oktober, früh dorthin. Sie begab sich zum Reichsverwaltungsgericht zu dem Senatspräsidenten Suren, der die Nebenstelle leitete, mit der Bitte um Auskunft über meinen Verbleib. Suren erklärte, er wisse nur, dass die Gestapo mich gestern im Gericht verhaftet habe. Den Wunsch, er möge sich in Torgau bei der Gestapo telefonisch erkundigen, lehnte er kühl ab, ebenso die weitere Bitte, dann wenigstens meine Schwester telefonisch bei der Gestapo anzumelden und nach dem zuständigen Beamten und dessen Büro zu fragen. Meine Schwester wies ihn auf seine Amtspflicht hin, worauf er meinte, das Ansehen des Gerichts sei durch meine Verhaftung bereits hinreichend geschädigt. Sie zwang ihn aber doch mit der bei schwachen Charakteren immer wirksamen fraulichen Drohung, sie würde das ganze Gericht zusammenschreien und gehe freiwillig nicht wieder fort ohne die erbetene Erkundigung. Daraufhin beauftragte der Ritter voll Furcht und Tadel das Vorzimmer mit dem Anruf bei der Gestapo. Als sie dort hinkam, wusste der Beamte nur, dass die Verhaftung von der Gestapo in Halle vorgenommen worden sei. Sie erhielt ohne Schwierigkeit eine Fahrkarte nach Halle, fürchtete sich aber sehr vor einer Kontrolle im Zuge hinsichtlich der erforderlichen Sondererlaubnis. Nach der üblichen Billetkontrolle durch den Schaffner kam tatsächlich ein Beamter, um die Sondererlaubnisscheine zu prüfen. Sie saß zitternd da, als die Reihe aber an sie kam, sagte plötzlich ein gegenübersitzender Mann: »Lassen Sie bitte meine Frau in Ruhe, Sie sehen doch, dass sie krank ist«. Der Kontrolleur gab sich damit zufrieden. Der wildfremde Schutzengel sagte ihr dann leise: »Ich sehe doch, dass Sie in Not sind; das lernt man, wenn man selber von der Gestapo eingesperrt war.« Daraufhin erzählte ihm meine Schwester, dass und weshalb sie zur Gestapo nach Halle wolle. Der Mann erwiderte, er sei aus Halle, kenne bei der Gestapo von seiner Verhaftung her einen anständigen Beamten, gab ihr dessen Namen, sodann ein Butterbrot und führte sie in Halle zum Sitz der Gestapo. Vornehme Gesinnung ist eben nicht an Stand, soziale Stellung oder sogenannte Bildung gebunden.

Der angegebene Gestapobeamte erwies sich als hilfsbereit und eröffnete ihr, ich sei durch Gestapobeamte aus Halle auf Anordnung des Reichssicherheitshauptamts verhaftet und von diesen nach Berlin in das Gefängnis Lehrterstraße gebracht worden.

Am Sonntag, 15. Oktober, kam meine Schwester wieder in Berlin an. Am Montag ging sie nochmals auf das Reichssicherheitshauptamt, um Sicherheit zu gewinnen, dass ich im Gefängnis Lehrterstraße untergebracht sei. Dann machte sie sich daran, ein Paket mit Wäsche und Lebensmitteln für mich fertig zu machen, und ging tapfer zur Gefängnispforte. Dort ließ der Beamte sie lange stehen, ohne sie zu beachten oder den Glasschalter zu öffnen. Schließlich bequemte er sich hierzu, klappte das Fenster aber sofort wieder zu, als er ihr Begehren gehört hatte, mit dem barschen Vermerk: »Ist nicht erlaubt.« Verzweifelt und ratlos, ob sie einen Bestechungsversuch wagen könne, packte sie die mitgebrachten Sachen aus, als ob sie etwas suche, breitete sie vor dem Fenster aus und bemerkte, dass der Mann begehrliche Blicke auf die Sachen warf. Er öffnete das Fenster wieder. Sie sagte: »Ich möchte Ihnen gerne etwas anbieten, aber ich weiß ja, dass das bei Beamten in Ihrer Stellung unmöglich ist.« Darauf nimmt er die gesamten Sachen, steckt sie mit einigen schnellen Griffen in eine Lade und sagt: »Mensch, was heißt hier schon Beamter; gehen Sie nach Hause und holen für ihn was Neues.« Alle mühsam und opfervoll gesammelten Sachen waren so mit einem Schlage bestechlicher Gier zum Opfer gefallen, aber sie war froh, nun wenigstens einen, wenn auch schmutzigen und kostspieligen Weg gefunden zu haben, den sie dann später immer wieder neu mit den stetig abnehmenden kostbaren und lebenswichtigen Schnapsvorräten öffnen musste. Mit bösartigen korrupten Beamten lebt sich immer noch besser, als wenn sie von bösartiger Korrektheit strotzen.

So erhielt ich am Mittwoch, dem 18. Oktober, also schon nach drei Tagen, die erste Liebesgabe meiner Schwester in die Zelle gebracht nebst einem von ihr geschriebenen Inhaltsverzeichnis. Dankbare Freude erfüllt mich, da ich nun wusste, dass sie nicht verhaftet war und dass sie die Verbindung zu mir gefunden hatte, obschon ich nicht ahnen konnte, mit welchen Abenteuern und Nöten das geschehen war. Das Gefühl der Verbindung mit der Außenwelt mindert die Abgeschlossenheit des Gefängnisses, zumal wenn dessen Wächter Verbrecher sind. Die politischen Gefangenen waren nämlich in der Lehrterstraße unter Bewachung vom Reichssicherheitshauptamt gestellter SS-Leute, und nicht der Justizwachtmeister, wie in den übrigen Teilen des Gefängnisses. Die Bewachung war hermetisch. Die Kalfaktoren, die das Essen brachten, wurden von SS-Leuten begleitet, damit kein Wort gesprochen werden konnte. Der Gefangene, der zweimal wöchentlich zum Rasieren kam, stand ebenfalls unter Bewachung eines SS-Mannes. Auch ihres Inhalts halber war die Sendung meiner Schwester höchst willkommen. Das Essen war schlecht und äußerst knapp, der Hunger dagegen merkwürdig groß, sei es, dass die innere Erregung zehrt, sei es, dass der Fortfall anderer Reize die Fresslust wie bei Idioten steigert. Ohne die Sendungen meiner Schwester würde ich die Zeit, besonders später in der eisigen Winterkälte ohne Heizung, kaum überstanden haben. Auch hätte die Widerstandskraft bei den Verhören gefehlt. Wie meine Schwester all die für die damalige Zeit unvorstellbaren Schätze zusammenbrachte, war mir rätselhaft. Sie hat allenthalben in den Klöstern mühsam gebettelt. Im späteren Verlauf bekam sie auch von Bischof Wienken, der ihr von den Dingen abgab, die für den ebenfalls eingesperrten Strick Galen bei Bischof Wienken reichlich aus dem Münsterland eingingen. Außerdem riskierte sie es, meine Lebensmittelkarte zu behalten und weiter illegal darauf zu beziehen. Erst dicht vor dem Zusammenbruch hat eine Teufelin von der NS-Frauenschaft das ausgespürt und hochgebracht, glücklicherweise zu spät. Dieserhalb und wegen aller andern Verstöße gegen die Bewirtschaftungsvorschriften hat meine Schwester große Not gehabt, abgesehen von der Mühe der Beschaffung und der ständigen Gänge zum Gefängnis. Sie selber hat gehungert.

Seit Bestehen der Verbindung mit meiner Schwester ging es mir in dem Gefängnis ganz wohl. Vor der Verhaftung hatte ich Angst gehabt, was werden solle ohne die gewohnten Zigaretten und ohne Kaffee, und einen Nervenzusammenbruch bei deren Fortfall gefürchtet. Als sich die Zellentür aber geschlossen hatte mit dem ominösen Klicken des Riegels, habe ich keinerlei Bedürfnis mehr auf die gewohnten reichlichen Stimulantia empfunden und auch keine Ausfallserscheinungen verspürt. In Freiheit wäre ich beim Fehlen von Zigaretten noch um Mitternacht zur Bahnhofswirtschaft gelaufen. Die Sicherheit der Nichtbefriedigung der Sucht hatte diese beseitigt, was aber wesentlich wohl durch die schon erwähnte seelische Gehobenheit verursacht wurde. Ohne diese hätte ich auch die ständige Fesselung nicht ertragen. Sie ist eine diabolische Dauertortur, welche die Widerstandskraft des Gefangenen mehr zerbricht als zeitweise Quälereien, einfach schon auf Grund der Erkenntnis, wie ein wildes Tier behandelt zu werden, ja schlimmer. Eine Kette um den Hals ist viel weniger lästig als die Fesselung der Hände, welche die meisten nötigen Handgriffe unmöglich macht oder wenigstens quälend erschwert. Für das Essen mittags wurden die Handschellen abgenommen, zum Frühstück und Abendessen jedoch nicht. Zum Zubettgehen wurden die Fesseln wieder kurze Zeit geöffnet und im Bett wieder angebracht, um beim Aufstehen morgens wieder kurz gelöst zu werden. Am lästigsten waren die Fesseln im Bett, weil man die Bettdecken, wenn sie verrutschten, nicht wieder hinaufziehen konnte. Aber in etwa lernte ich es, die schmuddeligen Decken mit den Zähnen hochzuziehen, so wie Stauffenberg sich mit deren Hilfe aus- und anzog. Ich hoffe, dass sich in Zukunft »Menschenschutzvereine« damit befassen werden, die Fesselung von Menschen zu verhindern. Vielleicht wird es einstmals ein Begriffsmerkmal für den Rechtsstaat, dass Polizei und Justizwachtmeister keine Menschen mehr fesseln, oder gar in der Öffentlichkeit gefesselt umherführen dürfen.

2. KZ Ravensbrück – im Rachen des Löwen

Schon über eine Woche war ich im Gefängnis, ohne verhört zu werden oder die Zelle zum Luftschöpfen zu verlassen. Da erschien am 23. Oktober gegen 15 Uhr ein Gestapobeamter in meiner Zelle und führte mich hinunter in das Büro. Ich erhielt gegen Quittung meine Sachen zurück. In sadistischer Freude versuchte er den Schein zu erwecken, als ob ich entlassen werde, so dass ich es einen Augenblick lang gegen jeden Verstand glaubte. Nach einer Weile wurde auch der später aufgehangene Zentrumspolitiker und frühere württembergische Staatspräsident Bolz hereingeführt, den ich flüchtig kannte. Man brachte uns auf den Hof und setzte uns in den Fond eines Autos mit der Vermahnung, Sprechen sei verboten. Vorn saßen zwei Gestapoleute, von denen einer fuhr, während der andere einen Revolver auf seinen Schoß legte. Anfangs war ich im Zweifel, ob die Fahrt zu einem andern Gefängnis oder zur Prinz-Albrecht-Straße gehe. Als wir aber Richtung Norden aus der Stadt hinausfuhren, wusste ich, dass das Ziel das Konzentrationslager Ravensbrück sei. Dort wurde nämlich unter Leitung des berüchtigten Kriminalrats Lange die gesamte Untersuchung gegen die Beteiligten vom 20. Juli geführt. Die Fahrt war recht bedrückend, und so fing ich an, unter Abzählen an den Fingern für mich Rosenkranz zu beten. Plötzlich drehte sich der Gestapomann zu mir um mit den Worten: »Hüten Sie sich, nochmals zu versuchen, mit dem andern Häftling zu sprechen.« Ich verneinte, gesprochen zu haben, darauf er: »Ich habe deutlich im Rückspiegel gesehen, dass Sie die Lippen ständig bewegt haben.« Darauf ich: »Ich bete Rosenkranz«. Er: »Das hilft Ihnen nichts; lassen Sie den Quatsch«. Ich merkte aber, dass ihn diese unerwartete, ruhige Antwort irgendwie betroffen hatte, denn von da ab wurde er höflich und manierlich.

Wir kamen an der Polizeischule Drögen vorbei, wo der eigentliche Gestapositz war, nach einigen Kilometern durch die mecklenburgische Landstadt Fürstenberg und schließlich zum Konzentrationslager Ravensbrück. An dem dämmernden Oktoberabend, in der öden, sandigen Kiefernlandschaft, wirkte das Lager doppelt bedrückend, zumal gerade eine Kolonne elender Häftlingsgestalten in dünnen blauweißen Leinenanzügen auf der Rückkehr von der Arbeit in das Tor wankte. Der Weg war schmal und neben der Viererkolonne der Häftlinge wenig Platz für das überholende Auto. Als der Fahrer das Tempo deshalb verlangsamte, schrie ihn der andere Gestapobeamte an: »Fahr doch die Hunde in den Dreck, egal ob ein Dutzend hier krepiert oder in acht Tagen«.

Wir hielten vor einer langen, einstöckigen Baracke. Im Büro wurden mir meine zurückerhaltenen Sachen wieder abgenommen und alle Taschen erneut ausgeleert. Dann sonderten sie ein Häufchen zum Behalten ab, Taschentuch, Waschsachen, Nachthemd und Wäsche. Der Rosenkranz lag nicht dabei. Mein Begleiter griff ihn und warf ihn trotz Widerspruchs des Ravensbrücker Beamten zu den mir verbleibenden Sachen. Man führte mich eine Treppe hinunter in den Keller, und ich erkannte die Anlage des Baus, der als Gefängnis für inhaftierte Frauen errichtet und jetzt für die Untersuchung vom 20. Juli zur Verfügung gestellt war. Ein Stockwerk des Gefängnisses war ebenerdig, ein zweites lag im Keller. Der etwa vier Meter breite und gut fünfzig Meter lange Korridor ging durch beide Stockwerke und im oberen Stock lief eine Galerie an den Zellentüren entlang.

Meine Zelle Nr. 64 lag im hinteren Drittel von der rechten Seite. Die Nummer habe ich behalten, weil die zum Waschen gegebene Wäsche sauber mit Nummer versehen wurde und ich heute noch Strümpfe habe mit dem eingestickten Zeichen: »Z 64«. Die Zelle hatte nur oben unter der Decke ein niedriges, vergittertes Fenster, durch das man in wenigen Metern Entfernung auf eine hohe Mauer sah. In dem so gebildeten schmalen Hof strich eine Meute von Schäferhunden umher, wohl dazu bestimmt, etwa flüchtig gewordene Häftlinge wieder einzufangen, oder um die unheimliche Wirkung des Milieus zu erhöhen. Die Zelle war trotz der tiefen Kellerlage warm und nicht etwa feucht, mit einem Fließwasserwaschbecken und Wasserklosett versehen. Das Bett hatte tadellose Wäsche und eine gute Matratze. Alles wirkte sauber und gepflegt, im Gegensatz zu dem schmutzigen Loch in der Lehrterstraße. Später erschienen allerdings ganze Herden von Küchenschaben, die aber nicht klettern. Seltsamerweise wurde die Tür der Zelle nicht geschlossen, musste vielmehr ganz offen bleiben.

Neben der Tür im Gang stand ein Stuhl, auf dem ständig ein SS-Mann derart saß, dass er meine Zelle übersehen konnte. Am Eingang des breiten Gangs im Oberstock saß Tag und Nacht ein SS-Offizier als Wachhabender, der den Gang in beiden Stockwerken übersehen konnte. Ich konnte vom Gang nur den schmalen Streifen vor meiner Tür übersehen, denn ich durfte nicht nahe an diese herantreten oder gar hinausschauen. Soweit ich es im Laufe der Zeit feststellen konnte, bestand diese seltsame Regelung noch an ein oder zwei andern Zellen, während die übrigen wie sonst üblich unter Schloss und Riegel gehalten wurden. Dieser Zustand blieb so an meiner Zelle während des ganzen Aufenthalts. Der Sinn dieser Maßnahme ist mir bis heute unerfindlich geblieben; entweder galt ich als besonderer Schwerverbrecher, oder man fürchtete Selbstmord, oder es sollte vermittels des Gefühls ständiger Beobachtung ein psychischer Druck hinsichtlich erhöhter Aussagebereitschaft ausgeübt werden. Letztere Wirkung ist bei mir nicht entstanden, ich fand es nach der völligen Isolierung in der Lehrterstraße vielmehr recht angenehm, dass die Tür immer offen war. Die Zeit verging schneller, weil ich das Hin und Her auf dem Gang sehen konnte, insbesondere die Gefangenen, die zur Vernehmung oder sonstwie über den Gang geführt wurden. Die ständige Beobachtung durch den Gestapoposten war anfangs wohl unangenehm, man gewöhnt sich daran aber bald wie an einen Hund im Zimmer. Er war auch stumm wie ein Tier. Nach einiger Zeit trat ein Wechsel in der Bewachung ein. An Stelle der bisherigen Mannschaft kamen volksdeutsche SS-Leute aus Siebenbürgen, »Beutegermanen«, die man zur SS zwangsweise eingezogen hatte. Die Wachmannschaft bestand aus zwei täglich abwechselnden Gruppen. Der Führer der einen war bösartig und ebenso seine Mannschaft, der andere Führer samt seiner Gruppe war anständig und gutartig, ein braver Zimmermann mit Landbesitz aus Hermannstadt, der sich um Familie und Heimat schwere Sorge machte. Er ließ sich ohne weiteres mit mir in Gespräche ein. Trotz des strikten Verbots konnte er das, weil der wachhabende SS-Offizier bei der weiten Entfernung und der trüben Beleuchtung nicht zu erkennen vermochte, wenn er seine Lippen bewegte. So war ich durch ihn wenigstens immer über die allgemeine Kriegslage unterrichtet, von deren fortschreitender negativer Entwicklung die Hoffnung abhing, dass die Dinge für mich vielleicht doch noch günstig ablaufen könnten. Über die andern Gefangenen oder gar den Stand der Untersuchung war von ihm nichts zu erfahren, weil er darüber selber nicht die geringste Ahnung hatte. Es machte ihm Kopfzerbrechen, weshalb hier alle diese Herren, die so wenig verbrecherisch aussahen, eingesperrt waren.

Am Tage nach meiner Einlieferung wurde ich aus der Zelle geholt und mit zwei SS-Leuten hinter mir einen längeren Weg durch das Lager geführt zu einer abseits gelegenen Baracke am Rande einer großen Sandgrube entlang. Das Ganze war so unheimlich, dass ich glaubte, ich solle entweder in der einsamen Baracke umgebracht oder unterwegs durch Genickschuss beseitigt und in der Sandgrube verscharrt werden. Die Baracke erwies sich jedoch als photographisches Atelier, wo einige weibliche KZ-Häftlinge Fotos von mir für das Verbrecheralbum und Fingerabdrucke machten. Auf dem Rückwege war mir wieder wohler, und ich erhielt einen oberflächlichen Eindruck von dem trostlosen Lager: Am Eingang einige repräsentable Gebäude für Büros und Wohnungen der Wächter, im Hintergrund ein halbvertrockneter kleiner See, Kiefern, Sand und das unabsehbare Elend niedriger Baracken, alles fast menschenleer, riesige pyramidenartige Haufen von Steckrüben, Kohlköpfen und Kartoffeln.

Aus diesen bestand die unsagbar schlechte Ernährung, die zu völligem Verfall geführt hätte, wenn es dabei geblieben wäre. Es war wohl dieselbe Kost, welche die eigentlichen KZ-Insassen erhielten, die dazu noch in der Kälte draußen arbeiten mussten. Nach einigen Tagen war ich ausgehungert und ausgezehrt, da ich an körperlichen Reserven nicht viel zuzusetzen hatte. Aber bereits nach fünf Tagen, am 23. Oktober, erhielt ich ein Paket von meiner Schwester. Als sie gemerkt hatte, dass ich aus der Lehrterstraße verschwunden war, wo man ihr Auskunft über meinen Verbleib verweigerte, war sie wieder in das Reichssicherheitshauptamt auf der Prinz-Albrecht-Straße gegangen und zu dem Kriminalrat Lange vorgedrungen, der ihr als neuen Aufenthalt die Polizeischule in Drögen angab. Dorthin hatte sie sich mit einem Paket auf die weite Fahrt gemacht, die sie dann noch so unendlich oft machen sollte im ungeheizten Zug ohne Fenster, in der Angst vor Fahrtausweiskontrollen, früh morgens aus Berlin und in der Nacht erst wieder zurück. Bei ihrem ersten Besuch in Drögen hatte sie bereits herausbekommen, dass ich nicht dort, sondern in dem mehrere Kilometer entfernten Ravensbrück war. Sie begab sich auf den Weg, um nachzuspüren, wie es dort aussah. An einem Feldbahngleis entlang kam sie auch bis dicht an das abseits liegende Lager. Eine Kolonne von weiblichen Häftlingen zog gerade in das Tor ein. Meine Schwester sah, wie eine Frau aus der Kolonne hinfiel und auf dem Weg liegen blieb, ohne dass sich jemand um sie kümmerte. Meine Schwester ging hin und merkte sofort, dass die Frau, offenbar eine Polin, am Sterben war. Sie hockte sich nieder, nahm ihren Kopf auf den Schoss, sagte ihr aus ihrem geringen polnischen Wortschatz einige Worte wie »Matka Boża« usw. und betete ihr auf Deutsch vor. Als das Vaterunser zu Ende ging, war die Frau tot. Allein schon wegen dieses jammervollen Todes, den das Gelingen am 20. Juli vermieden haben würde, rechtfertigt sich Stauffenbergs Tat. Kaum war die Frau tot, da kam aus dem Lagertor ein SS-Mann, der barsch wissen wollte, was meine Schwester dort zu suchen habe. Sie fragte ihn, wo der Bahnhof Drögen sei, und verschwand ungehindert mit ihren schweren Gedanken.

Mein Ravensbrücker Aufenthalt war, verglichen mit der Lehrterstraße, angenehmer, weil mir sofort beim Eintreffen die Handfesseln abgenommen worden waren. Auch wurde ich täglich für eine halbe Stunde in den kleinen, hochummauerten Gefängnishof geführt, wo jeweils ein halbes Dutzend Gefangene in Abstand hintereinander unter Aufsicht eines in der Mitte stehenden SS-Mannes spazieren ging, der selber wieder durch den wachhabenden SS-Offizier kontrolliert wurde, der den Hof von seinem Aussichtsplatz aus durch das Fenster übersehen konnte. Ein bekanntes Gesicht habe ich dabei nie erblickt. Trotz der scharfen Überwachung und ständigen Vermahnung gelang ein gewisser Nachrichtenaustausch. Man blieb stehen, um sich an dem Schuh ohne Schuhbänder zu schaffen zu machen, man ließ das Taschentuch fallen, oder lehnte sich erschöpft an die Mauer und im Vorbeigehen der andern wurden schnell die gegenseitigen Namen geflüstert mit Zusätzen wie Gördeler, Kreisau etc. oder »A. verhaftet, 13. gehangen«, »Amerikaner in X, Russen in Y.«. Es war ein hellsichtiges, gegenseitiges Einverständnis völlig unbekannter Menschen. Am förderlichsten für diesen Gedankenaustausch waren einige Damen, die zwischen den Männern in Ravensbrück eingesperrt waren und dann und wann vereinzelt an dem Spaziergang teilnahmen, darunter die Bildhauerin »Puppe« Sarre und die junge Kabarettistin und spätere Ordensfrau Isa Vermehren, während ich Frau Solf und Tochter nie zu Gesicht bekam. Diese Damen kümmerten sich nicht um Ordnung und Befehle, sprachen, blieben stehen, gingen in umgekehrter Richtung und, wenn der SS-Posten einschritt, lachten sie ihn aus oder schäkerten mit ihm und verbreiteten so ungestört die Nachrichten, die ihnen förderlich erschienen. Hin und wieder wurde man sogar in ein Brausebad geführt, aber einzeln, und der SS-Posten stand dabei. Trotz Baden, Spaziergang und der von meiner Schwester eintreffenden Verpflegung wurde ich aber infolge der widerlichen

Kohl- und Steckrübensuppe, vielleicht auch in Reaktion auf die Aufregungen der letzten Monate und wegen des schlechten Schlafs in der auch nachts erleuchteten Zelle, so offenkundig elend und verfallen, dass man mir den Lagerarzt schickte. Ich wusste zwar damals noch nichts von den Übeltaten vieler KZ-Ärzte, versprach mir aber anderseits auch nichts von ihm. Zu meiner angenehmen Überraschung machte der weißmelierte ältere Mann einen vertrauenerweckenden Eindruck. Er kontrollierte Puls und Herz, hörte die Lunge ab, stellte einige Fragen, verschrieb keinerlei Pillen, gab aber dem SS-Posten einen Zettel, den er mir vorher zeigte, mit dem Vermerk: »Zelle 64 erhält Mannschaftsverpflegung«. Da diese bei der SS ausgezeichnet war, kam ich in einigen Tagen wieder obenauf.

Die Wochen gingen im schon gewohnten Gleichlauf dahin, ohne dass ich verhört wurde. Jeder Tag war angesichts der Frontlage ein Gewinn, der die Hoffnung stärkte. Einen besonderen Auftrieb erhielt ich am 22. November durch einen Besuch meiner Schwester. Sie hatte die Ausbombung unsres Hauses in Münster als Vorwand genommen, um zu Kriminalrat Lange zu gehen zwecks Erlangung einer Sprecherlaubnis. Die Besuche bei diesem üblen Patron waren doppelt unangenehm, weil bei den Gesprächen seine Sekretärin zugegen war, ein blondes Gift, mit dem er sich duzte und das sich an der Unterredung lästig beteiligte. Die Sprecherlaubnis wurde nach einigem Kampf schließlich erteilt. Meine Schwester kann, wenn es nötig ist, in sehr guter Form sehr penetrant sein. Gestärkt durch diesen Erfolg kam sie mit dem zweiten Anliegen. Sie wusste von der Inhaftierung Moltkes in Ravensbrück her, dass es dort die Möglichkeit besserer Verpflegung gab und ahnte nicht, dass der Arzt sie schon angeordnet hatte. Als sie dem Kriminalrat mit schlichter Selbstverständlichkeit diesen Wunsch vortrug, sprang er wuterfüllt auf: »Wie kommen Sie zu der Verleumdung, dass unsre Häftlinge schlecht verpflegt werden; wir leben im Deutschland des Führers und nicht in Russland«. Sie war froh, als sie heil wieder draußen war mit dem

Besuchsschein in der Tasche. Für diesen Besuch wurde ich mit dem Auto zur Polizeischule Drögen gefahren, natürlich ohne Mitteilung über den Zweck, so dass ich glaubte, ich solle dort verhört werden. Umso größer war dann die Freude. Viel erzählen konnten wir natürlich unter der Kontrolle des Gestapobeamten nicht, aber mit geschickten Redewendungen hatte sie mir doch mancherlei Aufschluss geben können, so, dass Moltke und Lukaschek nicht mehr in Ravensbrück waren, aber lebten, andere jedoch bereits gehangen seien. Die Hauptsache war, dass ich sie gesehen hatte und dass sie durch Augenschein überzeugt war, dass es mir nicht allzu schlecht gehen könne.

Am Sonntag nach diesem Besuch besichtigte der SS-Mann Kriminalrat Lange, der mit den Untersuchungen zum 20. Juli betraut war, wie später noch mehrfach, das Gefängnis, indem er von Zelle zu Zelle ging mit einer Suite von mehreren Leuten hinter sich. Es war das offenkundig für ihn eine sadistische Sonntagsbelustigung, sich in großer Aufmachung an dem Geschick der Gefangenen zu weiden. Die kleinen, glitzernden, hellen Schweinsaugen in dem feisten Gesicht waren zum Fürchten. Er ist der unmittelbar für allen Schrecken bei den Untersuchungen Verantwortliche, der übrigens heute in der Sowjetzone dasselbe Handwerk weiter zu betreiben scheint. Höhnisch fragte er mich: »Sie wissen doch, weshalb Sie hier bei uns sind?« Antwort: »Nein«. Darauf schlug er seine blütenweißen Wildlederhandschuhe dicht an meinem Gesicht vorbei: »Dann werden wir Ihnen das hier bald beibringen«. Und so geschah es. Am Freitag, dem 24. November, wurde ich mittags im Auto nach Drögen abgeholt von einem Gestapobeamten, einem miesen kleinen Sachsen, der nach meiner Erinnerung Groth hieß, und dort durch ihn von 2 bis 6 Uhr verhört. Eine Sekretärin protokollierte; hinter mir saßen zwei SS-Leute und unbeteiligt im Hintergrund ein Zivilist, der nach der Beschreibung, die ich von ihm kannte, der Vertreter Langes, ein Kriminalkommissar John war, ein gutaussehender jüngerer Mann mit

Schmissen, angeblich gelernter Jurist, vermutlich verkrachte Existenz und böse. Nach 1945 soll er jahrelang unter vollem Namen einen Holzhandel in Würzburg betrieben haben, bis ihn Frau Kiep dort zufällig aufspürte und er festgenommen wurde.

Die Vernehmung verlief in ruhiger, sogar höflicher Art. Es wurde mir nicht mitgeteilt, was mir vorgeworfen wurde, oder weshalb ich festgenommen sei. Ich sollte angeben, mit wem ich verkehrt habe, wer bei uns im Hause und in welchen Häusern ich gewesen sei. So kam eine ziemlich harmlose Liste zustande, mit vielen Nazis vom Reichsverwaltungsgericht, die ich kaum kannte und die sicher nichts mit der Sache zu tun hatten, eingestreut aber auch Yorck, Moltke und Trott, die ja nicht gut zu verheimlichen waren. Zudem war klar, dass sie alles längst wussten und nur ein Geständnis haben wollten. Schließlich hielt er mir eine lange Reihe von Namen vor, angefangen mit Gördeler, die ich aber meist zu Recht verleugnen konnte. Jede negative Antwort ärgerte ihn sichtlich, er wurde unhöflich, grob, drohend. Als das alles nebst Lebenslauf protokolliert war, brachte er mich nach Ravensbrück zurück.

Kurz nach meinem Eintreffen in der Zelle kam ein SS-Mann und legte mir wortlos wieder die Handschellen an, von denen ich seit Wochen befreit gewesen war. Zum Abendessen erhielt ich den KZ-Fraß statt der vom Arzt verordneten Verpflegung. Es war eindeutig, dass ich nicht genügend aussagewillig erschienen war und unter Druck gesetzt werden sollte. Das gelang jedoch nur unvollkommen wegen der dienstlichen Unzuverlässigkeit der guten Hälfte meiner Beutegermanen. Jeden zweiten Tag konnte ich damit rechnen, dass ich reichlich zu essen bekam. Wenn der neben der Tür sitzende SS-Mann mit dem Essen fertig war, schob er mir sein zu diesem Zweck besonders hoch gefülltes Kochgeschirr verstohlen in die Tür hinein. Während ich dann aß, beobachtete er den wachhabenden SS-Offizier, so dass nichts passieren konnte, denn ich brauchte ja bei Gefahr nur das Kochgeschirr am Boden wieder neben den Stuhl zu schieben.

Morgens und abends gab er mir ebenfalls von seiner üppigen Verpflegung. Allein die morgendliche Milchsuppe an jedem zweiten Tag hätte mich aufrechterhalten; für die SS-Leute wurde nämlich eigens eine Kuhherde gehalten, während für die Säuglinge in Berlin keine Milch verfügbar war. Diese beutegermanische Caritasgesinnung war für mich umso wichtiger, weil ich die von meiner Schwester mühsam angeschleppte Verpflegung auch nicht mehr ausgehändigt bekam.

Mit bösen Vorahnungen erfüllt wurde ich am 5. Dezember zum zweiten Mal zur Vernehmung nach Drögen gebracht. Über dem Stuhl des Beamten an der Wand mir gegenüber war eine schwarze, im Zugriff befindliche Hand aufgemalt, eine Art von Symbol des rächenden Arms der Polizei. Auf diese zeigte mein kleiner Sachse vor der Vernehmung wortlos hin. Diese begann mit der Frage: »Wissen Sie, was Sonderbehandlung ist?« Auf meine Verneinung: »Auf besondere Anordnung des Führers brauche ich nur den beiden Männern hinter Ihnen zu winken und die dürfen dann mit Ihnen machen, was sie wollen, einschließlich des Knochentransports ins Krematorium«. Dann verhörte er über den Inhalt der Gespräche mit den Beteiligten, insbesondere bei Yorck. Ich gab nichtssagende Antworten und wich nach allen Seiten aus, weil ich nicht freiwillig aussagen wollte. Nachdem das unter Toben etwa zwei Stunden so verlaufen war, stand Herr John auf und verließ das Zimmer, indem er dem Beamten sagte: »Ich bewundere Ihre Geduld mit dem Lumpen«. Das war das Grünlicht für den Beamten gewesen, denn jetzt setzte er sich auf den Schreibtisch dicht vor mich hin und bei jeder Antwort, die ihm nicht gefiel, schlug er mir mit der flachen Hand oder der Faust ins Gesicht. Es gelang mir aber, durchzuhalten, und er bekam keine belastende Antwort heraus. Er brach die Vernehmung ab und ließ mich durch die SS-Leute in den Keller führen. Ich erwartete, dass ich dort nun regelrecht verprügelt werden sollte, zumal der Keller wie eine Folterkammer mit mehreren Peitschen an den Wänden und Ringen zum Festbinden hergerichtet war. Es geschah aber nichts, ich wurde in einen dunkeln, fensterlosen Verschlag gesperrt, und sie gingen fort. Nach mehreren Stunden holten sie mich wieder nach oben zu dem Beamten. Er sagte mir: »Das nächste Mal wird aber Ernst gemacht mit dir«. Seit dem Schlagen duzte er mich. Dann brachte er mich wieder nach Ravensbrück. Das Verbringen in den Keller war also als psychischer Druck gedacht gewesen. Als mein Beutegermane mein verquollenes Gesicht sah – einen Spiegel hatte ich natürlich nicht –, wusste er Bescheid. Wortlos machte er mit meinem Handtuch eine kalte Kompresse auf den Kopf und sagte nur: »Das Leugnen hat doch keinen Zweck; die bekommen es ja doch heraus, was sie wollen«. Der Kopf schmerzte nicht besonders, obschon zwei Zähne wackelig geworden waren. Gott Dank hatte meine Schwester mir mit den Esswaren Zitrovanillepulver, mein gewohntes Kopfschmerzmittel, eingeschmuggelt. Davon nahm ich gleich zwei und schlief in tiefer Erschöpfung ein.

Am 8. Dezember, Mariä Empfängnis, wurde ich zur dritten Vernehmung nach Drögen geholt. Ich war anhand vieler Rosenkränze zu dem Entschluss gekommen, den Kreisauzusammenhang einzugestehen, auf keinen Fall aber die Verbindungen zur Geistlichkeit, um dort nicht Schaden zu tun, und die zu Stauffenberg, um mich selber nicht mit dem eigentlichen Attentat zu belasten. Aus den beiden ersten Vernehmungen war mir klar geworden, dass die Sache Kreisau mit den Hauptbeteiligten und dem wesentlichen Inhalt aufgedeckt war. Der Beamte hatte ein Dutzend Aktenstücke auf dem Schreibtisch liegen, anhand deren er die Fragen gestellt hatte, und aus den Fragen selbst ergab sich, dass nicht viel mehr zu verbergen war. Fünf Monate nach dem 20. Juli und nach Inhaftierung aller Beteiligten war es nicht erstaunlich, dass die Gestapo mit ihren brutalen Untersuchungsmethoden den Dingen im Wesentlichen auf den Grund gekommen war. Die Lage war deshalb für mich viel besser als bei allen anderen, weil die Gefahr, Freunde zu belasten, nur noch gering war. Außerdem war ich überzeugt, dass ich einer weiteren »Sonderbehandlung« nicht gewachsen war. Es gibt sicher vereinzelte, körperlich und geistig dazu vorbestimmte Märtyrernaturen, die mit besonderer Gnade gegenüber Torturen eine Aussage zu verweigern imstande sind. Im Allgemeinen gibt es das nicht, und höchstens kühle Überlegung und List vermögen es, der Gewalt gegenüber die Wahrheit zu verschleiern. Für mich selber genügte der bereits in den andern Verfahren festgestellte Tatbestand für den Galgen. Ich durfte nur nicht durch Geständnis des Stauffenbergzusammenhangs die letzte Möglichkeit zerstören, vielleicht doch am Galgen vorbeizukommen.

Zu Beginn des neuen Verhörs erklärte ich daher dem Beamten: »Sie haben zutreffend erkannt, dass ich bisher nicht die Wahrheit gesagt habe. Ebenso werden Sie verstehen, dass ich nicht ohne Not meine Freunde belasten wollte. Ich habe erkannt, dass weiteres Leugnen zwecklos ist, und ich werde Ihnen nunmehr klare Auskunft über die Vorgänge geben«. Ich merkte sofort, wie sehr er sich über diesen Erfolg freute, der ihn seinem Vorgesetzten gegenüber als tüchtig erwies. Er siezte mich wieder und wurde wieder höflich, so dass ich spürte, auf dem richtigen Wege zu sein, was mir innere Sicherheit gab. Auch heute glaube ich noch, es richtig gemacht zu haben, denn den erforderlichen Anstand hatte ich durch mein bisheriges Leugnen gewahrt, und angesichts der Freude, nun ein Geständnis zu Papier zu bekommen, minderte sich offenbar sein Interesse an den Einzelheiten. Er wollte ein Geständnis haben, um die Akte erfolgreich vom Schreibtisch wegzubekommen, ganz gleich, ob der Inhalt nun etwas mehr oder etwas weniger belastend war. Ich erzählte ihm also den Inhalt der Kreisauer Planung mit möglichst vielen, ihm unverständlichen Einzelheiten, alles aber abgestellt auf den Fall eines etwaigen schlechten Ausgangs des Krieges, also auf Defaitismus und nicht auf Hochverrat. Als ziemlich sicher konnte ich dabei annehmen, dass Moltke und alle andern etwas Ähnliches gesagt hatten. Die Initiative und die wesentliche Planung schob ich auf den toten Peter Yorck und spielte auf Mitläufer.

Nach dieser stundenlangen Erzählung begann er Fragen zu stellen: »Mit welchen Bischöfen haben Sie darüber verhandelt und wann?« Ich antwortete, dass ich recht gut bekannt sei mit dem Bischof Berning aus Osnabrück und dem Kardinal Bertram in Breslau auf Grund meiner früheren volksdeutschen Tätigkeit, auf die ich so näher eingehen konnte zwecks Zeitgewinn, dass ich aber beide Herren seit 1934 nicht mehr gesehen habe und auch keinerlei Verbindung mit ihnen gehabt habe. Ich war sicher, dass weder der »Staatsrat« Berning noch der mehr als vorsichtige Kardinal, mit dem sogar Lukaschek seit Jahren keine Verbindung mehr hatte, auch nur entfernt mit den Dingen zu tun gehabt hatten. Die Spürhunde konnten also unbedenklich in dieser Richtung angesetzt werden. Außerdem kennte ich den Bischof Graf Preysing in Berlin – das Gegenteil wäre zu unglaubhaft gewesen – auf Grund meiner Mitgliedschaft im Kirchenvorstand, sei aber nur ein einziges Mal vor Jahren bei diesem gewesen. Er fragte dann noch im Einzelnen nach andern Bischöfen, seltsamerweise nicht nach Graf Galen, und auch Bischof Wienken war ihm anscheinend unbekannt. Hinsichtlich der Bischöfe war er damit zufrieden und ich ebenfalls.

Dann kam das Thema Jesuiten. Ich bewegte mich des längeren auf dem harmlosen Boden der Berliner Jesuiten, nannte ihm ein halbes Dutzend Patres, die ich dort gut kenne und zu denen ich durch meinen Jugendfreund Pater Bonnenberg in Verbindung gekommen sei. Er war stolz auf die neuen Namen, und ich war sicher über deren völlige Unkenntnis. Dann wurde jedoch das Eisen heiß, denn jetzt kam er mit den Münchener Jesuiten, ob ich den Pater Rösch kenne. Ich bestritt das nicht absolut und ließ die Möglichkeit offen, ihn bei den Berliner Jesuiten vielleicht einmal gesehen zu haben. Da ich nicht wusste, wie weit Pater Rösch in den andern Verfahren bereits ins Gespräch gekommen war, durfte ich hier nicht in sofort greifbare Widersprüche geraten, um glaubhaft zu bleiben. Nach der Art der Fragestellung fühlte ich aber, dass sie bisher über Pater Rösch nicht viel ausfindig gemacht hatten. Dann kam aber sehr massiv und dringlich die Frage nach Pater König. Ohne Zögern, aber auch nicht allzu schnell, verneinte ich sie. Daraufhin der Beamte: »Sie kennen ihn wohl, er sitzt hier eingesperrt, und ich werde ihn zur Konfrontation vorführen lassen«. Jetzt kam es darauf an, ob die von Pater Tattenbach überbrachte Engelsbotschaft, dass Pater König unauffindbar versteckt sei, noch stimmte. Ich verließ mich auf sie und beharrte ruhig darauf, ihn nicht zu kennen. Ich muss glaubhaft gewirkt haben in meiner Beurteilung jesuitischer Tüchtigkeit und Zuverlässigkeit, denn das Thema Pater König war damit beendet. Pater Delp wurde nicht erwähnt. Nun kam die Lebensfrage: »Kennen Sie den Verbrecher Stauffenberg?« Ich: »Ja«. Der Beamte: »Woher?« Ich: »Erstens dienstlich vom OKW her und zweitens durch meinen Freund Yorck, dessen Vetter er war«. Der Beamte: »Wann haben Sie ihn zuletzt gesehen und wo?« Ich: »Einige Tage vor dem 20. Juli abends in meinem Haus. Graf Yorck war bei mir zum Essen, Stauffenberg kam herein, um ihm etwas zu sagen, und fuhr dann wieder fort«. Der Beamte: »Was sagte er ihm?« Ich: »Das habe ich nicht gehört, denn ich holte sofort eine Flasche Kirsch und ein Glas, um ihm davon einzugießen«.

Ich fühlte, wie der Todesengel durch das Zimmer schritt, aber mein Schutzengel war mächtiger, und führte ihn vorbei. Der kleine Sachse gab sich zufrieden. Er war erstaunt, dass ich einen Zusammenhang mit Stauffenberg ohne Zögern zugegeben hatte. Entweder überzeugte ihn das von meiner Harmlosigkeit in dieser Hinsicht, vielleicht wollte er sich nach dem Erhalt des Geständnisses zur Hauptsache auch keine weitere Mühe mehr machen, oder mein Schutzengel hat auf ihn eingewirkt, denn die Engel vermögen auf die Dinge und die Menschen einen gewissen Einfluss zu nehmen. Ich hatte monatelang Zeit gehabt, mich auf die Frage nach Stauffenberg vorzubereiten. Die dienstliche Bekanntschaft konnte ich unmöglich abstreiten wegen der leichten Widerlegbarkeit. Von den Mitwissern des persönlichen Zusammenhangs waren zwar Stauffenberg und Yorck tot, und ich wusste über Poelchau, dass vor seinem Tode mein Name nicht genannt worden war. Aber Lukaschek lebte und hatte möglicherweise über das Zusammentreffen mit Stauffenberg ausgesagt. Zudem war es wahrscheinlich, dass man den Kraftfahrer Stauffenbergs darüber vernommen hatte, zu welchen Leuten er ihn in der letzten Zeit vor dem 20. Juli gefahren hatte. Ich war deshalb zu dem Entschluss gekommen, dass die einzige Rettung in der Flucht nach vorn läge.

Damit war diese dritte Vernehmung glimpflicher beendet, als ich es erwartet und verdient hatte. Der Sachse erklärte, die Protokollierung dieser komplizierten Dinge aus der Kreisauer Planung sei sehr schwierig, ich solle Papier und Bleistift erhalten, um dann in den nächsten Tagen in der Zelle eine Niederschrift zu fertigen, anhand deren dann das Protokoll aufgesetzt werden solle. Er war mit seinem Erfolg augenscheinlich zufrieden, ich innerlich auch und nicht ohne frohen Stolz, dass ich meine Rolle nicht allzu schlecht gespielt hatte. Als er mich in Ravensbrück im Büro wieder ablieferte, nahm er mir die Handschellen ab, die jetzt nicht mehr nötig seien; ebenso verfügte er die Wiedergewährung der besseren Verpflegung und die Aushändigung der inzwischen von meiner Schwester gebrachten und mir vorenthaltenen Sachen. Als er bei diesen zwei Flaschen von unserm guten alten Tokaier erblickte, meinte er, davon könnten wir doch sofort eine zusammen austrinken. So musste ich mich mit guter Miene dem bösen Spiel hingeben und im KZ-Büro mit dem Mann, der mich drei Tage vorher ins Gesicht geschlagen hatte, zusammen trinken. Mein Namenspatron Paulus war laut Corintherbrief 2, II. in ähnlicher, wenn auch schlimmerer Lage: Sustinetis enim, si quis vos in servitutem redigit, si quis devorat, si quis accipit, si quis extollitur si quis in faciem vos caedit. (Denn ihr nehmt es hin, wenn euch jemand versklavt, wenn euch jemand ausbeutet, wenn euch jemand in seine Gewalt bringt, wenn jemand anmaßend auftritt, wenn euch jemand ins Gesicht schlägt.)

Mein Beutegermane strahlte, als er mich unbeschädigt wiedersah. In den nächsten Tagen fertigte ich dann in Ruhe eine Dissertation über die Kreisauer Pläne, aber ohne die Bestrafung der Kriegsverbrecher und ähnliche Drachenzähne.

Am 11. Dezember wurde ich zum vierten Mal zum Verhör nach Drögen gebracht. Der Sachse las meine Ausarbeitung durch und fand sie zufriedenstellend, obschon er ihren Inhalt sicher nicht verstand. Es lautete aber sehr gelehrt, was da in sein Protokoll kommen sollte. Die tüchtigen, alterfahrenen Polizeibeamten der Gestapo hätten die Zusammenhänge sicher klar bis ins Letzte durchschaut, aber sie waren in den besetzten Gebieten eingesetzt und das hier am Werk befindliche Dreigestirn war deshalb polizeitechnisch glücklicherweise dritter Klasse. Die Sekretärin schrieb dann stundenlang das Protokoll unter Einfügung meiner Niederschrift. Jedes Blatt musste ich gesondert unterschreiben, denn bei der Gestapo herrscht peinliche Rechtlichkeit und andernfalls hätte ich sonst später behaupten können, einzelne Blätter seien ausgetauscht worden. Schließlich wurde mir eröffnet, die polizeilichen Ermittlungen seien hiermit abgeschlossen und der Fall gehe jetzt an die Staatsanwaltschaft.

Dann brachte er mich wieder nach Ravensbrück und verlieh mir als Zeichen seiner Zufriedenheit über mein Geständnis das Recht, in der Zelle Bücher zu lesen, von denen mir dann einige gebracht wurden, darunter sinnigerweise zwei mit dem Ex libris Kreisau, die Moltke also irgendwie dort abhandengekommen waren. Ein Missale hatte ich übrigens schon vorher, das man in einer Sendung meiner Schwester hatte passieren lassen, die bei all ihrer leiblichen Fürsorge ihr ganzes Leben hindurch gewusst hat, dass ein Missale noch wichtiger ist als das tägliche Brot. Ich konnte den Introitus vom ersten Adventssonntag gut gebrauchen: »Deus meus in te confido, non erubescam; neque irrideant me inimici mei« (Mein Gott, auf dich vertraue ich, lass mich nicht zuschanden werden, lass meine Feinde mich nicht verlachen) und noch mehr das Graduale vom Gaudetesonntag: »Domine excita potentiam tuam et veni« (Erwecke, Herr, deine gewaltige Macht und komm!), das in grandioser Fülle die ganze weitere Liturgie trägt. Ich brauchte Hilfe von oben, denn mein irdisches Latein war nun zu Ende. Zweifel tauchten jetzt auf, ob ich es richtig gemacht habe, oder ob ich mich zum Zwecke der vielleicht lebensrettenden Verschleppung des Verfahrens angesichts der wankenden Fronten nicht doch besser hätte prügeln lassen sollen. Dazu kam nach Fortfall der bisherigen Spannung hinsichtlich der Verhöre die Sorge um meine Schwester, wie sie in all der Drangsal fertig würde, besonders auch mit den angstvollen Bombennächten. Immer häufiger hörte ich nachts das leise Sirren der englischen, von Norden her einfliegenden Bombengeschwader und kurz darauf ihren Rückflug nach vollbrachtem Zerstörungswerk. War unser Haus getroffen? Lebte meine Schwester noch? Jede Nacht konnte das Verhängnis bringen, ohne dass ich für lange Zeit überhaupt etwas davon erfahren würde. Der nächtliche Schlaf wurde außer durch diese Sorgen durch die helle Beleuchtung der Zelle und dadurch gestört, dass jeden Morgen um 3 Uhr bereits die Lagersirene ertönte, um den jammervollen Häftlingen des Konzentrationslagers das erbarmungslose Zeichen zum Beginn eines neuen Tages grausamer Bedrückung zu geben. Für diese hatte ich bei meiner letzten Fahrt nach Drögen ein schreckliches Beispiel gesehen. Als ich zum Auto geführt wurde, lag einige Meter vor der Gefängnistür eine tote Frau, die dort anscheinend vor Erschöpfung hingefallen und verstorben war. Als ich stockte und auf die erstarrte Leiche hinsah, sagte der Gestapobeamte: »Voran, einsteigen, von der Sorte haben wir viel zu viele«. Noch furchtbarer trat mir diese zynische Missachtung des menschlichen Lebens in diesen Tagen bei einem andern Erlebnis vor Augen. Die Fensterklappe in meiner Zelle ließ sich einen Spalt breit öffnen. Ich musste dabei aber darauf achten, dass der dicke niedrige Schornstein, dessen Spitze ich über die hohe Hofmauer hinweg sehen konnte, nicht rauchte, weil sonst dichte Rußflocken in die Zelle flogen. Als mein Beutegermane eines Tages das Fenster öffnen wollte, bat ich ihn, damit zu warten, weil der Bäckereischornstein gerade rauche, und erhielt die Antwort:

»Bäckerei ist ein Primaausdruck. Mensch, da werden doch die Häftlinge verbacken, die durch den Schornstein gejagt werden sollen. Das ist doch heute so.« Selbst dieser brave Mann nahm also den Massenmord als obrigkeitlich angeordnet hin, aber er war ihm doch wenigstens irgendwie problematisch geblieben; allem voran stand aber das Staunen über meine Naivität, mit der ich zwei Monate lang Bäckereiruß weggewischt hatte, der Menschenasche war. Et in pulverem reverteris! (Und zum Staube kehrst du zurück!)

Selbst in diese Verworfenheit trat das Weihnachtsfest. Es entbehrte nicht grausiger Komik, als ein großer Christbaum in den Gefängnisflur gestellt wurde, den außer mir wegen der offenen Tür kein Häftling sehen konnte. Meine Schwester hatte ein unvorstellbares üppiges Paket gebracht – sogar eine Dose Putenbraten –, selbstgebackenen Kuchen, unzählige Kostbarkeiten. Bei meiner guten Verpflegung war ich recht beschämt, weil ich sicher war, dass sie selber hungerte, was, wie ich nachher festgestellt habe, im wörtlichen Sinne zutraf. Sogar einen riesigen Strauß rosa Chrysanthemen aus unserm Garten hatte sie herangeschleppt, die sich bei dem bis dahin geringen Frost noch sehr schön präsentierten, und dazu noch ein Christbäumchen mit Papierkrippe. Diese Dinge erregten bei den SS-Leuten höchste Verwunderung, während ich befürchtet hatte, sie würden über die Esswaren neidisch werden und sich vielleicht Gedanken über deren Schwarzmarktherkunft machen. Auch SS-Leute sind nicht von Natur böse, vielmehr auf höhere Werte ansprechbar. Das hatte sich ebenso gezeigt, als meine Schwester ihr Paket in Drögen abgeliefert hatte unter gleichzeitiger Abgabe eines Pakets für irgendeinen Gefangenen, der nichts zu Weihnachten erhalten habe. Der kleine Sachse begriff zunächst überhaupt nicht, wozu das Paket dienen sollte. Dann meinte er: »Davon haben Sie doch nichts«. Darauf meine Schwester: »Eben deshalb bringe ich es«, worauf ihm sichtlich die Erkenntnis einer höheren Ebene aufzudämmern schien.

Am 28. Dezember wurde ich unerwartet nochmals nach Drögen geholt. Während der Fahrt fürchtete ich, dass man noch Lücken in meinen Aussagen entdeckt habe und das Verhör fortsetzen wollte. Umso größer war die Freude, als ich stattdessen meine Schwester erblickte. Sie war anlässlich des Weihnachtsfestes wieder zu Lange gegangen wegen einer Besuchserlaubnis, musste dann aber dieserhalb noch zum Staatsanwalt beim Volksgerichtshof, der inzwischen das Verfahren in die Hand bekommen hatte. Ich fühlte, dass sie zuversichtlicher dreinblickte als das erste Mal, wusste aber damals noch nicht, ob sie Grund dafür zu haben glaubte, oder nur gute Haltung bezeigte, denn etwas Verständiges konnten wir uns natürlich wegen des Beamten ebenso wenig erzählen wie das erste Mal. Es war ihr und mein letzter Besuch in Drögen, das uns wegen ihrer vielen elenden und schwierigen Fahrten dorthin für immer eine dunkle Erinnerung geblieben ist. Bei diesem letzten Besuch hatte sie noch ein besonderes Erlebnis. Als sie aus dem Lager hinausgehen wollte, stand eine vornehme ältere Dame am Wege und weinte vor sich hin. Meine Schwester sprach sie an mit der Frage, ob sie ihr helfen könne, denn sie vermute, dass sie beide aus ähnlichem Anlass hier seien. Es war die Frau des Generals von Falkenhausen, der inzwischen, trotz der Absage der Jagdeinladung an Helmuth Moltke vor genau einem Jahr, auch hier gelandet war. Sie hatte eine Sprecherlaubnis, war aber schon an mehreren Türen barsch abgewiesen worden und wusste sich keinen Rat, an wen sie sich nun weiter wenden solle. In einem Zimmer hatte ein SS-Mann sie am Arm gepackt und zur Tür hinausgeschoben. Das hatte der zarten, polizeiunerfahrenen Frau den Rest gegeben. Meine im Behördenverkehr inzwischen erfahrene Schwester ging mit ihr zurück zu dem Sachsen, der sie dann in Obhut nahm, sei es wegen des Weihnachtspakets an den unbekannten Gefangenen, sei es wegen des reichlichen Wein- und Schnapszolls, den er bei jedem Besuch meiner Schwester erhoben hatte.

Am Silvestertage wurde mir sinnigerweise ein vom Chef der Reichskanzlei unterschriebenes Dokument überreicht, dem zufolge ich auf besonderen Befehl des Führers und Reichskanzlers »wegen Unwürdigkeit aus dem Richterstande ausgestoßen« war. Worin die Unwürdigkeit bestand, war nicht angedeutet. Damit waren formell, wenn auch völlig illegal, meine Bezüge gesperrt. Tatsächlich hatte ich sie seit meiner Verhaftung nicht mehr erhalten, denn die Gestapo hatte mein Konto, auf das sie gingen, sofort beschlagnahmt. Meine Schwester war dadurch in größte Not geraten, da sie nach der Ausbombung des Hauses in Münster keinerlei Mittel mehr besaß und zudem noch die Steuern für das Haus in Berlin gezahlt werden mussten. Sie schlug sich eine Weile durch vermittels Verschleuderung von Sachen aus dem Haus. Eines Tages besuchte Bischof Wienken sie und fragte in wirklichkeitsnaher Caritas, ob sie wohl noch genügend Geld habe. Auf die Antwort »zwanzig Pfennig« schickte er am nächsten Morgen seine Sekretärin mit dreitausend Mark, und zwar aus seiner Tasche und nicht etwa aus Wohltätigkeitsmitteln. Als meine Schwester hinging, um für die gütige Absicht zu danken und das Geld zurückzubringen, das sie mangels Aussicht auf Rückzahlung nicht annehmen könne, sagte er: »Das können Sie getrost behalten, denn ich hätte dann in meinem Leben kein Geld besser verlieren können«. Bischof Wienken ist außer Ludwig Free und dem Pfarrer der Nachbarspfarrei, Salvatorianer-Pater Schweitzer, der Einzige gewesen, der sich damals um meine Schwester gekümmert hat. Er gab ihr auch ständig den geistigen Zuspruch: »Der Bruder hält es länger durch als Hitler«.

Das Eintreffen dieser Voraussage hing davon ab, ob der Vormarsch der Alliierten, der gerade durch das Ardennenunternehmen gehemmt worden war, einen schnelleren Verlauf nehmen würde als der meines Verfahrens. Ich freute mich also über jeden Tag in Ravensbrück als in diesem Wettlauf erreichten Gewinn. Am 5. Januar abends kam aber ein Rückschlag in diesem Wettstreit. Mein Beutegermane erzählte mir in größtem Geheimnis, am andern Morgen früh würde ich nach Berlin abtransportiert. Das bedeutete, dass das Verfahren schneller als erhofft in Gang gekommen war. Ich gab ihm meine Adresse in Berlin, damit er sich nach dem Zusammenbruch, an dem er nicht mehr zweifelte, an mich wenden könnte zwecks Vergeltung seiner uneigennützigen Wohltaten. Ich habe von dem anständigen Mann, dessen Namen ich sogar vergessen habe, nie wieder gehört.

3. Gespanntes Warten auf den Prozess – ein Kommunist bringt heimlich die Kommunion

Am Dreikönigstag früh erschien ein Beamter in der Zelle, hieß mich meine Sachen zusammenpacken, fesselte mich und kündigte an, ich würde jetzt nach Berlin gebracht für den auf den 10. Januar anberaumten Termin vor dem Volksgerichtshof. Die Bilanz, die ich auf der Fahrt zog, war eindeutig schlecht. Wenn es der verständigen Voraussicht entsprechend am 10. Januar zum Todesurteil kam, so würde ich nach damaligem Brauch spätestens am 12. gehangen werden, denn bis dahin konnten weder Russen noch Amerikaner bis Berlin gekommen sein. Trotzdem war ich auf der Rückfahrt besserer Dinge als auf der Hinreise nach Ravensbrück. Die Angst vor der Verantwortung und Tortur der Vernehmung war gewichen. Die baldige Entscheidung über den Galgen lag nicht mehr an meinem Zutun, sondern in Gottes Hand. Ich war bereit.

In der Lehrterstraße wurden mir nach Eintritt in die Zelle die Fesseln abgenommen. Ich saß dort in den nächsten Tagen und wartete. Nichts geschah. Am 10. Januar früh war die Spannung schier unerträglich. Der Morgen verging, der Tag verging, die folgenden Tage zitterten dahin. Nichts geschah. Etwa nach einer Woche erfuhr ich durch einige Flüsterworte mit dem Friseur beim Rasieren, dass der Prozess Moltke und Genossen stattgefunden hatte und Helmuth Moltke bereits gehangen war. Seitdem habe ich ständig seiner, Peter Yorcks und der andern toten Freunde in meinen Armenseelenfürbitten gedacht und wiederum ihren Beistand erbeten. Erst nach meiner Rückkehr nach Haus, Anfang Mai, erfuhr ich von meiner Schwester, wieso ich zu dem Termin Moltke nicht hingeholt worden war. Als meine Schwester zwecks Erlangung der Besuchserlaubnis im Vorzimmer des Staatsanwalts beim Volksgerichtshof gesessen hatte, stand die Tür zwischen dem Vorzimmer und dem des Staatsanwalts auf Ritz, so dass sie verstehen konnte, was dort gesprochen wurde. Die Unterhaltung ging um die Terminanberaumung im Prozess Moltke, und sie hörte, wie jemand die Namensliste der neun Angeklagten verlas, darunter meinen Namen. Liebe macht hellhörig und hellsichtig. Sie wusste, dass alles vom Zeitgewinn abhing, erkannte die schicksalsträchtige Bedeutung des Gehörten, stand still auf und lief zu Rechtsanwalt Boden. Diesen hatte sie, ohne dass ich etwas davon ahnte, als Verteidiger für mich gewonnen. Für die mit dem 20. Juli zusammenhängenden Fälle waren beim Volksgerichtshof nur etwa ein halbes Dutzend Anwälte als Verteidiger zugelassen, die das Gericht von Amts wegen zuwies. Sie galten, was naheliegend war, sämtlich als überzeugte und unerfreuliche Parteigenossen. Von einem uns von Münster her bekannten Holländer erfuhr meine Schwester jedoch, dass einer der Zugelassenen in Ordnung sei, den er vom Tennisklub Blau-Weiß her gut kenne. Boden sei nicht Parteigenosse, habe das nicht nötig, weil er ein Schwager von Himmler sei, besitze aber dieserhalb großen Einfluss und liege goldrichtig, was sich voll bewahrheitet hat. Boden hatte den Fall übernommen und ihr gesagt, sie könne zu jeder Tages- oder Nachtzeit zu ihm kommen, wenn sie etwas auf dem Herzen habe. So ging sie also mit der beim Staatsanwalt erlauschten Nachricht eilends zu Boden, der sie trotz gefüllten Wartezimmers sofort vorließ und ohne Rücksicht auf die wartenden SS- und sonstigen Uniformen mit ihr zum Staatsanwalt fuhr. Er ließ sie draußen warten, ging hinein und kam nach wenigen Minuten zurück mit der Nachricht, mein Fall sei von dem Verfahren Moltke und Genossen abgetrennt worden und werde gesondert verhandelt. Die übrigen Angeklagten im Verfahren gegen Moltke waren Haubach, Steltzer, Fürst Fugger, Pater Delp, Gerstenmaier, Reisert und Sperr. Vermutlich hat Boden es dem Staatsanwalt mit seiner Himmlerverwandtschaft abgerungen, vielleicht hat er ihm auch geraten, sich die Gelegenheit für ein späteres Alibi nicht entgehen zu lassen. Jedenfalls verdanke ich es diesem Eingreifen, dass ich heute darüber schreiben kann.

Schon am Tage nach meiner Einlieferung in der Lehrterstraße erhielt ich zu meiner Verwunderung ein Paket von meiner Schwester. Dieses Mal hatte sie nicht nach meinem Verbleib zu forschen brauchen. Sie hatte durch ihre Haltung den Sachsen in Drögen so beeindruckt, dass er ihr telefonisch meine Umsiedlung in die Lehrterstraße mitgeteilt hatte. Dort hatte sich seit meinem ersten Aufenthalt im Oktober vieles verändert. Die SS-Wachmannschaften waren durch alte Zollgrenzschutzleute ersetzt, die, aus allen Ecken des Reichs zusammengelesen, nicht vom Geiste des Nationalsozialismus erfüllt waren, sondern von der Sorge um das Geschick ihrer Familien. Sie wollten ihre Ruhe haben und überließen alles den Kalfaktoren; diese bestanden teils aus alten Kommunisten, die nach Verbüßung langer Freiheitsstrafen nicht entlassen wurden, teils aus Zeugen Jehovas. Mit den Kommunisten habe ich die besten Erfahrungen gemacht. Sie taten alles Erdenkliche, um den politischen Gefangenen zu helfen, mit denen sie sich in gemeinsamem Schicksal verbunden fühlten. In besonders guter Erinnerung ist mir Theo Baensch geblieben, den ich auch später noch in Berlin besucht habe. Die Zeugen Jehovas waren viel weniger erfreulich, engstirnig, ja gehässig und standen an Nächstenliebe hinter den Kommunisten zurück. Man konnte daher ungehindert mit den Wächtern sprechen, denn die wenigen SS-Funktionäre, welche das Bewachungspersonal kontrollieren sollten, waren hierzu nicht imstande und sahen den kommenden Dingen bereits sorgenvoll entgegen. Es bedurfte einer gewissen Anlaufzeit, bis ich diese Verbesserung der Lage herausgefunden hatte, die es dann ermöglichte, Nachrichten über die andern Gefangenen zu erhalten, ja ihnen solche zu übermitteln.

Meine schmutzige, düstere Zelle lag im dritten Stock nach Norden ohne einen Sonnenstrahl. Sie bot aber den Vorteil, dass man aus dem Fenster auf den großen Hof sehen konnte, in dem nachmittags die politischen Gefangenen – es gab in diesem Flügel nur solche – im großen Kreis zwanzig Minuten täglich spazieren gingen, wozu ich erst nach etwa drei Wochen zugelassen wurde. Ich erspähte aber schon in den ersten Tagen Lukaschek, Pater Rösch, Steltzer, Haubach und manche andern Freunde und Bekannte. Es war ein Stelldichein für alle anständigen Leute aus Deutschland. Dieser Spaziergang war das wesentliche Ereignis des Tages. Für ihn wurden zunächst alle Zellentüren geöffnet, so dass man die Nachbarn sehen konnte. Auf das Zeichen zum Beginn drängten dann alle sich bewusst auf den schmalen Eisentreppen zusammen, so dass dort für kurze Zeit eine ungehinderte Unterhaltung möglich war. Auf dem Hof stand in der Mitte ein Gestapobeamter, um den sich der weite Kreis der Gefangenen in je etwa zehn Meter Abstand herumbewegte. Man konnte diesen Abstand aber auch verringern und den Vordermann überholen, wobei man mit ihm sprechen konnte, ohne dass der müde Gestapomann es merkte oder merken wollte. Das System war am Zerbrechen. Schon beim ersten Spaziergang hatte ich mit Lukaschek gesprochen und nach und nach mit allen, die ich kannte. Insgesamt mögen es etwa zweihundert Gefangene gewesen sein, darunter alte, seit zwanzig Jahren nicht gesehene Bekannte wie Felix Summermann und Hermann Lüninck. Aus den Fenstern des andern Flügels schauten die kriminellen Gefangenen voll Interesse und offen bekundeter Sympathie zu und machten ermunternde Zurufe.

Als ich im Sommer 1945 über den Kurfürstendamm ging, grüßten zwei elegant gekleidete Herren mich sehr freundlich, und als ich fragenden Blicks stehen blieb, fiel mir plötzlich der Zusammenhang ein und ich rief: »Wir kennen uns aus der Lehrterstraße«. Nicht so laut, meinten sie, das sei nun glücklich zu Ende. Ich lud sie dann zu einer Tasse Kaffee bei Kranzler ein, und es war sehr amüsant. Was sie verbrochen hatten, habe ich vergessen, aber jetzt waren sie ganz groß im Geschäft. Da ich mehr als verhungert aussah, wollten sie mir aus ihrem Schieberüberschuss Lebensmittel schenken, die sie mir in die Wohnung bringen wollten. Sie hätten mich im Gefängnis immer beim Spaziergang aus ihrem Fenster gesehen, wir hätten uns gegenseitig zugewinkt, und alten Kameraden aus der üblen Zeit müsse man doch helfen. Das Angebot kam aus gutem Herzen, und ich hätte es brennend gerne angenommen, da wir buchstäblich nichts zum Essen hatten. Ich fürchtete mich aber doch vor einer näheren Einlassung mit ihnen und sagte, es sei zu gefährlich für sie, bei uns in das Haus zu kommen, da dort Engländer einquartiert seien. Sie merkten aber, dass ich ihnen ehrlich dankbar und zugetan war, und wir schieden in großer Freundschaft nach einigen Schnäpsen, die sie aus einer Taschenflasche in die Kaffeetassen gossen. So hatte Hitler doch noch einen postumen Beitrag zur Bildung einer wahren Volksgemeinschaft geleistet. Ich leugne es nicht, dass ich aus der Lehrterstraße ein ganz unwirtschaftswunderliches Gefühl freundlicher Verbundenheit mit allen Gefangenen behalten habe. Ein Land ist nicht zivilisiert, solange es nicht das Werk der Barmherzigkeit »die Gefangenen befreien« ernst nimmt. Gutherzige »Asoziale« sind mir seit meiner Gefängniszeit lieber als bösartige Machthaber.

Die geistige Schlüsselposition im Gefängnis war Pater Rösch. Er war eingesperrt, aber man hatte keine rechten Beweise gegen ihn über die Kreisauer Zusammenhänge. Ich war glücklich, dass ich seinetwegen so »fortiter« gelogen hatte. Seiner überragenden Geistigkeit und der ihn umstrahlenden Aura von Frömmigkeit gegenüber waren die vielen Verhöre ergebnislos geblieben. Zu den Spaziergängen im Gefängnishof ging er ohne Mantel, um einen Anlass zum Dauerlauf entlang der Reihe der Gefangenen und so zum Gespräch mit ihnen beim Überholen der Einzelnen zu haben. Bei meinem ersten

Spaziergang bereits hatte er mir mit einigen Stichworten den gesamten Stand der Kreisauer Verfahren klar gemacht. Nach diesem Werk der Barmherzigkeit – gratia supponit naturam (die Gnade setzt die Natur voraus) – nahm er sich am folgenden Tage meines Seelenheils an. Beim ersten Überholen: »Sie können jetzt beichten« und nach einigen weiteren Runden: »In articulo mortis (im Angesicht des Todes) gebe ich Ihnen jetzt die Absolution«. Die ganze, allumfassende katholische Weite und katakombenhafte Dichte seiner Haltung leuchteten bei der nächsten Überholung auf: »Soll ich Ihnen die Hl. Kommunion senden?« Ich nickte bejahend, verstand aber zunächst nicht, was er meinte, denn es gab im Gefängnis keinerlei seelsorgerische Betreuung, da ja sogar nach ausdrücklichem Führerbefehl für die anlässlich des 20. Juli Verurteilten jeder geistliche Beistand bei der Exekution verboten war.

Am selben Abend erschien an meiner Zellentür der Kommunist Theo Baensch, zog verstohlen aus seinem Gefängnisanzug einen verschlossenen Briefumschlag und gab ihn mir ehrfürchtig mit den Worten: »Einen Gruß von Pater Rösch; Sie wissen schon«. Auf diese Weise habe ich fast jeden Tag die Hl. Kommunion erhalten. Auch die andern kommunistischen Kalfaktoren haben diesen Ehrendienst willig und würdig geleistet. Die Zeugen Jehovas waren in ihrer gehässigen Enge gegenüber der katholischen Religion dafür nicht vertrauenswürdig. Pater Rösch zelebrierte in seiner Zelle täglich insgeheim die Hl. Messe unter Benutzung eines Glases als Kelch. Die Hostien und der Messwein wurden durch katholische Damen in Lebensmittelsendungen eingeschmuggelt und auch meine Schwester hat dabei mitgeholfen. So stand selbst diese Zwingburg des Hasses und der Rache täglich erneut unter dem Strahl der göttlichen Liebe, weil Pater Rösch die Worte »Tu es sacerdos in aeternum« (Du bist Priester auf ewig) richtig verstanden hatte.

Auch ein sehr liebenswerter, junger protestantischer Geistlicher befand sich unter den Gefangenen, der Pfarrer Bethge. Seine Frau stammte aus der weithin in die Dinge um den 20. Juli verwickelten Familie Bonhoeffer und dieserhalb war er ohne konkrete Vorwürfe eingesperrt worden, zumal er persönlicher Hilfsarbeiter von Dibelius war. In den letzten Wochen hatte er es fertiggebracht, als Kalfaktor verwendet zu werden, und konnte so von Zelle zu Zelle seinen geistlichen Beistand leihen. Ich sehe noch sein freundlich strahlendes Gesicht, wie er an allen Zellentüren entlanglief und jedem schnell die Nachricht durchsagte: »Die Amerikaner sind in Rathenow«. Man fühlte und hörte, wie freudige Hoffnung durch alle drei Stockwerke des Gefängnisses zog. Ich habe in meiner Zelle lautschallend »Großer Gott wir loben Dich« gesungen, obschon sonst für mich der Satz des Tacitus gilt: Frisia non cantat (die Holländer singen nicht).

Der Winter 1944/45 war selbst für das Berliner Klima besonders kalt. Bei anhaltendem Frost von 20 Grad und mehr hatte das Gefängnis kein Heizmaterial, und die altmodische Dampfheizung wurde nur ganz schwach, meist auch nur stundenweise in Betrieb gesetzt. Für die Wächter waren Kohlenöfen eingebaut worden. In den Zellen herrschte Grabeskälte, zumal inzwischen alle Fensterscheiben zerbombt und notdürftig mit Pappe und Lappen vernagelt waren, durch deren Ritzen die eisige Winterluft freien Zugang hatte. Ich hatte zwar von meiner fürsorglichen Schwester meinen großen oberschlesischen Waschbärfahrpelz und reichlich warme Sachen erhalten. Trotzdem konnte man nicht existieren ohne ständiges Umherlaufen in der kleinen Zelle mit Armeschlagen und Füßetrampeln. Es sind unzählige Kilometer täglich gewesen, die ich so hin und her und her und hin gelaufen bin. Infolge der Kälte, des Schmutzes – das Waschwasserquantum war minimal – und wohl auch als Folge der vorhergegangenen kreislaufstörenden Fesselung bekam ich nach und nach an sämtlichen Fingern eine Nagelbettentzündung. Der Eiter floss aus den Fingern, und obschon es nicht besonders schmerzte, war es scheußlich. So »verfaulten« wohl die Gefangenen in schauergeschichtlichen Burgverliesen. Inzwischen meldeten sich auch die beiden in Drögen locker geschlagenen Zähne links oben und schmerzten schließlich so, dass ich nach dem Gefängniszahnarzt rief. Ich habe immer Angst vor dem Zahnarzt gehabt und war von bösesten Ahnungen erfüllt, als man mich nach einigen Tagen dorthin führte. Ein recht ungelernt aussehender Mann in einem schmuddeligen Kittel in einer schmuddeligen Zelle zog sie heraus; trotz oder wegen der Spritze wurde mir etwas schwarz vor den Augen, aber es ging besser als erwartet. Wenn der Kopf in Frage gestellt ist, vermindert sich dementsprechend die Bedeutung der Zähne.

In besonders grausiger Erinnerung ist mir das immer wieder ertönende Geläute der Totenglocke geblieben, deren blechern dumpfer Klang anzeigte, dass jemand zum Galgen geführt wurde. Man erfuhr meist nicht, wer es war; an einem Tage sollen etwa zwanzig Kommunisten zu Tode gebracht worden sein.

Alle Lästigkeiten und Ängste des Gefängnisses traten zurück hinter den Bombenangriffen, die sich täglich steigerten. Nacht auf Nacht kamen die Engländer, oft mehrmals, und schließlich noch die Amerikaner am Tage mit ihren Bombenteppichen. Fast bei jedem Angriff wurden die richtungweisenden Leuchtbomben und Christbäume über dem Gefängnis wegen seiner zentralen Lage hingesetzt, und dann folgte die bange Erwartung. Die Luftangriffe waren an sich hinreichend furchtbar. Sie wurden zu maßloser Quälerei für Gefangene, die man im obersten dritten Stockwerk eines nur mit schmalen verwinkelten Stiegen versehenen Gebäudes allein eingesperrt ließ, während die Wächter erbarmungslos ihren Luftschutzraum aufsuchten. In den beiden Zellen neben mir schlugen Stabbrandbomben durch, deren die Insassen Herr wurden. Verschiedentlich trafen auch kleinere Sprengbomben das Gefängnisareal, und die Wirtschaftsgebäude wurden zerstört. Die Gefangenen hämmerten bei den Angriffen mit den Schemeln wie wilde Tiere ohnmächtig gegen die Eisentüren. Niemand hörte sie. Es ist ein ganz schlimmer Schandfleck für das Justizministerium, das tausend Meter entfernt seinen Sitz hatte mit dem gelehrten Herrn Schlegelberger und seinen rechtswahrenden Ministerialräten, dass man sich um diese brutalen Missstände nicht gekümmert hat, denn trotz der Bewachung durch das Reichssicherheitshauptamt lag die Verwaltung des Gefängnisses in der Hand der Justiz. Diese Unmenschlichkeit war qualvoller als die gesamte Untersuchung und die Furcht vor dem Ausgang des Verfahrens. Ich habe diese Zeiten mit unendlich aneinandergereihten Rosenkränzen hingebracht und preise die hohe übernatürliche Gnadenwirkung dieser, von Torheit und Halbbildung belächelten, vornehmen Hinwendung zur Muttergottes.

Die ruhigen, bombenlosen Stunden der Gefangenschaft verflogen schneller, seitdem ich die Erlaubnis zum Lesen von Büchern hatte. Meine Schwester brachte eine Anzahl von Büchern froher Art heran, und ich verliebte mich in Mr. Pickwick, Tristram Shandy und Colonel Bramble noch mehr als früher schon. Auch hatte ich den großen Herder'schen Atlasband, auf dessen Karten ich täglich hoffnungsstärkenden Defaitismus trieb, wenn Theo Baensch oder Pfarrer Bethge die neuesten Nachrichten durchsagten, die sie aus einem Radio in einem ihnen zugänglichen Gefängnisbüro bezogen. Es ist ein Zeichen für die böse Verkehrtheit aller Dinge bei Hitler, dass die in der Lehrterstraße versammelte deutsche geistige Elite fiebernd den schnellstmöglichen Zusammenbruch der deutschen Armee herbeisehnte, und zwar zu Recht. Die Patrioten saßen im Gefängnis, und die Zerstörer der deutschen Nation hielten sie dort gefangen.

Als meine Schwester ein Neues Testament in Griechisch und Deutsch hinbrachte, erregte dieses zunächst höchstes Misstrauen bei dem Gestapobeamten. Er hielt das Griechisch für anrüchiges Hebräisch, ließ sich dann aber überzeugen. Es war so weit gekommen, dass Gestapobeamte sich überzeugen ließen.

Der oberste Chef des Gefängnisses, dessen Name mir entfallen ist, war ein ehemaliger Reitknecht, der als recht übel galt, aber seinen Untergebenen gegenüber keine Autorität mehr besaß. So hörte meine Schwester eines Tages, als sie Sachen brachte, wie der Reitknecht seinen Untergebenen namens Knuth anschrie: »Weshalb ist dieser Pfaffe nicht gefesselt?« Darauf Knuth: »Ich lege keinem katholischen Geistlichen Handschellen an, wenn Sie es wollen, so machen Sie es selber«. Das wäre noch im Oktober unmöglich gewesen. Die ganze Bosheit dieses Reitknechts erfuhr meine Schwester bei ihrem nächsten Besuch im Gefängnis. Während sie die Sachen abgab, wurde Fliegeralarm gegeben und schon fielen die ersten Bomben in der Nähe. Sie bat darum, im Gefängniseingang bleiben zu dürfen bis zur Entwarnung. Der Reitknecht wies sie hinaus mit den Worten: »Leute wie Sie sollen ja verrecken«. Sie legte sich auf der sonst häuserlosen Straße an der Gefängnismauer auf den Boden, bis keine Bomben mehr fielen. Der ebengenannte Knuth war der einzige anständige unter den Beamten. Er ist beim Zusammenbruch spurlos verschwunden, obschon ihm vonseiten der Gefangenen jede erdenkliche Hilfe angeboten war, zumal er gerade in den letzten Tagen sich große Mühe gegeben hatte, den Gefangenen zu helfen. Der dritte, an den ich mich erinnere, hieß Vatterot und stammte angeblich aus Westfalen. Er war der Mann, der die Bestechungsabgaben von meiner Schwester erhob, und wenn er nicht gestorben ist, so erhält er heute sein damals so wohlverdientes Ruhegehalt.

Nach diesen gar seltsamen Einblicken in die Welt der Gefangenen müssen wir nun betrachten, wie die deutschen Richter mit diesem für sie bereitgestellten Material verfuhren. Mitte Januar wurde mir der schriftliche Haftbefehl wegen Hochverrats übergeben, der eigentlich am 12. Oktober in Torgau fällig gewesen wäre. Diese Ehrenurkunde habe ich durchgerettet. Kurz danach kam der Rechtsanwalt Boden zu mir in das Gefängnis, der erklärte, er habe auf Betreiben meiner Schwester die Verteidigung übernommen und sei zum Pflichtverteidiger vom Volksgerichtshof bestellt worden. Ich wusste natürlich nichts von ihm und den Umständen, unter denen meine Schwester ihn ausfindig gemacht hatte. Sein Eindruck war jedoch vertrauenerweckend. Als Erstes sagte er, wir könnten offen sprechen, denn es sei sicher, dass kein Mikrophon in dem Zimmer eingebaut sei. Dann meinte er, die Hauptsache sei, Zeit zu gewinnen wegen der Frontlage, und ob wir nicht behaupten sollten, die Vernehmung sei unter Zwang geschehen und das Geständnis erpresst, wie das wohl in allen Fällen geschehen sei. Ich erwiderte, je nach der Frontlage bei Anberaumung des Termins könne ich das noch in der Hauptverhandlung tun, denn ich wolle mich nicht der Gefahr aussetzen, nach Ravensbrück zu erneutem Verhör zurücktransportiert und dann im Wirbel des Zusammenbruchs dort umgebracht zu werden. Mein Beutegermane hatte mich beim Abschied in Ravensbrück zu dem Abtransport nach Berlin beglückwünscht, weil davon geredet werde, im Notfalle alle Gefangenen im KZ mit Maschinengewehren zusammenzuschießen. Es war sehr beruhigend, durch den Verteidiger eine Verbindung zur Außenwelt gefunden zu haben. Meine Schwester erhielt nochmals eine Sprecherlaubnis, und es gelang ihr, mir zuzuflüstern, Boden sei bestens in Ordnung. Er war dann noch zwei Mal kurz im Gefängnis, und wir kamen überein, in der Hauptverhandlung völlig inaktiv zu bleiben, da Argumente bei dieser Sorte von Richtern doch unnütz waren und Einwände sie nur reizen würden.

Ende Januar erschien der Reitknecht bei mir in der Zelle mit der Anklageschrift auf Hochverrat. Er las sie vor und nahm sie wieder mit unter dem Zusatz, die Anklage und ihr Inhalt sei geheime Reichssache und ich dürfe mit niemandem darüber sprechen. Ich musste nun jeden Tag mit dem Termin zur Verhandlung rechnen, ohne dass die Fronten der Wehrmacht reif zum unmittelbaren Zusammenbruch waren. Da das Hängen immer sofort dem Termin folgte, stand die Uhr also auf dicht vor Mitternacht. Da griff wieder einmal mein Schutzengel ein. Er lenkte bei dem amerikanischen Luftangriff am 2. oder 3. Februar die Hand eines Bombenschützen so sicher und geschickt, dass die Bombe genau auf den Volksgerichtshof in der Bellevuestraße fiel und den Massenmörder Freisler tötete. Meine Schwester war zu der Stunde zufällig am Potsdamer Platz und hörte nach der Entwarnung den offenen Jubel der Passanten über dieses Ereignis. Die

Berliner erzählten sich, der gerade vorher aufgehangene Pater Delp habe im Himmel erwirkt, dass der Teufel seinen Genossen Freisler holen musste. Diese Bombe hat mich gerettet, denn nach Ausfall des Vorsitzenden und infolge des entstandenen Durcheinanders lag der Geschäftsbetrieb der Mordzentrale rund sechs Wochen still.

4. Der Prozess vor dem Volksgerichtshof und das Urteil – Verlegung nach Plötzensee und Befreiung

Mein Termin wurde anberaumt auf den 19. April; ein denkwürdiger Tag schon als Vorabend des letzten Geburtstags des Führers, sodann, weil an ihm die letzte Sitzung des Volksgerichtshofs stattfand. Beides weiß ich heute, aber beim grauenden Morgen des Tages war es durchaus nicht sicher, dass die tausend Jahre vor Ablauf von zwei Wochen bereits beendet sein würden, abgesehen davon, dass zwei Minuten genügen, um einen Menschen am Halse aufzuhängen, bis dass er tot ist, entsprechend der bildhaften englischen Urteilsformel. Da Freispruch nicht in Frage kam, ging es um Zuchthaus oder Hängen. Zuchthaus blieb auch noch hinreichend gefährlich – wie sich später zeigen sollte –, aber es war besser, als am Geburtstag des Führers zu sterben ohne die Gewissheit, dass es sein letzter sei. Zur Feier des Tages hatte man mir Schuhbänder, Hosenträger und Krawatte gegeben, mich sogar frisch rasiert, so dass ich in meinem Magnatenpelz nicht wie ein Normalverbrecher ausschaute. Das merkte ich, als der Wachtmeister, der mich zwecks Transports zum Volksgerichtshof übernahm, sich höflich entschuldigte, dass er mir nach den Vorschriften Handschellen anlegen müsse.

Als ich auf den Gefängnishof ins Freie trat, wollte ich meinen Ohren nicht trauen. Ein anhaltendes Wummern erfüllte von Osten her die Luft, die vor fünfundzwanzig Jahren so vertraut gewesene Geräuschkulisse der Front bei größeren Operationen; es war rollendes Artilleriefeuer. Wenn es auch leider nur aus dem Osten und aus ziemlicher Entfernung kam, so erfüllte es mich doch mit freudiger Beruhigung und fester Hoffnung. Der Bügel der Raubtierfalle stand vor dem Zuschlagen. Im Hofe wartete bereits Lukaschek, dessen Verfahren mit dem meinigen verbunden worden war, und man steckte uns gemeinsam in die grüne Minna. Die Beamten ließen uns ungehindert sprechen, so dass wir nochmals schnell die Taktik für die Verhandlung erörtern konnten, die wir vorher schon in Flüstergesprächen und durch Kassiber vereinbart hatten. Lukaschek, bei dem die Untersuchung weniger Belastungspunkte ergeben hatte, wollte sein Geständnis als erpresst widerrufen. Das war nicht aussichtslos bei der Reife der Gesamtlage, weil ich bei Einzelheiten, die man mir aus Lukascheks Vernehmungen vorgehalten hatte, immer gesagt hatte, ich weiß das nicht mehr genau, aber wenn Lukaschek es sagt, stimmt es sicher. Wir wussten, dass Zeugen zum Termin nicht geladen waren, so dass durch den Widerruf hinreichende Verwirrung entstehen würde, um eine Vertagung zu bewirken. Hätte ich auch widerrufen, so wäre das zu offenkundig geworden, während ich glaubhaft wirken konnte, wenn ich bei Befragung harmlos Bezug auf meine früheren einschränkenden Aussagen nahm.

Die Verhandlung fand im Kammergericht statt, und auf dem Flur erblickte ich sofort meine Schwester. Neben ihr stand der Dominikanerpater Odilo Braun von St. Paulus in dunklem Anzug und mit einer knallroten Krawatte, mit der er wohl glaubte, seinen Stand verdecken zu können. Er war gekommen, um uns zu zeigen, dass wir nicht vergessen und verlassen seien, und hat meine Schwester während des langen Verhandlungstages rührend betreut. Er hatte den Ruf: »Die Gefangenen befreien« gehört.

Vor Eintritt in den Sitzungssaal wurden uns höchst korrekt die Fesseln abgenommen, und wir wurden jeder zwischen zwei Wachtmeistern auf die Anklagebank gesetzt. Der Vorsitzende war Freislers Stellvertreter namens Kron, denn der als Nachfolger Freislers ernannte Richter hatte es vorgezogen, das Amt noch nicht anzutreten, was ich durch Boden wusste. An die Beisitzer erinnere ich mich nicht mehr, sie haben auch nur als Staffage gedient. Als Staatsanwalt fungierte ein verhältnismäßig junger, schneidiger Herr mit Namen Harzmann. Er soll heute schon seit langem sein Geschäft wieder aufgenommen haben. Zunächst wurden in der natürlich nicht öffentlichen Verhandlung die Personalien festgestellt. Es kam die Frage: »Haben Sie der NSDAP angehört?« Als ich verneinte: »Weshalb nicht?« Da fiel mir die Antwort ein, die ich früher meinem Zellenleiter im Grunewald gegeben hatte, und ich sagte: »Ich habe früher immer dem Zentrum angehört und hielt es für unelegant, in meinem Alter die Partei zu wechseln«. Das war eine böse Sottise, denn Herr Kron, ein alter Richter, hatte ja auch sicher die Partei gewechselt, nach seinem Burgundergesicht und Gehaben taxierte ich ihn auf Deutsche Volkspartei. Er schluckte auch sichtlich an der Antwort, sagte aber nichts, und das Thema Personalien war durch. Zwei Monate früher, und gar bei Freisler, wäre diese Antwort undenkbar gewesen. Der Kanonendonner hatte mir aber Auftrieb gegeben, und ich wusste jetzt, dass der Herr Vorsitzende seinen Sessel nicht für sehr dauerhaft ansah.

Nach der Aufnahme der Personalien wurde ich hinausgeführt in einen Nebenraum, und die Verhandlung ging mit Lukaschek allein weiter. Als ich dann nach nicht allzu langer Zeit geholt wurde, sah ich an einem Blick Lukascheks, dass die Sache vereinbarungsgemäß abgelaufen war. Die Verhandlung dauerte von früh um neun bis etwa 6 Uhr abends. Zwischendurch erhielt sie noch ihre besondere Note dadurch, dass zwei Mal amerikanische Luftgeschwader kamen, woraufhin das Gericht samt Angeklagten und Wächtern eilends in den Luftschutzkeller flüchtete. Ich habe absprachegemäß kaum etwas gesagt. Als der Vorsitzende mich fragte, ob ich mich des Hochverrats schuldig bekenne, gab ich die Antwort: »Im Gefängnis hatte ich keine Möglichkeit, strafrechtliche Literatur zu studieren. Von meiner Studienzeit her ist mir aber erinnerlich, dass zum Tatbestand des Hochverrats der Vorsatz der Gewaltanwendung gehört. Dieser ist mir bisher weder vorgeworfen noch gar nachgewiesen worden. Ich verneine daher die Frage«. Ich konnte das zu Recht sagen, weil der Stauffenbergkomplex in der Anklage nicht enthalten war, sondern nur der Kreisauer Zusammenhang. Kron fühlte sich unbehaglich und fing an zu brüllen, während sonst die Verhandlung manierlich geführt wurde. Meine Schwester hatte das Geschrei auf dem Gang gehört, und als sie in einer Pause den Verteidiger ängstlich fragte, was da gewesen sei, antwortete er, ich hätte eine gute Antwort gegeben. Auf diese hin griff Kron aus den vor ihm liegenden Akten das Urteil im Prozess Moltke heraus und las die Begründung vor, die darauf hinausging, dass nach nationalsozialistischen Rechtsgedanken das Tatbestandsmerkmal der Gewaltanwendung für den Begriff des Hochverrats nicht erforderlich sei. Im deutschen Strafrecht, ebenso wenig wie in dem irgendeines andern zivilisierten Staates, gibt es keine extensive Interpretation. Das Fortwischen des Begriffsmerkmals der Gewalt war daher eine eindeutige Rechtsverletzung. Die Richter und Staatsanwälte am Volksgerichtshof, welche diese These vertreten haben, sind also, wenn ein Todesurteil von ihnen oder auf ihren Antrag gefällt wurde, Mörder; bei Zuchthaus haben sie sich der Freiheitsberaubung schuldig gemacht. Dasselbe gilt vom Justizminister und seinen Beamten, die sich diese Ansicht zu eigen gemacht haben. Ich habe nach 1945 keinen Fall in Erfahrung gebracht, in dem diese Mörder zur strafrechtlichen Verantwortung gezogen worden wären. Boden hat vereinbarungsgemäß in der ganzen Verhandlung nichts gesagt als: »Sollte das Gericht zu einer Verurteilung kommen, so bitte ich um eine milde Strafe«. Der Staatsanwalt hatte lahm und ohne Schärfe plädiert.

Das Urteil lautete bei Lukaschek auf Freispruch, da nach Widerruf des Geständnisses und dessen glaubhafter Erpressung keine andern hinreichenden Beweise vorlägen. Ich erhielt drei Jahre Zuchthaus wegen Mitwissens vom Hochverrat ohne Anzeige; Mittäterschaft sei nicht erwiesen, so dass die Todesstrafe entfalle. Dann folgte eine lange Liste meiner großen Verdienste in Krieg und Frieden, die es neben dem guten persönlichen Eindruck in der Verhandlung – anscheinend mein Waschbärpelz, den ich in dem ungeheizten Saal anbehalten hatte – erlaubten einerseits, anderseits die Sache mit drei Jahren Zuchthaus abzutun. Die russischen Kanonen hatten gesiegt. Der Herr Staatsanwalt war sogar so sehr auf sein künftiges Alibi bedacht, dass er die Bitte Bodens, meine Schwester kurz sprechen zu dürfen, durch sofortige mündliche Anweisung an meinen Wächter genehmigte. Die Freude war groß, da Pater Odilo ihr mühsam beigebracht hatte, welch glücklicher Erfolg das Zuchthaus sei. So waren alle über das am 19. April 1945 im Kammergericht aufgeführte Stück befriedigt, und alle Akteure wussten, dass eine Wiederholung nicht stattfinden werde. Ich hatte die Ehre, das letzte Opfer des Volksgerichtshofs zu werden in dessen unwiderruflich letzter Sitzung. Ein schriftliches Urteil habe ich nicht erhalten. Der Präsident Kron hat sich eine Woche später beim Einmarsch der Russen vergiftet. So kurzlebig ist der höchstrichterliche Glanz dieser Welt.

Lukaschek hätte nach dem rechtskräftigen Urteil freigelassen werden müssen, wurde aber mit mir zusammen wieder mit der grünen Minna, sauber gefesselt, zur Lehrterstraße gebracht. Dort sahen wir beim Aussteigen den ersten Vorläufer der Picasso'schen Friedenstaube, ein kleines russisches Flugzeug, das im Tiefflug unbehindert – armer Reichsmarschall – die Lehrterstraße entlangknatterte. Von der baldigen Vermehrung dieser Tauben und dem schnellen Anrücken ihrer Züchter hing jetzt unser Geschick ab, da laut Theo Baensch die Amerikaner immer noch in Rathenow waren, ohne sich zu rühren. Es liefen nämlich seit einigen Tagen Gerüchte von Zelle zu Zelle, dass die Gestapo beabsichtige, zu flüchten und vorher die Gefangenen umzubringen, was sich zum Teil bewahrheiten sollte. Am 21. April hörte man bereits vereinzelte russische Granaten heulen, von denen eine auf dem Gefängnishof vor meiner Zelle detonierte. Seitdem wurden die Gefangenen abends mit Decken in die Räume des Kellergeschosses geführt, das gut zur Hälfte unter der Erde mit seinen dicken, alten Gewölben einen gewissen Schutz bei Luftangriffen bot, zumal man die Gefangenen angestellt hatte, die Fenster mit Erdhaufen abzudecken. Das geschah nicht aus verspätet aufgetretener Menschlichkeit, sondern weil die Gestapo sich vor den kommenden Dingen fürchtete. In jeder der Kellerzellen hockten oder lagen etwa ein Dutzend Gefangene mit einem Wächter, der sie hindern sollte, miteinander zu sprechen, was ihm nicht gelang. Es war ein erregendes Erlebnis, nach so langen Monaten wieder frei mit Menschen sprechen zu können und all die dunklen Tragödien zu erfahren, die sich in dem Gefängnis abgespielt hatten. Neun zum Tode Verurteilte, darunter auch Steltzer, die man aufgespart hatte, wurden in einer Sonderzelle getrennt von den andern gehalten. In diesen letzten Nächten las Hausdorfer in meiner Zelle unvergesslich aus seinen Sonetten, die er im Gefängnis geschaffen hatte und auf Zetteln bei sich trug. Alles fieberte zwischen Hoffnung und Angst vor einem letzten Gewaltakt der Gestapo. Es wurde sogar regelrecht mit den Gestapobeamten über die Freilassung verhandelt, wobei Pater Rösch als eine Art von Apostolischem Nuntius wirkte. Immer wieder wurde die Hoffnung laut, die Wehrmacht werde mit einem Gewaltstreich, zu dem ein Unteroffizier mit sechs Mann ausgereicht hätten, das Gefängnis öffnen, in dem sich so viele Offiziere befanden. Diese Illusion überschätzte jedoch das Offizierkorps Hitlers. Konkrete Pläne wurden geschmiedet, sich der Waffen der zittrigen Wachmannschaft zu bemächtigen und damit die Gestapobeamten zu erledigen. Auch das blieb Illusion. Die Gefangenen waren zu geistig, zu zivilisiert und meist zu alt, um mit festem Griff Blut zu vergießen.

Am Sonntag, dem 22. April, waren die Verhandlungen durch Entgegenkommen von Knuth so weit gediehen, dass eine Anzahl von Gefangenen freigelassen wurde. So erfreulich das war, so bedrückte es doch die verbleibenden, weil es die Furcht erhöhte, dass mit ihnen eine Endlösung geplant sei. Abends brachte man uns wieder in das Kellergeschoss. Pater Rösch ging von Zelle zu Zelle, hörte Beichte und spendete die Hl. Kommunion. Wir legten uns auf den Boden zum Schlafen, obschon draußen auf dem Gang eine merkwürdige Unruhe herrschte. Neben mir lag Herr v. Salviati, ein 7. Husar, den ich aus dem ersten Krieg kannte, der Sohn des Hofmarschalls der Schwester des Kaisers, Prinzessin Viktoria Lippe. Die schöne Schwester Salviati hatte den Sohn des Kronprinzen geheiratet. Aber nicht etwa dieserhalb war er für die Gestapo interessant; man hatte ihn vielmehr wegen abfälliger Äußerungen verhaftet und dabei ein Tagebuch gefunden mit recht despektierlichen Ansichten über Hitler. Ein Haftbefehl gegen ihn lag noch nicht vor, und er war überhaupt noch nicht vernommen worden. Ich stand gut mit ihm und hatte ihm dann und wann, so auch an diesem Abend, etwas von den reichlichen Gaben meiner Schwester zustecken können, da er niemanden zur Betreuung in Berlin hatte und immer hungrig war. Außerdem kannte ich in der Zelle den etwa siebzig Jahre alten Geheimrat Kuenzer vom Auswärtigen Amt, der wegen der bekannten Teestunde bei Frau Solf verhaftet und ohne Haftbefehl und Verfahren immer noch im Gefängnis war. In der Zelle lagen noch u. a. Professor Lampe aus Freiburg, Oberst von Steinäcker, Dr. Sorge, Renius aus Hamburg, v. Scheliha aus Schlesien, Ersing, Albers aus Köln und der österreichische Landeshauptmann Rehrl.

Zwischendurch steckte Hermann Lüninck den Kopf durch die Tür und sagte, Lukaschek sei abends freigelassen und er selber käme morgen früh hinaus; er werde bei Justizministerium und Wehrmacht alles versuchen, damit wir freigelassen würden. Auf dem Gang war die ganze Zeit über eine gewisse Unruhe; es hieß, dass zwei übel beleumdete Leute aus der Prinz-Albrecht-Straße, Sawitzki und Albrecht, dort am Werke seien, um die Entlassungen vorzubereiten. Es wurden auch Entlassungspapiere ausgehändigt, meines Erinnerns

z. B. an Professor Ritter aus Freiburg. Gegen 2 Uhr nachts hörte man die Zellentüren entlang das ominöse Klicken der Riegel und Stimmen im Gang. Alles lauschte gespannt auf das näherkommende Geräusch. Die Zellentür flog auf, eine brutale Gestalt trat unter die Tür und verlas von einem Zettel die Namen Salviati, Kuenzer und noch einen dritten, den ich nicht mehr weiß, mit der Aufforderung, zum Abtransport in ein Lager außerhalb Berlins hinauszukommen. Salviati erkannte sofort die Bedeutung und verabschiedete sich von mir mit den Worten: »Es ist so weit«. Kuenzer ist fröhlich und nichtsahnend hinausgegangen. Inzwischen erfuhr man, dass aus der Todeszelle sämtliche außer meinem Kreisauer Freund Steltzer und dem ehemaligen Reichsminister Hermes abgeholt seien. Damit war die mörderische Absicht zur Sicherheit geworden. Ungefähr zwei Dutzend Gefangene waren es, die man abholte. Sie wurden wenige hundert Meter vom Gefängnis auf einem früheren Rummelplatz durch Revolverschüsse getötet. Die Mörder ließen die Leichen liegen, und sie wurden erst nach dem Einmarsch der Russen gefunden und nur zum Teil identifiziert. Die Auswahl dieser Opfer geschah ohne erkennbaren Sinn und Plan. Bei den sieben zum Tode Verurteilten könnte man vielleicht annehmen, dass man der nationalsozialistischen Gerechtigkeit noch schnell zum Siege verhelfen wollte. Die übrigen aber waren wahllos zusammengesucht, fast alle harmlose Fälle. Anscheinend ist die Auswahl rein willkürlich geschehen – in Einzelfällen vielleicht aus privater Rachsucht –, denn bei einigem Zweckdenken hätte das Todeslos auf politisch für den Nationalsozialismus beachtliche Gegner fallen müssen wie z. B. Noske, Severing, Hermes, Lukaschek und Lüninck.

Als der Morgen des 23. April nach dieser Todesnacht graute, brachte man uns wieder nach oben in die Zellen, die am Vortage gewechselt waren. Wir waren in den Justizflügel verlegt worden, nachdem zur Schaffung von Raum kriminelle Gefangene entlassen worden waren. Der bisherige Trakt der Gestapo lag leer und verlassen da. Die Gestapoleute mit sämtlichen Wachmannschaften waren verschwunden. Sie hatten in Zivil mit vorbereiteten falschen Pässen das Weite gesucht, nachdem sie uns der Obhut der Justizwachtmeister anvertraut hatten. Diese waren mit Ausnahme des sogenannten »Hausvaters« schlimmer als die bisherige Bewachung, weil sie ebenso dumm und vorschriftengläubig waren wie der sie kommandierende Regierungsrat. Nur die nach Westen gelegenen Zellen waren noch benutzbar; an der Ostseite hatten mehrere Treffer der russischen – Gott Dank leichten – Artillerie in der Nacht merkliche Zerstörungen vollbracht. Trotz des fortdauernden Streubeschusses steckte man uns erbarmungslos wieder in die Zellen, nachdem Pater Rösch bei dem unbelehrbar törichten Regierungsrat unter Zukunftsdrohungen wenigstens durchgesetzt hatte, dass die Zellen nur mit den Riegeln, nicht aber durch Schlüssel verschlossen wurden. Vor dem Betreten der Zelle hatte Pater Rösch mir und einigen andern zugerufen: »Heute ist der Reisetag, sei es nach Haus, sei es in den Himmel. Ich gebe Euch den Reisesegen«. Dann hatte er das schöne Gebet für Reisende vorgebetet: »Raphael cum Tobia, Gabriel cum Maria, Michael cum omni coelesti hierarchia sint vobis custodes ac duces in via.« (Raphael mit Tobias, Gabriel mit Maria, Michael mit allen Mächten des Himmels seien euch Schutz und Leitung auf eurem Weg.) Pater Rösch war heiligmäßig fromm, deshalb wirkten bei ihm die Sakramentalien.

Gegen neun Uhr kam der »Hausvater« in meine Zelle mit einem Paket Lebensmittel von meiner Schwester und einem Zettel zum Quittieren für die Sachen. Trotz des Artilleriefeuers, der zahlreichen russischen Tiefflieger und der gestörten Verkehrsverbindungen war sie so früh schon gekommen, um mir Lebensmittel – sogar eine Thermosflasche Kaffee – zu bringen und sich Sicherheit über meinen Verbleib zu beschaffen. Sie war ungehindert in das offenstehende Gefängnis gelangt und hatte gerade noch die letzten Gestapoleute in Zivil flüchten sehen. Ein umherstehender Justizwachtmeister wies sie barsch hinaus. Da tauchte der »Hausvater« auf, der sich in ein Gespräch einließ. Sie versprach ihm aus den mitgebrachten Vorräten ein Brot – in der Stunde eine unschätzbare Kostbarkeit –, wenn er mir die Sachen abliefere und ihr eine von mir unterschriebene Quittung zurückbringe. Dieser Verlockung hatte er nicht widerstehen können, und so hatte ich die Sachen bekommen. Auf dem Rückweg nach Hause standen meiner Schwester noch manche Erlebnisse bevor. In der S-Bahn traf sie auf einen Mann, der überzeugt erklärte, das Nahen der Russen sei eine Kriegslist Hitlers, der sie so weit vordringen lasse, um sie in Berlin mit den neuen Wunderwaffen endgültig zu erledigen. Am Bahnhof Halensee stieg sie aus, um in einem Bäckerladen zu versuchen, ein Brot zu bekommen, nachdem sie ihren gesamten Vorrat geopfert hatte. Sie stellte sich in die lange dort wartende Schlange, fühlte sich aber bald ungeduldig und unruhig und machte sich zu Fuß auf den Heimweg. Als sie zweihundert Meter gegangen und gerade mitten auf der Eisenbahnbrücke war, heulte es in der Luft, Detonationen ertönten, sie sah drei Leute vor sich blutend zusammenbrechen und fiel selbst ohnmächtig hin. Als sie wieder aufwachte, lag sie im Eingangsflur des ersten Hauses hinter der Brücke, wohin man sie getragen und auf den Boden hingelegt hatte. Ein Mann erzählte ihr dann, russische Artillerie habe gefeuert, und man habe sie auf der Brücke zwischen den Toten und Verwundeten aufgelesen. In die Schlange vor dem Bäckerladen sei ein Volltreffer gegangen mit ungezählten Toten und Verwundeten. Es war das erste russische Feuer auf die westlichen Vororte gewesen, und die Bevölkerung hatte nicht die geringste Warnung vor dieser Gefahr erhalten. Der gute Mann hat sie dann den langen Weg nach Hause begleitet.

Kurz nachdem ich die Sendung meiner Schwester erhalten hatte, kam ein Wachtmeister in meine Zelle mit der Aufforderung, meine Sachen zu packen, ich solle entlassen werden. Ich sehe noch sein Grinsen, als mir am Gefängnistor eröffnet wurde, wir sollten nach

Plötzensee transportiert werden. Nichts verdirbt den Menschen so im innersten Kern wie Macht über andere Menschen. Auf dem Hof sah ich von den bisherigen Mitgefangenen Dr. Sorge, der zu drei Jahren Gefängnis, und die beiden katholischen Arbeiterführer Körner aus Bonn und Albers aus Köln, die zu vier und drei Jahren Zuchthaus verurteilt waren, außerdem noch etwa zwanzig meist wenig vertrauenerweckende kriminelle Gefangene. Der vorschriftstüchtige Herr Regierungsrat ließ uns zu dritt nebeneinander fesseln, und dann wurde rechts und links noch eine Längskette durchgezogen, so dass eine untrennbare Kolonne entstand. Diese wurde gegen 11 Uhr von einigen Wachtmeistern auf die Straße in Richtung Plötzensee getrieben. Als zwei Mal russische Tiefflieger ganz niedrig die Straße entlangstrichen, sprangen die Wächter in Haustüren und ließen die ihnen anvertrauten Gefangenen, die wegen der Ketten nicht in Deckung laufen konnten, erbarmungslos auf der Straße stehen. Nach einer Stunde bereits kamen wir in Plötzensee an, das etwas außerhalb des Stadtrandes im Freien liegt. Man sah brennende Häuser. Geschütz und Gewehrfeuer zeigten an, dass um den Stadtrand weiter östlich gekämpft wurde. In Plötzensee wurden wir durch lange Gänge und mehrere Eisengitter getrieben. Man ließ uns endlos auf dem Gang stehen, schnauzte uns an und ließ uns warten. Schließlich kam ich zusammen mit Sorge, Körner und Albers in eine ganz erträgliche, wenn auch enge Zelle. Wir waren froh, zusammen zu sein und uns nicht allein graulen zu müssen. Ein weiterer glücklicher Umstand war uns begegnet. Als wir auf dem dunklen Eingangskorridor des Zuchthauses standen, öffnete sich dicht neben mir eine Tür. Ein Herr, den ich im Dunkeln nicht erkennen konnte, fragte mich, woher wir kämen. Es stellte sich heraus, dass es der katholische Gefängnispfarrer Buchholz war, der meinen Namen durch Bischof Wienken kannte. Er besuchte uns alsbald in unserer Zelle, gab uns beruhigende Erklärungen und versprach, sich laufend um uns zu kümmern. Einigermaßen beruhigt durch das Gefühl liebevoller Betreuung in all der feindlichen Härte gingen wir zu Bett. Abends und die ganze Nacht über war an- und abschwellendes Artilleriefeuer. Gegen 22 Uhr hörte ich bereits nicht allzu fern Maschinengewehre. Man merkte, dass die Russen vorankamen.

Am 24. April 1945 höre ich gegen 6 Uhr morgens plötzlich einen furchtbarer Knall ohne vorheriges Sausen, und ein Hagel von Mörtel überschüttete uns, die wir in eine hustenreizende dichte Staubwolke gehüllt waren. Es war uns sofort klar, dass eine Granate das Gebäude getroffen hatte, ohne dass wir das Nähere erkennen oder ahnen konnten. Nach einer Weile hörten wir, dass in der Nebenzelle geklopft wurde. Nach langer Zeit hörten wir dann einen Schließer kommen und die Tür nebenan öffnen. Nach wieder geraumer Weile öffnete er unsre Tür und sagte, wir möchten helfen. Die Nebenzelle bot den Anblick grausiger Verwüstung. Das Eisengitter hing verbogen nach innen herein, und der ganze Boden und die Betten waren mit Mörtel und Trümmern bedeckt. Auf dem Bett am Fenster lag ein Toter, zwei leichter verwundete weitere Insassen waren nicht mehr dort. Wir trugen den Toten auf den Gang. Ich habe also wieder die Hilfe des Schutzengels gehabt, die liebe Muttergottes hat ihren Mantel um mich geschlagen und die andern Heiligen haben ihn fest um mich gehalten. Drei Meter weiter und die Granate saß in unsrer Zelle. Selbst wenn sie innerhalb der Nebenzelle detoniert wäre, so wären wir wahrscheinlich umgekommen, da die Wand zur Nebenzelle aus Halbsteinbacksteinen bestand.

Gegen 9 Uhr holte man uns wieder mit Gepäck aus unsrer Zelle. Nach langem Umherstehen sperrte man uns mit den andern gestern gekommenen Leuten in einen großen Raum. Darunter waren auch die zwei Verwundeten aus der Nebenzelle, der eine mit Sprengstück im Oberschenkel und einer hässlichen Wunde am Finger, der andere mit einer Streifwunde am Kopf, die nicht schlimm schien. Den ersteren verbanden wir in etwa mit unserm Verbandzeug, da Arzt oder

Sanitäter nicht vorhanden waren. Man brachte uns dann in ein anderes Gebäude, das erheblich freundlicher und sauberer war. Auch die Beamten waren weniger unfreundlich, der alte Hauptwachtmeister sogar recht nett. Offenbar hatte der Pfarrer mich angekündigt. Ich erhielt eine saubere und helle Einzelzelle nach Südosten. Mir wäre unter dem Artilleriebeschuss allerdings eine dunkle und schmutzige Gemeinschaftszelle lieber gewesen. Aber wie Gott will! Nach Mittag setzte ein ganz intensives Streufeuer auf das Gefängnis ein. Es sind jetzt im Verlauf einiger Stunden ein paar Dutzend Granaten auf den Hof und in Gebäude gegangen, die ich von meinem Fenster nicht sehen kann. Vereinzelt knarrt ganz nah Maschinengewehrfeuer auf. Es ist einer der schlimmsten Tage meines Lebens, denn in einer verschlossenen Zelle im zweiten Stock eines Riesengebäudes beliebigem Artilleriebeschuss ausgesetzt zu sein, ist ein Gefühl, das man nicht beschreiben kann. Gerade knallt ein Maschinengewehr ganz scharf auf, als ob es hundert Meter entfernt wäre. Einzelne Kugeln klicken gegen die Gefängnismauern. Der feindliche Artilleriebeschuss setzt aus. Ich habe fast den Eindruck, als ob die Front beiderseits an dem Zuchthaus vorbeigerollt ist. Mittags brachte mir Pfarrer Buchholz im Stahlhelm die Hl. Kommunion und versprach, morgen erneut zu kommen. Es ist eine unsagbare Hilfe, einen Menschen wenigstens in dieser grauenvollen Umgebung zu wissen, der in christlicher Caritas meiner gedenkt. Es ist eine schlimme Sache, jetzt an das gute Itekind zu denken. Vielleicht liegt Grunewald schon im amerikanischen Beschuss, hoffentlich sind sie schon dort. Man erfährt hier nichts. Die Leute wissen selber nichts, zumal das Radio wegen Stromausfalls nicht mehr geht. Es ist alles ein schweres Leid, möge der liebe Herr es doch bald beenden. Pfarrer Buchholz kommt abends erneut im Stahlhelm, weiß nichts über die Lage. Te lucis ante terminum (Vor dem Verschwinden des Lichts bitten wir dich …).

25. April 1945 (Mittwoch): Die Nacht war bei herrlichem Mondschein anfangs mit Gefechtslärm erfüllt. Der Himmel wurde rot von

Feuerschein, und beim Morgengrauen stand über der Nordostecke der Stadt eine riesige Rauchwolke. Ich bin elend und mit den Nerven zum ersten Mal richtig herunter, durch die Enttäuschung, die Sorge um Ite, das ständige Knallen und Schießen, die Aufregung über das Eingeschlossensein beim Beschuss, das Grübeln und die Unkenntnis über die Lage. Auch die Granate gestern in die Nebenzelle hat wohl eine ordentliche Schockwirkung hinterlassen, und dazu kommt der seit einer Woche fast völlig fehlende Schlaf. Vor dem Frühstück brachte Pfarrer Buchholz mir die Hl. Kommunion. Nachher wieder Artillerie und Flieger bei dem wonnig schönen Sonnenwetter. Vor meinem Fenster steht eine eben ergrünende Linde, und die Vögel singen und zwitschern und kümmern sich um das Geschieße überhaupt nicht. Im Laufe des Vormittags bringt mir der rührend gute Pfarrer die Leute von Seldwyla zum Lesen. Ich weiß nicht, wie mir wäre, wenn dieser Pfarrer mich hier nicht tröstete. Man sieht daran, dass die Kirche die höhere Wirklichkeit gegenüber der Welt ist. In der Not ist niemand da als sie und ihre vielgeschmähten Diener, auch wenn diese manchmal unvollkommen sind. Kurz vor Mittag verschärft sich die Kampftätigkeit. Die Russen schonen offenkundig das eigentliche Gefängnis und beschießen nur die Nebengebäude, ein Zeichen großer Menschlichkeit. Dichte Rauchwolken über der Stadt. Der Rauch wird so stark, dass die Sonne verschwunden ist und es aussieht wie ein trüber Regenhimmel.

Gegen 16:30 Uhr schaute ich aus dem Fenster der Zelle. Auf einem der entfernteren Gefängnishöfe sah ich eine Anzahl Menschen in Bewegung. Dann konnte ich unterscheiden, wie einer auf einen andern einschlug. Das musste wohl ein Russe sein, der einen Gefängniswärter prügelte. In dem Augenblick hörte man das russische Hurra schallen, das wie Sphären- und Engelsmusik in meinen Ohren tönte. Alsbald strömten russische Soldaten auch auf den Hof meines Gebäudes. Ich sah noch, wie sie auf dem Hof einige Gefängniswärter durch Kopfschuss erledigten. Dann hallten ihre Schritte im Gebäude und das Klick-Klack der von ihnen der Reihe nach geöffneten Zellentürriegel werde ich nie vergessen. Die Gefangenen strömten aus den Zellen und umarmten sich gegenseitig und mit den Russen. Es war ein unvorstellbares Freudengetobe, wie es sich auf Erden wohl nicht überbieten lässt.

VII. Die Stunde null, Aufbruch in eine neue Zeit

1. Zwischen den Fronten in ständiger Gefahr – eine abenteuerliche Flucht nach Hause

Alles ging sofort unter Mitnahme der Sachen auf den Hof. Allenthalben lagen dort die Leichen der Gefängniswärter umher in großen Blutlachen um die grünen Uniformen. Einige wurden auf Antrieb von Gefangenen noch vor unsern Augen umgebracht. So grausig dieses kaltblütige Morden war, so erklärlich war nach meinen eigenen Erfahrungen die Wut der Gefangenen. Ich versuchte zunächst, mit meinem Zellennachbar, dem jungen, mir von Pfarrer Buchholz anempfohlenen Hendricus Kraemer aus Leeuwarden, zu Pfarrer Buchholz durchzudringen, um ihm beizustehen. Es war unmöglich, da die Russen niemanden mehr in das Hauptgebäude hineinließen. Ich hörte dann aber, er sei in Sicherheit gebracht. Hen Kraemer, wie die andern Gefangenen, welche nur Gefängniskleidung hatten, versuchten zunächst, aus dem Depot ihre hinterlegten Sachen herauszuholen. Es misslang, da die ganzen Bestände in wüstem Durcheinander von Russen und Gefangenen geplündert wurden. Hen musste also in seiner Gefangenenkleidung bleiben, die auf dem Rücken in dicker weißer Ölfarbe die Aufschrift »Gefangener« trug. Für mich war Hen so zugleich ein nützlicher lebender Ausweis, denn ich wurde von den Russen in meiner bürgerlichen Kleidung mehrfach misstrauisch angehalten.

Ein Russe, der ein wenig Deutsch konnte, sagte mir, dass »politischer Gefangener« »wiasny politiczny« heiße oder so ähnlich, und das wurde dann das Passierwort. Wir beteiligten uns zunächst an der Plünderung des Lebensmittelmagazins und eroberten Brot, Butter und Käse. Allmählich trieben uns die Russen in eine Ecke des Hofes, und die Sache begann mir bereits recht mulmig auszusehen, da allenthalben Maschinengewehre aufgebaut waren. Zur großen Erleichterung erblickte ich dann aber einen offenen rückwärtigen Torausgang. Da es außerhalb noch munter schoss, gingen wir zunächst vor dem Tor zur Deckung in einen Schuppen mit dem Blick auf einen kleinen Apfelbaum, dessen Blütenpracht sich als leuchtender Gruß zur Befreiung anbot. Es fanden sich mit Hen und mir zusammen Körner, Sorge, Albers, ein Mathematikprofessor Mohr aus Prag, früher Breslau, und noch ein Herr. Zunächst haben wir dort ein Vaterunser, Gegrüßt seist du Maria und Salve Regina als Dank für die Befreiung gebetet. Dann wurde beraten, was zu machen sei. Albers und Körner wollten dringlich nach Moabit zu den Dominikanern von St. Paulus in der Oldenburgerstraße. Ich widersetzte mich diesem Plan, der nach der Frontlage aussichtslos war, und verlangte Marsch in Richtung von der Front schräg rückwärts. Schließlich einigte man sich hierauf. Wir machten uns also auf den Weg nach einem letzten Blick auf die eigene Zelle, die darunter befindlichen Todeszellen und den Hinrichtungsschuppen im Hof, wo so manche Freunde gestorben waren. Ich hatte sehr auf baldigen Aufbruch gedrängt, da normalerweise jetzt deutsches Artilleriefeuer auf das Gefängnis zu erwarten war.

Zunächst galt es, den Großschiffahrtsweg zu überschreiten. Die Brücke dicht bei Plötzensee war gesprengt. Die Sprengung in der Mitte hatte die beiderseitigen Brückenenden in der Mitte ins Wasser gesenkt. Man konnte aber etwa im Winkel von 30 Grad hinabrutschen, dann auf einer Planke über ein von den Russen bereits hingelegtes Boot hinüberturnen und auf der andern Seite mühsam wieder auf der glatten Betonbahn emporturnen. Sorge und Körner gingen etwas voran, und als sie hinüber waren, schob sich von der andern Seite ein Trupp Russen zwischen uns, die nun erst langsam im Gänsemarsch herüberkamen. Der Abstand von Sorge und Körner hatte sich bereits vor dem Auftreten der Russen vergrößert. Etwa tausend

Meter entfernt erklang MG-Feuer. Albers, der wohl nicht Soldat war, glaubte, das Feuer läge auf unsrer Brücke, fiel beim beschleunigten Hinabrutschen hin und glaubte fest, er sei verwundet. Es war bei allem Elend rasend komisch, als er immer wieder fragte, wo er verwundet sei. Bis er sich überzeugt hatte, dass ihm nichts fehle, hatten sich nun die Russen dazwischengeschoben und Sorge und Körner waren verschwunden, als wir endlich auf der andern Seite ankamen. Körner ist bei diesem Gang umgekommen. Auf dem Weg zu den Dominikanern sind sie in deutsches Maschinengewehrfeuer geraten.

Wir gingen um den Plötzensee herum auf die Seestraße, bogen aber wegen Frontnähe wieder östlich ab. Unterwegs trafen wir einen Gefangenen aus Plötzensee. Er schob einen großen Handwagen, beladen mit Sachen. Obenauf thronte mein Waschbärpelz, den ich Pfarrer Buchholz zum Verwahren gegeben hatte. Er hatte also dessen Wohnung ausgeplündert. Mein bourgeoiser Eigentumsinstinkt entflammte und ich wollte ihm die Beute wieder abjagen. Die im Gefängnis gelernte Geduld und Vorsicht brachten mich aber zu der Überlegung, dass er nur einem der umherwimmelnden Russen – legitimiert durch Kleidung und Galgenvogelgesicht – zu sagen brauchte, er solle mich liquidieren. Als wir in das sogenannte Afrikanische Viertel am Wedding gelangten, baten wir in einem großen Arbeitermiethaus, ob wir im Luftschutzkeller übernachten dürften. Auf das Stichwort Plötzensee mit dem lebenden Ausweis in Gestalt von Hen Kraemer wurde uns diese Bitte freundlichst gewährt. Es herrschte noch Angst vor den Nazis, denn es wurde uns empfohlen, uns möglichst unsichtbar zu machen, da viele Nazis im Hause wohnten. Wir beteten gemeinsam die lauretanische Litanei und schliefen den ersten freien Schlaf.

Am 26. April 1945 war es wegen der Frontnähe unmöglich, in die Stadt vorzudringen, daher gingen wir am Stadtrand entlang nach Reinickendorf. Der Abmarsch war beschleunigt, da Gerüchte von einem deutschen Gegenstoß in den russisch besetzten Wedding auftauchten. Mehrfach hielten uns Russen an mit den üblichen Fragen: »Soldat?« und »Uhr?«. Sie waren immer zufrieden mit der Antwort: »Nix Uhr, nix Soldat, wiasny politiczny«. Einer gab uns Brot und Butter, so wie mir am Vortage ein Soldat ein Päckchen Zigaretten geschenkt hatte, mit denen ich mir trotz ihrer Scheußlichkeit leider wieder das Rauchen angewöhnte. In Reinickendorf brachte uns der Pfarrer Lampe in der Wohnung einer Dame unter, die aus Angst vor den Russen in das Pfarrhaus geflüchtet war. Wir erfuhren zum ersten Mal zuverlässig von den Plünderungen und Vergewaltigungen. Im Wedding hatten wir all den Schrecken noch nicht recht glauben wollen. Es war eine heilsame, wenn auch betrübliche Lehre für die Kommunisten. Die Russen hielten die Arbeiterwohnungen im Wedding für Paläste von Kapitalisten. Das Pfarrhaus wurde respektiert und bot vielen Frauen Schutz.

Am 27. April 1945 versuchten wir vergeblich, über die Residenzstraße in die Stadt einzudringen, da wir auf die Front stießen. Reinickendorf war von einem alten Oberst und sechzig Volkssturmleuten »verteidigt« worden. Ergebnis: einige Tote, viele ausgebrannte Häuser und allenthalben umherliegende Uniformen und Waffen. Die Leute hatten »Avanti« gemacht. Ich bin guter Dinge, da alle erklären, der Westen der Stadt sei von Amerikanern besetzt.

Am 28. April 1945 versuchen wir in kindlichem Unverstand, bei den russischen Kommandanten Passierscheine zu erhalten, natürlich vergeblich. Albers verlässt uns in Richtung Moabit. Mohr fühlt sich zu elend und bleibt in Reinickendorf. Mittags trete ich mit Kraemer den Vormarsch nach Siemensstadt an zu dem mir bekannten Pfarrer Schink. Wir müssen vor Artilleriebeschuss in einen Luftschutzkeller flüchten. Dann geht es weiter über den Tegeler Schießplatz und eine Pontonbrücke durch wilde russische Kolonnen hindurch. Kraemer hatte sich eine holländische Kokarde gebastelt, auf die hin zwei andre Holländer ebenfalls mit Kokarden zu uns stießen, so dass ich auch von diesem Schutzzeichen mitprofitierte. Längs des Großschifffahrtsweges lag eine polnische Einheit mit Konfederatkas, weißen Adlern und weißroten Fähnchen. Sie gaben uns Holländern sehr gut zu essen, und der gut aussehende Offizier erklärte deutlich, sie seien eine selbständige polnische Truppe und gehörten nicht zur roten Armee. Quod Deus bene vertat! (Wie Gott doch alles zum Guten wendet!) Pfarrer Schink nahm uns freundlichst auf. Von Anglosachsen in West-Berlin ist keine Rede, sie stehen an der Elbe.

Am 29. April 1945 ist Sonntag. Ich besuchte die Hl. Messe in der wenig beschädigten Kirche. Gegen zehn Uhr marschieren wir in Richtung Jungfernheide-Charlottenburg, da die Spreebrücken Richtung Westend alle unpassierbar sind und wir kommen in Batteriestellungen, Stalinorgeln schießen, Gewehrfeuer, kein Durchkommen möglich. Schweren Herzens – Grunewald ist nur wenige Kilometer entfernt – kehren wir um. An der S-Bahnbrücke in Siemensstadt hält uns ein russischer Posten an. Kraemer jagt er fort, mich nimmt er mit zur russischen Kommandantur. Dort steckt man mich in ein Zimmer, wo schon einige Deutsche sitzen. Nach und nach werden noch einige gebracht, gut ein Dutzend, darunter der unierte Emigrantenpater Schluski von der Herz-Jesu-Pfarre in Charlottenburg. Niemand kümmert sich um uns. Als es dunkelt, werden wir ohne Erklärungen und ohne Essen und Trinken in den unbeleuchteten tiefen Keller geführt, und ich schlafe dort auf dem Boden.

30. April 1945: Wir bekamen etwas Brot und Kaffee, mittags wiederum. Niemand kümmerte sich um uns. Gegen 17 Uhr wurden wir nach oben zum Kommandanten gebracht. Die meisten ließ man sofort frei. Ich wurde in das Büro geführt, wo außer dem Kommandanten und einer Dolmetscherin ein fetter, blonder GPU-Major – die Kennzeichen wusste ich schon – saß. Die Dolmetscherin fragte, ob ich Soldat sei. Ich verneinte das und versuchte, ihr meine Befreiung aus Plötzensee und die Zusammenhänge vom 20. Juli klar zu machen. Sie konnte sprachlich nur das Allerelementarste und war geistig unvorstellbar primitiv. Ich sah zum ersten Male den Typ »Sowjet-

mensch«. Ich versuchte, ihr meinen Haftbefehl, mein einziges »Dokument« zu zeigen. Als sie das Papier nur sah, kreischte sie los: »Du Papier selber kannst machen auf Maschine, Papier nix, nix, nix!« Ich war noch froh, dass ich es schnell wieder einstecken konnte. Dann erklärte sie, ich sei offenbar ein geflüchteter General. Ich versuchte, diese gefährliche Ehre von mir abzutun durch Hinweis auf meinen Zivilberuf. Das war nun aber ganz schlimm. »In welchem Betrieb bist du? Was produziert ihr da? Kriegsmaterial? Welche Maschinen bedienst du?« Ein weiterer ähnlicher Katalog nach Formular gelernter Fragen übersprudelte mich. Als ich dann erklärte, ich sei Staatsbeamter, schimpfte sie: »Du Kapitalist, du Arbeiter aussaugen«. Dann ging es abwechselnd weiter mit »du Schwein, du Sau«, womit anscheinend ihr handbuchmäßiges Wissen an Schimpfwörtern erschöpft war. Der Kommandant begann inzwischen, mir mit der Faust ins Gesicht zu schlagen und mit der seitlich gehaltenen Hand ins Genick. Der Major griff ein vor ihm liegendes, irgendwo geraubtes, orientalisches Krummschwert in Lederscheide und schlug damit auf mich ein, wobei immer wieder das Wort »General« ertönte. Nach einigen Schlägen auf den Kopf parierte ich mit dem rechten Arm und dem Ergebnis, dass beide Armknochen gebrochen waren. Dann ließen sie von mir ab, und ich wurde mit etwa sechs andern Deutschen auf ein mit Koffern und Säcken beladenes Lastauto gepackt. Die Fahrt ging durch den dämmernden Abend in Richtung Westend. Der Kopf schmerzte böse und die Armknochen konnte ich knacken hören. Ich wurde ohnmächtig. Als ich wieder zu mir kam, lag ich auf dem Hof eines großen Gebäudes, des Auguste-Viktoria-Krankenhauses, dicht hinter der Kampffront. Alles machte den Eindruck, dass wir hier liquidiert werden sollten. Pater Schluski betete die Sterbegebete. Nach einer bösen halben Stunde ging es wieder auf das Lastauto. Wir fuhren durch dunkle Straßen mit hohen Mietshäusern, also Charlottenburg. Brände lohten, es schoss in nächster Nähe. Den Russen wurde die Frontnähe ungemütlich. Sie hielten und ließen uns durch einen

Torweg in einen Hof treten. Ich sackte wieder ohnmächtig hin. Allmählich hatte ich schon eine ganz gute Übung darin erreicht, mich so von den irdischen Dingen zu lösen, wenn sie zu schwierig wurden. Ich erwachte, als mich zwei Mann wie einen Sack eine Kellertreppe hinuntertrugen. In kalten Schweiß gebadet fiel ich im Keller auf den Boden und schlief trotz der schlimmen Schmerzen vor Erschöpfung ein.

1. Mai 1945: Wir erhielten Brot und Kaffee. Die russischen Soldaten waren freundlich und hilfsbereit, gaben uns auch später reichliches Essen. Ich ließ mir von den andern eine Schlinge zum Hochlegen des Armes machen, da das Herabhängen übel schmerzte und der Arm anschwoll. Aus Furcht, zur Vertuschung der Sache liquidiert zu werden, verbreitete ich die Nachricht, ich habe mir beim Absteigen von dem Lastauto den Arm gebrochen. Im Keller befand sich zwischen den Gefangenen eine zwielichtige Gestalt, die sich »Schmidt« nannte. Ich merkte bald, dass es ein polnischer Jude war, der für die GPU arbeitete. Ihm erzählte ich meine Zusammenhänge, mit einem Augenzwinkern auch meine Version über den gebrochenen Arm, und ich fühlte, dass ich mich dem intelligenten Jungen glaubhaft gemacht hatte. Am Spätnachmittag wurde ich nach oben zum Kommandanten gebracht. Mit einem schrägen Blick auf meinen Arm fragte er durch die Dolmetscherin: »Was hast du am Arm?« Ich erzählte meine Geschichte über den Sturz vom Lastauto, die offenbar gefiel, obschon er genau wusste, wer den Arm zerschlagen hatte. »Schmidt« hatte vorgearbeitet. Er forderte mich auf, die Binde abzunehmen. Dann wurde erklärt: »Wehe, wenn du etwas erzählst, was hier war. Du kannst gehen und du nicht böse sein«. Die Russen sind für uns unverständlich, schlimmer im Quälen als die Gestapo, weil sie es sinnlos tun, während die Gestapoleute nur unmenschlich wurden, wenn sie etwas erpressen wollten. Ich stand also infolge der Barmherzigkeit des Juden bald auf der Straße, bereichert um die Erkenntnis, was von den Russen und der GPU zu halten war.

Es war die Christstraße, und sie führte auf den Friedrich-Karl-Platz, wo als Lichtblick das Kamillianerkloster auftauchte, zu dem ich von Oberschlesien her gute Beziehungen hatte. Der Präfekt Pater Särnen erklärte jedoch, die Russen hätten den Klöstern verboten, Zivilpersonen aufzunehmen, und er könne das Kloster nebst Altersheim nicht gefährden. Man half mir wenigstens, wieder eine Schlinge um den Arm zu legen, und ich zog los in Richtung Herz-Jesu-Pfarrei wegen Pater Schluski. Die Front blockierte den Weg dorthin, und ich schwenkte um in Richtung auf das Frauenbundhaus am Lietzensee. Ich kam auch glatt über den Kaiserdamm. Plötzlich sah ich am Lietzensee deutsche Soldaten. Also fluchtartig kehrt und zurück, was auch ohne Beschuss gelang. Ich war in den menschenleeren Straßen durch eine russische Frontlücke gelaufen. Den Sprung nach vorwärts hatte ich nicht gewagt, weil es immer riskant ist, gegen kämpfende vorderste Fronten anzulaufen, und weil ich nicht wissen konnte, ob ich nicht dort der SS in die Hände lief. Immer noch besser bei den Russen. So weit hatte Hitler es gebracht (der ja inzwischen schon tot und verbrannt war). Nun versuchte ich in etwa einem Dutzend von Häusern vergeblich, für die Nacht in den Luftschutzkeller aufgenommen zu werden. Allgemeine Weigerung aus Angst, ich sei ein geflüchteter Soldat. Die Bürger in Charlottenburg waren nicht so barmherzig wie die Kommunisten im Wedding. Nirgends ein Arzt zu finden, um den immer heftiger schmerzenden Arm zu schienen. Ich wusste nicht mehr ein und aus, weil die Nacht anbrach und Zivilisten dann nicht mehr auf der Straße sein durften. Also zurück zum Kamillianerkloster, wo ich jetzt moraltheologisch deutlich werden wollte. Gerade war die Abendmesse beendet, und der vor der Kirchtür stehende Präfekt fand aus den Kirchgängern einen Arbeiter, Herrn Korte, der mich bereitwilligst mit in seine Wohnung nahm und mir sogar Essen gab. Kaum waren wir dort, als eine deutsche Granate in das darüberliegende Stockwerk schlug. Ich war aber zu elend, um davon berührt zu werden.

Am 2. Mai 1945 gegen 10 Uhr Abmarsch in Richtung Lietzensee-Grunewald. Das Schießen hatte aufgehört. Es war Waffenstillstand geschlossen. So endete die tausendjährige Mordtragödie, und das schlimme Nachspiel begann. Nach 130 Jahren stand erstmals wieder ein Feind in Berlin, ein böser Feind, obschon er seit dreiviertel Jahren als Retter herbeigesehnt war. Am Kaiserdamm, wo ich gestern Abend durchgeschlüpft war, lagen einige russische Tote. Ebenso gut hätte ich dazwischen sein können, wenn ich weitergegangen wäre. Einige Russen hielten mich an: »Uhr«. Die gewohnte Antwort nützte nicht, und sie durchsuchten meine Taschen. Als der Rosenkranz zutage kam, sagte ich: »festem katolicki«. Antwort: »katolicki karrosch«, und ich konnte ungehindert weitergehen. Im Frauenbundhaus war ein Reservelazarett, wo ein Stabsarzt Dr. Pannick mir zwischen seinen großen Operationen sehr hilfsbereit den Arm provisorisch schiente. Währenddessen durchsuchten die deutschen Sanitäter die Verwundeten nach Waffen, da die Russen bei Waffenfund im Lazarett das Anzünden des Hauses angedroht hatten. Es wurden mehrere Revolver gefunden, die die Narren im Bett versteckt hatten. Dann kam eine russische Patrouille, durchsuchte alles und zog dem Stabsarzt am Operationstisch die Stiefel aus, der dann in Pantoffeln gleichmütig weiteroperierte.

Auf dem Weitermarsch sperrte beim Bahnhof Witzleben eine hohe Barrikade die S-Bahnbrücke. Weit und breit kein andrer Übergang. Mit dem gebrochenen Arm erschien es als ein unüberwindliches Hindernis. Ich bat mehrere Leute, mir zu helfen. Kalte Ablehnung! Zuletzt kam ein verwundeter Soldat, und unter gegenseitiger Hilfe kamen wir mit Mühen und Schmerzen schließlich hinüber. Dann weiter die Avus entlang. Hie und da Leichen und Gräber. Furchtbar allenthalben die Zerstörungen. Am 20. Juli 1944 hatte Deutschland noch anders ausgesehen. Voll Unbehagen vor den umherstreunenden Russen kroch ich durch den dunkeln, vermauerten Tunnel am Bahnhof Grunewald. Auf der Königsallee – der Hagenplatz schien nach den Gräbern Kampffeld gewesen zu sein – verharrte ich einen Augenblick. Dann wagte ich den Blick um die Ecke. Das Haus stand noch. Vor dem Haus ein Tank, alles voll von Bagagen und Soldaten. Niemand beachtete mich, als ich hineinging. In der Diele Russen und entsprechender Schmutz. Fußhoch lag Wäsche und anderes ineinandergetrampeltes Plündergut. Ob Ite wohl noch da war? Ich hörte Frauenstimmen und schon lag Ite mir in den Armen, ausgezehrt und durchsichtig, aber sie stand da in der Glorie ihres sieghaften Starkmuts.

Das Unternehmen Kreisau-20. Juli war nach Angst und Leid und so viel bitterem Tod beendet. Es ist die hohe Zeit meines Lebens gewesen.

Für mich machten wir im Zimmer meiner Schwester ein Lager auf dem Boden zurecht. Die Russen hatten sich betrunken, lärmten im Haus umher und suchten nach den Frauen. Ich hatte die Zimmertür verschlossen, und als ich merkte, dass sie diese eintreten wollten, verbarg ich meine Schwester und die von ihr aufgenommene Frau schnell in dem großen, mit einer unsichtbaren Tapetentür verschlossenen Wandschrank, wo sie sich auf den dort aufgehäuften Kleidern meiner Schwester hinhockten. Als ich die Zimmertür dann öffnete, waren die Russen höchst erstaunt, nur den Schlosser und mich zu sehen. Sie schauten sogar unter das Bett und gaben sich dann zufrieden, blieben aber samt den mitgebrachten Schnapsflaschen im Zimmer. Um sie bei Laune zu halten, musste ich trotz Übermüdung und der Schmerzen am Arm mit ihnen trinken. Immer wieder brachte ich mit meinen wenigen polnischen Brocken eine lärmende Unterhaltung in Gang und veranlasste sie zum Singen, stets voll Angst, dass sie ein Geräusch aus dem Wandschrank hören würden. Schließlich gelang es mir, sie loszuwerden und die Tür wieder zu verschließen, so dass die beiden halberstickt aus dem Wandschrank kommen konnten. Aber noch zweimal drangen sie erneut in das Zimmer, nachdem ich die beiden gerade noch wieder versteckt hatte. Unter diesen

Aufregungen verging meine erste Nacht im Hause ohne Schlaf und in steter Angst. Voller Grauen sah ich dem Morgen entgegen. Die Russen kamen wieder in das Zimmer.

Ich wusste mir keinen Rat mehr, da man es in dem Schrank wegen Luftmangels nicht für lange Zeit aushalten konnte. Da kam nach einem letzten Notruf an die armen Seelen die Hilfe. Ich sah auf der Straße Bewegung unter den Russen, die auf Abmarsch deutete. Ich vertröstete die beiden Schrankinsassen, und kurz darauf zogen die Russen mit Sack und Pack fort. Wir versuchten, den unsäglichen Schmutz zu beseitigen. Die Wasserleitung funktionierte nicht mehr, sie hatten aber trotzdem die Toiletten weiter benutzt und in manchen Zimmern das Parkett einfach als Toilette gebraucht. Da es weit und breit keinen Brunnen gab, mussten wir das Wasser eimerweise aus dem zehn Minuten entfernten Grunewaldsee heranschleppen. Da ich nur einen Arm gebrauchen konnte, war ich dabei keine große Hilfe. Wir suchten alles, was an Wäsche und Kleidung schmutzig und zertrampelt in Haus und Garten umherlag, zusammen. Meine Schwester hat es dann mehrfach gekocht und gewaschen, und diese schmutzige Russenwäsche war für lange Zeit das Einzige, was wir anzuziehen hatten. Auch Strom und Gas gab es natürlich nicht. Gekocht wurde im Garten auf einigen Ziegelsteinen mit zusammengesuchtem Holz. Alles Trinkwasser aus dem schmutzigen Grunewaldsee musste vorher abgekocht werden, so dass das Feuer den ganzen Tag brannte. Die Russen hatten allenthalben Brot und Esswaren umherliegen lassen, die sorgfältig geborgen wurden, denn es gab keinerlei Lebensmittelversorgung mehr, und alle Läden waren ausgeplündert. Auf dem Bahnhof Grunewald stand ein Güterzug mit Lebensmitteln, den die Bahnbeamten der Bevölkerung zum Fortholen freigegeben hatten. Als wir es erfuhren, war nur noch Hafermehl darin, und wir schleppten mit einem kleinen Handwagen einen ganzen Zentner davon heran. Es war ein scheußliches, bitteres Zeug, aber für lange Zeit wurde es unsere hauptsächliche Nahrungsgrundlage. Einige Kerzen hatten wir noch, die sorgsam behütet wurden, um Licht machen zu können, wenn nachts Russen in das Haus kamen. Die Haustür war unverschließbar, da die Russen das Schloss aufgebrochen hatten. Zudem war es verboten, die Haustüren zu verschließen, um den Russen das nächtliche Plündern zu erleichtern. Ich schlief als Wachhund unten neben der Haustür. Es kamen auch einige Russen, die ich aber abweisen konnte.

Am 4. Mai begleitete mich meine Schwester in das St. Hildegardiskrankenhaus am Reichskanzlerplatz, da der gebrochene Arm sich so böse meldete, dass etwas damit geschehen musste. Oberin und Assistentin begrüßten uns herzlich, und ich konnte für ihre Lebensmittelgaben in das Gefängnis danken und sie gaben uns noch von ihren kostbaren Vorräten mit. Der Arzt gipste den Arm. Er ging dabei so heftig zu Werke, dass ich wieder einmal ohnmächtig wurde. Seine schlechte Laune beruhte darauf, dass er eindeutiger Parteigenosse gewesen war und jetzt dieserhalb voller Ängste, neben seiner vielen Arbeit mit den Verwundeten. Der Röntgenapparat funktionierte nicht mangels Strom.

Beutemachen war in diesen Tagen bei den meisten Volksgenossen ein beliebter Sport, besonders wenn es um das Ausplündern der Wohnungen von Parteigrößen ging. Dicht bei uns auf der Königsallee lag das Haus des Staatssekretärs Gutterer vom Propagandaministerium. Obschon dieser für seine Lügenpropaganda sicher einen Denkzettel verdient hatte, war es doch ein lamentabler Anblick, den Pöbel – sicher darunter auch Parteigenossen – zu sehen, wie er die kostbaren Sachen aus dem Hause wahllos hinausschleppte. Allenthalben lagen weggeworfene teure Bücher im Schmutz der Straße. Es sind bei diesen Plünderungen der von den Nazis zusammengerafften Sachen sicher viele wertvolle Dinge zerstört oder in unkundige Hände geraten und so verkommen. Auf der Straße trafen wir eine biedere Hausmeisterfrau, die ermattet neben drei alten Louis-XV.-Stühlen mit Petit-point-Stickerei stand, die sie mühsam in ihre

Wohnung schleppte, wo sie sicher in Kürze als Katzenlager ruiniert worden sind.

Am 5. Mai räumten wir weiter auf, ließen aber in den meisten Zimmern den Schmutz liegen, um neue Einquartierung abzuschrecken. Ein russischer Major kam auch, um das Haus zu besichtigen. Bei dem wüsten Anblick sagte er: »Das deutsche Kultura?« Meine Schwester, die schon den richtigen Umgangston gelernt hatte, antwortete freundlich: »Kultura ich, Dreck von Soldaten«.

Am 7. Mai gingen wir wieder zum Hildegardiskrankenhaus, da der Arm unerträglich wurde. Der Gipsverband wurde entfernt und neuangelegt. Es ging aber alles sehr obenhin. Auf dem Wege sahen wir mehrere abgebrannte Häuser, die vor drei Tagen noch unbeschädigt waren. Auch dicht bei uns auf der Höhmannstraße hatten die Russen ein Haus angezündet, aus dem ein irrsinniger Nazi auf die Russen geschossen hatte. Er wurde auf der Straße unter einen Panzer geworfen und zu Tode gewalzt. Am folgenden Tage wurde ich, nachdem ich noch Wasser herangeschleppt hatte, so elend, dass ich mich legen musste. Ich hatte 38,5° Fieber und fühlte Stiche links unterhalb der Rippen; also Lungenentzündung infolge des Liegens auf dem kalten Zementboden in dem Russenkeller. Am nächsten Tage hatte ich 40,3° Fieber und phantasierte. Von den nächsten Wochen habe ich selber nur dunkle und teilweise Erinnerungen, weil ich erschöpft und phantasierend dalag. Alle Last der Abwehr der streunenden Russen, der Beschaffung des nötigsten Essens und meiner Pflege lag jetzt allein auf meiner Schwester.

Immer wieder kamen nachts beutegierige Russen bis an mein Bett. Auf dem Nachttisch lag eine Taschenlampe, ein kostbarer Besitz, um beim Eindringen von Russen schnell Licht machen zu können. Eines Nachts griff ein Russe nach ihr. In meiner Fieberhitze schlug ich ihm so scharf auf die Hand, dass er sofort verschwand. Wenn ich meiner Sinne mächtig war, sagte ich eindringenden Russen auf Polnisch: »Sehr krank, sehr ansteckend«, und das Letztere brachte sie immer zu sofortigem Verschwinden. Ich muss wohl entsprechend ausgeschaut haben. Meine Schwester hatte einen sehr tüchtigen und menschlich ordentlichen Arzt, Dr. Werwie, aufgetrieben, der, am Kaiserdamm ausgebombt, dicht bei uns in dem Haus der Schauspielerin Käthe Gold wohnte, das in deren Abwesenheit der Schauspieler Kurt Leisel betreute, den wir so kennenlernten. Rings um uns hatte der ganze Film gewohnt, La Jana, Willi Fritsch, Rotrauth Richter, Zarah Leander usw. Werwie, der eigentlich Sportarzt war und Max Schmelings Leibarzt, brachte mich langsam wieder hoch. Er dokterte nicht nur, sondern griff zu, als er sah, dass meine Schwester mit ihren schwachen Kräften das Wasser nicht heranschleppen konnte. Er holte es ihr mit einem selbstgebastelten Handwagen aus dem Grunewaldsee. Das Liegen im Bett war besonders mühsam wegen des gebrochenen Arms. Als er allzu schmerzhaft und die Hand schon taub wurde, schnitt Werwie den Gipsverband schließlich los. Ich sehe noch sein entsetztes Gesicht. Der ganze Arm war blau und ödematös. Der Nazikünstler hatte den Verband zu eng gemacht, so dass das Blut abgeschnürt wurde. Es hat Monate gedauert, bis der Arm wieder gebrauchsfähig wurde, und die Hand ist taub und ungelenk geblieben.

2. Mitbegründer der CDU – die ersten Schritte in eine neue Demokratie

Im Laufe des Juni hatten sich die allgemeinen Verhältnisse etwas gehoben, die allernotwendigste Lebensmittelversorgung lief wieder an, die Verkehrsmittel kamen in Gang, und es entwickelte sich ein politisches Leben unter russischer Patronage, die alles in kommunistischem Sinne einzurichten versuchte. Der frühere Reichsminister Hermes war mit der Lebensmittelversorgung beauftragt worden, auch Steltzer arbeitete in der Stadtverwaltung und ebenso Lukaschek in der Stadtbank. Hermes ergriff die Initiative zur Gründung einer bürgerlichen Partei neben den Sozialdemokraten und Kommunisten. Durch Lukaschek, der jetzt ständig kam, war ich über diese Absicht im Bilde. Wir erwogen die Frage, ob es nicht besser sei, das alte Zentrum wieder aufleben zu lassen auf gemeinschaftlich christlicher Grundlage. Der Name erschien uns nicht als tragfähig wegen der zu großen, aus der Weimarer Zeit mit ihm verbundenen Belastungen. Wir wussten von den Absichten der Neugründung in Westfalen und kannten aus der oberschlesischen Abstimmungszeit den Hauptträger Spiekert, der damals die Verteilung der Reichsmittel für den Abstimmungskampf in der Hand gehabt hatte. Als aber erkenntlich wurde, dass diese Neugründung sich als religiös indifferent bezeichnete und Strick Galen schrieb, er und sein Bruder seien dagegen, ließen wir den Gedanken endgültig fallen. Hinter dem Plan der Gründung einer neuen bürgerlichen Partei standen noch Kaiser, Dr. Vockel, der frühere Generalsekretär des Zentrums, Steltzer, Friedensburg, der preußische Handelsminister Schreiber, Pechel, Herausgeber der »Deutschen Rundschau« Professor Dovifat, der spätere Bundesminister Lemmer, Graf Paul Yorck und außer Lukaschek und mir noch einige andere, die ich vergessen habe.

Wir unterschrieben den Ende Juni veröffentlichten Aufruf zur Gründung. Diese war für das ganze Reich gedacht und liegt meiner Erinnerung nach vor der Gründung der Christlich-Demokratischen Union im Westen durch Adenauer, der aber infolge seines Spannungsverhältnisses zu Kaiser diesen Vorrang, der die Bedeutung von Berlin von Anfang an klar herausgestellt hätte, nie anerkennen wollte. Der Gründungsaufruf war nicht sehr gut, enthielt aber auch nichts Schlimmes. Sehr problematisch waren die Kirchen- und Schulfragen behandelt, an denen sich die Spannungen zeigten, die auch bei der Namensgebung auftraten, Hermes wollte ursprünglich eine »Demokratische Union« als Sammelbecken für alle nichtsozialistischen Staatsbürger. Der Gedanke war schon deshalb nicht gut, weil damit zwangsläufig Sozialdemokraten und Kommunisten in eine gemeinsame Front und zur Vereinigung gebracht worden wären. Eine Demokratie mit nur zwei Parteien hat gewiss ihre Vorteile, in der damaligen Notlage aber wäre es ein Unglück gewesen, wenn alle Gegensätze ungemildert und ohne Ausgleichsmöglichkeit aufeinandergeprallt wären. Die weithin widerstreitenden Ansichten innerhalb des bürgerlichen Blocks hätten diesen gegenüber den viel leichter zu vereinenden Sozialisten handlungsunfähig gemacht. Diese, einmal zur Macht gelangt, hätten sich nur schwer der Versuchung entziehen können, eine neue sozialistische Diktatur zu errichten. Es war daher vorzuziehen, dass die sich bereits formende demokratische Partei mit klarem liberalem Programm neben einer christlichen Partei zu Bestand kam. Die meisten Gründer erstrebten eine christliche Partei. Die Protestanten, selbst Steltzer, hatten aber eine merkwürdige Scheu davor, das im Namen der Partei zum Ausdruck zu bringen. Sie glaubten, durch Fortlassung des Wortes »christlich« die Kreise ansprechen zu können, die nicht mehr christlich, aber auch nicht feindlich gegenüber Christentum und Kirche eingestellt waren. Offenbar glaubten sie, dass es nicht mehr genügend Leute mit hinreichend christlicher Substanz in Deutschland gäbe, um eine tragfähige politische Partei daraus zu formen. Lukaschek, Vockel und ich haben aber immer wieder auf der Bezeichnung »christlich« bestanden. Es entstand dann auch die übereinstimmende Überzeugung, dass die Partei in ihrem Namen die Bezeichnung »christlich« tragen müsse. Das Wort »demokratisch« wurde als selbstverständlich nötig angesehen zwecks Absetzung von der vergangenen Diktatur. Es bestand also über diese beiden Attribute Einigkeit. Der Streit ging dann aber weiter über die Art der Verbindung der beiden Worte. Lukaschek, Vockel und ich verlangten die Bezeichnung »Christliche Demokratische Union«. Damit wäre der ausschließlich christliche Charakter der Partei bestimmt gewesen mit dem erläuternden Zusatz »demokratisch«, und durch das Wort »Union« die Einheitlichkeit zwischen den Konfessionen. Wir blieben aber mit diesem Vorschlag allein. Die Mehrheit beschloss den jetzigen

Namen »Christlich-Demokratische Union«. Der Fortfall des einzigen Buchstabens »e« beseitigte den ausschließlich christlichen Charakter der Partei und setzte die beiden Komponenten »christlich« und »demokratisch« als getrennt und gleichberechtigt nebeneinander. Christliche und jegliche andere Kräfte, sofern sie nur demokratisch waren, sollten gemeinsam zusammenarbeiten.

Die Partei öffnete ihre Tore weit für alle früheren Liberalen und gewollt und ausdrücklich insbesondere auch für die Juden. Das politische Ergebnis war, dass die CDU das Sammelbecken für die früheren Zentrumsanhänger ebensowohl wurde wie für frühere Deutschnationale Mitglieder der Deutschen Volkspartei und der Demokratischen Partei, soweit sie sich nicht der neuen ausgesprochen liberalen demokratischen Partei anschlossen. Der Kreisauer Konzeption entsprach die Lösung nicht, sie wurde aber der geschichtlich tragende Akt für die politische Entwicklung in Deutschland für die nächsten zwei Jahrzehnte. Vielleicht wäre die politische Gestaltung lebendiger, volksnäher, mehr durch Verantwortung von unten her getragen und einfallsreicher geworden, wenn statt des Machtblocks der CDU eine gleichgewichtige christliche und liberale Partei entstanden wäre, aber es ist müßig, solche konditionellen Erwägungen anzustellen. Am 5. Juli war in dem dafür beschafften Büro Schlüterstraße 39 die Sitzung des Parteiausschusses. Die Russen hatten die Gründung noch nicht erlaubt. Die Erlaubnis wurde hinausgeschoben, weil die neue Partei in den »antifaschistischen Block«, eine Art von Volksfront, unter erdrosselnden Bedingungen hineingezwungen werden sollte. Es wurde beschlossen, sich zu Verhandlungen darüber bereit zu erklären, jedoch erst nach der Erlaubnis. Nach Eintreffen der Angelsachsen rechnete man mit einer Lockerung des kommunistischen Drucks.

Am 6. Juli wurde die Ausschusssitzung fortgesetzt mit der Aufstellung eines verständigen Aktionsprogamms für die Zusammenarbeit mit den Kommunisten und Sozialdemokraten. Lukaschek, Vockel und ich fochten für die Wiederherstellung der religiösen Schule. Dass liberale Protestanten sich dagegen stellten, war nicht verwunderlich. Nicht zu verstehen war es aber bei dem katholischen Arbeiterführer Kaiser, der strikt gegen die Forderung der religiösen Schule auftrat, mit der Behauptung, selbst Bischöfe seien dagegen. Auf die Frage, welche Bischöfe gemeint seien, nannte er keine Namen. Ich wusste, dass die Anspielung sich auf Bischof Gröber und in etwa auch auf Graf Preysing bezog, und wollte Kaiser auf die Nennung der Namen stellen, um das Problem zur Klärung zu bringen, das eine grundsätzliche Frage für die Kirche ist. Auf der Fuldaer Bischofskonferenz Mitte August 1945 wurde die Wiederherstellung der religiösen Schule ausdrücklich gefordert, während die evangelische Kirchenkonferenz in Treysa sich mit der christlichen Gemeinschaftsschule begnügte. Kaiser versuchte überheblich zu werden, in der Politik könne man keine aussichtslosen Forderungen stellen, wenn man praktische Erfolge sehen wolle, Politik sei die Kunst des Möglichen und ähnliche Gemeinplätze. Wir entgegneten, in grundsätzlichen Fragen gebe es keine Kompromisse, die Zentrumspolitik in der Weimarer Zeit habe genügend erwiesen, wohin es führe, wenn man von Grundsätzen abgehe, »um Schlimmeres zu verhüten«; zudem seien unerfüllbar erscheinende ideelle politische Forderungen oft für die praktische Politik und die Gewinnung der Wähler das beste Mittel, denn nur mit sozialen und wirtschaftlichen Fragen könne man diese, besonders in bürgerlichen Sammelparteien, auf die Dauer nicht zufriedenstellend beschäftigen. Dieser Hinweis zielte auf den eigentlichen Grund der Haltung Kaisers. Er wollte unter keinen Umständen die Zusammenarbeit mit den Kommunisten trüben, weil er sein Hauptziel, die deutsche Einheitsgewerkschaft, nicht gefährden wollte.

Die ganze Debatte war ein Zusammenprallen der unterschiedlichen Auffassungen von Kreisau und Gördeler. So kam die fundamentale Forderung jeglicher christlich eingestellter Politik, nämlich die religiöse Schule, zu Fall. Selbst das Verlangen, die religiöse Schule wenigstens auf Antrag von fünfundzwanzig Erziehungsberechtigten einzurichten, drang nicht durch. Das Einzige, was wir dann schließlich noch durchsetzten, war die Freiheit der Privatschulen und das Erfordernis der missio canonica für den Religionsunterricht an den öffentlichen Schulen erteilenden Lehrer. Seit dieser Debatte ist Kaiser um Lukaschek und mich immer in weitem Bogen herumgegangen. Wir waren für ihn von Kreisau her abgestempelte Idealisten ohne Sinn für praktische Politik und wegen der Kreisauer Herkunft auch Gegner des Gedankens der Einheitsgewerkschaft mit politisch maßgeblichem Einfluss. Kaiser ließ weitgehende Ansprüche auf politische, nicht nur arbeitsrechtliche Befugnisse der Gewerkschaften durchblicken. Statt der Betriebsräte wollte er Gewerkschaftsausschüsse in den Betrieben, also von außen durch die Gewerkschaft gelenkten Einfluss in die Betriebe herein, das juste Gegenteil einer gesunden innerbetrieblichen Vertretung. In diesen ersten Ausschusssitzungen wurde auch die Gründung einer Zeitung beschlossen, die den Namen ›Neue Zeit‹ und als Herausgeber Professor Dovifat erhielt.

Am 5. Juli kam ein englischer Hauptmann zur Besichtigung unseres Hauses zwecks Einquartierung. Er war höflich, aber reserviert und gab mir die Adresse des Town Major zwecks Rücksprache über die Einquartierung. Allenthalben herrschte natürlich Erleichterung über den Abzug der Russen und Freude über das Eintreffen der Engländer. Die Erwartungen wurden aber weitgehend enttäuscht wegen der kalten Rücksichtslosigkeit, mit der die Engländer vorgingen. An Stelle von Willkür und Plündern trat jetzt systematische Fortnahme von Wohnungen, Möbeln und Hausrat.

Am 13. Juli erschienen zu unsrer großen Freude und Überraschung Marion Yorck und die inzwischen verstorbene Schwester von Peter, Muto Yorck, die Ärztin war. Die beiden Damen waren zu Fuß unter Ausnutzung zufälliger Fahrgelegenheiten von Kleinöls über Kreisau nach Berlin gelaufen. Freya wohnte ziemlich unbehelligt in dem kleinen Haus in Kreisau.

Lukaschek und ich hatten für den 20. Juli ein Seelenamt vor den Ruinen von St. Hedwig und gleichzeitig einen protestantischen Gedenkgottesdienst vor dem Dom geplant mit darauf folgender Sühneprozession die Linden entlang, zum Brandenburger Tor, vorab die Protestanten und an diese bei St. Hedwig anschließend die Katholiken. Es hätte eine schöne und machtvolle christliche Kundgebung werden können als Symbol des gemeinsamen Weges auf ein gemeinsames Ziel hinstrebender getrennter Wanderer, Dibelius und Bischof Conrad widersprachen zwar nicht, zerredeten den Plan aber zaghaft und angstvoll. Es könne der Kirche – wenn auch zu Unrecht – der Vorwurf gemacht werden, dass sie sich auf politisches Gebiet begebe und »Mörder« ehre. Vor Tische las man anders. Ich ließ dann zusammen mit Lukaschek in St. Carolus ein Requiem für Stauffenberg, Moltke, Yorck und die andern anlässlich des Unternehmens des 20. Juli umgekommenen Freunde lesen, das ausdrücklich so von der Kanzel verkündet wurde. Der recht vorsichtige Pfarrer Hoppe nahm also keinen Anstoß daran, dass für die Seelenruhe von »Mördern« und Protestanten gebetet wurde. Nachmittags wurde eine weltliche Gedenkstunde im Vorhof des Gefängnisses Lehrterstraße abgehalten. In das eigentliche Gefängnis ließen uns die Amerikaner nicht hinein, ein Zeichen für die alliierte Unfreundlichkeit gegenüber den deutschen Widerstandskämpfern. Die Feier verlief mit rund dreißig bis vierzig Teilnehmern schlicht und anständig. Einer kurzen Ansprache von Friedrich Ernst, der auch nach dem 20. Juli verhaftet und verurteilt worden war, mit etwas viel Demokratie und Völkerversöhnung folgte »eine Minute stillen Gebets«.

Obschon die Pfarrer Bethge und Buchholz anwesend waren, wurde kein gemeinsames Gebet gesprochen. Es ist trostlos, dass nicht einmal für das Vaterunser dieselbe Fassung gilt, vom Ave Maria schon gar nicht zu reden. Bei den Gedenkfeiern in den späteren Jahren ist es dann zu würdigem Gottesdienst in dem Hinrichtungsraum in Plötzensee gekommen. Die offiziellen Feiern der Stadt wurden aber rein weltlich gestaltet. Das galt sogar für die Feier der Einweihung des Denkmals im Hof der Bendlerstraße 10, dem Ort der Erschießung Stauffenbergs. Es wurde nicht etwa ein Kreuz an dieser blutigen Stätte aufgestellt, sondern eine splitternackte Jünglingsfigur von untermittelmäßigem Allerweltsgeschmack, die in keiner Weise die Größe des Geschehens, sondern nur die dubiose Geisteshaltung der Auftraggeber zum Ausdruck bringt. Die Festrede hielt Reuter, schwungvoll und pathetisch, aber ohne Substanz. Als die Sache beendet war, ist Lukaschek, damals Bundesminister, programmwidrig an das Mikrophon getreten und hat für die Verstorbenen das Vaterunser vorgebetet. Seitdem sind Lukaschek und ich nicht mehr zu den offiziellen Feiern anlässlich des 20. Juli hingegangen.

Am Sonntag, dem 22. Juli 1945, wurde um elf Uhr vormittags die erste öffentliche Kundgebung der CDU im Theater am Schiffbauerdamm unter starker Beteiligung abgehalten. Schreiber eröffnete die Versammlung, Hermes hielt das Hauptreferat und dann folgten noch ein halbes Dutzend Fünfminutenansprachen, darunter auch Lukaschek für die Vertriebenen. Ich habe mich dann in dem Parteiausschuss und den Unterausschüssen für Kultur, Recht und Vertriebene intensiv betätigt. Im Parteiausschuss traten die ursprünglichen Gründer mehr und mehr in den Hintergrund und andere Herren kamen hinzu. Die Führung der Partei geriet immer mehr in die Hand von Kaiser, nachdem Hermes von den Russen aus dem Magistrat entfernt worden war. Auf die Russen und Kommunisten musste ungebührlich Rücksicht genommen werden, nachdem man den Sitz der Partei und der Zeitung in den russischen Sektor gelegt hatte, statt das Erscheinen der übrigen Alliierten in Berlin abzuwarten. Als ich merkte, dass ich mit meinen Ansichten nicht durchdrang und da ich durch weitere Mitarbeit in den Ausschüssen der Partei nicht die Verantwortung für von mir nicht gebilligte Dinge übernehmen wollte, habe ich mich Ende 1945 nach meinem Weihnachtsgespräch mit Kaiser, in dem ich ihm noch einmal klar meine gegenteilige Auffassung dargelegt hatte, stillschweigend aus der Tätigkeit in den Ausschüssen zurückgezogen.

Es zeigte sich nicht der geringste Ansatz zu einer Wiedererrichtung deutscher zentraler Staatsorgane. Für mich persönlich ergab sich daraus das Fehlen jeder konkreten Aussicht auf eine neue Tätigkeit, die bei dem Mangel an Subsistenzmitteln allmählich eine dringende Notwendigkeit wurde.

3. Berater der amerikanischen Militärregierung – Mitarbeit an der Neugestaltung Deutschlands

Am 26. September, Mutters Geburtstag, erschien nun bei uns in der Wohnung der Colonel Mac Comsey mit der Anfrage, ob ich als Berater (»consultant«) bei Omgus (Office of Military Government for Germany (U.S.)) tätig werden wolle, und zwar bei der Civil Administration Division der Militärregierung, also gewissermaßen dem Innenministerium. Entsprechend gab es noch bei Omgus die Political Division für die gesamte Führung der Politik, die Legal Division, gleich Justizministerium und so fort Abteilungen für die anderen Ressorts. Ich nahm das Angebot freudig an, denn so hatte ich endlich wieder eine geregelte Tätigkeit, die interessant und im deutschen Interesse nützlich werden konnte.

Ich habe weitgehend »Persilscheine« ausgestellt, so nämlich wurden die Auskünfte über die politische Vergangenheit im Volksmund nach dem bekannten Waschmittel bezeichnet. Ich hatte mir im Gefängnis vorgenommen, keine Rache zu üben, und habe das auch voll eingehalten und allen Schutzwürdigen geholfen. Ich habe andererseits auch nicht zur Verfolgung irgendeines Nazis das Geringste beigetragen, weil ich keinerlei Polizeiinstinkte besitze, was für einen Verwaltungsbeamten nicht das Richtige ist.

Eine große Anzahl von Beamten der Ministerialbürokratie wurde auf Grund des »automatic arrest« in einem Lager in Fürstenhagen bei Kassel, dem sogenannten Ministerial Collecting Center, gefangen gehalten, obschon für den Wiederaufbau einer geordneten Verwaltung dringend Kräfte gebraucht wurden. Das Lager wurde von den Amerikanern und Briten gemeinsam verwaltet. Ich hatte bei der Civil Administration Division schon mehrfach auf diese sinnlose Maßnahme hingewiesen und eine Einzelprüfung der Gefangenen und deren Freilassung verlangt, wenn sich keine Belastungen ergäben. Man sah ein, dass etwas unternommen werden müsse, und ich wurde beauftragt, zusammen mit einem amerikanischen Offizier des C.I.G. (Vorläufer der CIA, des amerikanischen Geheimdienstes) nach Fürstenhagen zu fahren zwecks Erstattung eines Berichts über die dortigen Verhältnisse. Es war das ein Zeichen für das Vertrauen, das ich mir in der kurzen Zeit durch nüchterne Sachlichkeit bei den Amerikanern erworben hatte, denn ich wurde so in gewissem Umfang zum Kontrolleur der Maßnahme des C.I.G. mit vollem Einblick in die Reibungen, die zwischen den Amerikanern und Briten hinsichtlich des Lagers bestanden. Am 7. Dezember 1945 trat ich die Fahrt an zusammen mit Colonel Cooney von C.I.G., einem guten älteren Berufsoffizier von irischer Abstammung. Im Gespräch zeigte sich, dass er katholisch war, was die Sprachregelung hinsichtlich der zu behandelnden Dinge sehr erleichterte. Es war ein innerlich vornehmer Mann, der nicht den Vorstellungen entsprach, die man meist mit einem Geheimdienst verbindet. Wir fuhren in einem »jeep«, der mit Blechplatten einigermaßen gegen Wind und Schnee gesichert, aber ohne Heizung war. Bequeme Personenwagen gab es damals noch nicht bei der Besatzungstruppe. Es war bitter kalt, ich war aber mit Fußsack und Decken gut eingepackt, und für die innere Erwärmung sorgte Cooney mit einer großen Flasche Bourbon-Whisky. Die Fahrt war für mich ein erregendes Ereignis, brachte sie mich doch zum ersten Mal aus Berlin in die russische Zone. In Abständen von einigen Kilometern standen russische Posten und allenthalben große Schilder mit Stalinbildern und Siegesinschriften, anscheinend fabrikmäßig hergestellt. An der Zonengrenze in Helmstedt ging der Schlagbaum vor dem amerikanischen Wagen ohne Kontrolle hoch und die russischen Posten bettelten um Zigaretten. Auch an der britisch-amerikanischen Zonengrenze kurz vor Fürstenhagen standen beiderseits Posten.

Als wir spät abends in dem Lager ankamen, vertraute mich Cooney einem Sergeanten an zwecks Unterbringung, und ich landete in einer Baracke sehr bescheidener Art. Am folgenden Morgen ließ mich Cooney im Auto holen, und ich sah, dass er in einem komfortabel hergerichteten amerikanischen Hotel »Gold Cup« wohnte. Es bestanden damals noch die strikten Fraternisierungsverbote für die Besatzungstruppen. Den Amerikanern waren sie im Gegensatz zu den Engländern unerwünscht und lästig, und ich war schon mehrfach verbotswidrig zum Mittagessen in dem Kasino »Truman Hall« eingeladen gewesen. Ich habe jede in etwa aussichtsvolle Gelegenheit benutzt, diese Diskriminierung zu durchbrechen, und zwar aus der Erkenntnis heraus, dass ein politischer Wiederaufbau in Deutschland durch diese Kindereien gefährdet sei. Sie boten den früheren Nazis Anlass zu der Behauptung, wie richtig Hitler die Bosheit der Feindmächte eingeschätzt habe. So eröffnete ich also Mr. Cooney sehr milde, aber ebenso deutlich, meine Unterbringung missfalle mir, und ich bäte um Unterkunft im »Gold Cup«. Es war ihm peinlich, dass diese Frage hochgekommen war, deren Lösung für ihn zudem kein einfaches Problem darstellte. Da er aber wohl spürte, dass ich andernfalls nicht mitspielen würde und er auf meine Sachkenntnisse angewiesen war, betrieb er die Sache mit Eifer und dem mühsam erkämpften Ergebnis, dass ich als V.I.P. (very important person) ein Zimmer im »Gold Cup« erhielt. Das Haus erwies sich wirklich als ein goldener Becher, und ich verbrachte dort einige Tage in langentbehrtem Wohlleben.

Das Lager Fürstenhagen war in einer im hügeligen, dichten Hochwald versteckten bisherigen Munitionsfabrik eingerichtet, und die Ministerialbeamten wohnten in den Baracken, in denen bisher die Fremdarbeiter untergebracht gewesen waren. Die Verpflegung und Beheizung war recht gut. Ein Teil konnte örtlich frei umhergehen, ein anderer, nach unerfindlichen Gesichtspunkten ausgewählter Teil wurde hinter Stacheldraht gehalten. Man hatte fünf Dutzend Lastautos voll mit wahllos zusammengesuchten Akten, besonders des Auswärtigen Amts, hingefahren, und die Beamten wurden mit der Registrierung und Durchsicht dieser Akten beschäftigt. Sie machten diese sinnlose Arbeit mit Eifer, glücklich darüber, wieder Akten unter den Händen und damit die Grundlage ihrer Person wiedergefunden zu haben. Ich erhielt freien Zutritt zu dem Lager und konnte ungehindert in den Baracken umhergehen und mit den Herren sprechen. Viele von ihnen kannte ich aus meiner Kattowitzer Zeit und durch die Tätigkeit beim Oberkommando der Wehrmacht. Auch Adenauers späterer Staatssekretär Globke arbeitete dort an der Bewältigung seiner Vergangenheit und wusste noch nicht, wie erfolgreich ihm das gelingen werde. Außer den Ministerialbeamten beherbergte das Lager auch noch Leute aus der Wirtschaft sowie eine große Zahl von niederen Ministerialbeamten und Stenotypistinnen, insgesamt mehrere hundert Personen.

Mein Aufenthalt in Fürstenhagen dauerte elf Tage. Es fanden fortlaufend Besprechungen mit den amerikanischen und britischen Offizieren statt, die das Lager betreuten und den beiderseitigen Geheimdiensten angehörten. Der Lagerleiter, Oberst Newman, sachlich wenig orientiert und von schlechten Formen auch gegenüber seinen Offizieren, wollte sich zunächst meiner Teilnahme an den Besprechungen widersetzen. Ich hörte, wie er zu Cooney sagte, was »this German fellow« hier zu suchen habe, und Cooney ihm antwortete, »this high german judge« sei ihm von der Civil Administration Division zu seiner Beratung und zur Berichterstattung beigeordnet worden. Die amerikanischen Offiziere waren alle für Auflösung des Lagers, die meisten Briten dagegen. Nur wusste man nicht, auf welche Art man den eifrig zusammengelesenen Haufen schicklich wieder loswerden konnte. Ich hatte Cooney auf einem Quartblatt einen Vorschlag hingeschrieben, demzufolge von den Deutschen selber unter Vorsitz eines alliierten Offiziers Ausschüsse gebildet werden sollten, die begründete Vorschläge für die Entlassung abzugeben hatten. Auch für ein Gefangenenlager kann die Selbstverwaltung nützlich sein. Diese Grundlage wurde nach einigem Hin und Her angenommen, da man keinen besseren Weg finden konnte. Dann aber begann das große Tauziehen über die nähere Bestimmung der Kategorien, welche nicht entlassen, sondern in andere Anhaltelager überführt werden sollten.

Die Amerikaner waren hier wie stets verständig und praktisch, die Engländer engstirnig und unaufgeschlossen bürokratisch. Ein Engländer kämpfte energisch dafür, dass Mitglieder des Reichskolonialbundes keinesfalls entlassen werden durften. Ich entgegnete, es sei wohl verständlich, wenn Kolonialmächten vor dem Ersten Weltkrieg die Bestrebungen des Reichskolonialbundes trotz dessen Bedeutungslosigkeit ärgerlich gewesen seien, unter Hitler aber sei dieser Bund ein »ridiculous humbug« gewesen, über den zu sprechen sich nicht lohne. Als der Engländer im Ton unartig wurde, sagte ihm Cooney, koloniale Fragen seien doch heute uninteressant geworden, und alle Amerikaner grinsten. Damit war das Thema erledigt. Wie ich schon in Berlin bei Omgus bemerkt hatte, nahmen die Amerikaner den Briten gegenüber im Zweifel die Entscheidung für sich in Anspruch und freuten sich darüber, wenn die vor dreißig Jahren ihnen gegenüber so leutselig hochmütigen Briten knirschend sich fügen mussten. Eine seltsame Ausnahme unter den Briten stellte ein Mr. Berman dar, Professor des Rechts und der Nationalökonomie an der Reading University, in Odessa geboren, aus einer Rabbinerfamilie stammend und seit Jahrzehnten naturalisierter Engländer. Ich habe mich mit ihm in Fürstenhagen und später bei uns zu Hause, als er nach Berlin versetzt war, oft unterhalten, und er war von den vielen intellektuellen Juden, die ich kennengelernt habe, der tiefgründigste, voll von lebendiger Talmudweisheit. Hinsichtlich der Auflösung des Lagers war er der weitherzigste von allen Beteiligten. Infolge dieser mühsamen Unterhandlungen wurde das Lager dann Anfang Februar 1946 aufgelöst.

Ich bin immer Europäer gewesen, seit ich durch die staatlichen Frevel gegenüber den völkischen Minderheiten von der Notwendigkeit einer europäischen Gesamtstaatlichkeit überzeugt worden war. Ich habe schon früher gesagt, dass ich hinsichtlich meiner Wiederverwendung in einem staatlichen Amte infolge der Zerschlagung Preußens und des Fehlens von zentralen Reichsstellen in der Luft hing. Infolgedessen ersehnte ich deren Schaffung besonders intensiv und beobachtete ängstlich jeden Anhaltspunkt, der dazu hätte führen können.

Anfangs herrschte weithin der Gedanke, Brüning müsse zurückkehren, und dann werde alles wieder in Ordnung kommen. Es war eine Art messianischer Hoffnung, die von den bürgerlichen Kreisen bis weit in die Sozialdemokraten herrschte, aber eine politische Utopie darstellte. Brüning hätte nach seiner Art und Vergangenheit nur eine zentrale Reichsgewalt aufbauen können, das aber widersprach dem Konzept der Besatzungsmächte, die nach dem an sich gesunden Gedanken des Aufbaus von unten nach oben, der ihnen zudem größeren Einfluss auf die Gestaltung in ihrem Sinne gewährleistete, wenigstens zunächst nichts von zentralen deutschen Stellen wissen wollten. Außerdem wünschten Amerikaner wie Engländer, den Sozialdemokraten oder wenigstens liberalen Kräften die Macht in die Hand zu spielen, auf keinen Fall aber einem rechtsverdächtigen christlichen Staatsmann, wie die Absetzung von Schäffer sowohl wie von Adenauer zeigte. Die Amerikaner hatten die Schlüsselstellung in Besitz, da von ihrem Visum die Einreise Brünings nach Deutschland abhing. Wie es scheint, hat Brüning entsprechend seiner vorsichtigen Art formell die Hinreise nach Deutschland nicht beantragt, sei es, dass er die Aussichtslosigkeit der baldigen Schaffung einer zentralen Reichsgewalt besser überschaute, sei es, weil er sich keiner

Ablehnung aussetzen wollte. Dass die Amerikaner seine Anwesenheit in Deutschland nicht wünschten, wurde bald allgemeine Überzeugung, ebenso aber auch die Ansicht, dass die neu in die Macht hineinwachsenden deutschen Politiker wie Adenauer und Kaiser froh waren, dass er nicht erschien, weil sie wussten, dass Brüning zwangsläufig die Macht zugefallen wäre.

Brüning besaß starke politische Leidenschaft. Sie war aber durch ethische Erwägungen und kühlen Verstand so gehemmt, dass er nicht zum Zuschlagen kam, wenn es nötig war. Man sagt meist von ihm, er habe keine Wirkkraft auf die Massen gehabt. Ich habe ihn in großen, unruhigen Versammlungen sprechen gehört, und nach einigen Sätzen waren die Leute gebannt von der Klarheit und Sicherheit, so dass man eine Stecknadel hätte zu Boden fallen gehört. Alle Welt ist sich einig über seine Tüchtigkeit und sein Scheitern, aber niemand kann recht sagen, was er hätte besser machen können. Es war eine mit menschlichen Mitteln unlösbare Situation, in der er zwischen der Torheit der Alliierten, der Dämonie Hitlers und der vergreisten Beschränktheit Hindenburgs mit dessen unerfreulichem Anhang stand. Der Urgrund des Übels, von dem alles Unheil seinen Anfang nahm, war Hindenburg, und nicht umsonst hat Hitler ihm das fürstliche Waldgeschenk gemacht, das gleichzeitig Hindenburg menschlich erledigte, es sei denn, dass er die Zusammenhänge nicht mehr begriff und so der gesunde Erwerbssinn die Überhand bekam. Aber es war ja gerade Brüning, der Hindenburgs Wahl betrieben und gesichert hatte! Hat Brüning ihn verkannt in seiner ihm oft vorgeworfenen preußischen Traditionsgebundenheit? Oder gab es überhaupt eine andere Figur, die man nach Lage der Dinge Hitler hätte bei der Präsidentenwahl entgegenstellen können? Brüning selbst hat nach 1945 Lukaschek und mir gesagt, Hindenburg sei bei seiner Entlassung nicht mehr im Besitz seiner geistigen Kräfte gewesen. Aber hätte man dann diesen geistigen Verfall wenige Wochen nach der Wahl nicht vor dieser schon voraussehen können mit den sich daraus ergebenden Folgen unkontrollierbarer Beeinflussung durch Leute wie Herrn von Papen und den Sohn Hindenburgs?

Diese und viele andere Fragen können einer Klärung nur näher kommen, wenn Brüning selbst zu ihnen Stellung nimmt. Er arbeitet jetzt seit einem Vierteljahrhundert an seinen Erinnerungen, und seitdem er 1955 endgültig wieder nach Vermont ging, ist es seine einzige Aufgabe. In seiner Gewissenhaftigkeit quält er sich offenbar mit dem Zwiespalt zwischen harten Urteilen – die er sehr wohl bei allem Anstand zu fällen versteht – und der Treue zur Wahrheit. Ich glaube nicht, dass er die Erinnerungen bei Lebzeiten herausbringen wird, und habe ihm neulich zu seinem 75. Geburtstag geschrieben, er möge sie trotz aller Bedenken doch veröffentlichen, schon um selbst noch die Reaktion der Öffentlichkeit zu erleben. Aber auch nach dem Erscheinen der Brüning'schen Erinnerungen wird man das schmutzige Gespinst von Untreue, Verrat, Dämonie, Macht, Eitelkeit und Geldgier, in dem er erstickt wurde, kaum durchsichtig entwirren können und wird bei dem Spruch des antiken Chors verbleiben: »Denn ein Gott hat es so gewollt.« Nach dem Sturz Brünings habe ich ihn noch einige Male in seiner klösterlichen Zuflucht in Berlin besucht. Die Pfortenschwester stritt zunächst seine Anwesenheit ab, und es bedurfte eines Vordringens zur Oberin, um zu ihm zu gelangen. Nach dem Kriege hat er mich in Berlin in einem unerhörten Ausmaß mit Lebensmittelpaketen aus Amerika unterstützt. Ich habe nachher erst erfahren, wie beschränkt seine finanziellen Mittel waren, und gemessen an diesen waren die Sendungen, die nicht nur an uns gingen, ein großes Opfer.

Als er Anfang 1950 seine Schwester in Münster besuchte, war er einen Abend mit Lukaschek zusammen bei uns. Wir hatten beide den Eindruck, dass er stark lehrhaft geworden war. Ein lockeres gegenseitiges Gespräch mit ihm war schwierig. Er dozierte und war retrospektiv eingestellt. Trotzdem wäre ihm etwa als Außenminister sicher wohl mehr eingefallen als Herrn von Brentano, und wenn er wieder in Aktion gekommen wäre, so würden die Mängel bald ausgeschliffen worden sein. Ich habe ihn dann noch einige Male wiedergesehen, und jedes Mal war die Abkehr von den Dingen gewachsen. Es war ein vornehmer Entschluss, dass er wieder nach Amerika ging, um keine anderen Kreise zu stören. Brüning scheint ein schlagendes Beispiel dafür zu sein, dass vornehme Gesinnung und erfolgreiche Politik schwer zu vereinbaren sind.

Seit Lukaschek Berlin verlassen hatte, fühlte ich mich dort doppelt vereinsamt und trotz aller Fehlschläge umso erpichter auf eine Gelegenheit zum Fortzug. Am 12. Januar 1948 zeigte mir der bei Omgus tätige Mr. Wolfsperger die Verlautbarung über den im Zuge der bizonalen Neuordnung in Köln zu schaffenden Gerichtshof, der eine Art von Verfassungsgericht darstellen sollte zur Wahrung der Einheitlichkeit des Rechts in beiden Zonen. Wolfsperger meinte, ob das nicht etwas Passendes für mich sei, was ich begierig bejahte, umso mehr, da wegen des Verhältnisses der Amerikaner zu den Russen Hochspannung herrschte. Am 23. Januar erhielt ich wenigstens schon das mit den Briten bereits abgestimmte Statut für den Gerichtshof. Dass es sachlich nicht gut war, interessierte mich weniger als der Umstand, dass nur Zivilrichter, aber keine höheren Verwaltungsbeamten als Richter vorgesehen waren, obschon es sich um überwiegend öffentlich-rechtliche Fragen handelte. Ich sorgte dafür, dass die Civil Administration dieses Verlangen stellte, wo natürlich niemand diese Unterscheidung kannte, ebenso wenig wie bei der Legal Division.

Nach stetem Drängen war es am 3. Februar so weit, dass Clay die Einfügung der Verwaltungsrichter billigte. Die Briten, wo ich unter der Hand vorgearbeitet hatte, stimmten ebenfalls zu, und am 5. Februar 1948 unterzeichneten Clay und Robertson die Proklamation Nr. 8 über die Errichtung eines deutschen Obergerichts für das vereinigte Wirtschaftsgebiet. Damit war die erste Runde geschafft, auf die ich stolz sein konnte in Anbetracht der unsagbaren Schwierigkeit, zwei bürokratische Maschinerien auf höchster Ebene binnen zwei Wochen dazu zu bringen, in eine zweiseitig bereits formulierte

Urkunde eine, keinen Amerikaner oder Engländer irgendwie interessierende, ihnen zudem unverständliche Änderung einzufügen. Nunmehr galt es, das zweite, vielleicht noch schwierigere Hindernis zu nehmen, um in das Kölner Obergericht hineinzugelangen. Mr. Lichfield, der Direktor von Civil Administration, versprach mir, eine Vorlage an Clay zu machen, mich zum Präsidenten des Obergerichts zu ernennen, und tat es auch, nachdem er sich des Einverständnisses der Legal Division versichert hatte. Von Simons, der als früherer Deutscher am besten in der Sache Bescheid wusste, erfuhr ich aber, dass Clay das Versprechen an Robertson gegeben habe, britischen Wünschen hinsichtlich des Präsidenten des Gerichts zuzustimmen, weil dieses seinen Sitz in der britischen Zone habe. Die eigentliche Schwierigkeit lag aber auf der deutschen Seite, denn es war zwar die Ernennung der Richter durch die Besatzungsmächte vorgesehen, jedoch auf Vorschlag der Zweizonenverwaltung hin.

Am 6. März 1948 überbrachte Mr. Sam Wahrhaftig von der Militärregierung, der eine wichtige Funktion in der amerikanischen Militärregierung hatte, die deutsche Vorschlagsliste an Omgus. Ich figurierte für Berlin als einziger Kandidat, war also entgegen den wiederholten Versprechen von Holzapfel, dem stellvertretenden CDU-Vorsitzenden in der Britischen Zone, und Josef Müller, dem Vorsitzenden der CSU in Bayern, dem sogenannten Ochsensepp, nicht von der CDU aufgestellt, sondern von den Berliner Sozialdemokraten, was deren Objektivität und Anstand alle Ehre machte, da sie aus dem Umstand, dass ich zu den Gründern der CDU gehörte, und aus privaten Gesprächen hinreichend wussten, dass ich ein Gegner der Sozialdemokraten war. Aber ich war weder als Präsident noch als Vizepräsident vorgeschlagen. Lichfield befragte mich am 24. März formell, ob ich das Richteramt annehmen wolle; er, Wolfsperger und Simons redeten mir dringlich zu, denn die Alliierten könnten, ohne sich den Vorwurf einer Scheindemokratie zuzuziehen, nicht von der Vorschlagsliste abweichen und Lukaschek zum

Präsidenten und mich zum Vizepräsidenten ernennen. Ich stimmte also zu, und zähneknirschend tat Lukaschek dasselbe. Ich habe das Amt widerwillig und voll Verdrossenheit angenommen. Das Obergericht war ein wohlausgeklügelter Karnevalsscherz, für den deshalb Köln passte. Seine Aufgaben waren theoretisch erdacht, seine Zusammensetzung seltsam und seine Dauer konnte nicht lange sein. Es war beruhigend, nach den langen Jahren seit der »Ausstoßung« wieder ein öffentliches Amt innezuhaben. Der Sitz des Gerichts in Köln war angenehm wegen der heimatlichen, kultivierten Gegend, und wir würden wieder mit Lukaschecks zusammen sein. Eine geeignete Wohnung war auch versprochen worden.

4. Wieder Richter am Kölner Obergericht – politische Turbulenzen um das oberste Gericht Nordrhein-Westfalens

Mit meinem Abflug von Berlin endete für mich der hauptsächliche Abschnitt meines Lebens, für das Berlin eine schicksalhafte Bedeutung hatte. Von Berlin war ich vor fünfundzwanzig Jahren nach Oberschlesien gesandt worden und dort 1934 wieder nach vielen Fährnissen gelandet. In Berlin hatte ich wieder eine Existenz und das behagliche Haus aufgebaut, in dem ich meiner Mutter einen guten Lebensabend, meiner Schwester Ite und meiner Schwester Quernheim mit ihren sechs Kindern ein Heim hatte schaffen können und in dem wir die Schrecken der Hitlerzeit und die Not um den 20. Juli 1944 erlebt hatten. All das versank jetzt im Fluge hinter mir im Osten, und die Wolken im abendlichen Westen bargen eine unsichere Zukunft. Mane nobiscum quoniam advesperascit et inclinata est jam dies! (Bleibe bei uns, denn es will Abend werden und der Tag hat sich geneigt!)

Am 24. August 1948 traf ich in Köln ein, dessen grauenhafte Zerstörung ich schon kannte. Wegen der Unterbringungsschwierigkeiten hatten wir uns durch den Caritasverband Quartier in dem

St. Hildegardiskrankenhaus besorgt, dessen Oberin uns monatelang freundlich aufgenommen hat, obschon das Haus zum Teil zerstört und Raum daher knapp war. Unsere Zimmerchen waren klein und bescheiden – bei starkem Regen tropfte es durch die Decke –, aber wir waren froh, in dem Trümmerhaufen eine Bleibe zu haben, so sehr diese sich auch vom Grunewald unterschied.

Am 25. August war die erste Sitzung des Obergerichts, das seine bescheidene Unterkunft in dem stark ausgebombten Oberlandesgerichtsgebäude hatte. Ein gar seltsames Gebilde stellte dieses Obergericht dar, das von dem Justizkollegium der britischen Zone in Hamburg zur Wahrung der Rechtseinheit in der britischen und amerikanischen Zone ersonnen worden war. Die Gerichtsbarkeit umfasste erst- und letztinstanzlich Streitigkeiten zwischen der Verwaltung des Vereinigten bizonalen Wirtschaftsgebiets in Frankfurt und einem Lande, sowie zwischen den Ländern, wenn es sich um die Auslegung oder Gültigkeit bizonaler Gesetze handelte oder darum, ob Gesetze der Länder mit bizonalem Recht vereinbar waren. Außerdem fungierte das Obergericht als Revisionsinstanz gegen sonst unanfechtbare Urteile deutscher Gerichte, wenn es sich um die obengenannten Fragen handelte. Das Obergericht stellte also eine Art von Verfassungsgericht dar, und es hätte nichts nähergelegen, als es später nach Erlass der Bundesverfassung zum Bundesverfassungsgericht umzugestalten. Dass es hierzu nicht kam, lag wohl hauptsächlich an der wenig glücklichen personalen Besetzung, die weitgehend vom Zufall des damaligen politischen Durcheinanders bestimmt worden war. Die einzige, wie ein Gesellschaftsspiel betriebene Arbeit des Gerichts bestand in der Schaffung einer am 8. April 1949 beschlossenen und im bizonalen Gesetzblatt veröffentlichten Verfahrensordnung, deren Gestaltung ich weitgehend bestimmt habe. Schwierige Dinge zu ordnen und ihnen eine Form zu geben hat mir immer Freude gemacht. Wenn schon die Verfahrensordnung des Obergerichts eine gute Arbeit war, so haben doch die Eingeborenen von Bizonesien mehr Kosten als Nutzen von ihrem seltsamen höchsten Gerichtshof gehabt, und in Trizonesien war man dann klug genug, sich ein ernsthafteres, völlig neues Verfassungsgericht zu schaffen.

Wir erlebten im Hildegardiskrankenhaus den Kölner Karneval, der aus allem Nachkriegselend unbesiegbar wieder emporquoll, selbst im Krankenhaus. Die Kranken saßen mit buntem Aufputz in den Betten, eine Frau, der vor drei Tagen der Oberschenkel amputiert war, mit einer klingelnden Narrenkappe. Sogar die Nonnen huschten mit Fastnachtsmützen in der Hand durch das Haus, die sie dann in der Klausur bei der Rekreation aufsetzen wollten. Die zugezogenen Vertriebenen, sogar der jedem Spaß geneigte Lukaschek, sahen mit mitleidigem Abscheu auf diesen so elendswidrigen Trubel. Mit scheint aber diese Fastnachtsnarretei – abgesehen von ihrer Kommerzialisierung – eine kraftvolle Bejahung des Lebens und der Überwindbarkeit der Nöte der Welt zu sein, zumal an einem Platz, wo man schon vor zweitausend Jahren dieselben Saturnalien feierte und auf dem schimmernden, im Kriege neben dem Dom wiederausgegrabenen Mosaikboden tanzte, obschon die Barbaren nur dreißig Kilometer entfernt standen. Ganz ohne Leichtsinn lässt sich das Leben nicht leben, es erstirbt dann in Regel und Langeweile.

Auch für uns fand sich dann nach manchen fehlgeschlagenen Projekten eine Wohnung in der ersten Etage des Hauses des Kaffeehändlers Melder auf der Goltsteinstraße in Marienburg, der seine große Villa in zwei Wohnungen umgebaut hatte. Die Wohnung war zwar nicht sehr praktisch, aber großräumig und freundlich im Grünen gelegen, und wir waren sehr froh, im Februar 1949 dort einziehen zu können. Bei unserm Einzug in die Wohnung ereignete sich ein Vorfall, der für die verständige Auffassung typisch ist, welche die Kölner gegenüber der gottgewollten Obrigkeit haben. Die Transportarbeiter hatten den Möbelwagen auf den Bürgersteig gefahren, um ihn bequem und ohne Störung durch den Verkehr ausladen zu können. Alsbald erschien ein Polizeibeamter, der in barscher, auf östliche Herkunft deutender Sprache verlangte, dass der Wagen auf die Fahrbahn geschoben werden solle. Nach einigem Disput erklärte der Kölner Möbelpacker freundlich: »Herr Wachtmeister, das ist doch wohl nicht Ihr Ernst«, und begann munter mit dem Ausladen. Der Beamte notierte darauf die Personalien und verschwand mit drohenden Worten über Widerstand gegen die Staatsgewalt und Beamtenbeleidigung. Mir war die Sache nicht ganz geheuer, und ich fragte nach einigen Tagen den Spediteur, was aus der Sache geworden sei, um die beruhigende Antwort zu erhalten: »Ich habe mit dem Reviervorsteher gesprochen und die Sache auf Köllsch erledigt.« Für ordentliche Staatsbürger bedeutet das »Kölner Klüngel«, für mich »westliche Demokratie«. Das Leben in Köln war trotz der verhältnismäßig guten Wohnung nicht allzu erfreulich. Die Stadt war in einem trostlosen Zustand der Zerstörung. Wenn man am Dom entlang oder sonst durch die Altstadt ging, so hätte man weinen mögen im Gedenken daran, wie das alles früher ausgeschaut hatte.

Mit unserm Gericht hatten wir keinerlei persönlichen Zusammenhang, außer mit dem früheren Regierungspräsidenten Zachariae. Umso trostvoller war es daher, dass Lukascheks zweihundert Meter von uns entfernt wohnten und ebenso nahe Nelly Planck, die Witwe des Widerstandskämpfers Erwin Planck, der ein Sohn des Nobelpreisträgers war. Ähnlich nahe lebte der bekannte Physiker Aloys Schaefer, den Lukaschek gut kannte von Breslau her. Schaefer hatte mit über siebzig Jahren in zweiter Ehe eine um rund vierzig Jahre jüngere Dame geheiratet, wie wir glaubten, um häuslich betreut zu sein und gleichzeitig seiner Frau eine Gnadenpension zu sichern. Groß war daher das Erstaunen, als ein freudiges Ereignis in Gestalt eines dicken und gesunden Jungens eintrat. Schaefer kommentierte es in seinem trockenen Humor mit den Worten: »Alle sehen das Kind als Phänomen an, in Wirklichkeit bin ich es.« Lukascheks Köchin Emmy aber äußerte sich zu der Begebenheit wie folgt: »Nun meinte die Frau Schmitz, sie hätte anständige und ruhige Mieter gefunden, und jetzt bekommen sie plötzlich ein Kind.« Die schöne, auf gleicher Gesinnung in politischen, religiösen und geschmacklichen Fragen beruhende Gemeinschaft mit Lukascheks, Nelly Planck (nebst Kind) und Schaefers, mit denen wir täglich, meist bei Lukascheks, zusammenkamen, war der Lichtblick in dem sonst trüben Kölner Nebel, den möglichst zu erhellen wir uns auch sonstwie bemüht haben.

Dann und wann verspürten wir einen Hauch der großen Welt und kamen mit den Mächtigen dieser Erde in Berührung. Einen Augenblick lang sah es sogar so aus, als ob diese Berührung enger werden sollte. Der Rundfunk brachte nämlich Ende August die Nachricht, dass ich von der Berliner Stadtverordnetenversammlung als Vertreter für den Parlamentarischen Rat gewählt werden solle. Der Präsident des Hamburgischen Oberverwaltungsgerichts Herbert Ruscheweyh erklärte mir darauf am 27. August, er habe große Bedenken über die Vereinbarkeit dieses Amts mit meinem Richteramt. Außer dieser Rundfunknachricht hörte ich nichts mehr über die Sache, und als kurz darauf die Wahl vorgenommen wurde, war ich nicht bei den Mitgliedern. Ich habe nie feststellen können, was sich da hinter den Kulissen abgespielt hat. Reuter sowohl wie Suhr, die ich kurz nachher mehrfach in Bonn traf, wichen aus, und ich kann nur vermuten, dass Ruscheweyh quergeschossen hat.

Schon im Sommer 1948 in Berlin hatten wir eine Einladung zu einem vierwöchigen Besuch in London erhalten. Die Reise hatte sich infolge unseres Umzugs nach Köln und der Schwierigkeiten bei der Beschaffung der Visen verzögert. Am 15. November 1948 früh um 6 Uhr konnten wir nun endlich fahren. Wir kamen so zwar in den richtigen englischen Herbstnebel, aber auch das hatte seinen Reiz. Wir hatten für die frühe Fahrt zum Bahnhof eins der wenigen damaligen Taxis bestellt. In Ermangelung von Benzin fuhren sie mit Holzgas, das in einem aufmontierten Ofen erzeugt wurde vermittels von Holzscheiten, die im Gepäckraum und auf dem Dach mitgeführt wurden. Diese geniale Erfindung des untergehenden Dritten Reichs zeichnete sich gleichermaßen durch Gestank aus wie durch Unzuverlässigkeit. So blieb denn auch unsre Teufelskutsche auf halbem Wege plötzlich stehen. Einen Ersatz in der noch schlafenden Stadt zu finden, war aussichtslos. So mussten wir, teils fluchend, teils betend uns zur Geduld zwingen, während der Fahrer sich daranmachte, die Höllenmaschine auseinanderzunehmen und ihre Eingeweide auf dem Pflaster auszubreiten, indes der Uhrzeiger unerbittlich der Abfahrtsstunde des Zuges zueilte. Das Beten erhielt aber schließlich die Oberhand, das Ungetüm gab wieder Lebenszeichen von sich, fuhr fauchend los, und wir konnten gerade noch in den letzten Waggon des Zuges mit nachgeworfenen Koffern hineinspringen. Eine Englandreise war damals ein großes und seltenes Unternehmen. Wenn wir auch ein Jahr vorher schon in der Schweiz gewesen waren, so bedeutete eine Reise nach England doch so viel mehr, schon weil es in das noch vor drei Jahren feindliche Ausland ging. Wir konnten nicht den üblichen Weg über Holland nehmen wegen der dort noch herrschenden Minengefahr und mussten deshalb über Ostende reisen. Auch hier fuhr das Schiff langsamer, nicht auf dem geraden Weg, sondern an der Küste entlang bis in die Höhe von Calais und erst dann nach Dover. Der Reiz der seit drei Jahren ungewohnten kriegerischen Tücken belebte offenbar die nicht sehr zahlreichen Passagiere, die bei dem freundlichen, sichtigen Wetter über die See so lange Ausschau hielten, bis die kabbelig gewordenen Wellen die Minengefahr hinter der Seekrankheit zurücktreten ließen. Die Zollkontrolle in Dover war kurz und trotz der deutschen Pässe recht höflich, weil deutsche Reisende damals in England so selten waren, dass man sie alle als »very important persons« betrachtete. Der Zug nach London sah noch genauso aus wie vor vierzig Jahren.

Wir sahen eine Menge von Leuten, Engländer sowohl wie Deutsche. Lord Pakenham, der bekannte, für deutsche Fragen besonders interessierte katholische Labourminister, lud mich zum Frühstück mit offenem Gespräch ein. Einen Abend verbrachten wir mit der

Kattowitzer, nach London emigrierten Judenheit (Czwiklitzer, Grünpeter, Weichmann etc.). Sie überboten sich in Freundlichkeit und Dankbarkeit ob meines Einstehens für die Juden, und es war erfreulich, wie gut es ihnen offenbar wirtschaftlich wieder ging, obschon sie klagten, dass die Engländer sic scheel ansähen. Bisher habe man sie für die Kriegswirtschaft gebraucht, jetzt aber wolle man sie wieder aus dem Geschäft herausdrängen. Wir fuhren Mitte Dezember wieder über Ostende nach Köln zurück in den fragwürdigen Alltag des deutschen Obergerichts.

Wider jedes Erwarten erhielt ich am 15. Februar 1949 einen Brief des Rechtsanwalts Reismann aus Münster mit der Anfrage, ob ich Präsident des Oberverwaltungsgerichtes werden wolle und bejahendenfalls möge ich ihn am 17. Februar in Düsseldorf im Landtag aufsuchen. Bei meinem Gespräch mit Reismann am 17. Februar 1949 sagte ich ihm zunächst, ich gehöre zur CDU und nicht zum Zentrum. Er erwiderte, das wisse er, es gehe ihm nur um eine sachlich und persönlich gute Besetzung des Amts. Wir gingen dann zu dem Minister Amelunxen (Zentrum), der Bescheid wusste und meine persönlichen Verhältnisse kannte aus der Zeit vor 1933, als er Regierungspräsident in Münster gewesen war, wo sich bei der Regierung mein guter Ruf aus der Referendarzeit also anscheinend gehalten hatte. Ich sagte zunächst, bevor ich mich zur Übernahme des Amtes bereit erkläre, müsse geprüft werden, ob meine Kandidatur hinreichend aussichtsvoll sei, und daran schien es mir zu mangeln, da dem Vernehmen nach Arnold bereits auf die Ernennung von Herrn Schrader festgelegt sei. Gerade das wollte man hindern, wurde mir entgegnet. Ich gab daraufhin den beiden Herren mein Einverständnis unter der Voraussetzung, dass sämtliche Minister der CDU und des Zentrums meiner Ernennung zustimmen würden.

Eine Woche später, an meinem Geburtstag, rief mich Ministerialdirigent Haslinde aus dem Finanzministerium in Düsseldorf an und bat mich im Auftrag des Finanzministers Weitz zu einer Besprechung mit diesem, die wir auf den 4. März 1949 vereinbarten. Es war also offenbar Bewegung in die Sache gekommen. An der Besprechung mit Weitz nahmen Haslinde und Dr. Six, Generalsekretär der CDU Nordrhein-Westfalen, teil. Weitz bot mir das Amt ohne Vorbehalte an. Ich bat erneut, die Sache nur anzufassen, wenn alle CDU- und Zentrumsminister einig darüber seien. Weitz meinte, Arnold habe sich der SPD gegenüber auf Schrader irgendwie festgelegt, sie würden ihn aber zwingen, und Six solle einen Fraktionsbeschluss herbeiführen, wenn es nötig werden sollte. Gerade als ich gehen wollte, rief Oberregierungsrat Ulrich von der Staatskanzlei an und fragte nach mir. Er bat mich, am folgenden Tage zu Arnold zu kommen. Anscheinend hatte Weitz oder Six also inzwischen bereits eine Bresche sturmreif geschossen.

Am 5. März fuhr ich also wieder nach Düsseldorf in das Mannesmann-Haus, in dem sich die Landesregierung mit Blick auf das großartige Bild des Rheinbogens niedergelassen hatte. Im Vorzimmer Arnolds wartete noch der später so bekannt gewordene Globke, den ich nicht wiedergesehen hatte, seit ich ihn im Dezember 1945 im Ministerial Collecting Centre in bedrängter Lage angetroffen hatte. Er war wieder bester Dinge, und ich hatte den Eindruck, dass er in gleicher Sache zu Arnold kam wie ich. Arnold war liebenswürdig wie immer. Er begann zunächst ein Gespräch über unsern gemeinsamen Freund Hans Maier-Hultschin, mit dem er zusammen auf der Leo-Akademie in München ausgebildet worden war und den er als Landespressechef nach Düsseldorf zu holen beabsichtigte. Dann sagte er, das Oberverwaltungsgericht müsse schnell eingerichtet werden, er sei damit im Rückstand, es sei eine sehr wichtige Aufgabe, ob ich bereit sei, das Amt des Präsidenten zu übernehmen. Ich erklärte mich sofort bereit mit dem Zusatz, ich habe ja schon zwei Wochen Zeit gehabt zur Überlegung seit dem Angebot durch Reismann.

Ich erhielt aber erst am 11. Mai einen Brief von Arnold, der meine Ernennung vorbehaltlich der britischen Zustimmung mitteilte.

Erst am 15. Juli 1949 – Ites Geburtstag – händigte mir Arnold in Düsseldorf die Anstellungsurkunde aus.

Zwar war es nur die kurze Zeit eines knappen Jahres, die ich in Köln verbracht hatte, aber sie war erfüllt gewesen vom Wiederaufblühen der Wirtschaft im Verfolg der Währungsreform, vom Beginn eines neuen politischen Lebens in Deutschland im Parlamentarischen Rat in Bonn und von der Wende in meinem eigenen Geschick. Nach dem äußersten Hungerelend in Berlin im Sommer 1948 bestand kein Mangel mehr an Lebensmitteln. Im Juni 1949 bereits hörte meine Schwester im Fleischerladen die inhaltsschweren Worte der Verkäuferin: »Darf es ein Viertelpfund mehr sein, es ist ein ganz mageres Stück ohne jedes Fett«. Diese Worte bedeuteten das Ende einer Epoche und kündeten den Weg an, auf dem man die Vergangenheit nützlich bewältigen würde. Auch der Bedarf an Gebrauchsgütern war wieder hinreichend gedeckt.

Das damalige Aufblühen des Wirtschaftslebens schuf gleichzeitig die Grundlage für die politische Erneuerung, die sich während meiner Kölner Zeit anbahnte. Der Stern Adenauers war aufgestiegen, und aus einem Haufen verhungerter und zerlumpter Obdachloser und Landstreicher formte sich wieder ein Gebilde, das mehr und mehr an Gewicht und Ansehen gewann. Bonn, nicht Frankfurt, trat an die Stelle Berlins, weil die Villa Adenauers in Rhöndorf stand. Zäher, rücksichtsloser Machtwille eines starken Mannes schaffte sich die Akklamation für die neue Demokratie, die ihre Rechtfertigung in der aufblühenden Wirtschaft fand. Die Träger und Nutznießer der braunen Vergangenheit kamen umgefärbt aus den Löchern und halfen eifrig und erfolgreich beim Wiederaufbau des Staates. Der Aufbruch zu neuen großen Zeiten wurde allenthalben ersichtlich.

Für mein persönliches Geschick hatte dieses Kölner Jahr die abschließende Wende gebracht. Mit 58 Jahren hatte ich ein Amt erhalten, das angesehen war und eine schöne Aufgabe darstellte. Das neue Amt beinhaltete zudem überwiegend eine verwaltende und gestaltende Tätigkeit, zumal ich sein erster Inhaber war, es also schaffen und formen musste. Ich habe es daher mit Frohmut und Optimismus übernommen in der Hoffnung, ein nützliches und gutes Werk schaffen zu können. Es erschien mir als ein gutes Vorzeichen, dass ich das Amt nicht meiner politischen Partei, der CDU, zu verdanken hatte, vielmehr vom Zentrum dem CDU-Ministerpräsidenten Arnold geradezu aufgezwungen worden war. Wer ein öffentliches Amt durch eine Partei erhält auf Grund seiner Zugehörigkeit zu ihr, kann sich anständigerweise der Verpflichtung gegenüber dieser Partei nicht entziehen.

VIII. Große Ämter, die Adenauer-Affäre und Gedanken an das Ende

1. Zurück in Münster – Präsident des Oberlandesgerichts und zugleich erster Präsident des Verfassungsgerichts

Am 1. August wurde ich von Arnold in seinem Amtszimmer in Gegenwart der Landesverwaltungsgerichtspräsidenten vereidigt und anschließend vereidigte ich diese. Der große Raum im Mannesmann-Haus am Rhein, dem damaligen Amtssitz der Landesregierung, war mit Blumen geschmückt und auf dem Tisch stand ein schönes großes Barockkruzifix, das man für den Zweck aus der Lambertikirche entliehen hatte, nebst zwei brennenden Kerzen. Für die damaligen Verhältnisse bedeutete diese religiöse Betonung der Eidesabnahme einen mutigen Akt Arnolds gegenüber den sozialistischen, damals noch hübsch antiklerikalen Koalitionspartnern. Eine englische Pressephotographin machte Bilder von der Zeremonie, von denen ich noch eines besitze. Deutsche Pressephotographen gab es also wohl noch nicht wieder in Düsseldorf. Anschließend lud Arnold zu einem Frühstück, und der formelle Start war also bestens erfolgt. Der Öffentlichkeit wurde die Eröffnung des Oberverwaltungsgerichts zur Kenntnis gebracht durch eine Feier im August 1949 im Saal des Landesmuseums, dem einzigen in Münster erhalten gebliebenen geeigneten Raum. Arnold hielt eine Ansprache, und der Oberbürgermeister Beyer begrüßte das Gericht. Dann folgte meine Antwort mit längeren Ausführungen grundsätzlicher Art. Ich begann mit dem Anruf: »Im Namen der allerheiligsten Dreifaltigkeit des Vaters, des Sohnes und des Hl. Geistes.«

Arnold hatte mich einige Tage vor der Feier gebeten, ihm den Entwurf meiner Ansprache, die ich aber ziemlich frei hielt, vorher zu geben, damit er seine Worte darauf einstellen könne. Vor Beginn der Feier kam sein Referent, Oberregierungsrat Ulrich, zu mir und bat mich in Arnolds Namen, den Anruf der Hl. Dreifaltigkeit zu streichen, »um mir unnötige Angriffe zu ersparen«. Ich lehnte das ab und sprach dann mit Arnold selbst, der sich auch einverstanden erklärte, als ich ihm sagte, Hitler habe es immer mit dem »Allmächtigen« zu tun gehabt, und es müsse jetzt endlich einmal Farbe bekannt werden. Gewiss ist es nach dem Sinn der pluralistischen Demokratie, in der wir leben, schwierig, Regeln dafür aufzustellen, ob und wie weit christliche Grundsätze im öffentlichen Leben vertreten werden dürfen. Die Demokratie lebt aber unausgesprochen von den Resten der christlichen Wertordnung, die als verbindlich behandelt werden, ohne sie näher umreißen oder den Grund ihrer Verbindlichkeit angeben zu können. Aus diesem Dilemma erwachsen die Krisen im öffentlichen Leben, insbesondere die Justizkrise, die nicht Schuld schlechter Richter, sondern mangelhafter Wertordnung ist. Die christliche Wertordnung soll der Richter nicht zu Grunde legen dürfen, niemand aber kann ihm ohne Phraseologie sagen, von welchen Grundsätzen er sonst ausgehen soll. Aller humanistische Wertordnungsversuch ist durch Hitler weggefegt worden. Die Demokratie hat es also schwerer mit ihren Werten als noch in der Weimarer Zeit.

Meine Ansprache bei der Einführung hat übrigens keine der befürchteten »unnötigen Angriffe« hervorgerufen. Der als Ehrengast geladene alte sozialdemokratische Innenminister Severing, den ich zuletzt im Gefängnis Lehrterstraße gesehen hatte, begrüßte mich sogar betont freundlich und lobte meine Worte. Er machte mir übrigens noch eine besondere Freude, indem er mir in Anknüpfung an die in meiner Rede erwähnte Schwierigkeit der Beschaffung einer Bibliothek für das Gericht ein Buch übersandte mit der Widmung, dieses sein einziges juristisches Buch solle den Grundstock der neuen Bücherei bilden. Die örtliche Presse berichtete sehr freundlich mit Bildern über die Feier und gab meinen Darlegungen breiten Raum.

Als ich am 25. Mai 1949 zum ersten Mal wieder in einem von Arnold zur Verfügung gestellten Auto von Köln zusammen mit meiner Schwester nach Münster gefahren war, fanden wir eine der am ärgsten zerstörten deutschen Städte, und es bedeutete eine große Bitternis, an Stelle des von Kindheit an gewohnten köstlichen alten Stadtbildes mit den mittelalterlichen Kirchen, den stolzen Bürgerhäusern aus vielen Jahrhunderten und den barocken Adelspalästen einen wüsten Haufen von Bauschutt wiederzufinden, durch den in mühseliger Arbeit wenigstens wieder Fahrbahnen geschaffen worden waren.

Nach mehreren vergeblichen Versuchen, ein fertiges Haus zu kaufen, hatte ich schon im Dezember 1949 von der Stadtverwaltung ein Grundstück am Aasee von 1100 Quadratmetern erworben. In leicht erhöhter Lage über dem See. Erst im Juni 1951 konnten wir das neue Haus beziehen, da Planung und Bau sich als ungewöhnlich schwierig erwiesen. Wir fühlen uns in der sonnenoffenen Südlage des noch vor der Glas- und Stahlinfektion gebauten Häuschens wohlgeborgen und können nur dankbar für eine selige Sterbestunde in unserm letzten Refugium beten, das inzwischen im Grün völlig verwachsen eine kleine Einsiedelei geworden ist.

Das Inventar für das Gericht konnte ich nicht selber beschaffen, es wurde vielmehr von einer zentralen Beschaffungsstelle in Düsseldorf geliefert, die man zwecks besserer Kontrolle gegen die allenthalben auf dem Boden der Not wuchernde Korruption eingerichtet hatte. Das konkrete Ergebnis bei mir war die Lieferung von Schund, der sich äußerlich in den Formen des damals in Hochblüte kommenden Gelsenkirchener Barocks präsentierte. Wie weit hatten wir uns entfernt von den ärmlich schlichten, aber sauber soliden Tannenholzmöbeln des Amtsgerichts Warendorf anno 1912, die damals schon fast ein Jahrhundert lang der Rechtspflege gedient hatten. Bei der neuen zentralen Pracht gab es keine Schranktür oder Lade, die nicht klemmte, kein Schloss, das nicht sperrte, und keinen Stuhl ohne Splitter. Zwei Mal brach an meinem Schreibtischsessel die Armlehne ab. Ständig gab es Klagen über in mehr oder minder zarte Stenotypistinnenbeine eingedrungene Stuhlsplitter und durch sie beschädigte teure Seidenstrümpfe mit der sich anschließenden Rechtsfrage der Haftung dafür durch den Staat. Den Boden meines Zimmers deckte ein aufreizend üppiger Teppich aus rotem Plüsch, dessen Qualität aber so fragwürdig war, dass er täglich beim Putzen ganze Wolken roter Fasern von sich gab. Alle nach Düsseldorf gerichteten Beanstandungen blieben erfolglos.

So sollte es zehn Jahre lang mein tägliches bitteres Brot sein, um die nötigsten sachlichen und personellen Bedürfnisse für ein wirksames und würdiges Funktionieren der Verwaltungsgerichte mit wenig Erfolg zu kämpfen, obschon ich von Natur einer ironischen Lebenshaltung und harmonischen Lösungen zuneige. Dieser Kampf hat mir die Freude an meiner Arbeit vergällt, mich immer kritischer gegenüber dem Staat und der Handhabung der Staatsgewalt gemacht und mich in Skepsis gegenüber dem Staat geführt. Ich hatte mit Kreisauer Optimismus gehofft, mithelfen zu können, den Staat von dem Schmutz der Hitlerkloake zu befreien und ihn wieder zu einem hohen menschlichen Wert zu machen, der er nach der Lehre der Kirche sein soll. Nur weil die Kirche es lehrt, glaube ich heute noch, dass es Christenpflicht ist, an einer guten Gestaltung der staatlichen Dinge mitzuarbeiten, denn die Erfahrung unter den mancherlei Regierungsformen, die ich erlebte, hat mich überzeugt, dass der Missbrauch der Staatsmacht ein Geschick ist, das sich zwar in etwa mildern, aber nicht beseitigen lässt. Die Macht ist entsprechend der Ursünde des Stolzes die größte Versuchung.

Anfangs verhinderte die britische Besatzung in der Regel noch die Anstellung früherer Mitglieder der NSDAP, aber trotzdem war bei der ersten Stellenbesetzung eine Anzahl früherer Parteigenossen ernannt worden, die keine andere Belastung hatten als ihre frühere Parteizugehörigkeit. Seitdem die Briten ihre Kontrolle aufgegeben hatten, mehrten sich die Parteigenossen wie in der Verwaltung und Justiz auch bei den Verwaltungsgerichten, wo sie sachlich unerwünschter als irgendwo sonst waren. Bei meinem Ausscheiden im Jahre 1959 waren meiner Erinnerung nach beim Oberverwaltungsgericht außer dem Vizepräsidenten Dr. Lehmann und mir nicht viele Richter zu entdecken, die nicht Mitglied der NSDAP gewesen waren. Diese Entwicklung war nicht aufzuhalten, denn die Bürokratie, welche über die Anstellungen entschied, bestand weitgehend aus früheren Parteigenossen, und geeignete Kandidaten ohne Parteimitgliedschaft waren rar. Wie weitherzig die Düsseldorfer Ansichten über das nationalsozialistische Vorleben bei der Richteranstellung waren, zeigt folgendes kleines Beispiel. Ich berichtete am 9. Dezember 1954 über einen zur Anstellung vorgesehenen Richter: »Die gesetzlichen Voraussetzungen sind erfüllt. In sachlicher Hinsicht bestehen keine Bedenken. Die Schrift »Unter jüdischer Pfandknechtschaft« ist ein unwissenschaftliches Pamphlet mit argen Invektiven. Sie kann bei einem wissenschaftlich versierten Mann nur als Zweckschrift zur nationalsozialistischen Bewährung gedeutet werden, weist also auf charakterliche Mängel hin, die gerade für einen Verwaltungsrichter gefährlich sind. Dazu kommt die Wirkung nach außen. Es würde für das Ansehen der Verwaltungsgerichtsbarkeit sehr schädlich sein, wenn etwa ein gewandter Anwalt unter Vorlage der Schrift einen Ablehnungsantrag stellen würde.« Die Düsseldorfer Antwort hierauf vom 22. Dezember 1954 war jedoch der Weihnachtswoche entsprechend wesentlich gnadenreicher: Zwar sei nicht zu verkennen, dass die Schrift den Richter belaste. Auf der anderen Seite aber sei zu berücksichtigen, dass die beiden Mitverfasser der Schrift, ein früherer Gauführer und ein stellvertretender Gauführer bereits seit langem wieder der eine als Rechtsanwalt, der andere als Amtsgerichtsrat tätig seien. Bei dieser Sachlage sei es unbillig, Herrn X. »seine berufliche Tätigkeit vorzuenthalten« und seine Anstellung sei in die Wege geleitet. Gegenüber solcher Logik und staatshoheitlicher Weisheit müssen alle Argumente schweigen.

Eine Gefahr ist bei dem bestehenden System der Verwaltung durch den Gerichtspräsidenten allerdings unvermeidbar, dass er nämlich zu sehr durch die Gerichtsverwaltung in Anspruch genommen und so der richterlichen Tätigkeit entzogen wird. So habe auch ich, abgesehen vom Verfassungsgerichtshof, nur eine recht beschränkte richterliche Tätigkeit ausüben können durch meinen Vorsitz im V. Senat, der die Kirchen- und Schulsachen behandelte. Es lag mir sehr daran, gerade auf diesem Gebiet mitarbeiten zu können, weil die religiösen und kulturellen Fragen für den Wiederaufbau Deutschlands wichtiger sind als irgendein anderes Gebiet.

Aber verlassen wir jetzt einmal dieses allzu unbehagliche Oberverwaltungsgericht, um einen Blick auf den Verfassungsgerichtshof zu werfen, wo es vielleicht freundlicher zugeht. Anlässlich seiner Eröffnung fand am 12. Mai 1952 eine Plenarsitzung des Landtags statt, in der die Mitglieder vereidigt wurden. Ich hielt dabei eine Ansprache, die folgendermaßen begann: »Allmächtiger, ewiger Gott, in Deiner Hand sind die Gewalten und Rechte aller Staaten. Das deutsche Volk hat in den verflossenen sieben Jahren seine Abkehr von der Gewalt und die Gründung des Staates auf das Recht vielfach feierlich betont, und zwar nicht auf ein Recht, das es sich selbst allein setzt, sondern auf dessen ewige Ordnungen. Wenn heute der Verfassungsgerichtshof des Landes Nordrhein-Westfalen durch die Vereidigung seiner Mitglieder vor diesem hohen Hause konstituiert wird, so liegt das im Zuge dieser Rückkehr zum Recht.«

Ich war mir bewusst, dass ich mich mit dieser Präambel auf einem schmalen Grat bewegte, hielt mich aber trotz Pluralität hierzu ebenso befugt wie andere zu Zitaten aus Luther oder Goethe. Getragen wurde ich dabei von einer Art missionarischen Sendungsbewusstseins, das sich daraus ergab, dass so viele meiner Freunde ob ihres Bekenntnisses gehangen worden waren, ich also mein Überleben durch mein – so viel leichteres – Bekenntnis abgelten und mit Sinn erfüllen müsse. Da ich aber kein Heiliger bin, vielmehr arg im Diesseits verstrickt, will ich nicht leugnen, dass es mir auch daran lag, durch die ungewohnten Worte die souveräne Stellung des Verfassungsgerichtshofs zu betonen, und dass es mir persönlich sündhafte Freude machte, den Bürgerschreck zu spielen.

Auf mündliche Hinweise bei Arnold erhielt ich dann für mich und meine Schwester öfters Einladungen zu Empfängen, die Arnold bei besonderen Gelegenheiten im Schloss Benrath und einmal auch im Schloss Brühl gab. Auf die meisten Anlässe entsinne ich mich nicht mehr. Besonders erinnerlich ist mir der Empfang beim Besuch des Kaisers von Äthiopien, Haile Selassie, geblieben, weil er trotz der hohen menschlichen Würde des zierlichen kleinen Mannes und trotz des wie immer anerkennenswert guten Auftretens von Arnold und Frau Arnold in seiner förmlichen Gestaltung so herrlich operettenhaft war, dass man richtig darauf wartete, bei der Vorstellungs-Cour all die statiösen, als eine Art von Hofdamen aufgebauten Ministerialratsgattinnen in einem Offenbach'schen Höllengalopp durcheinanderwirbeln zu sehen. Die Empfänge Arnolds zeichneten sich übrigens durch eine in dem üppigen Düsseldorfer Milieu angenehm überraschende Schlichtheit des Aufwandes aus, und Arnold war mit Recht stolz darauf, dass er seinen Dispositionsfonds nicht voll verbrauchte.

2. Ein Angebot, das man eigentlich nicht ablehnen kann – die Adenauer-Affäre

Mehrfach bot sich mir die Gelegenheit, aus den unerquicklichen Verhältnissen – die natürlich auch ihre gute Seite hatten – durch Übernahme eines anderen Amtes auszuscheiden. Am 2. November 1949 notierte ich: »Lukaschek rief an und sagte, Adenauer habe im Kabinett erklärt, er könne keinen Staatssekretär des Äußeren finden, da er keinen früheren Diplomaten haben wolle. Ob die Minister jemanden wüssten. Lukaschek hat mich darauf genannt, und Adenauer erklärte, er wolle mich zu sich bitten. Lukaschek rät zu, den Posten anzunehmen, so schwer er sei und so unsicher die Stellung.«

Am 28. November abends, als wir am Radio die Symphonie pastorale von Ravel hörten, wurde mir ein Telegramm aus Bonn durchgesagt: »Bundeskanzler erbittet Ihren Besuch für Donnerstag«. Ich notierte dazu: »Ich überlasse es der Muttergottes und meinem Schutzengel. Es war ein großer Moment, ganz gleich, was daraus wird. Zumindest ist es wie bei der alten Jungfer, die wenigstens einmal gefragt wurde«.

Am 1. Dezember 1949 fuhr ich nach Bonn zunächst zu Globke (Chef der Bundeskanzlei), der damals noch in dem Museum König saß. Er tat sich diplomatisch unbestimmt. Es kämen mehrere Staatssekretärposten sowie Präsident des Bundesverwaltungsgerichts in Frage, und dieserhalb wolle Adenauer einige Herren kennenlernen. Hinsichtlich des Bundesverwaltungsgerichts erwiderte ich, dieses Amt komme für mich nicht in Frage, da ich mich bereits bemüht habe (durch Lukaschek), dass mein Freund Ludwig Frege es erhalte, der begründeteren Anspruch darauf habe als ich, und der es dann später auch erhalten hat. Ich notierte abends: »Ich ging dann zu Adenauer ins Palais Schaumburg schräg gegenüber, in dem er seit einigen Tagen sitzt. Merkwürdiges Gefühl, die Räume zu betreten, in denen die Kaiserschwester ihr armes Dasein im Gedenken an den schönen Battenberger vertan hat. Alle Möbel sind fort und die Einrichtung glatt neu, aber anständig. Protokoll noch etwas schwierig. 9 Uhr war vereinbart, es dauerte aber eine halbe Stunde, bis er von Rhöndorf angefahren kam. Trotzdem die Bundestagssitzung um 10 Uhr begann, war ich bis 10:30 bei ihm. Er gleicht im Ausdruck Clémenceau und es bedurfte nur noch dessen schwarzen Käppchens auf dem bleichen Mongolenkopf. Große Intelligenz, angenehm kühl sachliche, aber menschlich nette Art. Gute Haltung zeigte sich in der absoluten Zeitlosigkeit; ohne Hast und Ungeduld sprach er und unterhielt sich, als ob es keinen Bundestag, keinen Schumacher und keinen Petersberg gebe. Er habe Sorge wegen der Vorbereitungen für die Einrichtung des Außendienstes. Deshalb wolle er mich gern einmal kennenlernen. Einige Fragen über Vergangenheit, besonders über Gemischte Kommission. Er habe eine Abteilung für die Verbindung zu den Alliierten (Blankenhorn), eine Konsularabteilung (Haas), dann noch eine nicht näher umrissene Abteilung (Pfeifer); er brauche eine Rechtsabteilung für Vorbereitung des Friedensvertrages und alle internationalen Rechtsfragen. Ob ich das wolle. Ich: Wie ist das beamtenrechtlich gedacht? Er: Ministerialdirektor, aber es wird sich ohne Obligo wohl zu einer Staatssekretärsstelle ausbauen. Ich: Ich bin nicht genügend spezialisiert auf Völkerrecht, ich empfehle Prof. Erich Kaufmann. Einige Bemerkungen hin und her über diesen. Er: Es ist wie alles hier eine schwere, aber interessante Arbeit. Ich: Trotz meines Alters neige ich noch zu Abenteuern, aber ich rate doch zu Kaufmann. Dann wurde Blankenhorn hereingeholt und Adenauer versuchte erneut, ob mir die Arbeit in Münster denn voll ausreiche, er lockte mit dem großen Spiel der Welt. Inzwischen kam ein telefonischer Anruf für ihn, auf den er nur sagte: ›Ja gewiss, in meinem Zimmer im Bundestag.‹ Er sagte dann, Schumacher habe ihn soeben um eine Unterredung bitten lassen. Er war beeindruckt, fast bestürzt, ging aber sofort wieder in die Unterhaltung über.«

Bei diesem Telefonanruf hat es sich offenbar um die Nachricht gehandelt, dass Schumacher bereit sei, mit Adenauer über die Entschuldigung zu verhandeln, welche der Bundestagspräsident von ihm unter zwanzigtägigem Sitzungsausschluss verlangt hatte wegen des für Adenauer so schwer beleidigenden Zurufs in der Debatte vom 25. November 1949: »Bundeskanzler der Alliierten«. Adenauer erwähnt hierzu in seinen Erinnerungen Band I S. 293 nur, dass Schumacher einige Tage nach der Debatte in schriftlicher Form bei ihm um Entschuldigung gebeten habe.

Nach dieser Unterbrechung wurde dann die organisatorische Seite der Zusammenfassung aller außenpolitischen Bestrebungen der verschiedenen Ministerien (Wirtschaft, Gesamtdeutsche Fragen: Kaiser etc.) im künftigen Auswärtigen Amt kurz erörtert. Nach einigen recht offenen Einblicken in sein Verhältnis zu Erhard und Heuss versuchte er dann erneut, mir die Sache schmackhaft zu machen. Da er meine Ablehnung nicht verstehen wollte, sagte ich schließlich, ich wolle mit Blankenhorn weiter darüber sprechen. Er erklärte dann auch, es werde Zeit für ihn, zum Bundestag zu fahren, und die Sache war nach drei viertel Stunden beendet.

Ich sagte dann Blankenhorn in seinem Zimmer, ich fühle mich a) auf Völkerrecht nicht genügend spezialisiert, und b) nähme ich kein Amt unter Staatssekretär, und auch dann wüsste ich noch nicht, ob ich es täte. Da ich durch Lukaschek und Weitz über die Schwierigkeiten der Personalbesetzung für die dringend nötige Staatssekretärsstelle Bescheid wusste, war ich sicher, dass Adenauer auf die Sache zurückkommen werde, nachdem er gemerkt hatte, dass ich billiger als Staatssekretär nicht einzukaufen war.

Das erwies sich als richtig, nachdem Adenauer inzwischen Prof. Kaufmann für die Rechtsabteilung des Auswärtigen Amts herangezogen hatte, der aber als Staatssekretär aus verschiedenen Gründen nicht in Frage kam. Im März 1950 kam die Errichtung des Auswärtigen Amts im Bundestag zur Sprache, der die Ernennung eines Staatssekretärs des Äußeren verlangte, um Adenauer etwas von der Außenpolitik abzudrängen, damit er sich mehr mit der ihn weniger interessierenden, höchst notwendigen Innenpolitik befassen solle. Am 20. Mai 1950 fand ich bei Rückkehr von einer Besprechung in Düsseldorf einen Zettel meiner Sekretärin vor: »Vizepräsident Globke vom Bundeskanzleramt Bonn hat für Montag, den 22., seinen Besuch im Auftrag des Herrn Bundeskanzlers telefonisch angesagt.« Wenn der Chef der Bundeskanzlei selbst von Bonn nach Münster kommt, so muss der Kessel auf Volldampf geheizt sein. Ich nahm zunächst an, es handele sich um eine Stellung im Rahmen des neuen Schumannplans, die ich gern angenommen hätte.

Als Globke am 22. Mai kam, bot er in der dreistündigen Unterredung leider nicht den noch ziemlich vagen Schumannplan, sondern erneut das Amt in der Bundeskanzlei an, diesmal aber eindeutig als Staatssekretär. Ich solle sofort, nächste Woche, definitiv ernannt werden, und zwar sowohl für die Geschäfte des Inneren wie des Äußeren, mit der freien Wahl nach Errichtung des Außenamts, Staatssekretär in diesem zu werden, oder das Staatssekretariat in der Bundeskanzlei zu behalten. Eine Dienstwohnung neben dem Palais des Bundespräsidenten werde angekauft. Ich sagte, die Doppelaufgabe für Inneres und Äußeres sei einfach unmöglich. Letzeres allein gehe schon über Menschenkräfte bei der verworrenen Außenlage, dem Fehlen aller Einrichtungen und dem Mangel an geeigneten, unbelasteten Kräften. Zudem sei die Eingliederung der schon vorhandenen Rumpfstellen, insbesondere Blankenhorn, schwierig, sowie die Angewöhnung der Ministerien an die neue Lage, die sich bisher mit außenpolitischen Gebieten selbständig befasst hätten. Jede Unterstützung seitens des Kanzlers wurde hierfür zugesagt. Offenbar hatte Globke selber das größte Interesse, mich für das Amt zu gewinnen. Er stand im Sturm der Angriffe wegen seines Kommentars zu den Judengesetzen. Eine bessere Abschirmung für ihn als meine Ernennung gab es nicht wegen meiner Haltung in der Hitlerzeit. Er kannte mich von früher her hinreichend, besonders aus meiner Einstellung ihm gegenüber während seiner Festsetzung in dem alliierten Ministerial Collecting Centre im Jahre 1945, um zu wissen, dass ich ihm mindestens nicht schaden würde. Unter meinem Schutz und Schirm konnte er dann in Ruhe warten, bis die Angriffe gegen ihn abklingen würden, um dann Staatssekretär in der Bundeskanzlei zu werden, wenn ich mich endgültig für die Staatssekretärsstelle im Auswärtigen entscheiden würde, was er als ziemlich sicher annehmen konnte. Es war also eine einfache und glatte Rechnung für ihn, während sie für mich viele Unbekannte enthielt, insbesondere die Person des nüchtern rechnenden Kanzlers und der verschiedenen Männer, die sich um ihn bereits feste Positionen ausgebaut hatten. Es konnte sehr leicht die Situation des Prügelknaben entstehen, der das Auswärtige Amt brav und fleißig aufbaut, wegen der dabei unvermeidbaren Rückschläge aber dann schlicht und kühl zur Disposition gestellt wird, das bisherige Amt dabei verloren hat und nach den neuen Vorschriften nur die kleine Pension aus diesem erhält. Ich sagte Globke daher, ich brauche eine Woche Zeit zur Überlegung. Lukaschek riet sehr zu. Ich war unschlüssig.

Ich notierte am 24. Mai 1950: »Es stimmt schon, dass das Schicksal sich für ausgeschlagene Chancen rächt, und vor Arbeit und Verantwortung habe ich mich bisher nicht gedrückt. Ich weiß nur nicht, ob ich die körperlichen Kräfte noch habe. Vor 15 Jahren wäre es eine Glorie gewesen, und heute kann es leicht ein großes Kreuz werden. Ehrgeiz oder stille ruhige Arbeit. Es ist unsicher wie alles Irdische, aber ich neige jetzt zur Annahme trotz aller befürchteten Unzulänglichkeit. Man muss seinem Stern folgen, und abendländische Kultur beruht ja schließlich auf dem Wagnis und nicht auf der geruhsamen Sattheit. Es kann eine große Leistung für Deutschland und Europa werden, und wenn sie glauben, niemand Besseren zu haben, so kann ich es ja schließlich versuchen. Ich werde mich also mit Arnold in Verbindung setzen.«

Am 26. Mai 1950 fuhr ich nach Düsseldorf, um Arnold, der schwer an einer Sepsis erkrankt gewesen war, im Landtag zu treffen. Hans Maier (Landespressechef), der bei Arnold im Zimmer war, riet dringend ab. Adenauer sei in Personalfragen unberechenbar und sprunghaft; ich solle mich dort nicht als Prügelknabe verbrauchen lassen. Arnold erklärte nach eingehender Erörterung, er wolle mir nicht im Wege stehen, er persönlich würde es wegen der vielen Unsicherheitsfaktoren nicht akzeptieren.

Am 27. Mai sagte ich Globke telefonisch, die Sache sei mir zu unübersehbar, er möge dem Kanzler meine Ablehnung mitteilen. Globke entgegnete, ich müsse wenigstens selber mit dem gerade erkrankten Kanzler sprechen, und er werde mir einen Termin dafür mitteilen; es könne auch ein privater Hausbau für mich mit öffentlichen Darlehn finanziert werden. Also neue Lockung, die außenpolitische Höhenluft gegen den Münster'schen Nebel einzutauschen. Auch der Finanzminister Weitz riet mir mit dem folgenden Brief vom 1. Juni 1950 zur Annahme:

»Auf meinen Rat hat Herr Bundeskanzler Dr. Adenauer sich kürzlich an Sie mit einem ›vollwertigen‹ Angebot gewandt und Sie gebeten, das Amt des Staatssekretärs bei ihm zu übernehmen. Pfingstsonntag traf ich auf der K.V.-Tagung in Bonn Herrn Dr. Globke, der mir sagte, dass Sie neuerdings Bedenken bekommen hätten. Ich habe es übernommen, Sie doch recht herzlich zu bitten, diese Bedenken zurückzustellen und unbedingt das Amt in Bonn zu übernehmen. Ich darf hierzu bemerken, dass ich mich wirklich bemüht habe, ein ehrlicher Makler zu sein und den Herrn Bundeskanzler noch vor einigen Wochen darauf hingewiesen habe, dass der Vorschlag, den er *damals* gemacht habe, meiner Ansicht nach von Ihnen mit Recht abgelehnt worden sei. Umgekehrt könnten Sie es aber jetzt meines Erachtens machen, indem Sie sich zunächst mal in Münster für höchstens 6 Monate beurlauben lassen und versuchen, wie Ihnen die Bonner Luft bekommt. Ich bin überzeugt, dass Sie mit Herrn Dr. Adenauer sehr gut zusammenarbeiten werden. Prüfen Sie bitte meinen Vorschlag und sagen Sie möglichst bald in Bonn ›adsum‹ (ich stehe zur Verfügung).«

Am 9. Juni 1950 fragte Globke telefonisch, ob ich am folgenden Tage um 16 Uhr zu Adenauer nach Rhöndorf kommen könne. Am 10. Juni fuhr ich mit meiner Schwester zunächst zu Globke und dann mit ihm zusammen weiter nach Rhöndorf. Ich notierte darüber: »Ite blieb im Wagen. Es ist ein selten kultiviertes Haus in wonniger Lage, eingesonnt am Fuß des Drachenfels in köstlichem Staudengarten. Adenauer war erstaunlich frisch nach seiner Lungenentzündung. Wir sprachen über zwei Stunden sehr anständig. Er beharrte auf der Übernahme beider Funktionen, da er zunächst kein Auswärtiges Amt nach außen hin errichten könne. Auch meine Beurlaubung für sechs Monate aus meinem jetzigen Amt schluckte er, obschon er deren Sinn erkannte. Er sagte nämlich, er sei gar nicht so schlimm wie sein Ruf. Ich versprach Nachricht binnen drei Tagen. Er hat gesunde, weite Konzeptionen, z. B. wurde Remilitarisierung als nötig hingestellt, die ich bei europäischer Integration voll bejahte. Gegen halb sieben fuhr ich dann mit Ite auf den Drachenfels, wo wir zu Abend aßen.«

Am folgenden Morgen, dem 2. Sonntag nach Pfingsten, las ich bei der Messe den Introitus: Psalm17, 19-20. Factus est Dominus protector meus et eduxit me in latitudinem: salvum me fecit et voluit me. (Der Herr wurde mir zum Schutz, und er führte mich hinaus in die Weite, er befreite mich, denn er hatte an mir Wohlgefallen.) Das schien mir wie eine Entscheidung. Gott führt mich in die Weite der Aufgabe und »will« mich. Wenn ich mich so in seine Hand gebe, wird er auch mein firmamentum (Stütze), refugium (Zuflucht) und liberator (Befreier) sein. Ich schrieb darauf an Adenauer: »Nach Lesung des Introitus des heutigen Messoffiziums bin ich bereit, das Amt in der besprochenen Art anzunehmen. Vorsorglich bemerke ich, dass ich nicht etwa die Gewohnheit habe, meine Entschließungen durch Stechen von Bibelstellen zu finden, aber dieser Psalmvers berührte mich doch seltsam. Ich bedanke mich vielmals für die mir angebotene Ehre und hoffe, Ihnen in Treue behilflich sein zu können in der Erfüllung Ihrer großen Aufgabe. Genehmigen Sie, Herr Bundeskanzler, mit den besten Wünschen für alsbaldige volle Wiedergewinnung der Kräfte den Ausdruck meiner verehrungsvollen Ergebenheit.«

Ich notierte darauf: »Damit ist der Rest meines Lebens bestimmt. Was du als Jüngling erstrebt, das hast du im Alter in Fülle. Früher habe ich es nicht geglaubt. Jetzt habe ich die höchste Beamtenstellung in Deutschland angenommen. 15 Jahre früher wäre ich darauf gesprungen; heute habe ich sie wirklich nicht erstrebt, keinen Finger dafür gerührt, im Gegenteil mich außen und innen bis zuletzt gesträubt. Die Muttergottes und meine anderen Helfer werden es schon zum guten Ende bringen.«

Am 21. Juni 1950 erhielt ich einen Brief von Globke, der mitteilte, dass man nach § 5 des ganz neuen Bundesbeamtengesetzes nicht gleichzeitig Bundes- und Landesbeamter sein könne, da die Anstellung im Bunde de iure das Amt im Lande beende. Er empfehle daher statt Beurlaubung eine Zusicherung von der Landesregierung, die Stelle in Münster für mich sechs Monate lang offen zu halten. Ich hatte Arnold am 11. Juni 1950 meinen Entschluss mitgeteilt und um sechsmonatige Beurlaubung gebeten. Der Brief schloss: »Ich habe die rechtliche Möglichkeit der Lösung nicht geprüft, sie muss aber gegeben sein, da der Präsident des Deutschen Obergerichts seit 2 ½ Jahren dieses Amt innehat und gleichzeitig als Präsident des Oberlandesgerichts Hamburg beurlaubt ist. Damit habe ich die Entscheidung in Ihre Hand gelegt und bitte um Nachricht über Ihre Entschließung. Mit den besten Wünschen für das Wachsen und Aushalten Ihrer Kräfte in dieser Schicksalswoche bitte ich, Herr Ministerpräsident, meiner besonderen Verehrung versichert zu sein.« Die Schicksalswoche bezog sich darauf, dass am 18. Juni Landtagswahlen stattgefunden hatten, deren Ergebnis eine Koalition der CDU, sei es mit dem Zentrum, sei es mit der FDP, zuließ, so dass die Bildung einer neuen Landesregierung unsicher war.

Am 23. Juni teilte ich Arnold die neue Rechtslage mit und bat um die Entlassung unter Vorbehalt der Offenhaltung der Stelle für sechs Monate, wie das in Bayern gerade geschehen sei, um Herrn v. Lex die Übernahme des Amtes als Staatssekretär im Bundesinnenministerium zu erleichtern. Arnold schrieb unterm 27. Juni, eine Entscheidung könne erst nach Bildung der neuen Landesregierung getroffen werden, was bereits hinreichend erkennen ließ, dass Arnold dem Bundeskanzler den Gefallen nicht erweisen wollte. Es folgte ein wochenlanges entnervendes Warten.

Unterm 9. August teilte Arnold dann mit, das neue Kabinett, in dem Weitz nicht mehr Mitglied war, sehe sich nicht in der Lage, angesichts der großen Bedeutung meines Amts dieses sechs Monate lang unbesetzt zu lassen. Damit waren die Würfel gefallen. Ich hatte von Beginn ab die Forderung gestellt, dass mir die Rückzugsstraße nach Münster offenbleiben müsse. Vielleicht war es falscher Eigensinn, hierauf zu beharren. Mir schien das aber notwendig in Hinsicht auf die Verantwortung für eine selbständige Tätigkeit. Ohne den offenen Rückweg wäre ich sowohl von Adenauer wie noch mehr von den Herren, wie Globke und Blankenhorn, wie ein Spielball abhängig gewesen, die ihre Fäden bereits fest nach allen Seiten gesponnen hatten und denen das Ohr des Kanzlers offenstand. Brüning, bei dem wir am 25. Juni 1950 in Münster in der Wohnung seiner Schwester zum Abendessen waren, hatte mich sehr hierin bestärkt in Hinsicht auf Adenauers persönliche Eigenschaften. Obschon ich wusste, dass Brüning gegen ihn voreingenommen war, hat das meine Haltung doch noch versteift.

Ich schickte also am 11. August 1950 Adenauer eine Abschrift der Arnold'schen Antwort mit dem Zusatz: »Infolge des negativen Ergebnisses der Antwort bitte ich, von der Absicht meiner Ernennung zum Staatssekretär in der Bundeskanzlei Abstand zu nehmen. Ich bitte für das ehrende Vertrauen und die große Güte meinen tiefsten Dank entgegennehmen zu wollen u.s.w.« Ebenso verständigte ich die übrigen Beteiligten. Globke versuchte dann nochmals telefonisch, die Sache bis zur Rückkehr Adenauers aus seinem Urlaub aufzuschieben, was ich ablehnte, weil ich mich sonst zum Narren gemacht hätte. Adenauer ließ mir am 19. August 1950 durch sein Amt (gez. i. V. Dr. Rust) antworten: »Ich darf den Eingang Ihres Schreibens vom 11. August 1950 bestätigen. Der Herr Bundeskanzler lässt Ihnen für Ihre Wünsche danken und bedauert, dass sich die Übernahme des Amtes durch Sie nicht ermöglichen ließ.« Sehr korrekt, aber verstimmt, was verständlich ist. Auch als ich Adenauer eine Weile später in Karlsruhe beim Bundesverfassungsgericht traf, war er ziemlich distanziert. Zwei Wochen nach meiner Ablehnung ernannte er Hallstein für das Amt, der dann, ebenso wie es mir zugesagt war,

Staatssekretär im neuen Auswärtigen Amt wurde, während Globke in der Bundeskanzlei zum Staatssekretär aufrückte, nachdem die erste große Angriffswelle gegen ihn sich verlaufen hatte. Ein Mal hatte ich den Saum der Geschichte berührt beim Unternehmen des 20. Juli 1944 und jetzt ein zweites vergebliches Mal. Hätte ich fest und bedenkenlos zugegriffen, so hätten die Diplomaten sich heute statt der Hallstein-Doktrin mit der Husen-Doktrin auseinanderzusetzen. Adenauer ist, wenn auch nicht sehr lange, so doch sicher besser mit Hallstein gefahren, dessen eisig kühler Verstand besser für ihn und das Geschäft passte als mein leidenschaftlicher Einsatz für als richtig erkannte Ziele, zumal ich mich nicht von dem in Oberschlesien erfahrenen Grundsatz getrennt hätte, dass erfolgreiche Politik immer ehrlich sein muss. Ich bin natürlich nie von dem Gedanken wieder losgekommen, ob ich nicht doch besser getan hätte, das Amt bedingungslos anzunehmen. In sachlicher Hinsicht hätte ich die viel zu folgsame Politik gegenüber de Gaulle und die Aufgabe der unbedingten Gefolgstreue gegenüber Amerika nicht mitmachen können und ebenso wenig den personellen Aufbau des Auswärtigen Amts mit seiner weitgehenden Durchbräunung. Persönlich hätte ich mich wahrscheinlich bald überanstrengt, meine Lebenszeit dadurch verkürzt und so meine hauptsächliche Lebensaufgabe gefährdet, meiner Schwester nach bester Möglichkeit und Dauer einen gesicherten Lebensabend zu verschaffen. Gott bestimmt den Lebensweg, und er steckt ihn richtig ab.

3. Verlockende Aussichten und Bilanz – die Arbeit an der Verfassung des Landes Nordrhein-Westfalen

Eine weitere Möglichkeit zur Luftveränderung bot sich, als der Bundesjustizminister mir am 17. Mai 1951 mitteilte, ich sei zum Richter am Bundesverfassungsgericht vorgeschlagen. Ich bedankte mich für die Ehre des Vorschlags mit dem Zusatz, ich sei aus verschiedenen Gründen nicht zur Annahme des Amtes bereit, das für mich eine Verschlechterung bedeutet hätte.

Verlockender dagegen war die Aussicht, Botschafter in Rom beim Hl. Stuhl zu werden, die sich im Jahre 1952/53 abzeichnete. Nach Wohnsitz und Aufgabenkreis wäre es ein Traum gewesen. Mein alter Freund Edmund Raitz von Frentz, der versierte vatikanische Zeitungskorrespondent, gratulierte mir bereits zu dem Amt, dessen Vorzüge er mit Recht in allen Farben schillern ließ. Die Sache hatte nur den wesentlichen Mangel, dass ich schon nach drei Jahren hätte pensioniert werden müssen, auch wenn man mich gnadenweise vielleicht noch länger belassen hätte. Ich habe die Angelegenheit daher, wenn auch schweren Herzens, nicht weiter betrieben, was mir verhältnismäßig leicht gewesen wäre – obschon man an sich einen Protestanten als ersten Botschafter wünschte –, weil damals mein Freund Lukaschek noch Bundesminister war und ich aus mehreren Quellen wusste, dass Kardinal Frings meine Ernennung für wünschenswert hielt.

Kurz vor dem Ende meiner Amtszeit erschien dann am Horizont noch einmal im Sommer 1958 eine Fata Morgana. Infolge des Todes des Präsidenten Dr. Wintrich war die Stelle des Präsidenten des Bundesverfassungsgerichts in Karlsruhe zu besetzen. Nach einer Besprechung in Bonn mit Globke, bei der auch der mir von Berlin her gut bekannte Abgeordnete Krone anwesend war, erschien mir dieses für einige Jahre noch recht erstrebenswerte Amt durchaus erreichbar. Globke fuhr anschließend zu den Krönungsfeierlichkeiten von Papst Johannes XXIII. nach Rom, und während dieser Abwesenheit kam es zu der Wahl von Gebhard Müller, dessen Platz als Ministerpräsident in Stuttgart für Kiesinger so freigemacht wurde.

Auch für manches Gesetzeswerk habe ich eine helfende Hand reichen können. Gleich zu Beginn meiner Tätigkeit handelte es sich um den Entwurf der neuen Landesverfassung für Nordrhein-Westfalen.

Der Innenminister Menzel (SPD) war mit der Herstellung eines Entwurfes für die Verfassung beschäftigt und Arnold hatte die verständige Absicht, von sich aus einen Gegenentwurf einzubringen. Um diesen zu fertigen, lud Arnold einige Herren zu einer gemeinsamen Klausurtagung in das Gästehaus der Landesregierung. Am 27., 28. und 29. September 1949 fand die erste Besprechung statt, an der außer mir der Staatssekretär Mohr, Landgerichtspräsident Berger, Düsseldorf, Ministerialrat Mäurer aus dem Kultusministerium, der Düsseldorfer Oberstadtdirektor Hensel und zeitweise Arnold selber teilnahmen. Ich hatte mich gern zur Mitarbeit bereit erklärt, da ich den Fragenkomplex gut beherrschte aus meiner Arbeit bei der amerikanischen Militärregierung an den neuen süddeutschen Verfassungen. Staatsrat (Senat) und Mehrheitswahlrecht entfielen sofort, hinsichtlich der religiösen Schule war die Stimmung flau. Am 6. und 7. Oktober wurde erneut verhandelt unter verbesserter Regelung der Schulfragen.

Am 25. Oktober 1949 fand dann im Gästehaus von 9 Uhr bis 22 Uhr eine Besprechung in größerem Kreise statt unter Vorsitz von Arnold, an der außer den früher Genannten der spätere Bundespräsident Heinrich Lübke, Frau Teusch, Weitz, Spieker, Sträter, Amelunxen und die Abgeordneten Jöstingmeier, Scholtissek, Brockmann, Schrage und noch einige andere teilnahmen. Arnold hatte mich gebeten, anhand der bisherigen Beratungen einen Entwurf zu machen und das Referat darüber zu halten, so dass ich zwar die Hauptlast an der Arbeit trug, aber anderseits meine Gedanken zur Geltung bringen konnte. Bei der Präambel zeigte sich bereits ein matter Geist. »Im Namen der Allerheiligsten Dreifaltigkeit« und »In Gottes Namen« entfielen zugunsten der blasseren Fassung: »Im Vertrauen auf Gott«. Die Einfügung des Reichskonkordats wurde akzeptiert, und für die Fassung der Schulbestimmungen führten Weitz und wie eine Löwin Frau Teusch einen erfolgreichen Kampf. Am 4. November 1949 wurde die Textierung den ganzen Tag über erneut in dem ursprünglichen kleineren Kreis durchgearbeitet. Die dort erzielte Fassung gab Arnold an Menzel.

Am 16. November 1949 notierte ich: »Menzels Kritik am Verfassungsentwurf durchgearbeitet. Seine Entgegnungen sind dünn, aber die Bewältigung des Stoffs für das Gegenmemorandum war rein mengenmäßig mühsam. Wenn diese Verfassung angenommen wird, so ist es meine Verfassung.« Notiz vom 27. November 1949: »Bei strömendem Regen den ganzen Tag schwer gearbeitet an Rede für Arnold über den Verfassungsentwurf.«

Für die zweite Lesung hatte Arnold mich zum 18. April 1950 in den Landtag gebeten. Ich lehnte Teilnahme an Fraktionssitzung der CDU wegen meines Amtes ab und blieb im Zimmer Arnolds, der erkrankt war, und hatte dort verschiedene Besprechungen, ebenso am nächsten Tage, die zur Streichung von Verschlechterungen führten, bei der Schule insbesondere zum Fortfall des Eigenrechts des Kindes und des Rechts der Gemeinschaft, wodurch das gesamte Elternrecht aus den Angeln gehoben worden wäre. Am 26. April 1950 lieferte ich Arnold ein Gutachten gegen eine von Justizminister Sträter eingebrachte Stellungnahme gegen die Einfügung der Konkordatsartikel.

Anfang Juni wurde die Verfassung dann im Landtag verabschiedet, und am 19. Juni 1950 notierte ich: »Die Verfassung ist gestern mit gut 60 % Mehrheit durch Volksentscheid angenommen. Sie hat ihre Mängel. Dass sie überhaupt so gekommen und in den Schul- und Kirchenfragen ordentlich geworden ist, habe ich zum großen Teil mitbewirkt durch mein ständiges Hämmern auf die Hauptspieler.«

Auch auf das Zustandekommen des Gesetzes über den Verfassungsgerichtshof vom 4. März 1952 hatte ich bestimmenden Einfluss, da Arnold mich am 22. September 1950 um einen Entwurf dafür gebeten hatte, den ich ihm am 4. Oktober übersandte. Ich hatte noch zwei Mal mit ihm eine Besprechung darüber und setzte den Vorsitz des Präsidenten des Oberverwaltungsgerichts im Verfassungsgerichtshof durch. Im Oktober 1950 schickte mir Arnold dann noch den Entwurf des Landesschulgesetzes zur Begutachtung. Um dieselbe Zeit ging es um die Durchführung des Verbots der Kommunistischen Partei und die Entfernung der Kommunisten aus öffentlichen Ämtern. Arnold gab mir den Entwurf einer Verordnung hierüber zur Stellungnahme. Ich legte ihm dar, dass die Entfernung ohne klare gesetzliche Vorschriften nicht möglich sei. Er zeigte sich sehr verständig und einer Hexenverfolgung durchaus abgeneigt, die ja auch absurd war, da noch vor kurzem kommunistische Minister im Kabinett gesessen hatten. Ich lehnte auch sein ursprüngliches Verlangen ab, Kommunisten ihrer bisherigen Parteizugehörigkeit halber aus dem Amt als ehrenamtliche Mitglieder der Verwaltungsgerichte zu entfernen, worüber auf Antrag des Gerichtspräsidenten einem Senat des Oberverwaltungsgerichts die Entscheidung obgelegen hätte. Ich lehnte es ab, solche Anträge zu stellen, hatte allerdings dann einige Mühe, die Präsidenten der Landesverwaltungsgerichte von der Richtigkeit dieser Ansicht zu überzeugen. Die Richter müssen in der Zeit politischer Psychosen ihren Kopf davon freihalten. Ebenso wie jetzt gegen die Kommunisten hätte man ja nach einer Weile wieder gegen »romhörige« Beamte vorgehen können. Nach 1953 hat Arnold mich infolge der entstandenen Spannungen von sich aus nicht mehr an Gesetzentwürfen beteiligt, was mich nicht gehindert hat, ihm verschiedentlich, so z. B. beim Dienststrafgesetz für Richter, meine Ansichten mitzuteilen.

Weitaus am meisten Arbeit in legislatorischer Hinsicht habe ich auf das Zustandekommen der Bundesverwaltungsgerichtsordnung verwandt. Auf der ersten Tagung der Präsidenten der Verwaltungsgerichte am 16. September 1949 in Köln war auf meinen Antrag hin beschlossen worden, einen Entwurf für eine Bundesverwaltungsgerichtsordnung zu fertigen. Der Ausschuss begann seine Beratungen am 20. Januar 1950 in Bonn, und ich erhielt den ehrenvollen Auftrag, bis zum 11. Februar einen Entwurf als Diskussionsgrundlage zu fertigen, den ich prompt lieferte. Er wurde dann in sieben Ausschusssitzungen an den verschiedensten Orten behandelt und am 3. August 1951 in Hamburg abgeschlossen. In zahllosen Besprechungen mit dem Bundesinnenministerium und den Innenministern der Länder ist der Entwurf dann weiterbehandelt worden, bis der Bundeskanzler ihn am 15. April 1953 dem Bundestag zuleitete, wo er sieben Jahre lang hin- und hergezerrt wurde, bevor er am 21. Januar 1960 Gesetz wurde.

Neben meiner vielen und mannigfaltigen Arbeit, den häufigen Fahrten zu den Landesverwaltungsgerichten, nach Düsseldorf und zu allen möglichen Tagungen und Veranstaltungen blieb mir für ein gesellschaftliches Leben kaum Zeit. Verschiedentlich trafen wir auch mit Heinrich Brüning zusammen, teils bei uns, teils in der Wohnung seiner Schwester in Münster, die er als eine Art von zweitem Wohnsitz betrachtete, auch als er dann in Köln die Professur innehatte. So sehr er auch professoral geworden war, so litt er doch darunter, dass sein Platz bei seiner Rückkehr durch Adenauer bereits besetzt war, von dem er wusste, dass er ihm keinen Weg zur Rückkehr in die Politik öffnen würde. Sie liebten sich nicht, und bei aller Frömmigkeit und natürlichen Güte konnte Brüning im Alter, verbittert durch den Lauf der Dinge, doch auch sehr hart urteilen. Wenn er statt Adenauers zum Zuge gekommen wäre, würde die Entwicklung in Deutschland sicher weniger spektakulär, aber vielleicht solider verlaufen sein. Man kann es erst in fünfzig Jahren beurteilen, ob hinter der Apotheose Adenauers ein dauerhaftes Werk steht.

Das Ende meiner siebenundvierzigjährigen Tätigkeit im Staatsdienst war am 1. März 1959 gekommen. Ich war körperlich und geistig noch voll leistungsfähig und hätte gut noch sieben weitere Jahre Dienst tun können, denn erst dann begannen gewisse Altersbeschwerden. Adenauer war beim Beginn seiner Kanzlerschaft fünf Jahre älter als ich am Ende meiner Dienstzeit. Es gibt viele besinnliche oder auch der Arbeit abgewandte Menschen, die sich auf einen frühen Ruhestand freuen. Wenn man aber wie ich an stetige Arbeit gewöhnt und von Natur aktiv ist, so bedeutet eine solche Zwangspensionierung die Überführung in den Vorraum des Friedhofs und eine Beeinträchtigung der verbliebenen Lebenskraft.

4. Nachtgedanken – am Ende Humor und Zuversicht

Wenn der Tag sich neigt, dann kommen die Nachtgedanken, die phantasmata noctis. In allen Fährnissen meines langen Lebens bot stets Hort und Sicherheit die Kirche. Aber auch hier sind an meinem Lebensabend dunkle Wolken heraufgezogen. Die Gefahren, welche die Kirche von außen bedrohen, sind unwesentlich. Sie ergeben sich daraus, dass Christus – und damit die Kirche – der Stein des Anstoßes und das scandalum für die Welt sind. Der Glanz der Kirche wird dadurch nur umso strahlender. Das Herz wird jedoch von Angst erfüllt über manches Geschehen innerhalb der Kirche. Ich sehe vielfache dunkle Schatten, die mich bedrücken.

Für junge Leute stellen sich all diese Probleme sicher einfacher, jedoch kurz vor der Reise in die Ewigkeit sind sie recht bedrückend. Aber es hat in der Kirche schon oft betrübte und armselige Zeiten gegeben, die sie verjüngt und verschönt wieder aufstrahlen ließen. Wenn die Menschen zum Mond fliegen, um dann von diesem auf den nächsten Stern überzusetzen, muss auch der Weg zum Himmel wohl anders werden als bisher. Der Himmel ist für mich immer noch »oben«, obschon Oben und Unten seit Kopernikus und Galilei vertauscht sind, was das gesamte menschliche Denken verwirrt hat. Das Oben bezieht sich jetzt nicht mehr auf die Erde allein, sondern auf die Gesamtheit aller Gestirne, über denen Gott thront, genau wie auf Dürers Allerheiligenbild, oder auf einem barocken Kuppelgemälde, umgeben von den Chören der Engel und den abgestuften Reihen der Heiligen. Im ewigen Lichte Gottes wird das alles unaussprechlich anders sein, aber der Mensch braucht eine bildhafte Vorstellung Gottes und des Himmels, er braucht Mittler und Fürsprecher, um dorthin zu gelangen aus seiner staubhaften Winzigkeit und Nichtigkeit, die sein Wesensmerkmal sind trotz allen stupenden Höhenflugs seines Geistes. Gott hat den Menschen aus der gesamten Schöpfung herausgehoben und sie ihm anvertraut, indem er ihn zu seinem

Ebenbilde machte. Die denkbar höchste Form der Ebenbildschaft ist der freie Wille, sich durch die Sünde von Gott abzuwenden. Schon die antike Tragödie hat diese Größe und Anfälligkeit der menschlichen Natur erkannt. Auf einem schmalen Grat habe ich durch fast acht Jahrzehnte strauchelnd versucht, die rechten Schritte zu tun, um den mühsamen und oft gefährlichen Weg zu finden, der mich von der Lanze bis zur Atombombe führte, die vielleicht die Vorstufe zum apokalyptischen Ende bedeutet. Kaiser, Throne und Herrschaften sind in dieser Zeit gestürzt, neue unheildrohende Mächte und Kräfte sind aufgestiegen, und die Welt zittert in der Angst vor den kommenden Dingen. Das deutsche Vaterland ist an allen Grenzen zerfledert und fast zur Hälfte seit mehr als zwei Jahrzehnten vom Feinde beherrscht. Die gesellschaftliche Ordnung ist zerbrochen, die Regierung schwächlich und unklar in der Zielsetzung. In der Kirche drohen Umsturz und Aufruhr.

Aus gesichertem, großbürgerlichem Wohlstand bin ich abgestiegen zum vermögenslosen Staatspensionär. Trotz allen Bemühens habe ich nicht einmal für meine Schwester einen behaglichen Lebensabend sichern können. In meiner beruflichen Arbeit klafften Zielsetzung und Erfolg meist weit auseinander. Trotzdem bin ich dankbar für dies lange und bunte Leben, für alle guten und schönen Dinge dieser Welt, die mir zuteilwurden, für alle Güte und Liebe, die ich erfuhr, besonders von meiner lieben Schwester Ite, ohne die es dunkel und kalt gewesen wäre. Ich bejahe auch alles Missgeschick, das Gott mir gesandt hat. In manchen Fällen habe ich schon zu Lebzeiten, bald eher, bald später, erkannt, dass das vermeintliche Unglück eine gottgesandte Hilfe war. Zur Gänze hoffe ich in der Ewigkeit zu erfassen, dass der bunte und schöne Teppich meines Lebens, den Gott mir gewirkt hat, auch seine dunklen Stellen haben musste, und dass die Löcher darin von mir selbst gerissen wurden. Ich versuche auch die mancherlei Beschwerden des Alters in froher Geduld zu bejahen, denn gerade die fehlt mir. Seit einigen Monaten hat meine Sehkraft so sehr nachgelassen, dass ich nur noch mühsam mit einer Lupe lesen kann. Aber das wird den Sinn haben, dass das Weltkind sich von den Dingen dieser Welt abwendet und das innere Auge mit der immer wiederkehrenden Oration der Kirche auf die celestia desideria (die himmlischen Ziele) richtet.

Es erscheint als böser Widerspruch in sich, dass wir Christen trotz des Glaubens an die glorreiche Auferstehung so ungern von dieser Welt scheiden wie der Kardinal, dem sein Arzt nach gründlicher Untersuchung eröffnet: »Eminenz, Sie haben nur die Wahl zwischen dem Himmel und einer längeren Kur an der Riviera«, der daraufhin ohne Zögern antwortet: »Ich reise übermorgen zur Riviera«. Das entspricht aber durchaus der Schwäche der menschlichen Natur, welche die Dinge dieser Welt leichter erkennt und begreift als das unbegreifliche Wesen und Walten Gottes. Letztlich ist zudem der Wille zum irdischen Leben von Gott dem Menschen eingepflanzt, und das Festhalten am Leben ist eine Bejahung der Größe und Schönheit der Schöpfung Gottes. Obschon ich auch lieber an die Riviera reisen würde, will ich mich bemühen, zu allen Beschwerden des Alters und zur Todesnot »Ja Vater!« zu sagen. Ich bete um einen gnädigen und guten Tod.

Excite Domine potentiam tuam et veni! (Erwecke Herr deine gewaltige Macht und komm!)

Lebenslauf Paulus van Husen	
26.2.1891	Geburt in Horst-Emscher (heute Gelsenkirchen)
1900–1909	Gymnasium Paulinum in Münster
1909–1912	Jura-Studium in Oxford, München, Genf und Münster
Juni 1912	Referendarexamen, Gerichtsreferendar am Amtsgericht Warendorf
1.10.1912	Einjähriger Wehrdienst im Husarenregiment Nr. 8 »Zar Nikolaus II.« in Paderborn
1.10.1913	Wieder Gerichtsreferendar in Warendorf
Ende Juni 1914	Regierungsreferendar am Landratsamt in Lüdinghausen
1.8.1914–23.12.1918	Militärdienst im Ersten Weltkrieg
Januar 1919	Wieder Regierungsreferendar in Lüdinghausen
Oktober 1920	Assessorexamen, Assessor in Oppeln/Schlesien
Februar 1921	Kommissarischer Landrat in Rybnik/Schlesien
1.1.1923	Generalbevollmächtigter des Prinzen Hohenlohe in Koschentin
April 1927	Deutsches Mitglied der Gemischten Kommission für Oberschlesien
1934	Richter am preußischen Oberverwaltungsgericht in Berlin
April 1940	Oberkommando der Wehrmacht, Standortstaffel Berlin
12.10.1944	Verhaftung in Torgau, Überstellung ins Gefängnis Berlin Lehrter Straße
23.10.1944	Konzentrationslager Ravensbrück
6.1.1945	Gefängnis Lehrter Straße
19.4.1945	Prozess vor dem Volksgerichtshof
25.4.1945	Befreiung
26.6.1945	Mitbegründer der CDU in Berlin
26.9.1945	Mitarbeiter der amerikanischen Militärregierung
25.8.1948	Richter am Kölner Obergericht für die Bizone
1.8.1949	Präsident des Oberverwaltungsgerichts Münster
12.5.1952	Zugleich erster Präsident des Verfassungsgerichtshofs für Nordrhein-Westfalen
1.3.1959	Ruhestand
1.9.1971	Tod in Münster

Abbildungen

Soldaten des Husarenregiments 8, vermutlich 1915,
6. v. l.: Paulus van Husen

Vermutlich 1930er Jahre während der Zeit als Richter am preußischen Oberverwaltungsgericht in Berlin

Im Oberkommando der Wehrmacht, 1940–1944

Der Reichsminister und Chef
der Reichskanzlei

Rk. 2069 C g

Es wird gebeten, dieses Geschäftszeichen bei weiteren Schreiben anzugeben.

Berlin W8, den 22. Dezember 1944
Voßstraße 6

An

Herrn Paul van Husen
Berlin

Der Führer hat, wie ich Ihnen auftragsgemäß mitteile, wegen Ihrer Beteiligung an den Vorgängen, die mit dem Attentat auf den Führer am 20. Juli 1944 im Zusammenhang stehen, Ihre Ausstoßung aus dem Beamtenverhältnis angeordnet. Damit sind alle Rechte aus Ihrem Amte verwirkt.

Dr. Lammers

Ausstoßung aus dem Beamtenverhältnis, 22. Dezember 1944

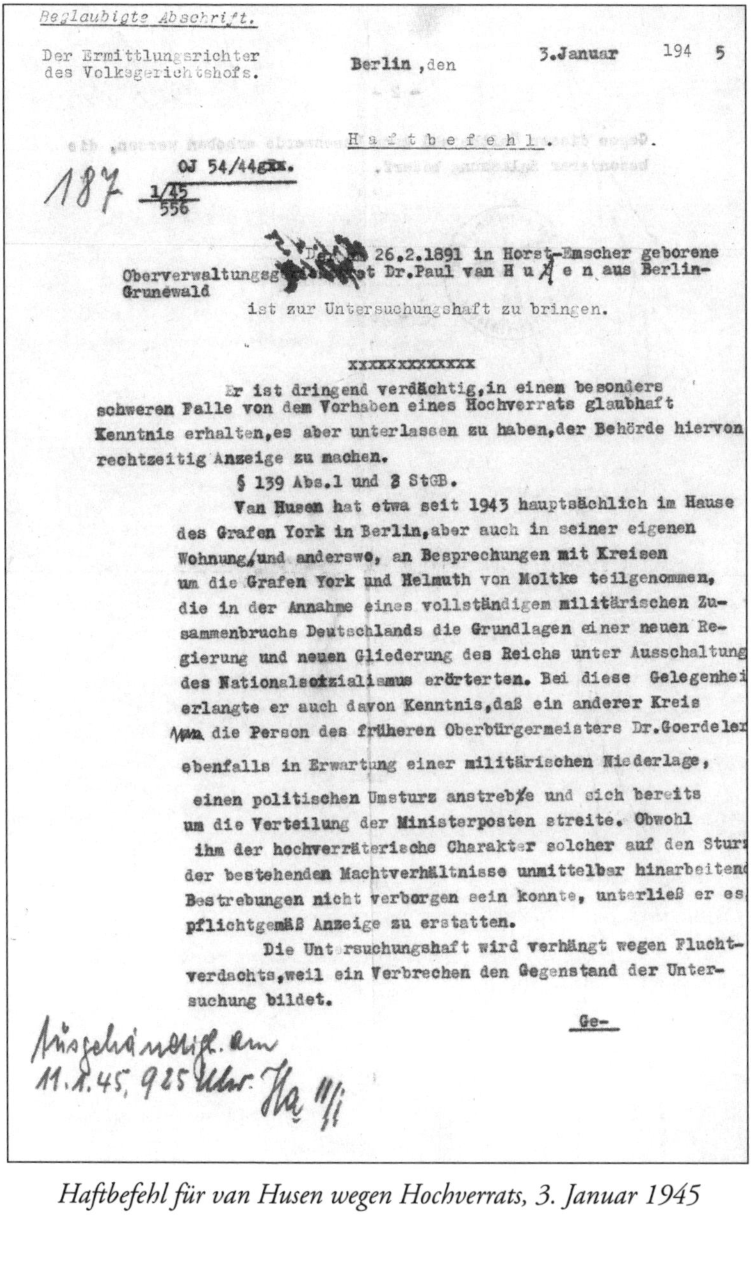

Beglaubigte Abschrift.

Der Ermittlungsrichter
des Volksgerichtshofs.

Berlin ,den 3.Januar 1945

- 2 -

H a f t b e f e h l .

187 OJ 54/44gRs.
1/45
556

Der am 26.2.1891 in Horst-Emscher geborene Oberverwaltungsgerichtsrat Dr.Paul van H u s e n aus Berlin-Grunewald

ist zur Untersuchungshaft zu bringen.

xxxxxxxxxxxx

Er ist dringend verdächtig,in einem besonders schweren Falle von dem Vorhaben eines Hochverrats glaubhaft Kenntnis erhalten,es aber unterlassen zu haben,der Behörde hiervon rechtzeitig Anzeige zu machen.

§ 139 Abs.1 und 2 StGB.

Van Husen hat etwa seit 1943 hauptsächlich im Hause des Grafen York in Berlin,aber auch in seiner eigenen Wohnung,und anderswo, an Besprechungen mit Kreisen um die Grafen York und Helmuth von Moltke teilgenommen, die in der Annahme eines vollständigem militärischen Zusammenbruchs Deutschlands die Grundlagen einer neuen Regierung und neuen Gliederung des Reichs unter Ausschaltung des Nationalsozialismus erörterten. Bei diese Gelegenhei erlangte er auch davon Kenntnis,daß ein anderer Kreis um die Person des früheren Oberbürgermeisters Dr.Goerdeler ebenfalls in Erwartung einer militärischen Niederlage, einen politischen Umsturz anstrebe und sich bereits um die Verteilung der Ministerposten streite. Obwohl ihm der hochverräterische Charakter solcher auf den Stur der bestehenden Machtverhältnisse unmittelbar hinarbeiten Bestrebungen nicht verborgen sein konnte, unterließ er es pflichtgemäß Anzeige zu erstatten.

Die Untersuchungshaft wird verhängt wegen Fluchtverdachts,weil ein Verbrechen den Gegenstand der Untersuchung bildet.

Ge-

Ausgehändigt am 11.1.45, 925 Uhr. Ha 11/1

Haftbefehl für van Husen wegen Hochverrats, 3. Januar 1945

Paulus van Husen, 1. v. r., vermutlich bei der Vereidigung zum Präsidenten des Verfassungsgerichtshofs für Nordrhein-Westfalen, 1952. 2. v. r.: Der nordrhein-westfälische Ministerpräsident Karl Arnold

Paulus van Husen als Präsident des Verfassungsgerichtshofs für Nordrhein-Westfalen im Gespräch mit Ministerpräsident Karl Arnold, 1950er Jahre

Vermutlich Ende der 1950er Jahre

Paulus van Husen und Hans Lukaschek, Ende der 1950er Jahre